■2025年度高等学校受験用

水戸啓明高等学校

収録内容一覧

★この問題集は以下の収録内容となっています。また、編集の都合上、解説、解答用紙を省略させていただいている場合もございますのでご了承ください。

（○印は収録、一印は未収録）

入試問題の収録内容			解説	解答	解答用紙
2024年度	一般	英語・数学・社会・理科・国語	○	○	○
	推薦	英語・数学・国語	一	○	○
2023年度	一般	英語・数学・社会・理科・国語	○	○	○
2022年度	一般	英語・数学・社会・理科・国語	○	○	○

★当問題集のバックナンバーは在庫がございません。あらかじめご了承ください。

JN004675

●凡例●

【英語】

≪解答≫

〔　〕　①別解
　　②置き換え可能な語句（なお下線は置き換える箇所が2語以上の場合）
　　　(例) I am〔I'm〕glad〔happy〕to ~

（　）　省略可能な言葉

≪解説≫

1，2…　本文の段落（ただし本文が会話文の場合は話者の1つの発言）

〔　〕　置き換え可能な語句（なお〔　〕の前の下線は置き換える箇所が 2 語以上の場合）

（　）　①省略が可能な言葉
　　(例)「(数が) いくつかの」
　　②単語・代名詞の意味
　　(例)「彼（＝警察官）が叫んだ」
　　③言い換え可能な言葉
　　(例)「いやなにおいがするなべにはふたをするべきだ（＝くさいものにはふたをしろ)」

//　訳文と解説の区切り

cf.　比較・参照

≒　ほぼ同じ意味

【数学】

≪解答≫

〔　〕　別解

≪解説≫

（　）　補足的指示
　　(例)（右図 1 参照）など

〔　〕　①公式の文字部分
　　(例)〔長方形の面積〕=〔縦〕×〔横〕
　　②面積・体積を表す場合
　　(例)〔立方体 ABCDEFGH〕

∴　ゆえに

≒　約、およそ

【社会】

≪解答≫

〔　〕　別解

（　）　省略可能な語

＿＿　使用を指示された語句

≪解説≫

〔　〕　別称・略称
　　(例) 政府開発援助〔ODA〕

（　）　①年号
　　(例) 壬申の乱が起きた（672 年)。
　　②意味・補足的説明
　　(例) 資本収支（海外への投資など）

【理科】

≪解答≫

〔　〕　別解

（　）　省略可能な語

＿＿　使用を指示された語句

≪解説≫

〔　〕　公式の文字部分

（　）　①単位
　　②補足的説明
　　③同義・言い換え可能な言葉
　　(例) カエルの子（オタマジャクシ）

≒　約、およそ

【国語】

≪解答≫

〔　〕　別解

（　）　省略してもよい言葉

＿＿　使用を指示された語句

≪解説≫

〈　〉　課題文中の空所部分（現代語訳・通釈・書き下し文）

（　）　①引用文の指示語の内容
　　(例)「それ（＝過去の経験）が ～」
　　②選択肢の正誤を示す場合
　　(例)（ア，ウ…×）
　　③現代語訳で主語などを補った部分
　　(例)（女は）出てきた。

／　漢詩の書き下し文・現代語訳の改行部分

水戸啓明高等学校

所在地	〒310-0851 茨城県水戸市千波町464-10
電　話	029-243-9680（生徒募集室直通）
ホームページ	https://www.mito-keimei.ed.jp/
交通案内	JR常磐線・水郡線・鹿島臨海鉄道 水戸駅より バス（千波坂上下車）または自転車約10分

普通科
商業科

男女共学

くわしい情報は
ホームページへ

応募状況

年度	募集数		受験数		合格数
2024	普通	260名	推薦	120名	118名
			前期	1,043名	1,018名
			後期	54名	50名
	商業	40名	推薦	11名	10名
			前期	482名	456名
			後期	25名	23名
2023	普通	260名	推薦	124名	118名
			前期	1,138名	1,085名
			後期	85名	75名
	商業	40名	推薦	10名	10名
			前期	515名	448名
			後期	31名	23名
2022	普通	260名	推薦	102名	98名
			前期	1,056名	989名
			後期	93名	78名
	商業	40名	推薦	6名	6名
			前期	562名	467名
			後期	58名	35名

※募集数は中高一貫連携校からの進学者を含む。

入試概要 （参考用：2024年度入試）

＜推薦入試＞

国語・数学・英語（記述式）

＜一般入試（前期・後期）＞

国語・社会・数学・理科・英語（記述式）

※英語はリスニングを実施

※判定方法は５科−３科（成績上位３教科）併用判定

コースの特色

生徒の興味・関心や能力・適性に応じて選択できるコース制を導入している。

普通科・特進Ｇコース

学業特待生を中心としたコースで，難関大学進学を目指す。７時間授業やゼミ，集中講座などの特別カリキュラムを展開する。

普通科・特進フロンティアコース

［サイエンス／グローバル］

１年時は共通カリキュラムで基礎力を養う。２年次より専攻別となる。体験型・参加型授業を取り入れ，探究学習を実践する。

普通科・特進文理コース［選抜／特進］

課外活動の充実と勉学の両立が図れるようサポートしている。朝学習や自宅学習ツールなどを利用して効率よく学ぶことができる。

商業科・人間経済コース

学力の養成とともに難関資格の取得も目指し，実践力を養う。トップ・マネジメント・セミナーやインターンシップも実施している。

進路状況

2024年春の大学合格実績（2024年３月11日現在）

東京学芸大学，筑波大学，茨城大学，福島大学，長野大学，静岡大学，北見工業大学，釧路公立大学，青山学院大学，立教大学，法政大学，日本大学，東京女子大学，津田塾大学，駒澤大学，専修大学，獨協大学，北里大学，東京農業大学，神奈川大学，東京電機大学，神田外語大学，実践女子大学など。

編集部注―本書の内容は2024年3月現在のものであり，変更されている場合があります。正確な情報は，学校のホームページ等で必ずご確認ください。

出題傾向と今後への対策 英語

出題内容

	2024	2023	2022
大問数	6	6	6
小問数	39	39	39
リスニング	○	○	○

◎大問６題，小問数約40問からなり，問題の構成，難易度ともに公立入試に近いものになっている。

2024年度の出題状況

1 放送問題

2 長文読解総合－Ｅメール

3 長文読解総合－対話文

4 長文読解総合－対話文

5 長文読解総合－物語

6 テーマ作文

解答形式

2024年度	記 述／マーク／併 用

出題傾向

茨城県公立高校の入試問題に準じる出題形式である。求められる語句や文法事項，読解力は基本的なものばかりであり，教科書レベルである。長文読解問題は，物語が多く，さほど長くはないが，読み取った英文の内容を正確に表現できるかがポイントとなる。英作文は与えられたテーマについて30～40語程度で記述する問題である。

今後への対策

教科書を中心とした基礎固めが重要である。単語の綴り，発音，文法事項を確認しながら教科書を何度も音読し，重要例文は覚えてしまうこと。学校のワークブックや定期テストなどを利用して間違えた問題を復習することも大事だ。放送問題はラジオなどの講座を活用して毎日英語を聞き，耳を慣らしておくとよい。

◆◆◆◆ 英語出題分野一覧表 ◆◆◆◆

分野		年度	2022	2023	2024	2025 予想※
音声	放送問題		★	★	★	◎
	単語の発音・アクセント					
	文の区切り・強勢・抑揚					
語彙・文法	単語の意味・綴り・関連知識					
	適語(句)選択・補充					
	書き換え・同意文完成		●	●	●	◎
	語形変化		●	●	●	◎
	用法選択					
	正誤問題・誤文訂正					
	その他					
作文	整序結合		●	●	●	◎
	日本語英訳	適語(句)・適文選択				
		部分・完全記述				
	条件作文					
	テーマ作文		●	●	●	◎
会話文	適文選択					
	適語(句)選択・補充					
	その他					
長文読解	内容把握	主題・表題				
		内容真偽	●	●	●	◎
		内容一致・要約文完成	●	●	●	◎
		文脈・要旨把握				
		英問英答	●	●	●	◎
	適語(句)選択・補充		■	■	■	◎
	適文選択・補充				●	△
	文(章)整序					
	英文・語句解釈(指示語など)					
	その他(適所選択)		●	●	●	◎

●印：１～５問出題，■印：６～10問出題，★印：11問以上出題。
※予想欄 ◎印：出題されると思われるもの。 △印：出題されるかもしれないもの。

出題傾向と今後への対策　数学

出題内容

2024年度　証

大問６題，総設問数22問。1は，因数分解を含む計算を主とする問題５問。2はデータの活用，数の計算，方程式など計４問。3は確率に関する問題で，数字が書かれたカードを利用したもの。4は平面図形で，三角形と円でできた図を利用した問題。穴埋め形式の証明問題もある。5は関数で，放物線と直線に関するもの。6は空間図形で，直方体について問うもの。

2023年度　証

大問６題，21問の出題。1，2は小問集合で，計算を主とする問題のほか，データの活用や方程式の応用，関数などが出題され，計９問。3は関数の利用で，Ｔシャツの枚数と料金の関係について問うもの。4は平面図形で，半円を利用した問題。２つの三角形が合同であることを示す証明問題も出題されている。5は数字が書かれたカードを利用した場合の数・確率の問題。6は空間図形で，三角柱について問う計量題３問。

作…作図問題　証…証明問題　グ…グラフ作成問題

解答形式

2024年度	記　述／マーク／併　用

出題傾向

大問６題，設問20～22問の出題。1，2が小問集合，3～6が各分野の総合題。全体的に基本的な知識などを見る問題が中心ではあるが，少しレベルの高い問題が出題されることもある。各分野からまんべんなく出題されている。

今後への対策

まずは計算練習。時間や問題数を決めて毎日欠かさず行うようにしよう。できなかった問題は，どこで間違えたのかを確認し，解き直すこと。これと並行して，各分野の基礎事項の確認をしよう。教科書にある問題をひと通り解いて，できなかった問題は教科書に戻って復習を。教科書が終わったら，基本問題集などを使って演習を積もう。

◆◆◆◆ 数学出題分野一覧表 ◆◆◆◆

分野		2022	2023	2024	2025予想※
数と式	計算，因数分解	★	★	★	◎
	数の性質，数の表し方				
	文字式の利用，等式変形				
	方程式の解法，解の利用	●	■	●	◎
	方程式の応用		●	●	◎
関　数	比例・反比例，一次関数				
	関数$y=ax^2$とその他の関数	●	●	★	◎
	関数の利用，図形の移動と関数	★	★		△
図　形	（平面）計　量	■	■	■	◎
	（平面）証明，作図	■	●	●	◎
	（平面）その他				
	（空間）計　量	★	★	★	◎
	（空間）頂点・辺・面，展開図				
	（空間）その他				
データの活用	場合の数，確率	★	★	★	◎
	データの分析・活用，標本調査	●	●	●	◎
その他	不　等　式				
	特殊・新傾向問題など				
	融合問題				

●印：１問出題，■印：２問出題，★印：３問以上出題。
※予想欄　◎印：出題されると思われるもの。　△印：出題されるかもしれないもの。

出題傾向と今後への対策 社会

論…論述問題

出題内容

2024年度

地理・世界や日本の地形や気候，産業に関する問題。地形図の読み取り問題。論

歴史・古代から近代の政治や文化等に関して，年表，資料を用いた問題。論

公民・日本国憲法，政治，地方自治，経済，労働と福祉等に関する問題。論

総合・持続可能な未来を題材にした総合問題。

2023年度

地理・世界や日本の地形や気候，産業に関する問題。地形図の読み取り問題。論

歴史・古代から近代の政治や文化等に関して，年表，資料を用いた問題。論

公民・経済や日本国憲法，政治のしくみや一票の格差等に関する問題。論

総合・現代社会と生活をテーマとした総合問題。

2022年度

地理・関東地方の地形や産業，世界の気候や産業に関する問題。地形図の問題。論

歴史・古代から近代の政治や文化等について資料や年表，地図等を用いた問題。論

公民・消費生活や労働環境，政治，日本国憲法等に関する問題。論

総合・人権や憲法等に関する公民・歴史総合問題。

解答形式

2024年度	記　述／マーク／併　用

出題傾向

ほとんどが教科書の基本事項を問う問題である。論述問題が必ず出題されている。

地理は，統計や地形図を読み取る問題が出題されている。歴史は，年表や図を用い，古代と近世，近代に関する問題がよく出題されている。公民は，人権と憲法や政治に関する内容が頻出で，表やグラフを読み取る問題が多く見られる。

今後への対策

資料を活用する問題が多く出題されるので，教科書の語句をただ暗記するのではなく，表やグラフの読み取りの演習や関連知識も理解するよう取り組むことが重要である。

地理では，統計や雨温図，歴史では，年表や図をていねいに読み取る練習をし，公民では，新聞などで社会問題に関心を持って知識を習得するとよいだろう。

◆◆◆◆ 社会出題分野一覧表 ◆◆◆◆

分野		2022	2023	2024	2025 予想※
地理的分野	地形図	●	●	●	◎
	アジア		人		△
	アフリカ		人	地　総	◎
	オセアニア				△
	ヨーロッパ・ロシア	地	地　人	地産	◎
	北アメリカ		地		△
	中・南アメリカ				△
	世界全般	地産	地	産　総	◎
	九州・四国			総	△
	中国・近畿				△
	中部・関東	地産人	総	人	◎
	東北・北海道		地		△
	日本全般		地産	地産　総	◎
歴史的分野	旧石器〜平安	●	●	●	◎
	鎌倉		●		△
	室町〜安土桃山		●	●	◎
	江戸	●	●	●	◎
	明治	●	●	●	◎
	大正〜第二次世界大戦終結		●	●	◎
	第二次世界大戦後	●	●	●	◎
公民的分野	生活と文化		●	●	△
	人権と憲法	●	●	●	◎
	政治	●	●	●	◎
	経済	●	●	●	◎
	労働と福祉	●		●	◎
	国際社会と環境問題		●	●	◎
時事問題					

※予想欄　◎印：出題されると思われるもの。　△印：出題されるかもしれないもの。
地理的分野については，各地域ごとに出題内容を以下の記号で分類しました。
地…地形・気候・時差，　産…産業・貿易・交通，　人…人口・文化・歴史・環境，　総…総合

出題傾向と今後への対策 理科

出題内容

2024年度 作 記

1は小問集合で，小問数は８問。電磁誘導，化学変化と熱，動物のなかま，湿度，物体の運動，蒸留，蒸散，地震に関する問題。いずれも基礎～標準的なもの。 2は凸レンズによる像に関する問題。 3はイオン化傾向とダニエル電池に関する問題。 4は植物の生殖と遺伝の規則性に関する問題。 5は日本の気象に関する問題。 6は小問集合で，小問数は４問。雲のでき方，放電，イオン，維管束に関する問題。

	2024	2023	2022
大問数	6	6	6
作図問題	1	1	1

2023年度 作 記

1は小問集合で，小問数は８問。作用・反作用，溶解度，節足動物の特徴，火成岩，仕事の原理，化学変化，動物の行動のしくみ，日本の気象に関する問題。いずれも基礎～標準的なもの。 2は電流による発熱に関する問題。 3は遺伝の規則性に関する問題。 4は地震に関する問題。 5は酸・アルカリとイオンに関する問題。 6はエネルギーの変換に関する問題。ふりこの運動や電池，光合成について問われた。

作…作図・グラフ作成問題　記…文章記述問題

解答形式

2024年度	記　述／マーク／併　用

出題傾向

大問６題のうち，各分野からの小問集合が１，２題。他は，物理・化学・生物・地学の４分野からの出題で，大問１題当たり小問が４～５問付き，小問数は全部で40問程度。

教科書の実験・観察を題材とし，実験操作や結果，考察を確認する問題が中心。作図や文章記述問題も出題された。

今後への対策

はじめに，教科書の実験・観察の手順や結果・考察についてまとめよう。その後，基礎的な問題集を１冊解き，正確な知識が身についているか確認しよう。できない問題があったら，教科書を見直すこと。

次に，本校や公立高校の過去問題を解き，実践的な練習をして，総合問題に慣れるとともに，応用力や考察力も身につけたい。

◆◆◆◆ 理科出題分野一覧表 ◆◆◆◆

分野	年度	2022	2023	2024	2025予想※
身近な物理現象	光と音			●	△
	力のはたらき（力のつり合い）	●			△
物質のすがた	気体の発生と性質				△
	物質の性質と状態変化	●		●	◎
	水溶液		●		△
電流とその利用	電流と回路		●		◎
	電流と磁界（電流の正体）	●		●	◎
化学変化と原子・分子	いろいろな化学変化（化学反応式）	●	●	●	◎
	化学変化と物質の質量	●			◎
運動とエネルギー	力の合成と分解（浮力・水圧）				△
	物体の運動	●	●	●	◎
	仕事とエネルギー		●		◎
化学変化とイオン	水溶液とイオン（電池）	●	●	●	◎
	酸・アルカリとイオン		●		◎
生物の世界	植物のなかま				◎
	動物のなかま		●	●	◎
大地の変化	火山・地震		●	●	◎
	地層・大地の変動（自然の恵み）	●			◎
生物の体のつくりとはたらき	生物をつくる細胞	●			△
	植物の体のつくりとはたらき	●	●	●	◎
	動物の体のつくりとはたらき		●		◎
気象と天気の変化	気象観察・気圧と風（圧力）				◎
	天気の変化・日本の気象	●	●	●	◎
生命・自然界のつながり	生物の成長とふえ方			●	△
	遺伝の規則性と遺伝子（進化）	●	●	●	◎
	生物どうしのつながり				△
地球と宇宙	天体の動き				◎
	宇宙の中の地球				
自然環境・科学技術と人間					
総合	実験の操作と実験器具の使い方	●			◎

※予想欄　◎印：出題されると思われるもの。　△印：出題されるかもしれないもの。

分野のカッコ内は主な小項目

出題傾向と今後への対策　国語

出題内容

2024年度

一 小説　二 論説文　三 説明文　四 古文

課題文

一 天沢夏月『青の刀匠』
二 石田光規『「人それぞれ」がさみしい』
三 岡井　隆『歌を創るこころ』
四『古事談』

2023年度

一 小説　二 論説文　三 説明文　四 古文

課題文

一 坂井希久子『たそがれ大食堂』
二 磯田道史『歴史とは靴である』
三 復本一郎『青春俳句をよむ』
四『十訓抄』

2022年度

一 小説　二 論説文　三 説明文　四 古文

課題文

一 乾　ルカ『明日の僕に風が吹く』
二 後藤玲子『仕事って？』
三 河野有時『石川啄木』
四『醒睡笑』

解答形式

2024年度	記　述／マーク／併　用

出題傾向

課題文は，現代文の分量は平均的，古文の分量はやや短めであるが，内容的には公立高校入試より若干レベルが高いものが選ばれているようである。設問は，現代文の読解問題で50字程度の記述式解答が求められるほか，作文も出題されている。出題のねらいはしっかりとした基礎学力を見ることにあるといえる。

今後への対策

現代文については，基礎学力を養成する問題集で練習を積むのがよい。また，作文や記述式解答には，課題文の内容を100字から200字程度で簡単にまとめる練習なども効果的である。古文については，教科書や問題集などで文体に慣れておくこと。国語の知識については，漢字や文法などを中心に，復習しておくこと。

◆◆◆◆ 国語出題分野一覧表 ◆◆◆◆

分野		年度	2022	2023	2024	2025 予想※
現代文	論説文 説明文	主題・要旨				
		文脈・接続語・指示語・段落関係	●	●	●	◎
		文章内容	●	●	●	◎
		表現				
	随筆 日記 手紙	主題・要旨				
		文脈・接続語・指示語・段落関係				
		文章内容				
		表現				
		心情				
	小説	主題・要旨				
		文脈・接続語・指示語・段落関係				
		文章内容	●	●	●	◎
		表現			●	△
		心情	●	●		◎
		状況・情景				
韻文	詩	内容理解				
		形式・技法				
	俳句 和歌 短歌	内容理解			●	△
		技法				
古典	古文	古語・内容理解・現代語訳	●	●	●	◎
		古典の知識・古典文法	●	●	●	◎
	漢文	(漢詩を含む)				
国語の知識	漢字 語句	漢字	●	●	●	◎
		語句・四字熟語	●	●		◎
		慣用句・ことわざ・故事成語				
		熟語の構成・漢字の知識	●	●	●	◎
	文法	品詞	●		●	◎
		ことばの単位・文の組み立て		●		△
		敬語・表現技法			●	△
	文学史					
作文・文章の構成・資料			●	●	●	◎
その他						

※予想欄　◎印：出題されると思われるもの。　△印：出題されるかもしれないもの。

2024年度 水戸啓明高等学校

【英　語】（50分）〈満点：100点〉

1 次の(1)～(4)は，放送による問題です。それぞれ放送の指示にしたがって答えなさい。

(1) これから，**No.** 1から**No.** 5まで，五つの英文を放送します。放送される英文を聞いて，その内容に合うものを選ぶ問題です。それぞれの英文の内容に最もよく合うものを，**ア**，**イ**，**ウ**，**エ**の中から一つ選んで，その記号を書きなさい。

No. 1

No. 2

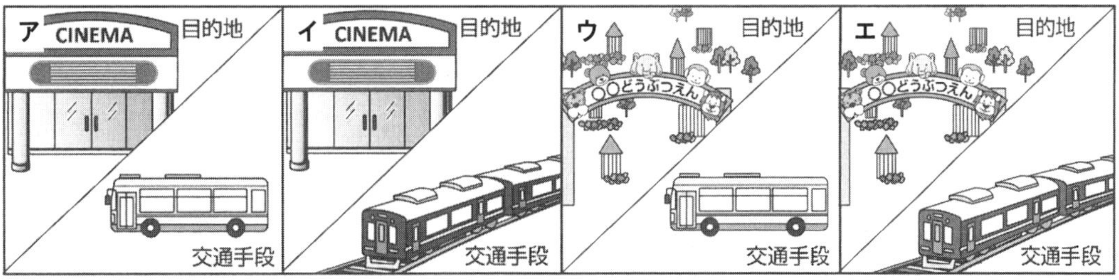

No. 3

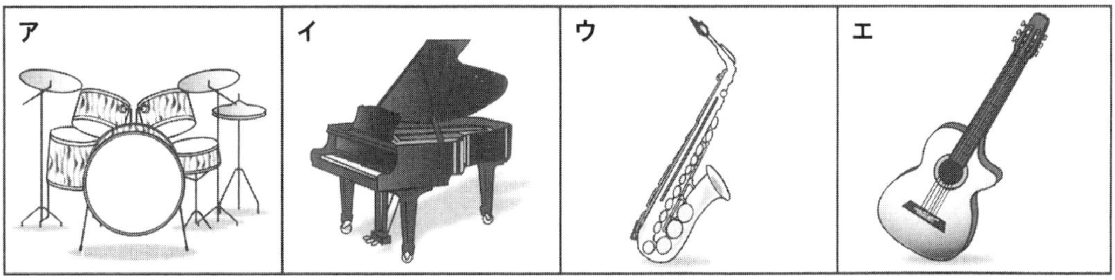

No. 4

No. 5

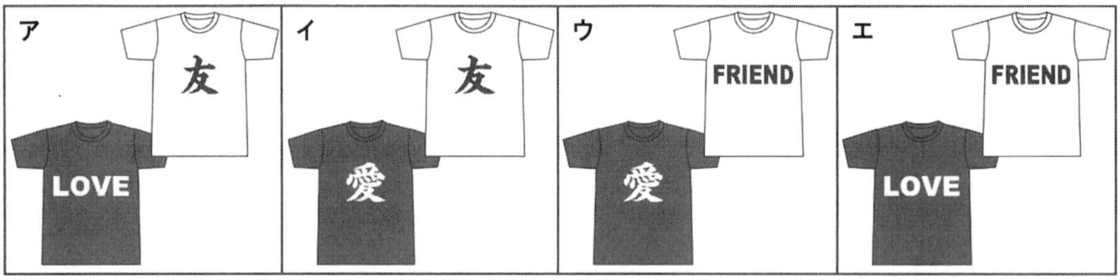

(2) これから，**No.** 1から**No.** 4まで，四つの対話を放送します。それぞれの対話のあとで，その対話について一つずつ質問します。それぞれの質問に対して，最も適切な答えを，**ア**，**イ**，**ウ**，**エ**の中から一つ選んで，その記号を書きなさい。

No. 1

ア In a library.
イ In a stadium.
ウ In a hospital.
エ In a park.

No. 2

ア It's green.
イ It's red.
ウ It's blue.
エ It's black.

No. 3

ア Two people will.
イ Six people will.
ウ Eight people will.
エ Ten people will.

No. 4

ア They are walking to a tall tower.
イ They are looking at a picture.
ウ They are watching TV at home.
エ They are looking down from a tall tower.

(3) 中学生のカイト(Kaito)と友人のミア(Mia)が話をしています。これからその二人の対話を放送します。そのあとで，その内容について，**Question No. 1** と **Question No. 2** の二つの質問をします。それぞれの質問に対して，最も適切な答えを，**ア**，**イ**，**ウ**，**エ**の中から一つ選んで，その記号を書きなさい。

No. 1

ア A birthday card.
イ A picture book.
ウ A museum ticket.
エ A video game.

No. 2

ア Tomorrow.
イ At ten.
ウ In front of the school.
エ In front of Kaito's house.

(4) 高校生のテツオ(Tetsuo)が英語の授業でスピーチをしました。これからその内容を放送します。テツオはシドニーで，週に何日，学校に行きましたか。その日数を①に書きなさい。

また，テツオが話した内容として正しい組み合わせのものを，下の**ア**，**イ**，**ウ**，**エ**の中から一つ選んで，その記号を②に書きなさい。

「テツオがシドニーで学校に行った１週間あたりの日数」 : ①（　　　　日）
「テツオが話した内容」 : ②（　　　　）

	ア	**イ**	**ウ**	**エ**
テツオがシドニーで体験したこと	山登り	サッカー観戦	山登り	サッカー観戦
クラスの日本人生徒の数	３人	２人	２人	３人
最終日のパーティーでしたこと	写真撮影	日本文化の紹介	日本文化の紹介	写真撮影

これで，放送による聞き取りテストを終わります。続いて，問題**2**に進みなさい。

※　放送による問題の放送文は，英語の問題の終わりに付けてあります。

2 次の**A**と**B**の英文は，中学生のユリ(Yuri)と，留学生のジャック(Jack)がやり取りしたメールの一部です。それぞれの英文を読んで，あとの**(1)**，**(2)**の問いに答えなさい。

A

Hi, Yuri.
In our class today, you made a speech about your two ①(hobby), playing the piano, and cooking. I enjoyed listening to your speech. I can't play the piano, and I wish I ②(can) play the piano like you! ※As for cooking, I also like it very much. I have ③(be) cooking for about five years. What food do you like to cook the best?

※ as for ～　～についていえば

B

Hi, Jack.
Wow! Your experience of cooking is ④(l　　) than mine. That's great! My ⑤(f　　) food to cook is cake. I often cook it for my friends' birthdays. Are you ⑥(g　　) at cooking it? If you are, please cook one for me!

(1)　**A**の英文が完成するように，文中の①～③の(　　　)の中の語を，それぞれ１語で適切な形に直して書きなさい。

(2)　**B**の英文が完成するように，文中の④～⑥の(　　　)内に，最も適切な英語を，それぞれ１語ずつ書きなさい。なお，答えはすべて(　　)内に示されている文字で書き始めるものとします。

3 次の英文は，中学生のリカ(Rika)と留学生のトム(Tom)の対話です。この対話文を読んで，下の**(1)**～**(3)**の問いに答えなさい。

Rika : Tom, you came to Japan because of your father's ※business, right?

Tom : Ⓐ That's right. He got a job ※offer here, so we all moved to Japan this April.

Rika : I see. How did you feel when you first heard about moving to Japan?

Tom : I was happy because I always wanted to visit Japan to learn about its culture.

Rika : That's good. What do you want to do in Japan?

Tom : I have a lot of plans. First, I want to try *shodo*.

Rika : Do you? Actually, my grandmother teaches it to children at her house. She often has students from other countries, so I think you can join her class. Are you interested?

Tom : Yes! Do you Ⓑ(**ア** when / **イ** class / **ウ** next / **エ** know / **オ** the) is?

Rika : Well, it will be this Friday.

Tom : I'm free after school that day, so I want to join her class. Can you tell her about me?

Rika : Of course. I'm sure she will say yes. Her class starts at five. So can you come to my house at four forty-five? Then I'll take you to her house.

Tom : OK. Thank you very much, Rika. Now I'm very excited!

※ business 仕事　offer 申し出

(1) 下線部Ⓐを下の英文のように言いかえたとき，(　　)に入る適切な英語１語を書きなさい。

I came to Japan because my father started to (　　) in Japan.

(2) 下線部Ⓑの(　　)の中の語を正しく並べかえて，記号で書きなさい。

(3) 次の英文は上の対話が行われた日の夜に，トムが友人に書いたメールの一部です。上の対話文の内容に合うように，(①)～(③)に入る適切な英語を，それぞれ１語ずつ略語を使わずに**すべて英語のつづりで書きなさい。**

After coming to Japan this (①), I'm having a very good time. Today I talked with Rika, one of my friends in Japan. Her grandmother is a *shodo* (②), and I'm going to learn *shodo* from her this Friday. That day I will visit Rika's house (③) minutes before the *shodo* class, and she will take me to her grandmother's house. I can't wait!

4　中学生のサトル(Satoru)と留学生のシンディ(Cindy)が，次のページのある劇団によるミュージカル(musical)の公演(performance)のちらし(flyer)を見ながら話をしています。下の対話文を読んで，**(1)**，**(2)**の問いに答えなさい。

Satoru : Cindy, do you like musicals? My mother and I wanted to see a musical this weekend, and we got two tickets for that. But my mother is busy and she can't come with me.

Cindy : That's too bad. Yes, I like musicals. I often went to see them when I was in London.

Satoru : That's good. If you are interested, I want you to come with me. You can use her ticket.

Cindy : Really? I want to come with you! What musical is it?

Satoru : Look at the flyer for the musical.

Cindy : Oh, I know this story. It's a story about (①), right?

Satoru : Yes. They travel around the ※magical land to find the ※Wizard. We can enjoy it in the S ※seats.

Cindy : Really? Oh, one ticket for the S seat ※costs (②) yen!

Satoru : Yes, and my mother said you don't have to pay any money for your ticket.

Cindy : Oh, I feel a little sorry for her.

Satoru : Don't worry. She will have another ※chance. It's July now, so she still has eight more (③) to enjoy a performance.

Cindy : I will call her and thank her this evening. Well, which day are we going to go to the musical, this Saturday or Sunday?

Satoru : The tickets are for the (④) performance. On that performance, Ms. Sawabe is going to ※play the role of the lion. She gave the tickets to my mother. They are good friends.

Cindy : I see. Where should we meet that day?

Satoru : How about at (⑤)? We can walk to the theater in only five minutes from the station.

Cindy : OK. [　　　　　　] should we meet there?

Satoru : Let's meet at nine.

Cindy : Sure. Thank you very much for asking!

※ magical　不思議な　　wizard　魔法使い　　seat　席　　cost ～　～(費用が)かかる
　chance　機会　　play the role of ～　～の役を演じる

Peter and the Wizard

June 1 to March 31

Peter Gale is a boy who is ※swept away by a ※tornado from his home to the magical land. He travels around the magical land with three new friends, and looks for the Wizard to go home.

Time: Monday to Saturday 18:30
Sunday 10:00, 17:30
Place: Sakura Theater
Tickets: S seat: 9,000 yen A seat: 6,000 yen
B seat: 4,500 yen C seat: 3,000 yen

※Cast	Morning Performance	Evening Performance
The Wizard	Tanaka Ryo	Majima Naoto
Peter Gale	Okada Kenji	Inoue Keisuke
Tom / Box Man	Yamada Sota	Yamada Sota
Beth / ※Doll	Honda Maho	Sawabe Saya
Zoey / Little Lion	Sawabe Saya	Kato Emi

‹How to go to Sakura Theater›
It takes only five minutes from Higashi Station to the theater.

- Aoba Line: Kodama Station → Higashi Station (20 minutes)
- Chuo Line: Chuo Station → Higashi Station (15 minutes)

※ swept away 吹き飛ばされて　tornado 竜巻　cast 配役　doll 人形

(1) 対話文中の(①)～(⑤)に入る最も適切なものを，**ア**～**エ**の中から一つ選んで，その記号を書きなさい。

① **ア** a boy looking for a wizard　**イ** a boy looking for new friends
ウ a girl looking for a wizard　**エ** a girl looking for new friends

② **ア** 6,000　**イ** 9,000　**ウ** 12,000　**エ** 18,000

③ **ア** days　**イ** weeks　**ウ** months　**エ** years

④ **ア** Saturday morning　**イ** Saturday evening
ウ Sunday morning　**エ** Sunday evening

⑤ **ア** Aoba Station　**イ** Kodama Station
ウ Chuo Station　**エ** Higashi Station

(2) 対話の流れに合うように，文中の[　　　　]に入る適切な英語２語を書きなさい。

5　下の英文を読んで，次のページの(1)～(4)の問いに答えなさい。

Ayaka was a junior high school student in Midori City. She ※kept a diary every day. She enjoyed doing it, but there was one thing she didn't like. She sometimes thought, "My diary has only ※text. [1]" After she drew some pictures, she always thought, "They don't look cute. I don't like them."

One day in September, a new student from ※the United States came to Ayaka's class. Her name is Emily. Her ※seat was next to Ayaka's, and they soon started talking in easy English and Japanese. They both liked taking pictures, and Emily showed Ayaka some pictures of her family and friends in the United States.

The next Sunday, Ayaka and Nami went out with Emily. Nami was one of Ayaka's friends. They met in the morning at the ※shopping arcade near Midori Station. Ayaka took pictures of Emily and Nami there. They walked through the shopping arcade and arrived at a big park at noon. Then Nami said, "I made lunch for you today. Let's eat it here. [2]" Ayaka and Emily thanked her, and they enjoyed having lunch made by Nami. After that, they walked in the park and saw beautiful flowers. When they were in the park, Emily took a lot of pictures.

At three, Ayaka said to Nami and Emily, "I'm a little hungry. Let's go back to the shopping arcade and eat *taiyaki*." Nami looked happy, but Emily said, "What is it?" Ayaka said to Emily, "It looks like a fish and it has *anko* in it. It's very good. [3] You should try it." Then Emily said, "Oh, I don't like *anko* very much." Ayaka said, "Then, you can try ※cream *taiyaki* or chocolate *taiyaki*." Emily said, "Chocolate *taiyaki* has chocolate in it, right? Then I want to try it!" They went back to the shopping arcade and bought some *taiyaki* at a shop. Before eating it, Nami took some pictures of them. Emily liked chocolate *taiyaki* very much, so Ayaka and Nami were happy.

When the three girls were on the train going home, Emily said to the other girls, "Will you send me the pictures you took today? I will ※print some of them and put them in my diary." Ayaka was surprised to hear that and said, "Oh, [　　]. That's a great idea, Emily. I will do that, too." Emily said, "My father gave me this idea. I can't draw well, so I put pictures in my diary."

That night, Ayaka used her father's ※printer and printed some of her pictures. After she put them in her diary, she was surprised. It looked very nice. She thought, "This is really a great idea. I'm glad my diary looks great now. [4]"

※ (keep a) diary　日記(をつける)　text　文字　the United States　アメリカ合衆国
seat　座席　shopping arcade　商店街　cream　クリーム(の)　print ～　～を印刷する
printer　プリンター

(1) 本文の内容に合う文を，次の**ア**～**ク**の中から三つ選んで，その記号を書きなさい。

ア Ayaka always thought that her pictures were cute.

イ Emily came to Ayaka's class in September and soon started talking with Ayaka.

ウ Emily liked taking pictures, but Ayaka didn't like it very much.

エ Ayaka made lunch for Nami and Emily, and they ate it in the park.

オ Emily didn't know about *taiyaki* before going out with Ayaka and Nami.

カ Emily ate cream *taiyaki* but she didn't like it very much.

キ Emily wanted Ayaka and Nami to send her some pictures.

ク Nami used her father's printer to print some pictures to put them in her diary.

(2) 次の①，②の質問に，それぞれ指定された語数の英文で答えなさい。ただし，**すべて英語のつづりで書くこと**とします。また，符号(, . ? ! など)は，語数には含まないものとします。

① How long did Ayaka, Nami, and Emily stay at the park? （3語以上）

② Who gave Emily an idea of putting some pictures in her diary? （2語以上）

(3) 次の文は文中の [1] ～ [4] のどの位置に入るのが最も適切か，番号で答えなさい。

I should draw some pictures here.

(4) 本文の内容から考えて，本文中の [　　　] に入る最も適切なものを，次の**ア**～**エ**の中から一つ選んで，その記号を書きなさい。

ア I won't do that

イ I don't have to do that

ウ I've never done that

エ I've done that before

6 あなたは，英語の授業で，あなたがもっとも好きな学校行事について発表することになりました。次の(1)，(2)の問いに答えなさい。なお，記入例にならい，符号(，．？ !など)は，その前の語につけて書き，語数には含まないものとします。

(1) あなたがもっとも好きな学校行事が何であるかを説明する文を，英語５語以上，10 語以内で書きなさい。ただし，英文は１文とします。

(2) (1)で書いた文に続けて，なぜその行事が好きなのか，その理由を書きなさい。英語 20 語以上，30 語以内で書きなさい。ただし，英文は４文までとします。

(1)

5

10

(2)

20

30

記入例	Is	that	your	school?
	Yes,	it	is.	

＜放送による問題放送文＞

ただいまから１番の，放送による聞き取りテストを行います。問題は(1)から(4)までの４つです。放送中メモを取ってもかまいません。

それでは，(1)の問題からはじめます。

(1) これから，No.1 から No.5 まで，５つの英文を放送します。放送される英文を聞いて，その内容に合うものを選ぶ問題です。それぞれの英文の内容に最もよく合うものを，ア，イ，ウ，エの中から一つ選んで，その記号を書きなさい。

それぞれの英文は２回放送します。

では，はじめます。

No. 1

My sister is skiing.

繰り返します。

No.2

When my family goes to the movie theater, we always take a bus.

繰り返します。

No.3

I went to a music concert yesterday because a friend of mine played the guitar in the concert.

繰り返します。

No.4

On Saturday morning, I go to the park and read books on a bench.　In the afternoon, I do my homework in my house.

繰り返します。

No.5

My brother and I bought some T-shirts yesterday. Mine has an English word on it. The word is “Friend.”　My brother’s has a Japanese Kanji on it, and it means “Love” in English.

これで，(1)の問題を終わります。

次に，(2)の問題に移ります。

(2) これから，No.1 から No.4 まで，４つの対話を放送します。それぞれの対話のあとで，その対話について一つずつ質問します。それぞれの質問に対して，最も適切な答えを，ア，イ，ウ，エの中から一つ選んで，その記号を書きなさい。

対話と質問は２回放送します。

では，はじめます。

No. 1

A: Excuse me.　I want to read this book at home.

B: I see.　Do you have a library card?

A: Yes.　Here you are.

B: Thank you.　You can keep the book at home for two weeks.

Question: Where are they?

繰り返します。

No. 2

A: Mother, where should I put this trash?

B: Put it in the green box.

A: Can I put old books in the green box, too?

B: No.　The box for old books is over there.　It's blue.　Other things should go in the black box.

Question: What is the color of the box for old books?

繰り返します。

No.3

A: Did you say eight people were coming to your birthday party?

B: Yes, but some of them can't come.

A: How many?

B: Two.　John and Eric have a soccer game.

Question: How many people will come to the party?

繰り返します。

No. 4

A: Wow.　Look down from here!　We can see all things in our city.

B: It's great.　We can see everything from this tower.

A: Look!　That's our house.　It looks very small.　Where is our school?

B: It's between the city hall and the temple.

Question: What are they doing?
繰り返します。

これで(2)の問題を終わります。

次に，(3)の問題に移ります。

(3) 中学生のカイト(Kaito)と友人のミア(Mia)が話をしています。これからその二人の対話を放送します。そのあとで，その内容について，Question No. 1 と Question No. 2 の二つの質問をします。それぞれの質問に対して，最も適切な答えを，ア，イ，ウ，エの中から一つ選んで，その記号を書きなさい。

対話と質問は２回放送します。

では，はじめます。

Mia:　Hello, Kaito.　What are you doing?

Kaito: Hi, Mia.　I'm looking for a birthday present for my sister.

Mia:　That's nice.　When is her birthday?

Kaito: It's next week.　I want to buy a video game for her, but it's expensive.

Mia:　How about a picture book?　You said she liked picture books very much.

Kaito: You are right.　She will be happy to get a new one.　Do you know where I can get a good one?

Mia:　Yes.　A new book store opened near the museum last week.　I went there yesterday.　I think it has many good picture books.

Kaito: I see.　Do you have time now?　I want you to come with me.

Mia:　Sorry, but I have to go home now.　I will be free tomorrow.　Let's go there tomorrow.

Kaito: OK.　When and where will we meet?

Mia:　At ten, in front of the school.　Is that OK?

Kaito: Sure.　See you tomorrow.

Questions:

No. 1　What did Kaito first want to buy for his sister's birthday?

No. 2　Where will Kaito and Mia meet tomorrow?

繰り返します。

これで(3)の問題を終わります。

次に，(4)の問題に移ります。

(4) 高校生のテツオ(Tetsuo)が英語の授業でスピーチをしました。これからその内容を放送します。テツオはシドニーで，週に何日，学校に行きましたか。その日数を①に書きなさい。

また，テツオが話した内容として正しい組み合わせのものを，下のア，イ，ウ，エの中から一つ選んで，その記号を②に書きなさい。

英文は２回放送されます。

では，はじめます。

Last year, I went to Sydney, Australia, with two of my friends. We stayed there for two weeks and had a lot of fun. We climbed mountains, watched baseball games, and ate delicious beef steak. During our stay, my friends and I went to school four days a week. We were the only Japanese students in the class, but our classmates were very kind, and we had a great time. In one class. we talked about Japanese culture. We talked about things like *origami*, *shodo*, and *sado*. Talking about them in English was not easy, but we enjoyed it. After we talked, many students asked us questions about Japanese culture. Some of the questions were very difficult to answer, but I think all of our classmates enjoyed listening to us. On the last day of school. our classmates had a party for us. We talked a lot, played games, and took many pictures. At the end of the party, we cried because we didn't want to leave. I want to visit Sydney and meet my friends again soon.

繰り返します。

これで，放送による聞き取りテストを終わります。続いて，問題２に進みなさい。

【数　学】（50分）〈満点：100点〉

注意　1．答えの分数が約分できるときは，約分しなさい。
　　　2．答えに根号がつくときには，根号の中を最も小さい正の整数にしなさい。
　　　3．答えの分母に根号がつくときには，分母に根号がつかない形に直しなさい。

1　次の(1)，(2)の問いに答えなさい。

(1)　次の①～④の計算をしなさい。

①　$-7+4$

②　$5x+9y-2(3x+2y)$

③　$8a^2b^2\div(-4a^2b)\times 6a$

④　$5\sqrt{2}-8\sqrt{5}\div\sqrt{10}$

(2)　$x^2-12x+36$　を因数分解しなさい。

2　次の**(1)**～**(4)**の問いに答えなさい。

(1)　下の**図**は，あるクラスの生徒 35 人の 10 点満点のテストの結果を，箱ひげ図で表したものである。
四分位範囲を求めなさい。

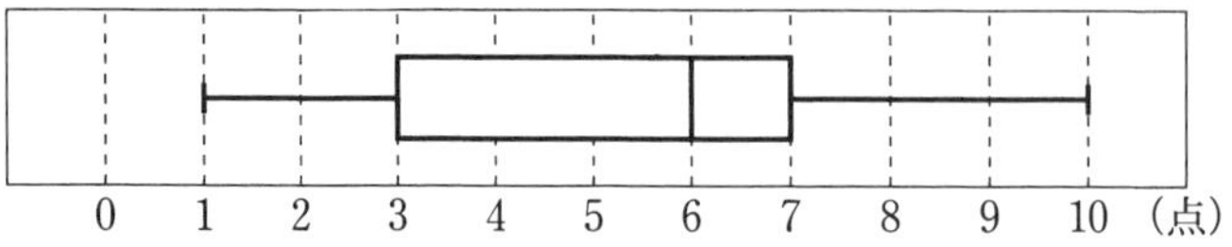

図

(2)　$a=-1+\sqrt{2}$，$b=-\sqrt{2}$ のとき，a^2-b^2 の値を求めなさい。

(3)　連立方程式 $\begin{cases} -x+5y=28 \\ 5x-3y=-30 \end{cases}$ を解きなさい。

(4)　ある中学校の生徒は，自転車で通学している生徒と徒歩で通学している生徒に分けられる。
自転車で通学している生徒の数は，全生徒数の $\dfrac{2}{3}$ より 10 人少ない。
また，徒歩で通学している生徒の数は，全生徒数の $\dfrac{2}{5}$ より 12 人少ない。
このとき，この中学校の全生徒数は何人か求めなさい。

3 右の**図**のように，正八角形の各頂点に，A，1，2，3，4，5，6，7の番号がふってある。

この正八角形の中心をOとする。

1から7までの数字が1つずつ書かれた7枚のカードがある。

この7枚のカードから同時に2枚のカードを取り出し，その2枚のカードに書かれた数字を p，q（$p<q$）とする。

図の正八角形において，番号 p がふられた頂点をP，番号 q がふられた頂点をQとする。

このとき，次の**(1)**～**(3)**の問いに答えなさい。

ただし，どのカードが取り出されることも同様に確からしいとする。

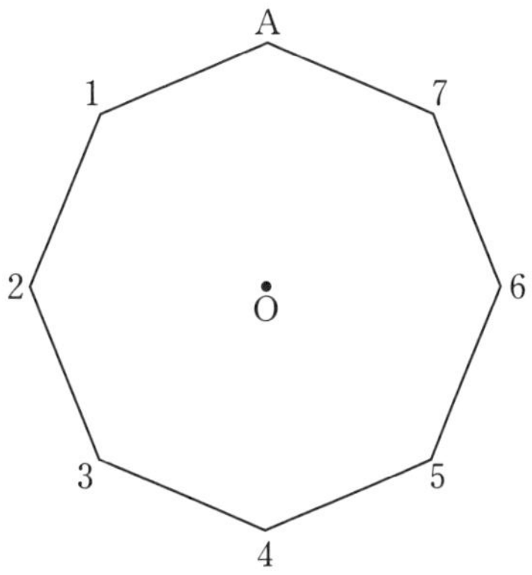

図

(1) $p=1$，$q=4$ のとき，∠POQ の大きさを求めなさい。

(2) AO // PQ になる確率を求めなさい。

(3) △APQ が直角三角形になる確率を求めなさい。

4

右の**図1**のように，△ABC の 3 つの頂点を通る円がある。
頂点 B を含まない $\overset{\frown}{\mathrm{AC}}$ 上に点 P をとり，線分 BP と辺 AC との交点を Q とする。
頂点 A と点 P を結ぶ。
このとき，次の**(1)**，**(2)**の問いに答えなさい。

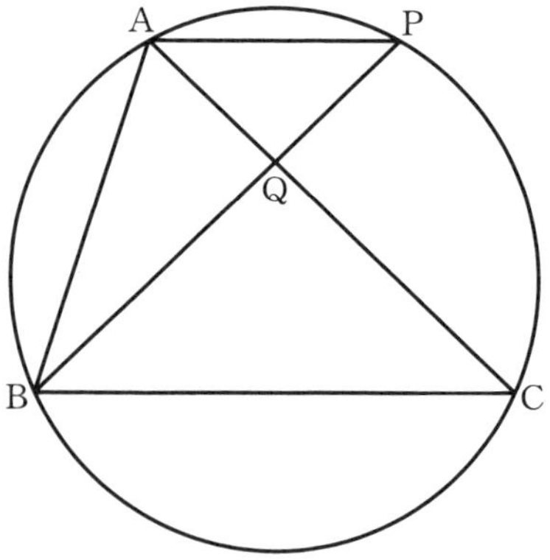

図1

(1) AP // BC，∠AQB＝86° とするとき，∠APQ の大きさを求めなさい。

(2) 右の**図2**のように，直線 BP が ∠ABC の二等分線になるとき，辺 BC 上に点 R を AB // PR となるようにとり，線分 PR と辺 AC との交点を S とする。

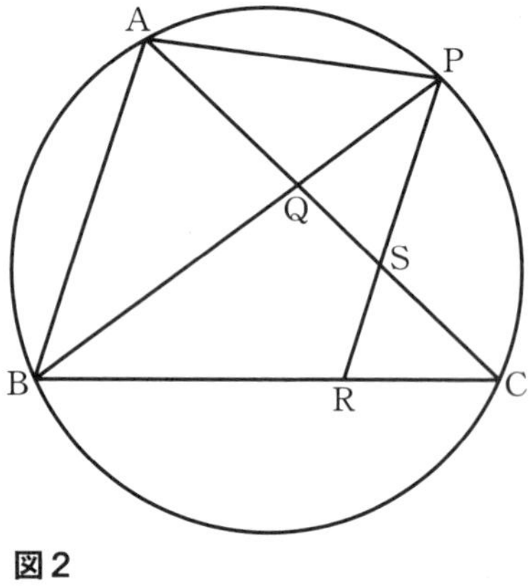

図2

① △ABQ∽△SAP となることを次のように証明するとき，**ア** ～ **ウ** をうめて，証明を完成させなさい。

〈証明〉
△ABQ と △SAP において，
仮定から，　∠ABQ＝∠CBQ　…①
$\overset{\frown}{\mathrm{CP}}$ に対する **ア** だから，
∠CBQ＝∠SAP　…②
①，②より，　∠ABQ＝∠SAP　…③
AB // PR で，平行線の **イ** は等しいから，
∠BAQ＝∠ASP　…④
③，④より， **ウ** が
それぞれ等しいので，
△ABQ∽△SAP

② AB＝9 cm，BC＝12 cm，BR：RC＝2：1 のとき，線分 QS の長さと辺 AC の長さの比をもっとも簡単な整数の比で表しなさい。

5

右の**図1**において，O (0, 0)，A (2, 1)，B (2, 8) とする。
また，m は関数 $y=ax^2$ $(a>0)$ のグラフを表し，線分 AB 上の点 C を通る。
m の x 座標が負の部分を動く点を P とする。
このとき，次の**(1)**〜**(3)**の問いに答えなさい。

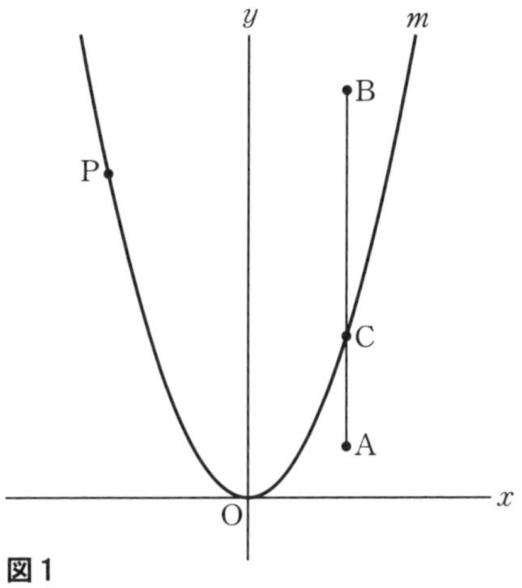

図1

(1) 点 C の y 座標が 6 のとき，a の値を求めなさい。

(2) $a=\frac{1}{2}$ とする。
点 P の x 座標が -4 のとき，2 点 C，P を通る直線の式を求めなさい。

(3) 右の**図2**のように，点 P が y 軸について点 C と対称であるとき，線分 AP と y 軸との交点を D とする。
△ACD の面積と四角形 CBPD の面積の比が 3 : 11 となるとき，a の値を求めなさい。

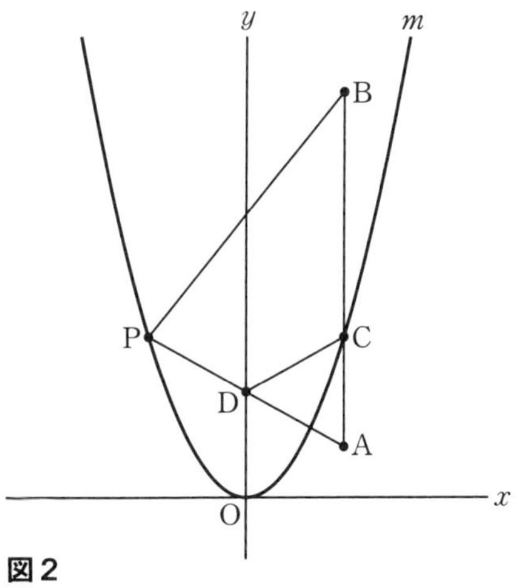

図2

6　右の**図1**のような，AB＝4 cm，BC＝8 cm，AE＝6 cm の直方体 ABCDEFGH がある。

辺 AD 上に点 I を AI：ID＝3：1 となるようにとる。

このとき，次の**(1)**～**(3)**の問いに答えなさい。

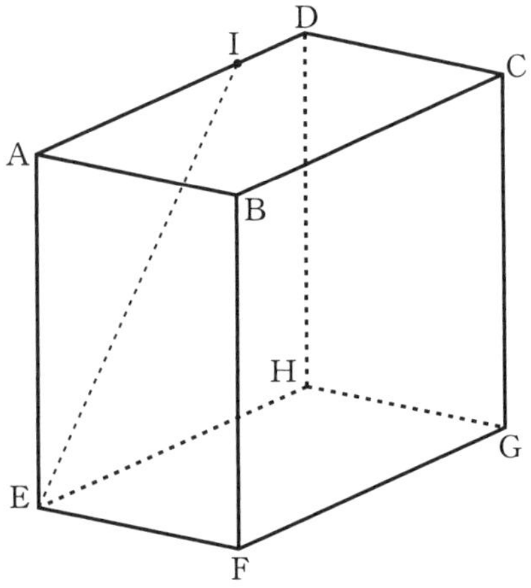

図1

(1)　線分 AI の長さを求めなさい。

(2)　∠AIE の大きさを求めなさい。

(3)　右の**図2**は，辺 CD の中点を M とし，3 点 E，I，M を通る平面と辺 CG，FG との交点をそれぞれ J，K としたものである。

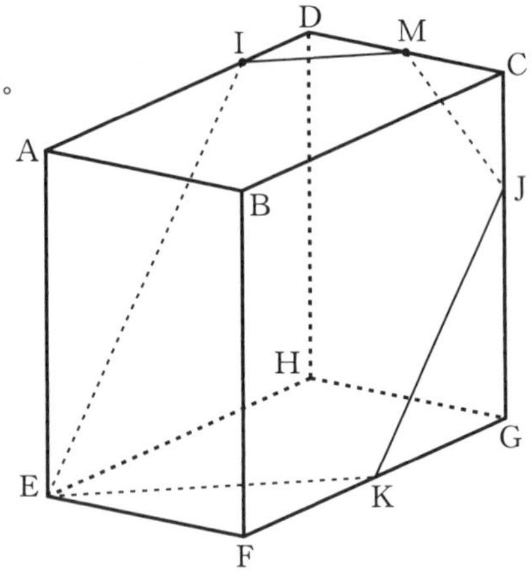

図2

①　線分 GJ の長さを求めなさい。

②　右の**図3**は，直方体 ABCDEFGH を 3 点 E，I，M を通る平面で 2 つに分けたときの，頂点 D を含む方の立体である。この立体の体積を求めなさい。

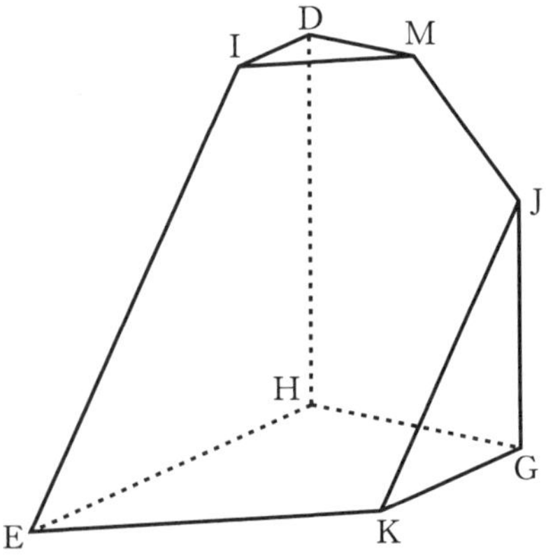

図3

【社　会】（50分）〈満点：100点〉

1　社会科の授業で，世界や日本の地理について班ごとにテーマを設定し，学習しました。次の**1**，**2**に答えなさい。

1　A班では，世界の国々というテーマを設定し，学習しました。(1)〜(3)の問いに答えなさい。

資料1　世界地図

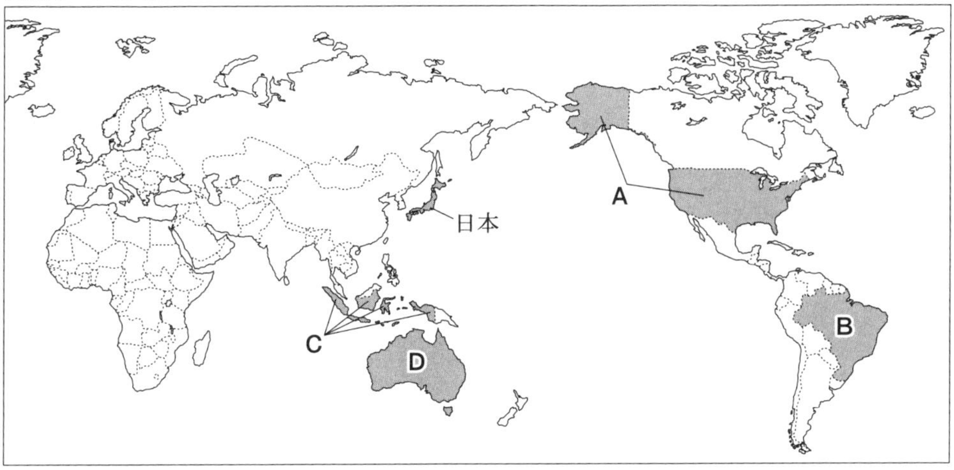

(1)　太郎さんは，**資料1**の**A**〜**D**の4か国と日本について調べました。

①　太郎さんは，**A**〜**D**の4か国と日本の人口，国土面積，排他的経済水域の面積を調べ，それをもとに，この5か国の人口密度と国土面積を100としたときの排他的経済水域の面積の比率を計算して**資料2**を作成しました。日本に当てはまるものを，**資料2**の**ア**〜**オ**の中から1つ選んで，その記号を書きなさい。

資料2　5か国の人口密度と国土面積を100としたときの排他的経済水域の面積の比率

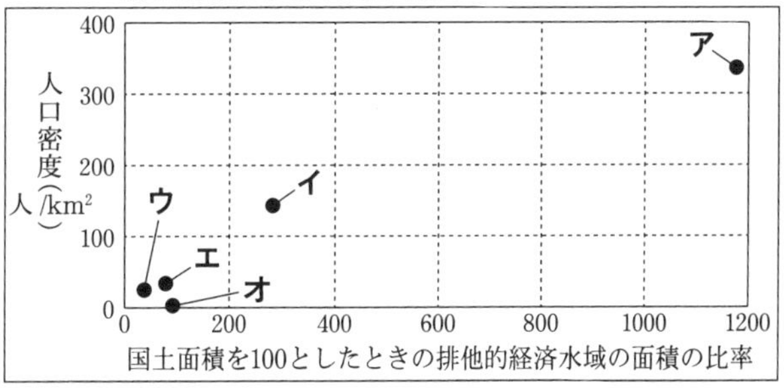

※排他的経済水域の面積には領海の面積も含む。

〔「海洋白書」2009ほかより作成〕

②　太郎さんは，**A**〜**D**の4か国と日本の発電エネルギー源別割合を調べ，**資料3**を作成しました。**資料3**の**a**〜**c**に当てはまる発電エネルギー源の組み合わせとして最も適切なものを，次の**ア**〜**エ**の中から1つ選んで，その記号を書きなさい。また，**資料3**の**d**は，太陽光や風力，地熱などの再生可能エネルギーを示しています。再生可能エネルギーのうち，さとうきびなどの植物を原料としてつくられる燃料を何といいますか，書きなさい。

資料3　5か国の発電エネルギー源別割合（2019年）

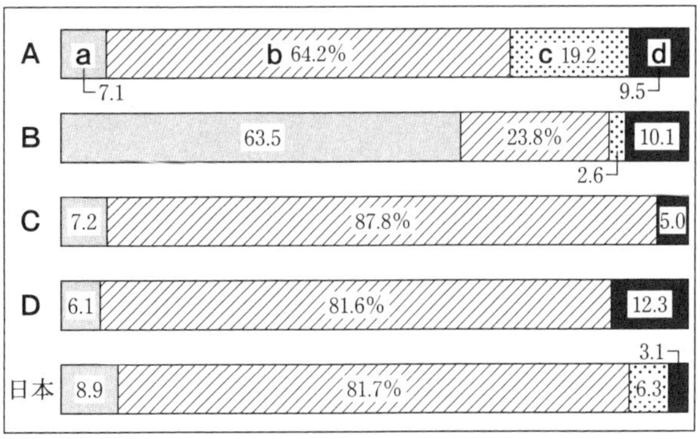

〔「世界国勢図会」2022/23年版より作成〕

ア　［　**a**　火力　　**b**　水力　　**c**　原子力　］
イ　［　**a**　原子力　**b**　水力　　**c**　火力　］
ウ　［　**a**　水力　　**b**　火力　　**c**　原子力　］
エ　［　**a**　火力　　**b**　原子力　**c**　水力　］

(2) 花子さんは，ヨーロッパ州の国々について調べる中で**資料4**を見つけ，太郎さんと話し合いました。

花子：ヨーロッパ州の国々は，1993 年に，政治的，経済的な統合をめざして EU(ヨーロッパ連合)を結成したということを授業で習ったね。
太郎：EU には 2023 年 4 月現在 27 か国が加盟していて，その多くが EU の共通通貨である **あ** を導入しているね。
花子：でも，ヨーロッパの主要国の 1 つの **い** が，2020 年に EU から脱退したニュースを覚えているよ。どうして **い** は EU を脱退したのかな。
太郎：さまざまな理由があると思うけど，その 1 つに，**資料4**から読み取れる，**う** という課題が関係していると思うよ。

資料4　ヨーロッパ州の各国の一人当たり国民総所得(2019 年)

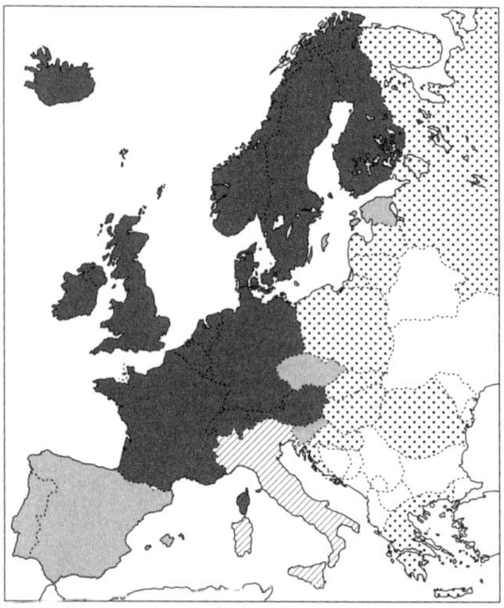

■ 40,000 ドル以上
▨ 30,000 ドル以上 40,000 ドル未満
▩ 20,000 ドル以上 30,000 ドル未満
⁙ 10,000 ドル以上 20,000 ドル未満
□ 10,000 ドル未満
〔「世界国勢図会」2022/23 年版より作成〕

① 会話文中の **あ** に当てはまる語を**カタカナ**で書きなさい。
② 会話文中の **い** に共通して当てはまる国の首都の都市について正しく述べているものを，次の**ア**～**エ**の中から 1 つ選んで，その記号を書きなさい。
ア　冷戦時に東西を分ける壁がつくられていた。
イ　国際連合の本部が置かれている。
ウ　都市内に世界最小の面積の国が位置している。
エ　0 度の経線(本初子午線)が通っている。
③ 会話文中の **う** に当てはまる内容を，「**一人当たり国民総所得**」という語を用いて，簡潔に書きなさい。

(3) 太郎さんは，アフリカ州の国々に関心を持ち，**資料5**の 4 か国について，面積，人口，公用語，輸出額 1 位の品目を調べて，**資料6**を作成しました。**資料6**の **d**～**g** に当てはまる国の組み合わせとして最も適切なものを，下の**ア**～**エ**の中から 1 つ選んで，その記号を書きなさい。

資料5

資料6　4 か国の面積，人口，公用語，輸出額 1 位の品目

	面積(千 km²)	人口(千人)	公用語	輸出額第 1 位の品目
d	924	213,401	英語	原油
e	322	27,478	フランス語	カカオ豆
f	592	53,006	スワヒリ語・英語	紅茶
g	582	2,588	英語	ダイヤモンド

〔「データブック オブ・ザ・ワールド」2023 年版より作成〕

ア [**d** ナイジェリア　**e** コートジボワール　**f** ボツワナ　**g** ケニア]
イ [**d** ナイジェリア　**e** コートジボワール　**f** ケニア　**g** ボツワナ]
ウ [**d** コートジボワール　**e** ナイジェリア　**f** ボツワナ　**g** ケニア]
エ [**d** コートジボワール　**e** ナイジェリア　**f** ケニア　**g** ボツワナ]

2　B班では，日本各地の特色というテーマを設定し，学習しました。**(1)**～**(4)**の問いに答えなさい。

(1)　次郎さんは，世界と日本の河川を比較した**資料7**を見つけ，下の**＜ノート1＞**にまとめました。**資料7**と**＜ノート1＞**の [え] に共通して当てはまる河川名を，あとの**ア**～**エ**の中から1つ選んで，その記号を書きなさい。また， [お] に当てはまる内容として最も適切なものを，**カ**～**ケ**の中から1つ選んで，その記号を書きなさい。

資料7

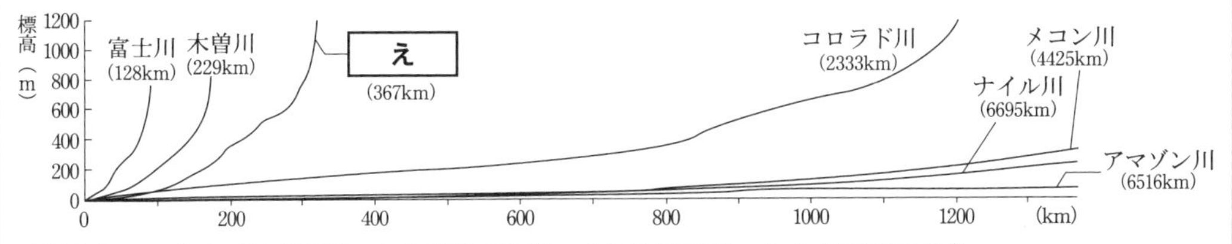

※標高は1200mまで，長さは1370kmまでの範囲で作成し，それ以上は省略。（　）内は河川の長さ。

〔「理科年表」ほかより作成〕

＜ノート1＞

○**資料7**の [え] は，日本の河川の中で最も長い川で，長野県や新潟県を流れている。

○**資料7**から，日本の河川は世界の河川と比較すると [お] という特徴が見られる。

ア　信濃《しなの》川　　**イ**　利根《とね》川　　**ウ**　最上《もがみ》川　　**エ**　石狩《いしかり》川

カ　長さが長く，傾斜が急　　**キ**　長さが長く，傾斜が緩やか

ク　長さが短く，傾斜が急　　**ケ**　長さが短く，傾斜が緩やか

(2)　良子さんは，群馬県について調べるために，群馬県のある地域を示した**資料8**の地形図を用意しました。**資料8**の地形図から読み取れることがらについて正しく述べているものを，下の**ア**～**エ**の中から1つ選んで，その記号を書きなさい。

資料8

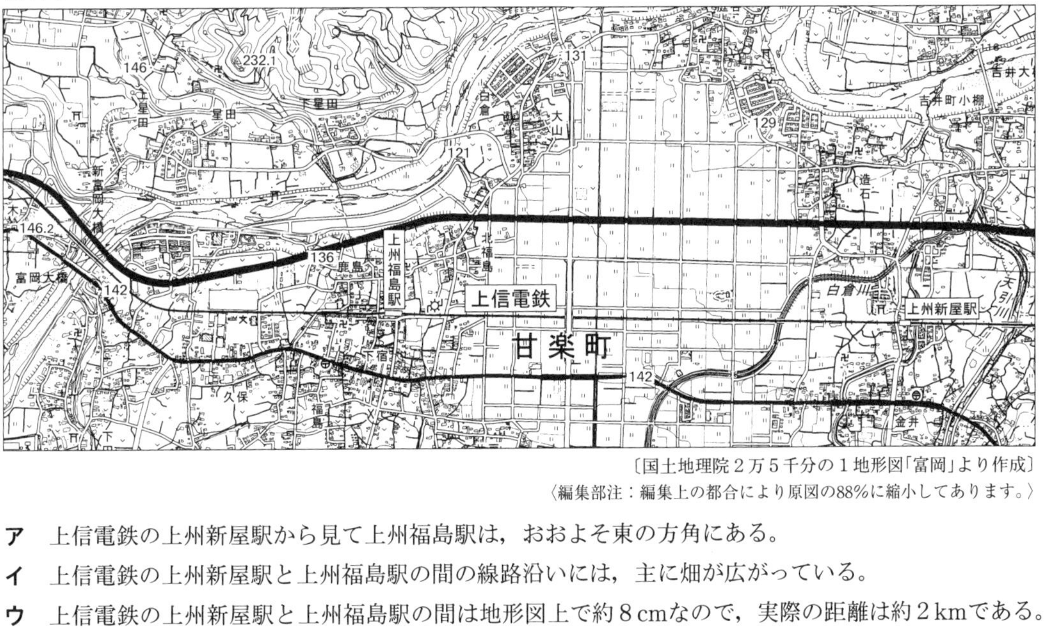

〔国土地理院2万5千分の1地形図「富岡」より作成〕
〈編集部注：編集上の都合により原図の88%に縮小してあります。〉

ア　上信電鉄の上州新屋駅から見て上州福島駅は，おおよそ東の方角にある。

イ　上信電鉄の上州新屋駅と上州福島駅の間の線路沿いには，主に畑が広がっている。

ウ　上信電鉄の上州新屋駅と上州福島駅の間は地形図上で約8cmなので，実際の距離は約2kmである。

エ　上信電鉄は，地形図中の範囲では標高150m以上のところを通っている。

(3) 次郎さんは，みかん，日本なし，もも，りんごの都道府県別収穫量を調べ，**資料９**を作成しました。**資料９**の**ア**～**エ**の中から，みかんに当てはまるものを１つ選んで，その記号を書きなさい。

資料９　４つの果実の収穫量上位４位の都道府県（2021 年）　（単位：ｔ）

ア		イ		ウ		エ	
山梨県	34,600	和歌山県	147,800	青森県	415,700	千葉県	20,500
福島県	24,300	愛媛県	127,800	長野県	110,300	茨城県	19,100
長野県	10,600	静岡県	99,700	岩手県	42,400	栃木県	15,900
山形県	8,880	熊本県	90,000	山形県	32,300	長野県	12,000
全国計	107,300	全国計	749,000	全国計	661,900	全国計	184,700

〔「日本国勢図会」2023/24 年版より作成〕

(4) 良子さんは，九州地方の人口や産業について調べるために，**資料 10** の **A**～**F** の資料を集め，そのうちの３つの資料を使って考察して，**＜ノート２＞**を作成しました。**＜ノート２＞**を作成するために使った資料として適切なものを，**資料 10** の **A**～**F** の中から**３つ**選んで，その記号を書きなさい。

＜ノート２＞

2021 年に前年より人口が増加しているのは沖縄県だけで他の７県は減少している。また，九州地方の県で最も農業産出額が多いのは鹿児島県，最も少ないのは沖縄県で，その差は3000 億円以上あり，農業・林業・水産業に従事する就業者の割合が最も低いのは福岡県である。

資料 10

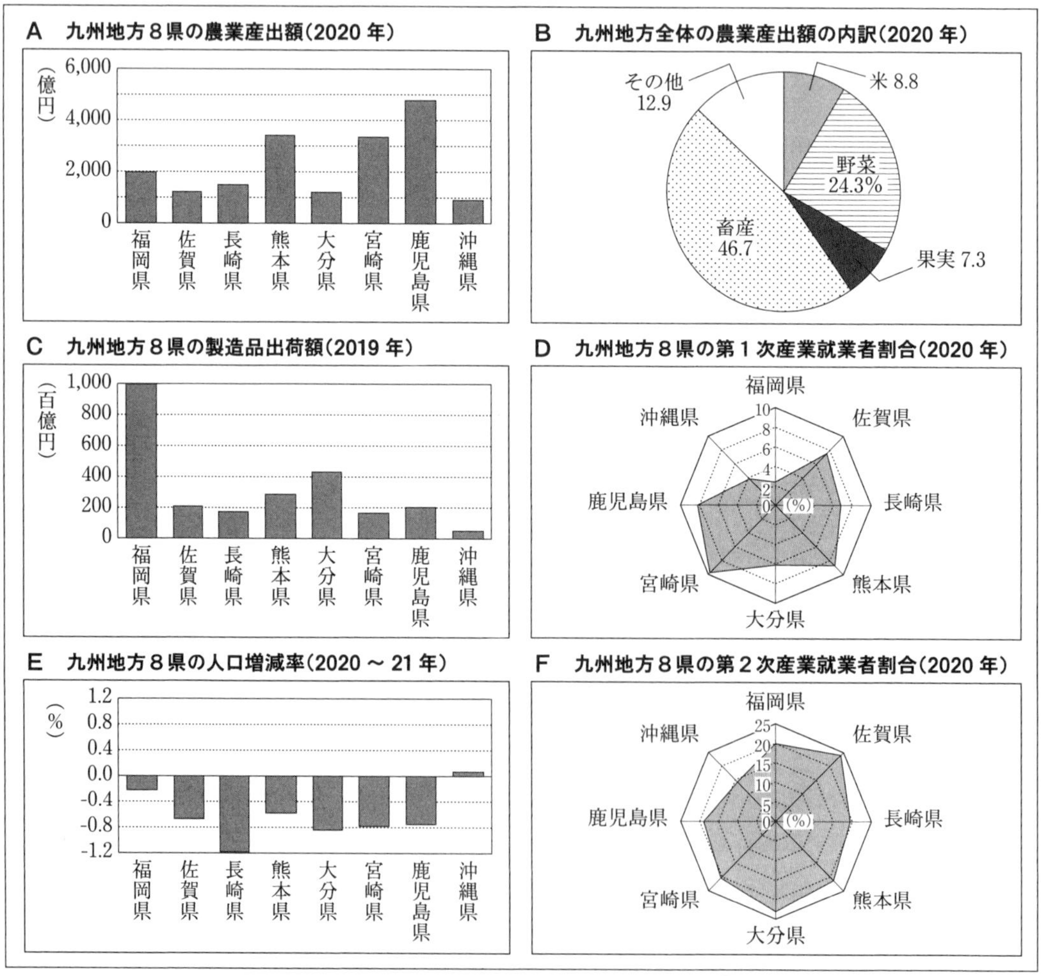

〔「データでみる県勢」2023 年版より作成〕

2　ある中学校の社会科の授業で，「それぞれの時代の社会について調べてみよう」という課題で，班ごとにテーマを設定し，学習しました。次の**1**，**2**に答えなさい。

1　A班は，「各時代の税制度に着目してみよう」というテーマを設定し，調べたことをまとめ，**カード1**～**カード4**を作成しました。⑴～⑷の問いに答えなさい。

カード1　大宝律令《たいほうりつりょう》 701年，唐《とう》の法律にならって大宝律令が制定され，班田収授法《はんでんしゅうじゅのほう》により農民に土地を与えることや租《そ》や調《ちょう》などの税の制度が定められた。	**カード2　荘園《しょうえん》の成り立ち** 743年の墾田永年私財法《こんでんえいねんしざいのほう》により，開墾した土地の私有が認められた。この私有地は荘園と呼ばれ，平安時代には国に税を納めないなどの特権を得た。
カード3　太閤検地《たいこうけんち》 豊臣秀吉《とよとみひでよし》が行った太閤検地によって，農民は，土地を耕作する権利を保障されたが，年貢《ねんぐ》を納める義務を負うこととなった。	**カード4　江戸時代の田沼意次《たぬまおきつぐ》による政治** 田沼意次は，年貢だけに頼るのではなく商工業の発展に注目した政策を行い，株仲間《かぶなかま》の結成を奨励して特権を与えるかわりに税を納めさせた。

⑴　**カード1**について，班田収授法により，農民は，6歳になると土地を与えられ，死後に国に返すことになりました。この農民に与えられた土地を何といいますか，**漢字3字**で書きなさい。また，**カード1**の701年から**カード2**の743年までの間に起こったできごとを，次の**ア**～**エ**の中から1つ選んで，その記号を書きなさい。

ア　中大兄皇子《なかのおおえのおうじ》と中臣鎌足《なかとみのかまたり》らが大化《たいか》の改新を行った。
イ　冠位《かんい》十二階の制度が定められた。
ウ　坂上田村麻呂《さかのうえのたむらまろ》が征夷大将軍《せいいたいしょうぐん》に任じられた。
エ　平城京《へいじょうきょう》に都《みやこ》が移された。

⑵　太郎さんは，**カード2**の平安時代の文化について，花子さんと話し合いました。会話文の［**あ**］に当てはまる語を書きなさい。また，［**い**］～［**え**］に当てはまる語の組み合わせとして最も適切なものを，下の**ア**～**エ**の中から1つ選んで，その記号を書きなさい。

> 太郎：平安時代の後半には，唐の文化の影響を受けながらも，日本の風土に合った文化が栄えたね。
> 花子：この文化を［**あ**］文化と呼ぶね。漢字をもとにして仮名《かな》文字がつくられたりしたよ。
> 太郎：仮名文字がつくられて，清少納言《せいしょうなごん》が書いた［**い**］などのすぐれた文学作品が生まれたよ。
> 花子：そのころ政治では藤原《ふじわら》氏が権力を握り，天皇が幼い時は［**う**］，成人した後は［**え**］という地位について政治を行っていたよ。

ア［**い**　枕草子《まくらのそうし》　**う**　摂政《せっしょう》　**え**　関白《かんぱく》］
イ［**い**　枕草子　**う**　関白　**え**　摂政］
ウ［**い**　源氏物語《げんじものがたり》　**う**　摂政　**え**　関白］
エ［**い**　源氏物語　**う**　関白　**え**　摂政］

⑶　花子さんは，**カード3**の太閤検地について調べ，**<ノート>**にまとめました。**<ノート>**の［**お**］に当てはまる内容を，「**武士**」，「**農民**」という語を用いて，簡潔に書きなさい。また，豊臣秀吉が行ったことがらを，下の**ア**～**エ**の中から1つ選んで，その記号を書きなさい。

> **<ノート>**
> 豊臣秀吉は，太閤検地とともに農民から武器を取り上げる刀狩《かたながり》を行い，この2つの政策によって［**お**］，その後の近世社会の身分制度の土台がつくられた。

ア　安土《あづち》城の城下町を楽市楽座《らくいちらくざ》とした。
イ　明《みん》を征服しようとして朝鮮に大軍を送った。
ウ　ポルトガル船の来航を禁止した。
エ　関ヶ原《せきがはら》の戦いで石田三成《いしだみつなり》らの西軍を破った。

(4) **カード4**について，この後，天保《てんぽう》の改革の中で，株仲間の解散が命じられました。株仲間の解散を命じた老中《ろうじゅう》の名前を書きなさい。また，**資料**は，江戸時代に使われるようになった，脱穀の能率を高めた農具を示したものです。この農具の名称を，次の**ア**～**エ**の中から１つ選んで，その記号を書きなさい。

資料

ア　石包丁《いしぼうちょう》　　**イ**　備中《びっちゅう》ぐわ　　**ウ**　千歯《せんば》こき　　**エ**　唐箕《とうみ》

2　B班は，「近代の経済の動きに着目してみよう」というテーマを設定し，年表を作成しました。**(1)**～**(3)**の問いに答えなさい。

西暦	できごと
18 世紀後半	a <u>イギリスで産業革命が起こる。</u>
1929 年	b <u>世界恐慌が起こる。</u>
1950 年代	c <u>日本で高度経済成長が始まる。</u>

(1)　下線部**a**について，次の**Ⅰ**～**Ⅲ**は，イギリスに関連するできごとについて述べたものです。**Ⅰ**～**Ⅲ**を年代の古い順に並べたものを，下の**ア**～**カ**の中から１つ選んで，その記号を書きなさい。

Ⅰ　日本と同盟を結んだ。	Ⅱ　清《しん》とアヘン戦争を行った。	Ⅲ　名誉革命が行われた。

ア　[Ⅰ－Ⅱ－Ⅲ]　　**イ**　[Ⅰ－Ⅲ－Ⅱ]　　**ウ**　[Ⅱ－Ⅰ－Ⅲ]
エ　[Ⅱ－Ⅲ－Ⅰ]　　**オ**　[Ⅲ－Ⅰ－Ⅱ]　　**カ**　[Ⅲ－Ⅱ－Ⅰ]

(2)　次郎さんは，下線部**b**について良子さんと話し合いました。会話文の［　か　］に当てはまる内容を，下の**ア**～**エ**の中から１つ選んで，その記号を書きなさい。また，［　き　］に当てはまる語を書きなさい。

次郎：ニューヨークの株式市場の株価が大暴落したことをきっかけに，世界恐慌が起こったんだよね。
良子：世界恐慌に対して各国はいろいろな対策を行ったけど，イギリスやフランスは［　か　］ということを行ったよ。
次郎：日本も深刻な不景気になって，満州事変《まんしゅうじへん》を起こしたり，犬養毅《いぬかいつよし》首相が暗殺される［　き　］事件が起こったりして，軍部の力が強くなっていって戦争への道を歩んでいくんだね。

ア　五か年計画と呼ばれる計画経済を推進し，農場や工場を国営化する
イ　政府がダム工事などの公共事業を積極的に行って失業者を救済する
ウ　民主主義を否定して独裁政治を行い，軍備を増強して植民地を拡大する
エ　本国と植民地との関係を強め，その他の国の商品に対する関税を高くする

(3)　下線部**c**の高度経済成長は，1950 年代後半から 1973 年まで続きました。この期間に起こったできごととして**適切でないもの**を，次の**ア**～**エ**の中から１つ選んで，その記号を書きなさい。
ア　アジアで最初の夏季オリンピック・パラリンピックが東京で開催された。
イ　沖縄が日本に返還され，返還交渉の過程で，非核三原則が国の方針となった。
ウ　非自民の連立内閣である細川護煕《ほそかわもりひろ》内閣が誕生して，「55 年体制」が終わった。
エ　日韓基本条約が結ばれ，日本は，韓国政府を朝鮮半島の唯一の政府として承認した。

3　ある中学校の社会科の授業で，「私たちの生活と人権，政治との関わり合いについて考えよう」という課題で，班ごとにテーマを設定し，学習しました。次の**1**，**2**に答えなさい。

1　A班は，人権の歴史について学習したことをもとに，話し合いました。**(1)**～**(3)**の問いに答えなさい。

> 花子：現代社会を生きる私たちには，さまざまな人権が認められているよ。
> 太郎：その歴史はまだ浅く，a人権思想は17世紀以降に発展したものなんだよね。
> 花子：日本では，b大日本帝国憲法と日本国憲法で人権のとらえ方に大きな違いがあったようだね。
> 太郎：日本国憲法では，基本的人権の尊重が，国民主権，c平和主義とともに三大原則の１つとなっているね。

(1)　下線部**a**について，太郎さんは，人権思想について調べていく中で，**資料１**を見つけ，**<ノート１>**にまとめました。**<ノート１>**の **あ** に当てはまる語を**カタカナ**で書きなさい。また，社会権に当てはまる権利を，下の**ア**～**エ**の中から１つ選んで，その記号を書きなさい。

<ノート１>

資料１は，第一次世界大戦後のドイツで制定された **あ** 憲法の一部を示したもので，この条文は，世界で最初に社会権を明記したものである。

資料１

経済生活の秩序は，すべての人に人間に値する生存を保障することを目指す，正義の諸原則にかなうものでなければならない。

ア　奴隷的拘束を受けない権利　　**イ**　人権を侵害されたときに損害賠償を請求する権利
ウ　教育を受ける権利　　**エ**　出版や集会によって意見を発表する権利

(2)　下線部**b**について，花子さんは，大日本帝国憲法と日本国憲法について調べ，**<ノート２>**にまとめました。**<ノート２>**の **い** に当てはまる内容を，「**君主権**」という語を用いて，簡潔に書きなさい。また， **う** に当てはまる語を**漢字２字**で書きなさい。

<ノート２>

大日本帝国憲法は， **い** という特徴をもつ，当時のドイツ(プロシア)の憲法を手本としてつくられた。大日本帝国憲法において主権を持っていた天皇は，日本国憲法では，日本国と日本国民統合の **う** という地位になった。

(3)　下線部**c**について，**資料２**は，平和主義について記されている日本国憲法の条文を示したものです。この条文は日本国憲法の第何条ですか。下の**ア**～**エ**の中から１つ選んで，その記号を書きなさい。また，1992年に制定された国際平和協力法により，国際連合の平和維持活動に協力するために，自衛隊が海外に派遣されるようになりました。この国際連合の平和維持活動の略称を**アルファベット３字**で書きなさい。

資料２

①日本国民は，正義と秩序を基調とする国際平和を誠実に希求し，国権の発動たる戦争と，武力による威嚇又は武力の行使は，国際紛争を解決する手段としては，永久にこれを放棄する。
②前項の目的を達するため，陸海空軍その他の戦力は，これを保持しない。国の交戦権は，これを認めない。

ア　第１条　　**イ**　第９条　　**ウ**　第14条　　**エ**　第25条

2　Ｂ班は，「日本の政治制度を調べる」という課題を設定し，学習しました。**(1)**～**(4)**の問いに答えなさい。

(1)　良子さんは，立法権を担っている国会について調べて**資料３**を用意し，**＜ノート３＞**を作成しました。**資料３**の（　**d**　）～（　**f**　）に当てはまる数字の組み合わせとして最も適切なものを，下の**ア**～**エ**の中から１つ選んで，その記号を書きなさい。また，**＜ノート３＞**の［　**え**　］に当てはまる内容を，「**任期**」，「**解散**」，「**世論**」という語を用いて，簡潔に書きなさい。

＜ノート３＞

資料３は，衆議院と参議院の定数や任期，選挙権や被選挙権の年齢，選挙区の制度などを比較したものである。このような違いから，衆議院と参議院とで意見が異なった場合，衆議院は参議院と比べ，［　**え**　］と考えられていることから，衆議院の優越が認められている。

資料３　衆議院と参議院の比較

	衆議院	参議院
定数	465名	248名
任期	４年	６年
選挙権	（　**d**　）歳以上	（　**d**　）歳以上
被選挙権	（　**e**　）歳以上	（　**f**　）歳以上
選挙区	小選挙区比例代表並立制	比例代表制と選挙区選挙

ア　［　**d**　18　　**e**　25　　**f**　30　］　　**イ**　［　**d**　18　　**e**　30　　**f**　25　］
ウ　［　**d**　20　　**e**　25　　**f**　30　］　　**エ**　［　**d**　20　　**e**　30　　**f**　25　］

(2)　次郎さんは，行政権を担っている内閣について調べ，**＜ノート４＞**にまとめました。**＜ノート４＞**の［　**お**　］に当てはまる語を**漢字２字**で書きなさい。また，［　**か**　］に当てはまる語を，下の**ア**～**エ**の中から１つ選んで，その記号を書きなさい。

＜ノート４＞

内閣は内閣総理大臣と国務大臣とで構成され，すべての大臣が出席する［　**お**　］で意思決定が行われる。国務大臣は内閣総理大臣が任命するが，その［　**か**　］を，国会議員の中から選ばなければならない。

ア　３分の１以上　　**イ**　過半数　　**ウ**　３分の２以上　　**エ**　全員

(3)　司法権を担っている裁判所や裁判について正しく述べているものを，次の**ア**～**エ**の中から１つ選んで，その記号を書きなさい。

ア　最高裁判所の長官は国会の指名に基づいて天皇が任命し，その他の裁判官は国会が任命する。
イ　裁判には，私人の間の争いについて裁く刑事裁判と，犯罪行為について裁く民事裁判がある。
ウ　最高裁判所は，法律などが憲法に違反していないかどうかを審査する終審裁判所である。
エ　裁判員裁判では，裁判員が有罪か無罪かを決定し，有罪の場合の刑罰の内容は裁判官が決定する。

(4)　良子さんは，地方の政治について調べ，**＜ノート５＞**にまとめました。**＜ノート５＞**の［　**き**　］に当てはまる最も適切な**数字**を書きなさい。

＜ノート５＞

地方自治は，私たちの身近なテーマを扱い，私たちが直接政治に参加できることから，「民主主義の学校」と呼ばれている。直接政治に参加できることとして直接請求権があり，例えば，有権者数が15,000人の地方公共団体の場合，条例の制定や改廃の請求には，有権者の［　**き**　］人以上の署名が必要となる。

4 ある中学校の社会科の授業で，「持続可能な未来のために」という課題に対し，各班でテーマを設定して調べ，学習しました。次の**1**～**3**に答えなさい。

1　A班は，「経済成長と環境の保全の両立を目指して」というテーマを設定し，次のようにまとめました。**(1)**～**(3)**の問いに答えなさい。

> **<経済成長と環境保全の両立を目指して>**
> 　現代の日本では，高度経済成長や a バブル経済などを経て，b 物が豊かになり便利な生活を送れるようになった。その一方で，大気汚染などの公害問題や，大量に廃棄されたごみの処理問題などが起こり，世界では，c 地球温暖化をはじめとするさまざまな環境問題が起こっている。これからは，SDGs に代表されるような経済成長と環境保全の両立を目指すことが大切であると考える。

(1)　下線部**a**について，太郎さんは，バブル経済などの景気変動について調べ，**<ノート1>**にまとめました。**<ノート1>**の［　**あ**　］に当てはまる語を**カタカナ**で書きなさい。また，日本がバブル経済であったころに，世界で起こったできごとを，下の**ア**～**エ**の中から1つ選んで，その記号を書きなさい。

> **<ノート1>**
> 　バブル経済は1980年代の後半に，地価や株価が異常に高騰して起こった。こうした好景気のときは，一般的に，物価が上昇し続ける［　**あ**　］が起こるので，政府や日本銀行は景気抑制政策を行う。

ア　インドネシアのバンドンで，アジア・アフリカ会議が開催され，平和共存が訴えられた。

イ　世界中で反戦運動が高まる中，アメリカ軍がベトナムから撤退してベトナム戦争が終結した。

ウ　テロリストにハイジャックされた旅客機が高層ビルに突入するアメリカ同時多発テロが起こった。

エ　ベルリンの壁が壊され，アメリカとソビエト連邦の首脳がマルタで会談して冷戦の終結を宣言した。

(2)　下線部**b**について，A班では，心の豊かさと物の豊かさに関する意識調査の結果を示した**資料1**を見つけました。**資料1**から読み取れることがらについて正しく述べているものを，次の**ア**～**エ**の中から1つ選んで，その記号を書きなさい。

ア　全体で見ると，①と②を合計した「心の豊かさ」を優先する割合は2分の1未満である。

イ　男性と女性とで比べると，①と②を合計した「心の豊かさ」を優先する割合は，女性のほうが高い。

ウ　すべての年代で，①と②を合計した「心の豊かさ」を優先するよりも，③と④を合計した「物の豊かさ」を優先するほうが割合が高い。

エ　年代が上がるにつれて，③と④を合計した「物の豊かさ」を優先する割合が高くなっている。

資料1　**「これからは心の豊かさか，まだ物の豊かさか」**

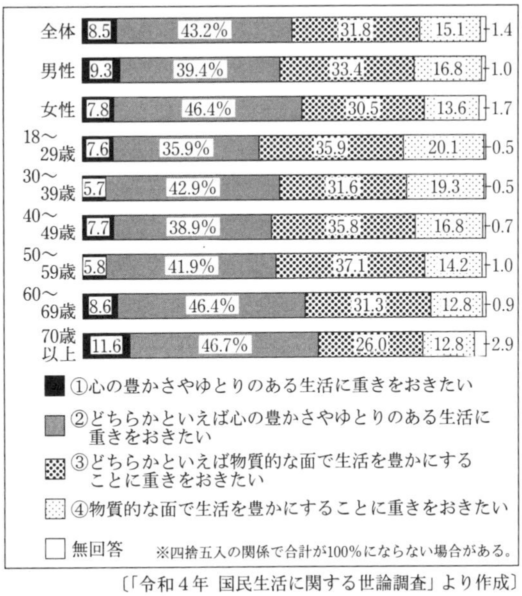

〔「令和4年 国民生活に関する世論調査」より作成〕

(3)　下線部**c**について，世界で起こっている環境問題のうち，アフリカ州のサヘルと呼ばれる地域では，どのような環境問題が起こっていますか。簡潔に書きなさい。

2　B班は，「減少傾向にある日本の人口」というテーマを設定し，次のようにまとめました。**(1)**，**(2)**の問いに答えなさい。

> **＜減少傾向にある日本の人口＞**
> 　日本では，近年，平均寿命ののびと出生率の低下により少子高齢化が進んで人口が減少しており，**d** 家族の形態も大きく変化している。このため，将来の労働力の不足や **e** 社会保障制度の存続など，多くの課題が生じている。一方で，世界の国々の中には，人口が著しく増加していて，食料の生産や経済発展が追いつかず，食料不足や貧困などの問題を抱えている国もある。

(1)　B班では，下線部**d**について，茨城県の一般世帯における家族類型別世帯数を示した**資料2**を見つけ，話し合いました。**資料2**についての次郎さんと良子さんのそれぞれの発言が，正しいか誤っているかの組み合わせとして最も適切なものを，下の**ア**～**エ**の中から1つ選んで，その記号を書きなさい。

> 次郎：2010年と2020年のどちらも，茨城県の世帯全体に占める核家族の割合は50％をこえているね。
> 良子：**資料2**の**X**と**Y**のうち，**X**は「祖父母・親・子の三世代世帯」を表していて，今後も増えると予想されているよ。

資料2　茨城県の家族類型別世帯数の推移（単位：万世帯）

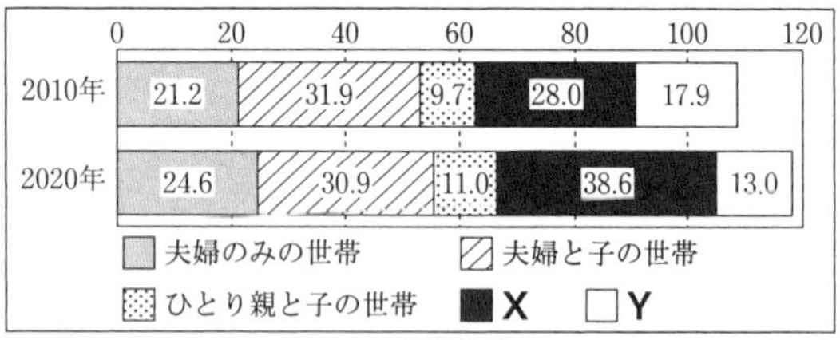

〔「茨城県ホームページ」より作成〕

ア　[次郎さん－正　良子さん－正]　　**イ**　[次郎さん－正　良子さん－誤]
ウ　[次郎さん－誤　良子さん－正]　　**エ**　[次郎さん－誤　良子さん－誤]

(2)　下線部**e**について，次郎さんは，日本の社会保障制度について調べ，**＜ノート2＞**にまとめました。**＜ノート2＞**の［ い ］に当てはまる語を，下の**ア**～**エ**の中から1つ選んで，その記号を書きなさい。また，［ う ］に当てはまる語を**漢字2字**で書きなさい。

> **＜ノート2＞**
> 　日本の社会保障制度は4つの柱からなっており，その中心にあるのは［ い ］で，これは，医療や年金，介護などについて，加入者や国，事業主がお金を積み立てておいて必要なときに給付を受ける仕組みである。［ い ］は，老後などの不安に対して，貯蓄などの自分で備える「自助」だけでは不十分であるため，社会全体で支え合うという「［ う ］」の考え方が基本になっている。社会保障制度ではさらに，政府が生活を保障する「公助」の考えに基づく制度もある。

ア　社会保険　　**イ**　公的扶助(生活保護)　　**ウ**　社会福祉　　**エ**　公衆衛生

3　Ｃ班では，「未来に受け継いでいく伝統文化」というテーマを設定し，次のようにまとめました。(1)，(2)の問いに答えなさい。

> **＜未来に受け継いでいく伝統文化＞**
> 日本には，年中行事や f 伝統芸能，g 伝統的工芸品など，古くから受け継がれてきた伝統文化が多数あるが，高齢化による後継者不足などから伝統が途切れてしまっているものも少なくない。新しい技術や仕組みを取り入れることも大切であるが，こうした伝統文化が将来にも受け継がれるように守っていくことも，私たちの責務だと考える。

(1)　下線部 **f** について，**資料３**は，室町幕府３代将軍の足利義満《あしかがよしみつ》の保護を受けた観阿弥《かんあみ》と世阿弥《ぜあみ》が大成した伝統芸能を示したものです。この伝統芸能を何といいますか，書きなさい。また，この伝統芸能が大成されたころに起こったできごととして最も適切なものを，次の**ア**～**エ**の中から１つ選んで，その記号を書きなさい。

資料３

ア　参勤交代《さんきんこうたい》が制度化された。
イ　御成敗式目《ごせいばいしきもく》(貞永式目《じょうえいしきもく》)が制定された。
ウ　南北朝が合一された。
エ　元《げん》が九州北部に攻めてきた。

(2)　下線部 **g** について，三郎さんは，各都道府県の伝統的工芸品の数を調べ，**資料４**を作成しました。**資料４**から読み取れることがらについて正しく述べているものを，次の**ア**～**エ**の中から１つ選んで，その記号を書きなさい。

ア　日本を７つの地方に区分したとき，伝統的工芸品が10以上ある都道府県が最も多く位置しているのは中部地方である。
イ　東北地方で，伝統的工芸品が３以上５未満の都道府県はすべて，都道府県名と都道府県庁所在地の都市名が異なる。
ウ　関東地方で，海に面していない内陸県はすべて，伝統的工芸品が３未満である。
エ　中国・四国地方には，伝統的工芸品が５以上10未満の都道府県が２つある。

資料４　各都道府県の伝統的工芸品の数
(2022年11月現在)

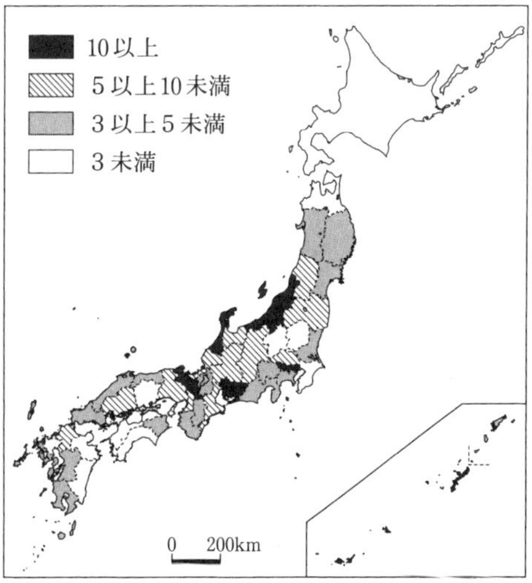

※複数の都道府県で指定されているものは，それぞれの都道府県に重複して数える。
(「経済産業省資料」より作成)

【理　科】（50分）〈満点：100点〉

1　次の**(1)**～**(8)**の問いに答えなさい。

(1)　**図**のように，検流計につないだコイルを手で固定し，Ｎ極を下にした棒磁石を上からコイルに近づけたところ，検流計の針が＋側に振れた。次に，コイルと検流計のつなぎ方は変えず，棒磁石のＳ極を下にしてコイルや棒磁石を動かすと，検流計の針が振れた。検流計の針が＋側に振れると考えられるものを，次の**ア**～**エ**の中から**すべて**選んで，その記号を書きなさい。

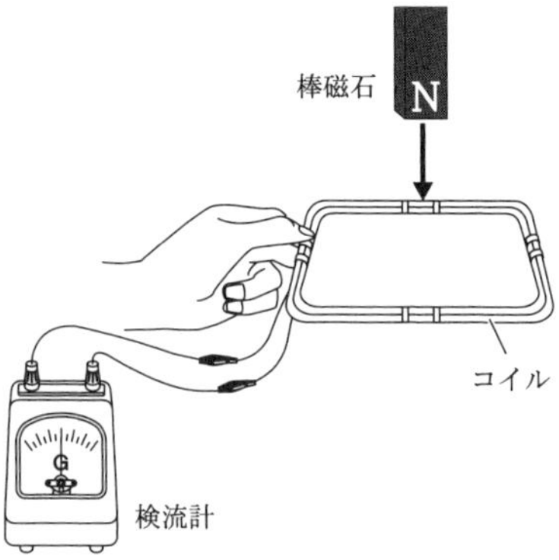

図

ア

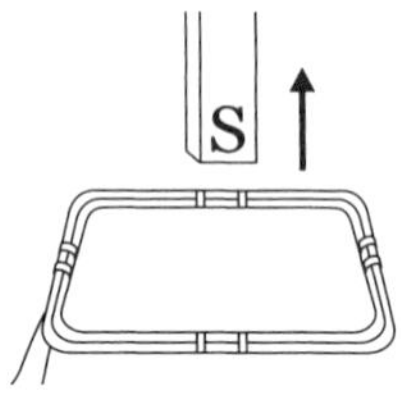

コイルを固定し，棒磁石のＳ極を遠ざける。

イ

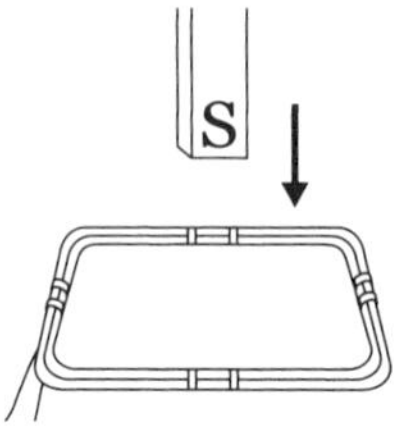

コイルを固定し，棒磁石のＳ極を近づける。

ウ

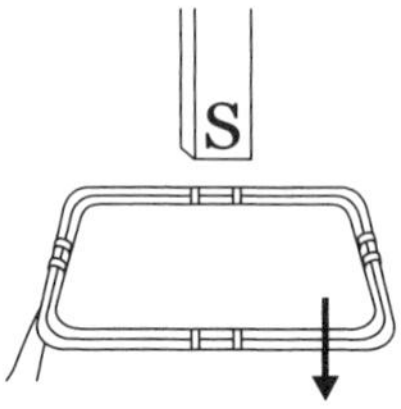

棒磁石のＳ極を固定し，コイルを遠ざける。

エ

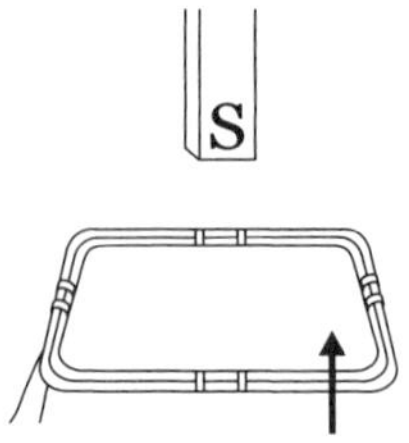

棒磁石のＳ極を固定し，コイルを近づける。

(2)　インスタントかいろ（化学かいろ）には，鉄粉，水，活性炭，塩化ナトリウムなどが入っており，空気にふれると温度が上昇する。化学かいろで利用されている化学変化について説明した次の文中の **あ** ， **い** に当てはまる語の組み合わせとして最も適当なものを，下の**ア**～**エ**の中から一つ選んで，その記号を書きなさい。

> 鉄粉と活性炭を混ぜたものに食塩水（塩化ナトリウム水溶液）を加えると， **あ** が酸素によって酸化されて温度が上がる。このように，周囲に熱を放出する化学変化を **い** という。

	あ	**い**
ア	鉄	発熱反応
イ	鉄	吸熱反応
ウ	塩化ナトリウム	発熱反応
エ	塩化ナトリウム	吸熱反応

(3) 背骨をもつ動物のうち，幼生(子)はえらと皮ふで，成体(おとな)は肺と皮ふで呼吸をする動物として適当なものを，次の**ア**～**カ**の中から**二つ**選んで，その記号を書きなさい。

ア　メダカ

イ　イモリ

ウ　カメ

エ　トカゲ

オ　カエル

カ　イルカ

(4) **表**は，乾湿計用湿度表の一部である。**表**から読みとれることとして**誤っているもの**を，下の**ア**～**エ**の中から一つ選んで，その記号を書きなさい。

表

乾球の示度〔℃〕	乾球と湿球の示度の差〔℃〕					
	0	1	2	3	4	5
30	100	92	85	78	72	65
25	100	92	84	76	68	61
20	100	91	81	72	64	56
15	100	89	78	68	58	48
10	100	87	74	62	50	38

ア　乾球と湿球の示度の差が0℃の場合，湿度は100％である。

イ　気温が同じ場合，乾球と湿球の示度の差が大きいほど湿度は低い傾向にある。

ウ　乾球と湿球の示度の差が同じ場合，気温が低いほど湿度が高い傾向にある。

エ　気温が低い方が，乾球と湿球の示度の差が大きくなるにつれて，湿度の変化が大きくなる傾向にある。

⑸ **図**は，物体が摩擦のある斜面を下るようすを表したものである。この物体にはたらく力について述べた次の文中の **あ** ，**い** に当てはまるものの組み合わせとして最も適当なものを，下の**ア**～**エ**の中から一つ選んで，その記号を書きなさい。ただし，分力も考えに入れ，空気抵抗はないものとする。

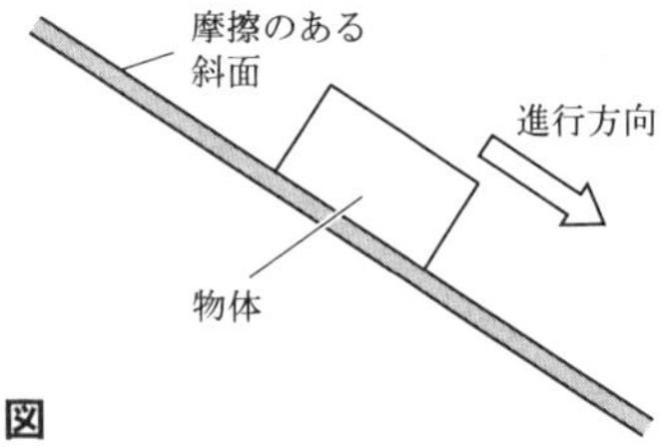

図

この物体には，進行方向と同じ向きに力が **あ** 。また，進行方向と **い** 。

	あ	い
ア	はたらいている	逆向きには力がはたらいていない
イ	はたらいている	逆向きにも力がはたらいている
ウ	はたらいていない	逆向きにも力がはたらいていない
エ	はたらいていない	逆向きには力がはたらいている

⑹ 水とエタノールの混合物を枝つきフラスコに入れて加熱し，**図**のように，出てくる気体を氷水で冷やし，液体にして試験管に集めた。液体は約 $2\ cm^3$ ずつ集め，集めた順に試験管**A**，**B**，**C**として，それぞれの液体を少量ずつ脱脂綿に含ませて火をつけたところ，結果は**表**のようになった。水とエタノールの沸点，および試験管**A**と**C**に含まれるエタノールの量についての説明として最も適当なものを，下の**ア**～**エ**の中から一つ選んで，その記号を書きなさい。

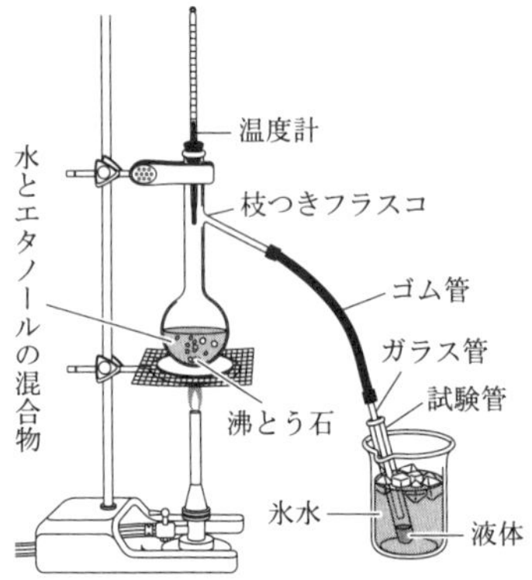

図

表

	火をつけたときのようす
試験管**A**の液体	火はしばらくついていた。
試験管**B**の液体	火はついたがすぐに消えた。
試験管**C**の液体	火はつかなかった。

ア エタノールの沸点は水より高く，試験管**C**に集まった液体の方が，試験管**A**に集まった液体よりも，エタノールが多く含まれる。

イ エタノールの沸点は水より高く，試験管**A**に集まった液体の方が，試験管**C**に集まった液体よりも，エタノールが多く含まれる。

ウ エタノールの沸点は水より低く，試験管**C**に集まった液体の方が，試験管**A**に集まった液体よりも，エタノールが多く含まれる。

エ エタノールの沸点は水より低く，試験管**A**に集まった液体の方が，試験管**C**に集まった液体よりも，エタノールが多く含まれる。

⑺　葉の枚数や大きさ，茎の長さや太さが同じようなアジサイの枝**A**～**D**を用意し，**表**のようにワセリン処理を行った。同量の水を入れた４本のメスシリンダーに枝**A**～**D**をそれぞれさし，水の蒸発を防ぐために，**図**のように水面に油を注いだ。これらのメスシリンダーを，日光が当たる明るい場所に３時間おいたところ，メスシリンダー内の水の体積は４本とも減少していた。４本のメスシリンダーのうちの２本を比較すると，葉の裏側からの水の蒸散量を求めることができた。このとき，比較する２本のメスシリンダーの組み合わせとして適当なものを，下の**ア**～**カ**の中から**二つ**選んで，その記号を書きなさい。

表

枝	ワセリン処理
A	すべての葉の表側だけにワセリンをぬる。
B	すべての葉の裏側だけにワセリンをぬる。
C	何もしない。
D	すべての葉の両側にワセリンをぬる。

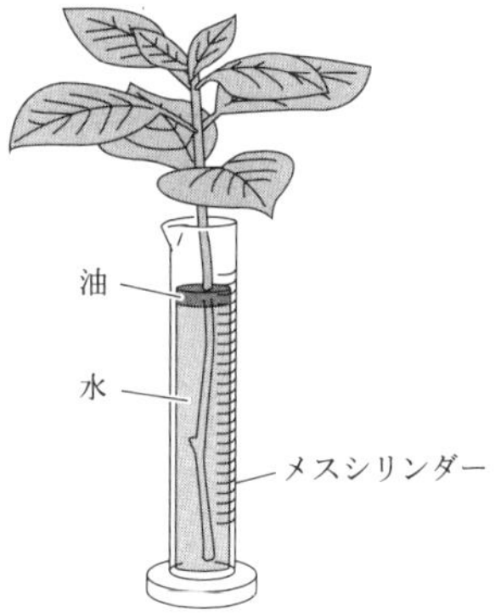

図

ア　枝**A**をさしたメスシリンダーと枝**B**をさしたメスシリンダー
イ　枝**A**をさしたメスシリンダーと枝**C**をさしたメスシリンダー
ウ　枝**A**をさしたメスシリンダーと枝**D**をさしたメスシリンダー
エ　枝**B**をさしたメスシリンダーと枝**C**をさしたメスシリンダー
オ　枝**B**をさしたメスシリンダーと枝**D**をさしたメスシリンダー
カ　枝**C**をさしたメスシリンダーと枝**D**をさしたメスシリンダー

⑻　**図**のような地震の波形がある。小さなゆれのあとに大きなゆれが見られる理由として最も適当なものを，次の**ア**～**エ**の中から一つ選んで，その記号を書きなさい。

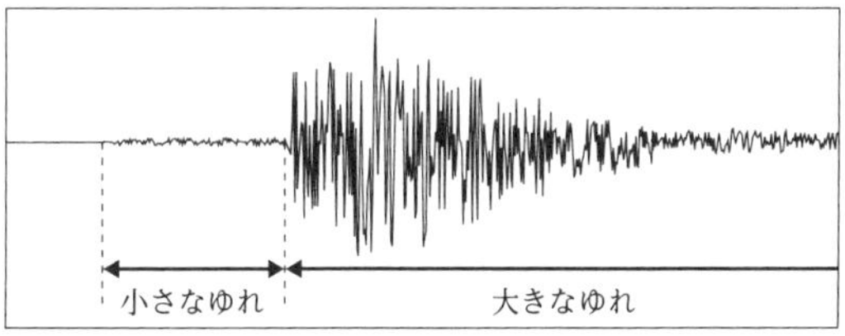

図

ア　地震が発生すると，P波とS波が同時に発生し，P波の方が速く伝わるから。
イ　地震が発生すると，P波とS波が同時に発生し，S波の方が速く伝わるから。
ウ　地震が発生すると，P波が発生したあとにS波が発生し，同じ速さで伝わるから。
エ　地震が発生すると，S波が発生したあとにP波が発生し，同じ速さで伝わるから。

2　啓太さんは，凸レンズのはたらきについて調べるために実験を行い，ノートにまとめた。あとの(1)～(5)の問いに答えなさい。

啓太さんの実験ノートの一部

≪実験１≫

【手順】

❶　光学台に光源，物体，凸レンズ，スクリーンを一直線上に並べて，**図１**のような装置をつくる。

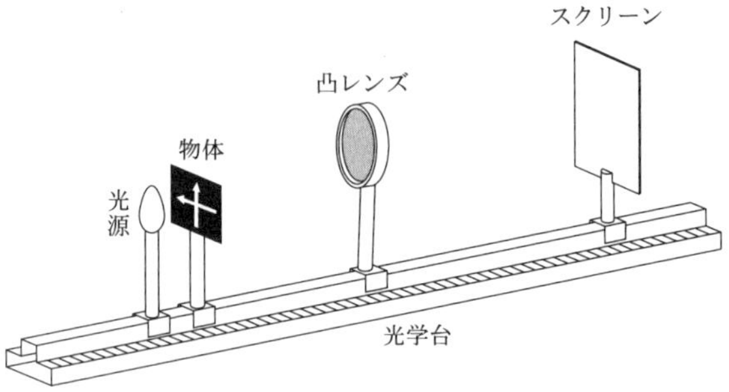

図１

❷　凸レンズと物体との距離を20 cmにして，スクリーンを動かしてはっきりした像がスクリーンに映るようにしたときの，凸レンズとスクリーンとの距離を測定する。

❸　凸レンズと物体との距離を20 cmから5 cmずつ遠ざけて，❷と同様に，はっきりした像がスクリーンに映るようにしたときの，凸レンズとスクリーンとの距離を測定する。

【結果】

❶　凸レンズと物体との距離を20 cmにしたとき，はっきりした像がスクリーンに映る凸レンズとスクリーンとの距離は60 cmだった。

❷　凸レンズと物体との距離を20 cmから5 cmずつ遠ざけたとき，はっきりした像がスクリーンに映る凸レンズとスクリーンとの距離をまとめると，**図２**のようになった。

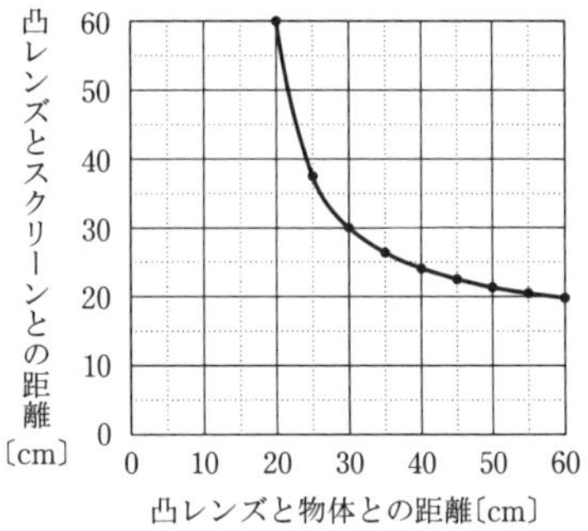

図２

≪実験２≫

【手順と結果】

❶　**実験１**と同じ装置で，凸レンズと物体との距離を10 cmにして，スクリーンを動かしてはっきりした像がスクリーンに映るようにしようとしたが，像は映らなかった。

❷　スクリーンをとりはずして，スクリーンがあった側から凸レンズをのぞいたところ，凸レンズの向こう側に像が見えた。

❸　凸レンズと物体との距離を5 cmにして，スクリーンがあった側から凸レンズをのぞいたところ，凸レンズの向こう側に見える像の大きさが，❷のときと比べて変化した。

⑴ **実験１**で使用した凸レンズの焦点距離は何 cm か，求めなさい。

⑵ **実験１**で，スクリーンに像がはっきり映っているとき，物体側から見たスクリーンに映っている像として最も適当なものを，次の**ア**～**エ**の中から一つ選んで，その記号を書きなさい。

ア

イ

ウ

エ

⑶ **図３**は，**実験１**で，スクリーンに像がはっきり映っているときの，物体のある１点から出た光が進むようすを模式的に表したものである。①～⑤で示した光のうち，凸レンズを通過したあと光軸に平行に進む光として最も適当なものを，次の**ア**～**オ**の中から一つ選んで，その記号を書きなさい。

ア ①　**イ** ②　**ウ** ③

エ ④　**オ** ⑤

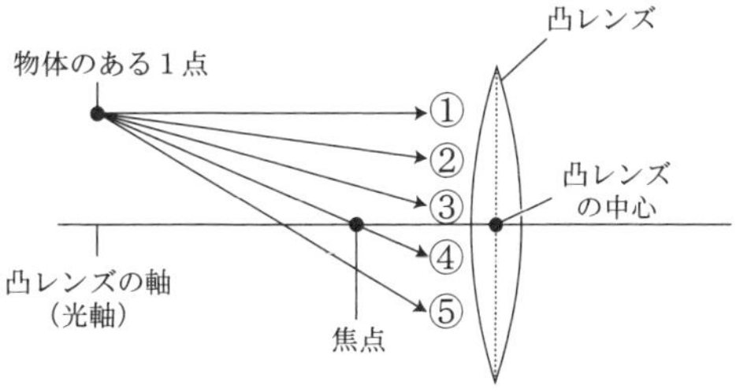

図３

⑷ **実験１**で，スクリーンに像がはっきり映っているときに，凸レンズの上半分を黒いシートでおおって光を通さないようにした。このときにスクリーンに映った像は，黒いシートでおおう前にスクリーンに映っていた像と比べてどのように変化したか。**像の形と明るさにふれて**説明しなさい。

⑸ **実験２**の**手順と結果**の❷で，**凸レンズの向こう側に見えた像の名称**と，**凸レンズと物体との距離を10 cm から５cm にしたときの像の大きさの変化**の組み合わせとして最も適当なものを，次の**ア**～**エ**の中から一つ選んで，その記号を書きなさい。

	凸レンズの向こう側に見えた像の名称	**凸レンズと物体との距離を 10 cm から 5 cm にしたときの像の大きさの変化**
ア	実像	小さくなった。
イ	実像	大きくなった。
ウ	虚像	小さくなった。
エ	虚像	大きくなった。

3　明子さんは，金属のイオンへのなりやすさのちがいと電池のしくみを調べるために実験を行い，ノートにまとめた。あとの(1)〜(5)の問いに答えなさい。

明子さんの実験ノート

≪実験１≫

【手順】

❶　試験管に無色の硝酸銀($AgNO_3$)水溶液を入れる。

❷　硝酸銀水溶液に銅線を入れて，しばらく放置する。

【結果】　**図１**のように，銅線のまわりに銀が付着し，水溶液の色が変化した。

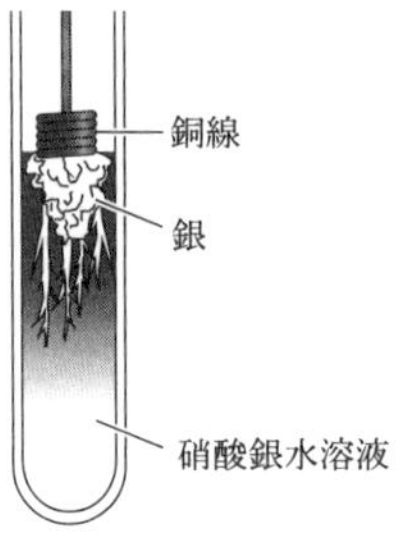

図１

≪実験２≫

【手順】

❶　硫酸亜鉛水溶液に亜鉛板を，硫酸銅水溶液に銅板を入れ，２つの水溶液をセロハンで仕切ったダニエル電池をつくる。

❷　❶のダニエル電池に，**図２**のように導線でプロペラ付きモーターをつなぎ，モーターが回転するようすを観察する。

❸　亜鉛板と銅板のようすを観察する。

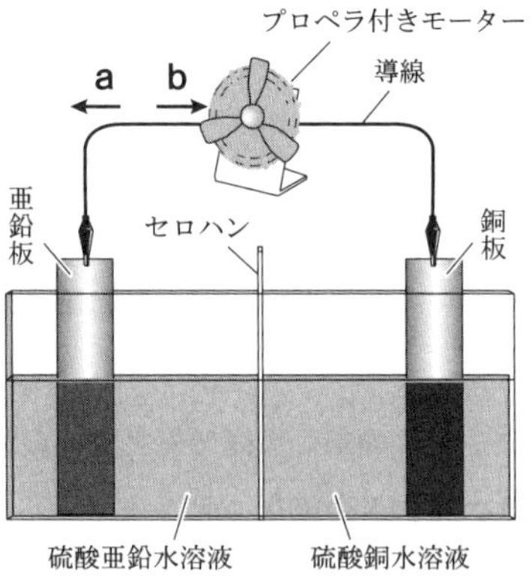

図２

【結果】

❶　モーターは長時間回転し続けた。

❷　亜鉛板と銅板のどちらにも変化が起こった。

(1)　**実験１**で，硝酸銀は水に溶けると陽イオンと陰イオンに分かれる。このように，物質が水に溶けて陽イオンと陰イオンに分かれることを何というか，書きなさい。

(2) **実験１**の**結果**について説明した，次の文中の [あ]，[い] に当てはまる語の組み合わせとして最も適当なものを，下の**ア**～**エ**の中から一つ選んで，その記号を書きなさい。

> 硝酸銀水溶液に銅線を入れると，水溶液中に [あ] が増加し，無色の水溶液が [い] 色に変化した。

	あ	**い**
ア	銅イオン	青
イ	銅イオン	赤
ウ	銀イオン	青
エ	銀イオン	赤

(3) **実験２**で，モーターが長時間回転したあと，銅板と亜鉛板をそれぞれ水溶液から引き上げると，亜鉛板の表面は凹凸ができて黒くなっていた。これは，亜鉛板の亜鉛原子がどのように変化したためか。解答用紙の書き出しに続けて，「**電子**」と「**イオン**」という二つの語を用いて説明しなさい。

(4) **実験２**の**図２**で，ダニエル電池の－極や，電子と電流の流れについて説明した次の文中の [あ] ～ [う] に当てはまるものの組み合わせとして最も適当なものを，下の**ア**～**ク**の中から一つ選んで，その記号を書きなさい。

> **図２**で，－極は [あ] であり，電子は [い] の向きに移動し，電流は [う] の向きに流れている。

	あ	**い**	**う**
ア	銅板	a	a
イ	銅板	a	b
ウ	銅板	b	a
エ	銅板	b	b
オ	亜鉛板	a	a
カ	亜鉛板	a	b
キ	亜鉛板	b	a
ク	亜鉛板	b	b

(5) 物質がもつエネルギーで，電池の内部で電気エネルギーに変換されるエネルギーを何というか，書きなさい。

4 啓太さんと明子さんは，植物の生殖と遺伝の規則性について話している。次の会話を読んで，あとの(1)～(5)の問いに答えなさい。

啓太：ジャガイモのいもから芽が出ていたので，半分に切って水を入れた皿にしばらく置いたら，芽が伸びて**図１**のようになったよ。

明子：ジャガイモのいもは，植物の体のつくりとしては茎だと聞いたことがあるよ。そのまま成長すると，茎が伸びてたくさんのいもができるのかな。

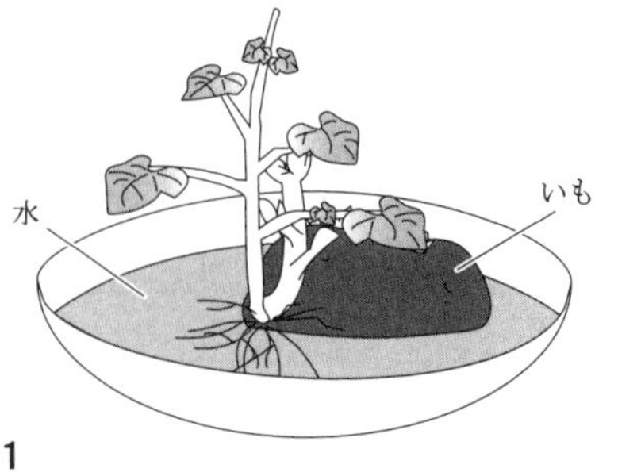

図１

啓太：調べてみると，多くのいもを効率よく収穫するには，種いもを買ってきて，地面や植木鉢などに植えて育てるとよいそうだよ。

明子：ジャガイモは，種をまくのではなく，いもを植えて育てる方がよいということだね。

啓太：理科の授業で勉強した，a 無性生殖という生殖方法だね。無性生殖を行うことで，b 大きさや味などの形質が同じいもを得ることができるんだ。

明子：種をつくって子をふやす有性生殖では，親から子への形質の伝わり方に規則性があることを，メンデルがエンドウを使って説明したんだよね。

啓太：他の植物や動物でも，形質の伝わり方に同様の規則性があることが知られているよ。

≪メンデルが行った実験≫

メンデルは，エンドウを使った実験の結果にもとづいて，遺伝の規則性を発見した。**図２**は，エンドウの種子の形に関する形質の伝わり方を示したものである。

【手順】

❶ 丸い種子をつくる純系のエンドウと，しわのある種子をつくる純系のエンドウを，他家受粉させる。

❷ ❶でできた種子(子)をすべて集め，種子の形を調べる。

❸ ❷で集めた種子をすべてまいて育て，それぞれ自家受粉させる。

❹ ❸でできた種子(孫)をすべて集め，種子の形を調べる。

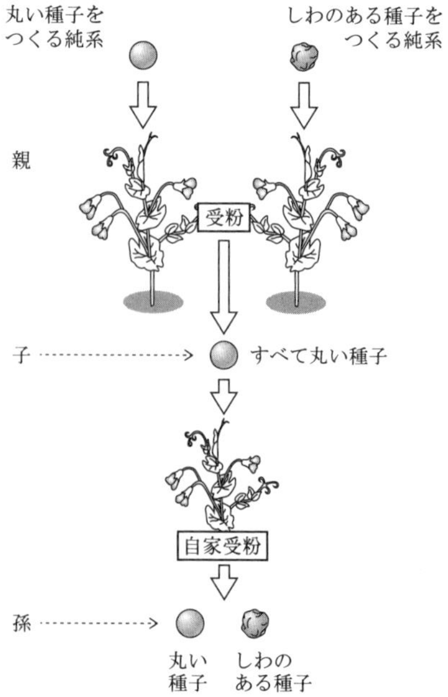

図２

【結果】

❶ **手順❷**で集めた種子(子)は，すべて丸い種子だった。

❷ **手順❹**で集めた種子(孫)には，丸い種子としわのある種子があった。

⑴ 会話文中の下線部**a**について，ジャガイモのように植物の体の一部から新しい個体ができる無性生殖を何というか，書きなさい。

⑵ 会話文中の下線部**b**について，無性生殖において，親の体の一部からつくられた新しい個体に，親とまったく同じ形質が現れるのはなぜか，その理由を「**遺伝子**」という語を用いて説明しなさい。

⑶ **メンデルが行った実験**で，エンドウの種子の形を決める遺伝子について説明した次の文中の［あ］～［う］に当てはまるものを，下の**ア**～**オ**の中からそれぞれ一つずつ選んで，その記号を書きなさい。ただし，丸い種子にする遺伝子を**A**，しわのある種子にする遺伝子を**a**とする。

> **手順❶**の丸い種子をつくる純系のエンドウからつくられる生殖細胞の遺伝子は［あ］，しわのある種子をつくる純系のエンドウからつくられる生殖細胞の遺伝子は［い］と表すことができる。また，**手順❷**で調べた種子(子)のエンドウの遺伝子は［う］と表すことができる。

ア A　**イ** a　**ウ** AA　**エ** aa　**オ** Aa

⑷ **メンデルが行った実験**の**手順❹**で調べた種子(孫)のうち，種子の形を決める遺伝子の組み合わせが**手順❷**で調べた種子(子)と同じものは，どのくらいの割合を占めるか。最も適当な数値を，次の**ア**～**エ**の中から一つ選んで，その記号を書きなさい。

ア 25％　**イ** 50％　**ウ** 75％　**エ** 100％

⑸ 遺伝子に関する説明として正しいものを，次の**ア**～**エ**の中から**すべて**選んで，その記号を書きなさい。

ア 遺伝子は，多量の放射線を受けると傷ついてしまうことがある。

イ 遺伝子を操作する技術を利用して，人の病気の治療に役立つ物質が生産されている。

ウ 遺伝子を含む染色体は，体細胞分裂において細胞の両端に移動しながら複製が行われる。

エ 遺伝子の本体は，DNA(デオキシリボ核酸)という物質である。

5　明子さんは，ある日の水戸市の天気の変化や天気図をインターネットを利用して調べ，ノートにまとめた。あとの(1)～(5)の問いに答えなさい。

明子さんの調査ノート

≪調査１≫

・**図１**は，ある年の４月26日午前９時における，日本付近の天気図である。

・**表**は，水戸市における，**図１**と同じ日の９時から24時までの，３時間ごとの気象データをまとめたものである。

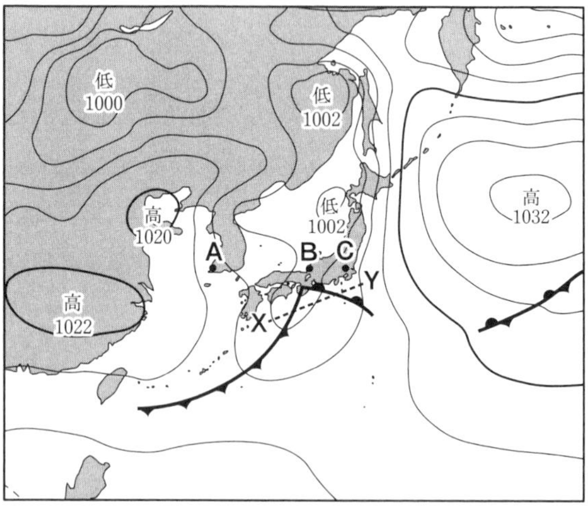

図１

表

時間〔時〕	9	12	15	18	21	24
気温〔℃〕	12.1	17.2	18.3	15.1	13.7	12.9
湿度〔％〕	98	95	97	92	88	75
風向	北	南	南東	北北西	北北西	北北西
風力	1	2	2	3	2	2

≪調査２≫

・**図２**は，冬のある日の日本列島付近の天気図である。

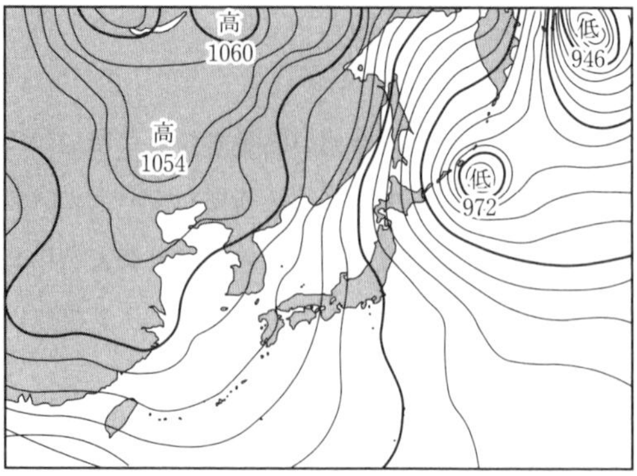

図２

⑴　**図１**の地点**A**，**B**，**C**について，気圧の高い順に左から並べて，その記号を書きなさい。

⑵　この日の18時，水戸市の天気は雨であった。**表**から，この時刻の天気，風向，風力を表す天気図記号を，解答用紙の図にかき入れなさい。

⑶　**図１**に見られる２本の前線について，**X** -------- **Y**間の断面を南側から見たようすを表す模式図として最も適当なものを，次の**ア**～**エ**の中から一つ選んで，その記号を書きなさい。

ア

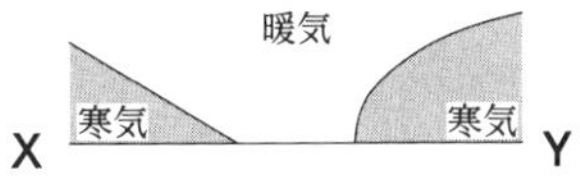

イ

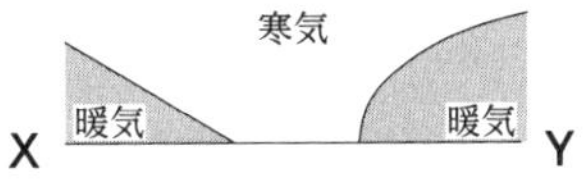

ウ

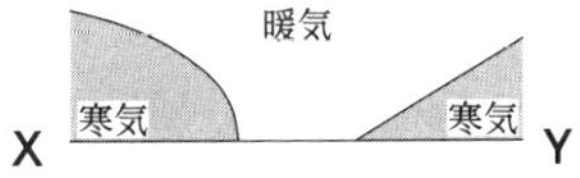

エ

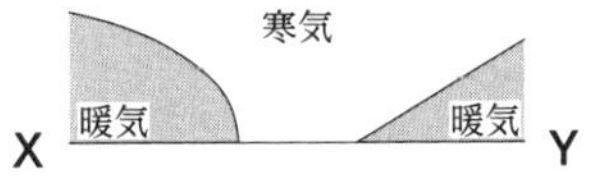

⑷　**表**から，この日に寒冷前線が水戸市を通過したと考えられる時間帯として最も適当なものを，次の**ア**～**オ**の中から一つ選んで，その記号を書きなさい。

ア　9時から12時
イ　12時から15時
ウ　15時から18時
エ　18時から21時
オ　21時から24時

⑸　冬に**図２**のような天気図になるときに起こる，ユーラシア大陸や太平洋における大気の動きの説明として最も適当なものを，次の**ア**～**エ**の中から一つ選んで，その記号を書きなさい。

ア　太平洋がユーラシア大陸よりも冷えるため，ユーラシア大陸上で上昇気流が生じる。
イ　太平洋がユーラシア大陸よりも冷えるため，ユーラシア大陸上で下降気流が生じる。
ウ　ユーラシア大陸が太平洋よりも冷えるため，ユーラシア大陸上で上昇気流が生じる。
エ　ユーラシア大陸が太平洋よりも冷えるため，ユーラシア大陸上で下降気流が生じる。

6 啓太さんと明子さんは，野菜の栽培について話している。次の会話を読んで，あとの(1)～(4)の問いに答えなさい。

啓太：野菜を育てるには，まず光合成の材料となる水と二酸化炭素が必要だね。

明子：植物は，二酸化炭素を空気中からとり込んで，水は雨から得ているよ。川や井戸，水道の水も，元をたどれば a 空気中の水蒸気が水滴になり，b 雨となって地上に降ったものだよね。

啓太：光合成では，水と二酸化炭素を材料に，光のエネルギーを利用して，デンプンなどの有機物をつくっているよ。でも，野菜の栽培には，土づくりが大切だと聞いたことがあるんだ。植物の成長には，水と二酸化炭素以外にも，栄養となる物質を土の中から吸収する必要があるということかな。

明子：たとえば，体をつくるタンパク質の材料はアミノ酸で，アミノ酸には窒素(N)が含まれているよ。

啓太：窒素は，N_2として，空気中にたくさんあるよね。でも，植物は気体のままの窒素を体にとり込むことはできないと思うけど。

明子：土の中から c アンモニウムイオン(NH_4^+)や硝酸イオン(NO_3^-)として，d 水に溶けた状態で根から吸収しているよ。その他にも，体をつくるためのさまざまな物質を，肥料分として根から水と一緒にとり入れているよ。

啓太：ということは，多くの栄養を含む土づくりが大切なんだね。

(1) 会話文中の下線部 **a** について，上昇気流によって空気中の水蒸気が水滴に変化する過程を説明したものとして最も適当なものを，次の **ア**～**エ** の中から一つ選んで，その記号を書きなさい。

ア 空気が上昇すると膨張して温度が上がり，露点に達すると水蒸気が凝結する。

イ 空気が上昇すると膨張して温度が下がり，露点に達すると水蒸気が凝結する。

ウ 空気が上昇すると圧縮されて温度が上がり，露点に達すると水蒸気が凝結する。

エ 空気が上昇すると圧縮されて温度が下がり，露点に達すると水蒸気が凝結する。

(2) 会話文中の下線部 **b** について，激しい雨を降らせる発達した積乱雲の中では，水滴がさらに冷えてできた氷の粒どうしがぶつかり合い，摩擦によって氷の粒が＋や－の電気を帯びる。**図1** のように，＋の電気を帯びた粒は雲の上の方へ，－の電気を帯びた粒は雲の下の方にたまるようになる。地面も電気を帯びているため，雲の下の方の電気と地面の電気が引き合うことで電流が流れる。この現象が雷である。

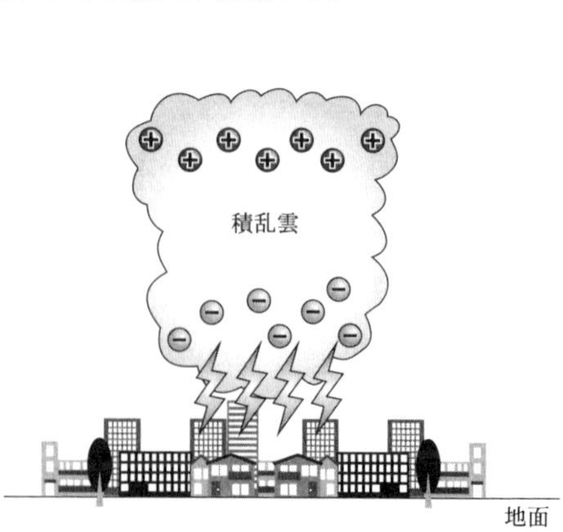

図1

このとき，**地面が帯びている電気の種類**と，**雷のように電気が空間を移動したり，たまっていた電気が流れ出る現象の名称**の組み合わせとして最も適当なものを，次の**ア**～**エ**の中から一つ選んで，その記号を書きなさい。

	地面が帯びている電気の種類	雷のように電気が空間を移動したり，たまっていた電気が流れ出る現象の名称
ア	－の電気	放電
イ	－の電気	真空放電
ウ	＋の電気	放電
エ	＋の電気	真空放電

(3) 会話文中の下線部**c**について，１個のアンモニウムイオン(NH_4^+)についての説明として最も適当なものを，次の**ア**～**エ**の中から一つ選んで，その記号を書きなさい。

ア　窒素原子４個と水素原子４個でできており，電子１個を受けとっている。

イ　窒素原子４個と水素原子４個でできており，電子１個を失っている。

ウ　窒素原子１個と水素原子４個でできており，電子１個を受けとっている。

エ　窒素原子１個と水素原子４個でできており，電子１個を失っている。

(4) 会話文中の下線部**d**について，**図２**は，ある植物の茎の横断面を模式的に表したものである。**A**と**B**の部分のうち，**根から吸収した水や肥料分が通る管**と，**その管の名称**の組み合わせとして最も適当なものを，下の**ア**～**エ**の中から一つ選んで，その記号を書きなさい。

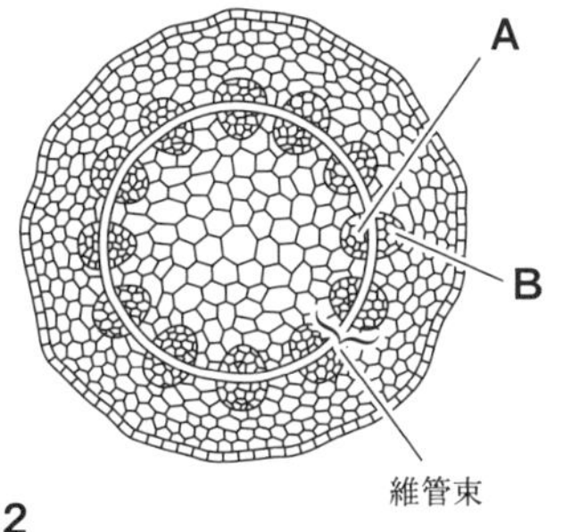

図２

	根から吸収した水や肥料分が通る管	その管の名称
ア	A	道管
イ	A	師管
ウ	B	道管
エ	B	師管

【Ⅱ】グループでの話し合い

（千春）　この古典の文章について話し合いましょう。皆さんの考えを発表してください。

（夏夫）　鳥羽上皇の離宮での出来事を取り上げた文章ですね。

（秋絵）　蜂の巣が急に落ちてきたことが発端になっています。こんなことがあったら大変ですよね。落ちた蜂も、そこにいた人々もパニックになってしまいそうです。今の世の中であれば蜂を駆除するために業者を呼ぶくらいですし、ゥ危険な状況だと思います。

（冬二）　ここで活躍したのが京極大相国、つまり藤原宗輔なんですね。普段から飼育していたわけですから、蜂の習性には詳しかったのでしょうね。

（夏子）　生き物は実際に飼ってみないとわからないことも多いですからね。私は猫を飼っていますが、飼う前には知らなかったことも多かったです。ただ、猫ならわかるのですが、蜂を飼う人がいるんですね。駆除の対象になるくらいだし飼うのは珍しいと思いました。

（春男）　仕事として蜂を飼う養蜂家もいます。ミツバチを飼って、花の蜜を集め、ハチミツを作り出すわけです。確かに趣味で飼うというのはあまり聞きませんが、蜂を飼うこと自体は何もおかしいことではないと思います。実際は奥の深い世界なのかもしれません。

（冬美）　そういう意味では古典の文章に書かれているように、他人の行動についてよく知りもしないで「□」などと言うべきではないと思います。私の趣味は剣道ですが、剣道を知らない人からは、たたき合って危険だなどと言われることもあります。けれど礼儀が身につきますし、剣道を通して学べることは多くあるのです。

（秋人）　この古典の文章だと、多くの人が他人の趣味を否定的にとらえていたわけですが、結局その人たちを助けたのは他人の趣味だったことになりますよね。わからないものですね。

（中略……この後も話し合いは続いた。）

（千春）　いろいろな意見が出ましたね。では、話し合いで出た意見を参考にして、筆者の考えに対して意見を書いてみましょう。

㈤　あなたもこのグループの一員として、「趣味」について自分の考えをまとめることになりました。【Ⅰ】と【Ⅱ】の内容を参考にして、あなたの考えをまとめなさい。

ただし、以下の条件に従うこと。

1　百六十字以上、二百字以内で書くこと。（句読点を含む。）
2　二段落構成とし、第一段落には、「趣味」に関する具体的な体験、見聞を書くこと。第二段落には、第一段落の内容をふまえて、「趣味」についてのあなたの考えを書くこと。
3　題名と氏名は書かないこと。
4　正しい原稿用紙の使い方をすること。
5　｛や━━の記号（符号）を用いた訂正はしないこと。
6　文体は、常体「だ・である」で書くこと。

四 国語の授業で、次の古典の文章を読んで話し合い、自分の考えを書くことになりました。次の【Ⅰ】と【Ⅱ】について、下の㈠〜㈤の問いに答えなさい。

【Ⅰ】古典の文章

※1京極大相国《だいしやうこく》、蜂を飼はるる事、世以《もつ》て無益《むやく》の事と称す。(世間は意味のないことと言っていた) しかるに五月のころ、※2鳥羽殿《とば》に於《お》いて蜂の栖《す》にアにはかに落ちて、御前に(鳥羽上皇の前に)多く飛び散りければ、人々もさされじとて(刺されまいとして)、にげさわぎけるに、相国、御前にイ枇杷《びは》のありけるを一ふさとりて、※3ことのつめにてかはをむきてさしあげられたりければ、蜂あるかぎりつきてちらざりければ(散らなかったので)、付けながら共人を召し(蜂を集めたままお供の者を呼び)、やはら捨てけり(そっと捨てた)。※4院も「賢く宗輔《むねすけ》が候《さふら》ひて」(都合よく宗輔が居合わせて)と仰《おほ》せられて、感じ仰せしめけり(感心なさった)。

(「古事談」による。)

※1 京極大相国＝藤原《ふじわらの》宗輔。蜂飼《はちかいの》大臣《おとど》と呼ばれる。
※2 鳥羽殿＝鳥羽上皇の離宮。
※3 ことのつめ＝琴を弾くときに指先にはめて用いる道具。
※4 院＝鳥羽上皇のこと。

㈠ アにはかに の読み方を現代仮名遣いに直して、全て平仮名で書きなさい。

㈡ イ枇杷のありけるを一ふさとりて とあるが、その理由として、最も適切なものを、次の1〜4の中から選んで、その番号を書きなさい。

1 食べても問題ない枇杷だと証明するため。
2 鳥羽上皇においしい枇杷を献上するため。
3 蜂が枇杷を嫌がるかどうか確かめるため。
4 枇杷を利用して蜂を一か所に集めるため。

㈢ ウ危険 とあるが、この熟語と同じ構成のものを、次の1〜4の中から選んで、その番号を書きなさい。

1 新品　2 平静
3 開館　4 安否

㈣ 【Ⅱ】の文章中の□に入る最も適切な言葉を、【Ⅰ】の文章中から四字で抜き出して書きなさい。

【感想の交流の一部】

（春江）　鑑賞文の筆者が冒頭で述べている通り、わかりやすい歌だと思います。短歌というと難しく思えてついつい身構えてしまいますが、このような短歌であれば私たち中学生でも理解しやすいのではないでしょうか。

（秋夫）　そうですね。それに、「自転車を押しつつ」という表現があることで、自転車に乗る機（イ）会がある私たちにとって身近に感じられます。やはり自分たちの使っている物や場所が表現されているとその内容をつかみやすくなるのだと思います。

（冬樹）　この短歌では直喩が使われていますね。詩や短歌などでよく見る表現技法としてはほかに暗喩（ウ）もありますが、私は直喩のほうがより理解しやすい感じがします。これらは歌詞にも使われることが多いので、自分の好きな歌の歌詞を意識して読み直してみてもおもしろいかもしれません。

（夏美）　この短歌では実際に存在している［A］を、直喩を使って別のものにたとえているわけですよね。この直喩によって、よくある景色が違って見えてくる気がします。

（春江）　板とかはしごを使って塀にのぼることを想像すると決して楽ではないですよね。直喩によってそういうところまで意識できるのですね。

（秋夫）　そのように楽ではない状況でも「愉し」といっているのはなぜでしょうか。

（冬樹）　それについて鑑賞文の筆者は、夜空にひろがる星座に、［B］を短歌の作者が味わっているからだととらえているみたいですね。

㈣　上の短歌の鑑賞文の筆者の解釈に合っているものとして、最も適切なものを、次の**1**～**4**の中から選んで、その番号を書きなさい。

1　この短歌の作者は、内容をあてられることをたのしんで作っている。

2　この短歌は、読者のだれもが知っている状況について表現している。

3　この短歌の作者は、その動きまで目にうかぶような表現をしている。

4　この短歌は、歌ができるまでの作者の一歩一歩の歩みを表している。

㈤　【感想の交流の一部】の［A］に入る最も適切な言葉を、短歌の中から三字で抜き出して書きなさい。

㈥　【感想の交流の一部】の［B］に入る最も適切な内容を、上の鑑賞文中の言葉を使って、十字以上、十五字以内で書きなさい。（句読点を含む。）

三

次の文章と【感想の交流の一部】を読んで、下の(一)～(六)の問いに答えなさい。

自転車を押しつつ愉《たの》し星空へ立て掛けしごと※冬の坂あり

久葉　堯『海上銀河』

この歌は、わかりやすい歌です。「星空へ立て掛けしごと」は直喩で、しかも、わかりやすいだけでなく的確に言いあてられたようなたのしさがあります。一体、冬空になにを「立て掛け」たのか。「冬の坂」を立てかけたには違いありませんが、板とかはしごのような道具を、塀に立てかけて、のぼりやすくするという日常生活における経験が、ここに顔を出しています。この経験は読者のだれでも知っているところですから、自転車を押しながら急な坂をのぼっている作者のあえぎのようなもの、一歩一歩の歩みが目にうかぶのです。作者は「愉し」といっています。坂道を自転車をア押しながら行くのを「愉し」いという。たぶんそれは坂の上にひろがる「星空」のためかも知れません。冬の澄んだ夜空にひろがる星座へ向けて坂が立てかけてある。その坂をのぼれば、星座に行きつくような気分です。

この歌の比喩は、「愉し」という言葉を、内側から支えている比喩です。

（岡井隆「歌を創るこころ」による。）

※　ごと＝～ように。助動詞「ごとし」の語幹で連用形のように用いられている。

(一) ア押しながら行くのをとあるが、この場合の「の」と同じ意味・用法のものを、次の**1**～**4**の中から選んで、その番号を書きなさい。

1 事件は花の咲く頃に起こった。
2 近くのコンビニで弁当を買う。
3 彼は食べるのがいつもはやい。
4 あなたはどうして勉強するの。

(二) イ機の部首名として、最も適切なものを、次の**1**～**4**の中から選んで、その番号を書きなさい。

1 ごんべん　**2** てへん
3 のぎへん　**4** きへん

(三) ウ暗喩が使われている文を、次の**1**～**4**の中から選んで、その番号を書きなさい。

1 彼はまるで犬のように素早い。
2 あの人は鉄の心を持っている。
3 気づいたらここはもう目的地。
4 ゆっくりとゆっくりと進もう。

ほどのコスパの原理の話です。

「人それぞれの社会」は、「人それぞれ」に選択した結果として生じる格差には、あまり目を向けません。むしろ、引き起こされた結果の責任を、当事者の選択に(2)帰することで、格差を正当化する性質があります。

しかしながら、現在起きている現象を、「人それぞれ」に選んだ結果だ、と見なす考え方には、そうとうの無理があります。生まれた家によって、それぞれの人が到達する学歴や職業的な地位が違うことは、学歴や職業の達成を(3)射程にした研究（社会階層研究などと言われています）の成果からも明らかです。

そもそも、人びとがそれぞれの局面で本当に選択をしているのかどうかすら疑わしいですし、選択そのものも環境にそうとう左右されます。イ私の学生の話ばかりで恐縮ですが、地方から出てきた学生さんは「中学受験という選択肢はなかった」とよく話しています。そのように考えると、「人それぞれ」に平等に選べる状況は、かなり限られていると言えるでしょう。

私たちは、「人それぞれ」と言いながらも、心のどこかで「望ましい結果」は共有しています。また、社会は序列に溢《あふ》れており、人びとの決定にはさまざまな要素が影響しています。このような社会で「人それぞれ」に選んだ結果は、けっして、平等にはなりません。にもかかわらず、私たちは、さまざまな決定に対して、「人それぞれ」に選んだものとして処理し、あまり関与しようとしません。一見、寛容な「人それぞれの社会」は、結果としての不平等を見過ごす冷たい社会でもあるのです。

（石田光規『「人それぞれ」がさみしい』による。）

※1　コスパ＝支出した費用（コスト）とそれによって得られたもの（パフォーマンス）との割合。費用対効果。

※2　先ほどの結婚のデータ＝一九八二～二〇一五年の間、結婚を希望する人の割合は、あまり減らずに高いままであったのに対して、五〇歳時未婚率は、急速に上昇して男性は二三・四%、女性は一四・一%に達した。これは結婚したくない人が増えたのではなくて、結婚はしたいができないという人が増えたことを表している。

(四)　イ私の学生の話　とあるが、その説明として、最も適切なものを、次の**1**～**4**の中から選んで、その番号を書きなさい。

1　中学受験を選ぶと望ましい結果を生むとは思えなかった学生の話。

2　中学受験を選んでも選ばなくても同じだと認識していた学生の話。

3　中学受験を選ぶことができないような場所に住んでいた学生の話。

4　中学受験を選んだことは失敗であったと振り返っていた学生の話。

(五)　国語の授業で上の文章を読み、筆者の考えをまとめることになった。次は、ある生徒の【ノートの一部】である。□に入る言葉として最も適切なものを、上の文章中から五字で抜き出して書きなさい。

【ノートの一部】

○「人それぞれ」の選択とは?

□が違う

↓

学歴や職業の「望ましい結果」に影響する

＝

結果に格差が生じた際、**「人それぞれ」に選んだ結果だと言うべきではない**

二　次の文章を読んで、下の㈠～㈤の問いに答えなさい。

最近の大学生のなかには、自らの友人関係を「コスパ[※1]で選ぶ」と堂々と話す人もいます。つまり、コストに見合ったパフォーマンスを発揮できる人とのみ付き合うということです。とても合理的な考え方です。

「自らにとってよい要素をもつ人を選択する」という原理を⑴徹底させれば、「コスパ」という言葉に行き着くのもうなずけます。しかし、人間関係のコスパ化が進んだ社会では、自らもコストと見なされてしまうリスクを絶えず背負うこと、誰かがコストとして切り離されていることを忘れてほしくないものです。

私は、東京近郊に住む人を対象に、二〇一六年に実施された『首都圏住民の仕事・生活と地域社会に関する調査』(代表：早稲田大学　橋本健二)のデータを使って、孤立しやすい人の特性を探ったことがあります。具体的には、「日ごろ親しくし、または頼りにしている家族・親族」「友人・知人」が0人の人を孤立者と定義し、どのような属性で孤立との関連が深いのか分析しました。

[A]、経済力のない人、学歴の低い人、結婚していない人、健康ではない人といった、いわゆる、世間的に「よい」要素をもたない人が孤立しやすいことがわかりました。その他の調査研究でも、だいたい同じような結果が得られています。[※2]先ほどの結婚のデータと合わせて考えると、社会的に厳しい立場にいる人が、つながりから外れている(外されている)と言えそうです。

その一方で、孤立することすらも「人それぞれ」として受け入れる社会で、実際に孤立している人に注がれる視線は、優しいものではありません。というのも、孤立することも、結婚しないことも、「人それぞれ」の選択の結果ゆえ気にかける必要はない、と見なされてしまうからです。[B]、孤立している人や結婚できない人は、相手の支払うコストに見合うほどのパフォーマンスを発揮できない人とみなされる可能性もあります。さき

㈠　上の文章中の⑴～⑶の漢字の読みを平仮名で書きなさい。

㈡　上の文章中の[A]・[B]に入る言葉の組み合わせとして、最も適切なものを、次の**1**～**4**の中から選んで、その番号を書きなさい。

1　A　そのうえ　B　ところが
2　A　たとえば　B　なぜなら
3　A　しかし　B　そもそも
4　A　すると　B　あるいは

㈢　ア友人関係を「コスパで選ぶ」とあるが、この考え方で生活する場合の問題点を、四十五字以上、五十字以内で説明しなさい。(句読点を含む。)ただし、「**コスト**」「**リスク**」の二つの言葉を用いて書くこと。

方が経験値は多い。先にレベルアップするのは、存外失敗が多いやつだったりするよ」

それは、過去の自分自身に向けた笑い声にも聞こえた。

「そう……ですかね」

失敗ばかりするやつは、俺の中では進みが悪いやつだ。成功するやつは一歩が大きいイメージ。だから成功を重ねてどんどん先へ行ってしまって、そのうち追いつけないと悟り立ち止まる。

「座り込んじまったら負けなんだ」

一番弟子の言葉には、妙に力がこもっていた。何がコウさんにそれを言わせたのか、俺にはわからない。ただ、かがりさんと同じことを言うんだなと思う。師匠と弟子、ということか。かがりさんの職人としての血は、紛れもなくこの人の中にも流れている。

「こないだも言ったけどさ、せっかくやるなら何か得ないともったいないじゃん？」

自分で言った台詞《せりふ》に(1)テれたみたいに、コウさんは急にへらへらと笑う。

「テツくんみたいに火事に遭ったわけじゃないけど、炎が自分に向かってくるんじゃないかって思うとおれだって怖いよ。さっきちょろっと言ったけど、うち焼き鳥屋だったからさ、ガキの頃はよく火熾《ひおこ》しとか手伝わされてたんだよ。あの頃は何もわかってなかったな。理屈もわからず爆跳を恐れて、逃げ回ってた。ちゃんと炭に向き合ったのはここに弟子入りしてからだよ。自分で炭切って燃やしてみると、粒《つぶ》揃《ぞろ》いとか大きさで火が変わるのがわかって、そうするとだんだんこの炭ならこれくらいの火が上がるなって、見えるようになる。そうなって初めて、親に教わったことの意味がわかってきたってのは、(2)ヒニクな話だけど」

ウコウさんは何かを捻《ひね》り出すように目をぐりんと回した。

「要するに、火を味方につけるっていうかさ。(3)サムいときに火に当たってると、ほっとするじゃん。心もほぐれるっていうかさ。そういう……なんていうかな、火っていいところも悪いところもあるから。火を見るときに、いい方を意識してみたらいいんじゃない？　君は悪い方のイメージに引っ張られ過ぎてるんだと思う。いや、それ自体は無理からぬことだとは思うけどね、もちろん」

「はい……ありがとうございます」

優しい人だな、と掛け値なしに思った。※2今はコウさんの方が大変なはずなのに。それでも俺の面倒を見てくれるのは、かがりさんに言われたというのももちろんあるだろうが、なによりこの人自身が温かい人だからなのだろう。かがりさんとはまた違う、穏やかだけれどほっとする、静かな炎がそこにはあった。

俺が炭切りを適当にやれば、中でかがりさんやコウさんが、火を制御できなくなる。そのことをわかっていなかった自分が恥ずかしかった。誰より火を疎《うと》んでいるくせ、誰かに及ぶ火の牙を想像できていなかった。

（天沢夏月「青の刀匠」による。）

※1　炎色反応 ＝ 特定の元素を炎に入れることにより、特定の色を示す反応のこと。

※2　今はコウさんの方が大変なはず＝コウさんは、一月余りで刀を一振り作るようにかがりさんから言われている。

(四)　ウコウさんは何かを捻り出すように目をぐりんと回した　とあるが、このときのコウさんの様子を説明したものとして最も適切なものを、次の1～4の中から選んで、その番号を書きなさい。

1　自分の経験ばかり「俺」に話していたことに気づき、話題を変えようとしている様子。

2　自分の経験談をふまえて、「俺」の今後につながるような話をしようとしている様子。

3　自分の経験を意識したことで、「俺」の今の未熟さに目をつぶろうとしている様子。

4　自分の経験を話して満足し、「俺」との話を終える方法を考えようとしている様子。

(五)　国語の授業で上の文章を読み、文章の内容について気づいたことをまとめることになった。次は、ある生徒の【ノートの一部】である。□に入る言葉を、上の文章中から四字で抜き出して書きなさい。

【ノートの一部】

〈コウさんへの「俺」の見方〉

・面倒を見てくれる優しい人

・温かい人（＝【たとえ】□）

二〇二四年度 水戸啓明高等学校

【国語】（五〇分）〈満点：一〇〇点〉

一 次の文章を読んで、下の(一)～(五)の問いに答えなさい。

火事で火傷《やけど》を負った男子高校生の「俺（コテツ）」は、遠縁の刀鍛冶《かたなかじ》職人である剱田《つるぎだ》かがりに引き取られる。そこにはコウとカンナという二人の弟子がいた。「俺」は火を恐れるようになっていたが、かがりは刀鍛冶の仕事の初歩である炭切りの仕事をさせる。ところが、この仕事の意味もわからずに作業したことで、炭に爆跳《ばくちょう》（炭が爆発するようにはじけ飛ぶこと）が起こり、コウが目の下に怪我《けが》をしてしまった。幸い軽い怪我で済んだものの申し訳なさを感じる「俺」に対し、翌日仕事に復帰したコウは爆跳が起きた理由を考えさせる。

「おれたちは炎の色を見てタイミングを計ってる。鉄を熱していくと、そのうち火が黄色っぽくなるんだ。鉄は※1炎色反応を示さないから、含まれていた不純物とかが溶け出して、燃えてるのかもしれないけど……ま、理屈はともかく、炎を見ればやるべきことはわかる。作刀は、炎との対話。鉄との対話でもあるけどね。いずれにしてもその対話は炭切りから始まっていて、きちんとした炭じゃなきゃ、炎は叫ぶばっかりで何も聞き取れないんだ」

「……すみません。俺、ちゃんと見てなかったです」

カンナさんに言われたことは、聞いた当時も耳に痛かったけれど、今の方がさらに痛い。

目的がない。というより、見えていない。遠いものだけじゃなく、近いものも。アただ漠然とそこにいるだけの俺は〝点〟だ。だけど仕事は〝線〟なのだ。

コウさんも言っていたっけ。

自分たちがやっていることは、誰かの仕事と地続きなんだってことを忘れちゃいけない。

誰かが焼いた炭。これから誰かが使う炭。その狭間《はざま》で切っている自分しか想像できないから、楽をすることばかり考えてしまう。でも、俺の仕事も誰かの仕事に続いている。誰かの世界に繋《つな》がっている。

自分が望むかどうかには、かかわらず。

線の上の自分を自覚していないこと。それは部屋に引きこもりかけたあのときの自分のままということだ。何も変わっていない。本当に、引きこもる部屋が変わっただけだ。

「教えてもらうのは早いけど、遠回りでも自分で気づいたことってなかなか忘れないでしょ。同じ知識でも、経験が伴うかどうかで記憶の深さって変わるから」

イコウさんもそうだったのだろうか。それ自体が、コウさんの気づきだったのだろうか。

「いいのさ、失敗しても。それを糧《かて》に進めればね。そりゃ成功した方が気持ちいいだろうけど、失敗の

(一) 上の文章中の(1)～(3)の片仮名の部分を漢字で書きなさい。

(二) アただ漠然とそこにいるだけの俺は〝点〟だ。だけど仕事は〝線〟なのだ とあるが、ここから「俺」は自身のどのようなことがいけなかったと思い至ったとわかるか。四十五字以上、五十字以内で書きなさい。（句読点を含む。）

(三) イコウさんもそうだったのだろうか とあるが、このときの「俺」の考えとして、最も適切なものを、次の1～4の中から選んで、その番号を書きなさい。

1 部屋に引きこもりかけて、自分は何も変わっていないとコウさんは思ったのかもしれない。
2 誰かに教えてもらうほうが早く、遠回りはいやだとコウさんは思っていたのかもしれない。
3 経験した出来事に伴う発見は忘れにくいと、コウさんは感じたことがあるのかもしれない。
4 経験が伴うと記憶の深さが変わるという知識を、コウさんは忘れていないのかもしれない。

英語解答

1 (1) No.1 イ No.2 ア No.3 エ
No.4 イ No.5 ウ
(2) No.1 ア No.2 ウ No.3 イ
No.4 エ
(3) No.1 エ No.2 ウ
(4) ①… 4〔四〕 ②…ア

2 (1) ① hobbies ② could
③ been
(2) ④ longer ⑤ favo(u)rite
⑥ good

3 (1) work〔live, stay〕
(2) エ→ア→オ→ウ→イ
(3) ① April
② teacher〔instructor〕
③ fifteen

4 (1) ①…ア ②…イ ③…ウ ④…ウ
⑤…エ
(2) What time

5 (1) イ，オ，キ
(2) ① (例) For three hours.／They stayed there for three hours.
② (例) Her father (did).／Emily's father gave her the idea.
(3) 1 (4) ウ

6 (1) (例) My favorite school event is the school festival.
(2) (例) I like it because I can learn many things by helping each other with other students. It's not easy to do something special alone, but we can do with others. (30語)

1 〔放送問題〕解説省略

2 〔長文読解総合―Eメール〕

≪全訳≫A．こんにちは，ユリ。／今日の授業で，君は2つの趣味のピアノを弾くことと料理についてスピーチをしたよね。僕は君のスピーチを楽しく聞いたよ。僕はピアノが弾けないから，君のようにピアノが弾けたらいいのになあ！ 料理についていえば，僕も料理が大好きなんだ。料理は5年くらいやっているよ。君は何の料理をつくるのが一番好き？

B．こんにちは，ジャック。／すごいわね！ あなたの料理経験は私より長いのね。すばらしいわ！ 私が一番つくるのが好きな料理はケーキよ。友達の誕生日によくつくるんだ。あなたはケーキをつくるのは得意？ もしそうなら，ぜひ私につくってね！

(1)<語形変化>①hobby は「趣味」という意味の名詞。直前に two「2つの」という形容詞があるので，複数形にする。一般に‘子音字＋y’で終わる名詞の複数形は y を i に変え es をつける。 ②文前半でピアノが弾けないと述べているので，「弾けたらいいのに」という意味の文にする。‘I wish＋主語＋(助)動詞の過去形～’の形で「～であればいいのにと思う」という‘現在の事実に反する願望’の意味を表せる(仮定法過去)。 ③文後半に「5年間」という‘期間’が示されているので，‘継続’を表す have/has been ～ing の現在完了進行形にする。

(2)<適語補充>④直後に than があるので比較級が入る。ユリは料理の経験の長さを比較していると考えられる。 ⑤空所を含む文は，ジャックがメールの最終文で尋ねた質問に対する返答になる。favo(u)rite「一番好きな，(最も)気に入りの」 ⑥be good at ～ing で「～するのが得意だ」という意味。空所を含む文の it は cake を指す。

3 〔長文読解総合―対話文〕

≪全訳≫❶リカ(R)：トム，あなたが日本に来たのはお父さんの仕事のためだよね？❷トム(T)：そうだよ。父がここでの仕事の申し出を受けたから，今年の４月にみんなで日本に来たんだ。❸R：そうなんだ。初めて日本に引っ越すと聞いたときはどう思った？❹T：日本を訪れてその文化を学びたいといつも思っていたから，うれしかったよ。❺R：それはよかった。日本では何をしたい？❻T：いろいろ計画があるんだ。まず，書道をやってみたいな。❼R：そうなの？　実は，私のおばあちゃんは家で子どもたちに書道を教えているの。よく外国からの生徒さんが来るから，あなたもおばあちゃんの教室に参加できると思うよ。興味ある？❽T：あるよ！　Ⓑ次のクラスがいつか知ってる？❾R：えっと，今週の金曜日よ。❿T：その日は放課後に予定がないから，彼女の教室に参加したいな。彼女に僕のことを話してくれる？⓫R：もちろん。きっとオーケーしてくれると思う。教室は５時から始まるの。だから，４時45分に私の家に来てくれる？　そしたら私がおばあちゃんの家まで連れていってあげる。⓬T：わかった。どうもありがとう，リカ。今，僕はとてもわくわくしているよ！

(1)＜**書き換え―適語補充**＞That's right. は「そのとおり」という意味。ここでの That は，直前でリカが述べている you came to Japan because of your father's business の内容を指す。父の仕事のために来日したという内容は，「父が日本で働き始めたから日本に来た」と言い換えることができる。「働き始めた」の部分を「住み始めた」と考え，live，stay としてもよい。

(2)＜**整序結合**＞Do you の後に動詞の know を置く。when があるので，know の目的語は「次の教室はいつか」という内容になると判断できる。これは文の中に組み込まれる疑問文なので，'疑問詞＋主語＋動詞...' の間接疑問の形にすること。　Do you know when the next class is？

(3)＜**内容一致**＞「今年の４月に日本に来てから，とても楽しい時間を過ごしているよ。今日は日本の友達の１人であるリカと話した。彼女のおばあちゃんが書道の先生で，今週の金曜日に彼女から書道を習うことになったんだ。その日，僕はリカの家に書道教室の15分前に行って，リカがおばあちゃんの家に連れていってくれるんだ。待ちきれないよ！」　①第２段落第２文参照。トムが日本に来たのは今年の「４月」である。　②第７段落第２文参照。書道を教えているということは，書道の「先生」だといえる。　③第11段落第３，４文参照。書道教室は５時に始まるので，リカは自分の家に４時45分に来るようにトムに言っている。４時45分は教室が始まる「15」分前である。

4 〔**長文読解総合―対話文**〕

≪全訳≫❶**サトル(S)**：シンディ，ミュージカルは好き？　母と僕は今週末にミュージカルを見たいと思っていて，そのチケットを２枚手に入れたんだ。でも母が忙しくて一緒に行けないんだよ。❷**シンディ(C)**：それは残念ね。ええ，ミュージカルは好きよ。ロンドンにいたときはよく見に行ったわ。❸S：それはよかった。もし興味があれば，僕と一緒に来てほしいんだ。母のチケットを使っていいよ。❹C：本当に？　一緒に行きたいわ！　それは何のミュージカルなの？❺S：ミュージカルのちらしを見て。❻C：ああ，この物語知ってる。魔法使いを探す少年の話よね？❼S：そうだよ。その魔法使いを見つけるために，彼らは不思議の国を旅するんだ。僕たちはそれをＳ席で楽しめるよ。❽C：本当？　Ｓ席のチケットって１枚で9000円もするわよ！❾S：うん。君はチケット代を払う必要がないって母は言ってたよ。❿C：えっ，なんだかお母さんに申し訳ないわ。⓫S：気にしないで。母にはまた別の機会があるだろうから。今は７月だから，公演を楽しむのにまだ８か月あるし。⓬C：今晩，あなたのお母さんに電話してお礼を伝えるわね。ところで，今週の土曜日か日曜日か，どちらの日にミュージカルを見に行くの？⓭S：そのチケットは日曜日午前の公演なんだ。その公演ではサワベさんがライオンの役を演じる。彼女が母にチケットをくれたんだ。２人は親友なんだ。⓮C：そうなのね。その日はどこで待ち合わせる？⓯S：ヒガシ駅はどう？　駅から劇場までわずか５分で歩いていけるよ。⓰C：わかった。そこで何時に待ち合わせる？⓱S：９時に会おう。⓲C：了解。誘ってくれてありがとう！

ピーターと魔法使い
6月1日から3月31日まで
ピーター・ゲールは，竜巻によって家から不思議の国へと吹き飛ばされてしまった少年だ。彼は新しく知り合った3人の友達と不思議の国を旅してまわり，家に帰るために魔法使いを探す。

時間：　月曜日から土曜日　18：30
　　　　日曜日　10：00，17：30
場所：　サクラ劇場
チケット：S席：9000円　A席：6000円　B席：4500円　C席：3000円

配役	午前の部	夕方の部
魔法使い	タナカリョウ	マジマナオト
ピーター・ゲール	オカダケンジ	イノウエケイスケ
トム／ボックスマン	ヤマダソウタ	ヤマダソウタ
ベス／人形	ホンダマホ	サワベサヤ
ゾーイ／小さなライオン	サワベサヤ	カトウエミ

＜サクラ劇場への行き方＞
ヒガシ駅から劇場までわずか5分
●アオバ線：コダマ駅→ヒガシ駅(20分)
●チュウオウ線：チュウオウ駅→ヒガシ駅(15分)

(1)＜適語(句)選択＞①ちらし参照。タイトルと公演期間の下にミュージカルの内容が簡潔にまとめられている。このミュージカルは，不思議の国で「魔法使いを探す少年」の話である。　②ちらし参照。S席は「9000」円である。　③ちらしより，公演期間が「6月1日から3月31日まで」だとわかる。今は7月なので，この先8か月間，公演を楽しむチャンスがある。to enjoy はto不定詞の形容詞的用法で，直前の空所を修飾している。eight more months で「あと8か月」という意味。‘数詞＋more＋名詞’で「さらに〜(個)多くの…」という意味を表せる。（類例）two more weeks「もう2週間」　④空所の次の文から，2人が見に行く公演ではサワベさんがライオンの役を演じることがわかる。ちらしの配役表より，サワベさんがライオンの役を演じるのは「午前」の公演である。また，ちらしの「時間」を見ると，午前の部があるのは日曜日だけである。　⑤空所直後の内容から，その駅から劇場まで徒歩5分であるとわかる。ちらしより，劇場まで5分で行けるのは「ヒガシ駅」である。

(2)＜適語句補充＞直後でサトルが「9時に会おう」と‘時間’を答えている。

5〔長文読解総合―物語〕

≪全訳≫❶アヤカはミドリ市の中学生だった。彼女は毎日，日記をつけていた。日記を書くのは楽しかったが，アヤカは嫌いなことが1つあった。彼女はときどき思った。「私の日記は文字しかない。1ここに絵を描いた方がいいわ」　絵を描いた後，彼女はいつもこう思うのだった。「この絵はかわいくない。気に入らないわ」❷9月のある日，アヤカのクラスにアメリカから転校生がやってきた。彼女の名前はエミリーだ。彼女の席はアヤカの隣で，2人はすぐに簡単な英語と日本語で話し始めた。2人とも写真を撮るのが好きで，エミリーはアヤカにアメリカの家族や友人の写真を見せた。❸次の日曜日，アヤカとナミはエミリーと一緒に出かけた。ナミはアヤカの友人の1人だった。3人は午前中にミドリ駅近くの商店街で待ち合わせた。アヤカはそこでエミリーとナミの写真を撮った。3人は商店街を歩き，正午に大きな公園に着いた。そしてナミが言った。「今日はみんなにお弁当をつくってきたの。ここで食べましょう」　アヤカとエミリーはナミにお礼を言い，ナミがつくったお弁当を楽しく食べた。その後，3人は公園内を歩き，きれいな花を見た。公園にいるとき，エミリーはたくさん写真を撮った。❹3時になると，アヤカはナミとエミリーに言った。「ちょっとおなかがすいちゃった。商店街に戻って，たい焼きを食べようよ」　ナミはうれしそうだったが，エミリーは「それは何？」と尋ねた。アヤカはエミリーに「サカナのような見た目で，中にあんこが入っているの。すごくおいしいよ。食べてみて」と言った。するとエミリーは，「うーん，私，あんこはあまり好きじゃないの」と言った。アヤカは「じゃあ，クリームたい焼きかチョコレートたい焼きを食べたらいいよ」と言った。エミリーは「チョコレートたい焼きって，チョコレートが入ってるのよね？　それなら食べてみたいわ！」と言った。3人は商店街に戻り，お店でたい焼きを買った。食べる前にナミがたい焼きの写真を撮った。エミリーがチョコレートたい焼きをとても気に入ったので，アヤカとナミはうれしかった。❺3人が電車に乗って家に帰るとき，エミリーは他の2人にこう言った。「今日撮った写真を私に送ってくれる？　何枚か印刷して，日記に貼ろうと思うの」　アヤカはそれを聞いて驚き，こう言った。「あっ，それはやったことなかったわ。いいアイデアね，エミリー。私もそれをやってみるわ」　エミリーは「父がこのアイデアを教えてくれたの。私は絵が上手に描けないから，日記に写真を貼るのよ」と言った。❻その夜，アヤカは父親のプリンターを使って写真を数枚印刷した。それらの写真を日記に貼ると，彼女はびっくりした。とてもすてきに見えたのだ。彼女は思った。「これは本当にいいアイデアだわ。今は自分の日記がすてきに見えてうれしいな」

(1)＜**内容真偽**＞ア．「アヤカはいつも自分の絵をかわいいと思っていた」…×　第1段落終わりの2文参照。かわいくないので嫌いだった。　イ．「エミリーは9月にアヤカのクラスにやってきて，すぐにアヤカと話し始めた」…○　第2段落前半の内容に一致する。　ウ．「エミリーは写真を撮るのが好きだったが，アヤカはあまり好きではなかった」…×　第2段落最終文参照。2人とも写真を撮るのが好きだった。　エ．「アヤカはナミとエミリーにお弁当をつくり，3人はそれを公園で食べた」…×　第3段落中盤参照。お弁当をつくってきたのはナミ。　オ．「エミリーはアヤカとナミと出かけるまでたい焼きを知らなかった」…○　第4段落前半の内容に一致する。カ．「エミリーはクリームたい焼きを食べたが，あまり好きではなかった」…×　第4段落後半参照。エミリーはチョコレートたい焼きを食べ，それを気に入った。　キ．「エミリーはアヤカとナミに写真を送ってほしいと思った」…○　第5段落第1文の内容に一致する。　ク．「ナミは写真を印刷してそれらを自分の日記に貼るために，父親のプリンターを使った」…×　最終段落参照。日記に写真を貼るために父親のプリンターを使ったのは，ナミではなくアヤカ。

(2)＜**英問英答**＞①「アヤカとナミとエミリーは，どのくらいその公園にいたか」―「(彼女たちはそこに) 3時間(いた)」　第3段落中盤より，公園に at noon「正午に」着いたこと，第4段落第1文より At three「3時に」アヤカが商店街に戻ってたい焼きを買いに行こうと提案していることがわかるので，公園での滞在時間は3時間と判断できる。　②「日記に写真を貼るアイデアをエミリーに教えたのは誰か」―「彼女〔エミリー〕の父親(がそうした〔彼女にそのアイデアを教えた〕)」第5段落後半参照。

(3)＜**適所選択**＞脱落文は，ここに絵を描くべきだという内容。空所1の前で，アヤカは文字だけの日記に物足りなさを感じ，空所1の後で，自分で描いた絵に対する不満を述べている。

(4)＜**適文選択**＞写真を印刷して日記に貼るというアイデアを聞いたアヤカは驚き，空所の後で，すばらしいアイデアだから自分もやってみようと思うと答えていることから判断できる。

6〔**テーマ作文**〕

(1)自分が最も好きな学校行事を答えればよい。解答例は「私の最も好きな学校行事は文化祭です」という意味。school festival「文化祭」以外の主な学校行事としては，sports day「体育祭」，school trip「修学旅行」，chorus contest「合唱コンクール」などがある。

(2)その学校行事が好きな理由を問われているので，I like it because ～「私はそれが好きです，なぜなら～」といった形が書きやすいだろう。解答例の意味は「私はそれが好きです。なぜなら他の生徒とお互いに助け合うことで多くのことを学べるからです。特別なことを1人でするのは簡単ではありませんが，人と一緒ならできます」。

2024年度／水戸啓明高等学校

数学解答

1 (1) ① -3 ② $-x+5y$
③ $-12ab$ ④ $\sqrt{2}$
(2) $(x-6)^2$

2 (1) 4点 (2) $1-2\sqrt{2}$
(3) $x=-3$，$y=5$ (4) 330人

3 (1) 135° (2) $\dfrac{2}{21}$ (3) $\dfrac{3}{7}$

4 (1) 43°
(2) ① ア…円周角 イ…錯角
ウ…2組の角
② 5：21

5 (1) $\dfrac{3}{2}$ (2) $y=-x+4$ (3) 1

6 (1) 6 cm (2) 45°
(3) ① 4 cm ② $\dfrac{220}{3}\text{cm}^3$

1〔独立小問集合題〕

(1)＜数・式の計算＞①$-7+4=-3$ ②与式$=5x+9y-6x-4y=-x+5y$ ③与式$=-\dfrac{8a^2b^2\times6a}{4a^2b}$ $=-12ab$ ④与式$=5\sqrt{2}-\dfrac{8\sqrt{5}}{\sqrt{10}}=5\sqrt{2}-\dfrac{8}{\sqrt{2}}=5\sqrt{2}-\dfrac{8\times\sqrt{2}}{\sqrt{2}\times\sqrt{2}}=5\sqrt{2}-\dfrac{8\sqrt{2}}{2}=5\sqrt{2}-4\sqrt{2}=\sqrt{2}$

(2)＜式の計算―因数分解＞与式$=x^2-2\times6\times x+6^2=(x-6)^2$

2〔独立小問集合題〕

(1)＜データの活用―四分位範囲＞四分位範囲は，第3四分位数から第1四分位数をひいた差である。第1四分位数は3点，第3四分位数は7点だから，四分位範囲は，$7-3=4$(点)である。

(2)＜数の計算＞与式$=(a+b)(a-b)$とする。$a+b=(-1+\sqrt{2})+(-\sqrt{2})=-1$，$a-b=(-1+\sqrt{2})-(-\sqrt{2})=-1+\sqrt{2}+\sqrt{2}=-1+2\sqrt{2}$ だから，与式$=(-1)\times(-1+2\sqrt{2})=1-2\sqrt{2}$ となる。

(3)＜連立方程式＞$-x+5y=28$……①，$5x-3y=-30$……②とする。①×5より，$-5x+25y=140$……①′ ①′+②より，$25y+(-3y)=140+(-30)$，$22y=110$ ∴$y=5$ これを①に代入して，$-x+25=28$，$-x=3$ ∴$x=-3$

(4)＜一次方程式の応用＞中学校の全生徒数を x 人とする。自転車で通学している生徒の数は，全生徒数の$\dfrac{2}{3}$より10人少ないので，$\dfrac{2}{3}x-10$ 人と表せる。徒歩で通学している生徒の数は，全生徒数の$\dfrac{2}{5}$より12人少ないので，$\dfrac{2}{5}x-12$ 人と表せる。この和は全生徒数となるから，$\left(\dfrac{2}{3}x-10\right)+\left(\dfrac{2}{5}x-12\right)=x$が成り立つ。これを解くと，$10x-150+6x-180=15x$，$x=330$(人)となる。

3〔データの活用―確率―カード〕

(1)＜角度＞右図のように，正八角形の点A以外の7個の頂点をB，C，D，E，F，G，Hとし，点Oと8点A～Hを結ぶ。$p=1$，$q=4$のとき，点Pは頂点B，点Qは頂点Eにあるので，$\angle POQ=\angle BOE$となる。$\angle BOC=\angle COD=\angle DOE=360°\div8=45°$だから，$\angle POQ=\angle BOE=3\angle BOC=3\times45°=135°$である。

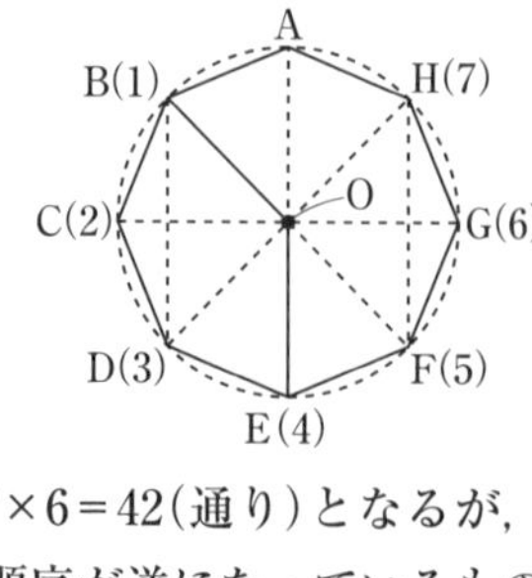

(2)＜確率＞7枚のカードから2枚のカードを順番に取り出すとすると，1枚目は7通り，2枚目は残りが6枚だから6通りあり，取り出し方は$7\times6=42$(通り)となるが，同時に取り出すときは，(1枚目，2枚目)$=(1,\ 2)$，$(2,\ 1)$のように，順序が逆になっているものは同じ取り出し方と考えるので，同時に取り出すときの取り出し方は$42\div2=21$(通り)である。同時に取り出した2枚のカードの数の小さい方をp，大きい方をqとするので，p，qの組も21通り

となる。前ページの図で，AOと平行となる2つの頂点を結んだ線分は，BDとFHだから，AO∥PQとなるp，qの組は，$(p,\ q)=(1,\ 3)$，$(5,\ 7)$の2通りであり，求める確率は$\frac{2}{21}$である。

(3)＜**確率**＞前ページの図で，正八角形の全ての頂点を通る円を考える。△APQが直角三角形となるとき，線分AP，AQ，PQのいずれかが円の直径である。線分APが円の直径となるとき，$p=4$であり，$(p,\ q)=(4,\ 5)$，$(4,\ 6)$，$(4,\ 7)$の3通りある。線分AQが円の直径となるとき，$q=4$であり，$(p,\ q)=(1,\ 4)$，$(2,\ 4)$，$(3,\ 4)$の3通りある。線分PQが円の直径となるとき，$(p,\ q)=(1,\ 5)$，$(2,\ 6)$，$(3,\ 7)$の3通りある。よって，21通りのp，qの組のうち，△APQが直角三角形になるのは，$3+3+3=9$(通り)だから，求める確率は$\frac{9}{21}=\frac{3}{7}$である。

4〔**平面図形―三角形と円**〕

図1

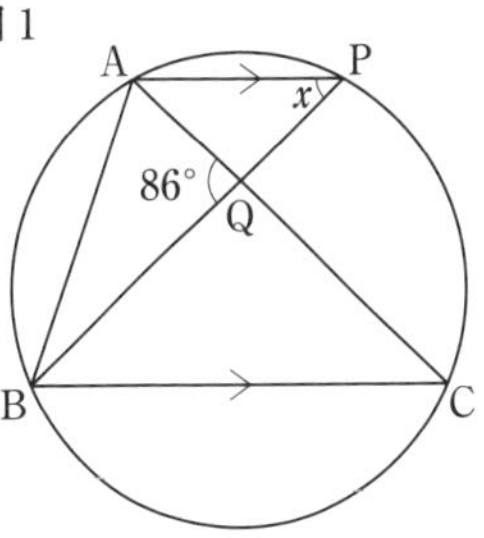

(1)＜**角度**＞右図1で，$\angle APQ=x$とすると，AP∥BCより，錯角は等しいので，$\angle CBQ=\angle APQ=x$となる。また，$\overset{\frown}{CP}$に対する円周角の大きさは等しいので，$\angle PAQ=\angle CBQ=x$となる。よって，△QAPで内角と外角の関係より，$\angle AQB=\angle APQ+\angle PAQ=x+x=2x$となるから，$2x=86°$が成り立ち，$x=43°$となる。したがって，$\angle APQ=43°$である。

図2

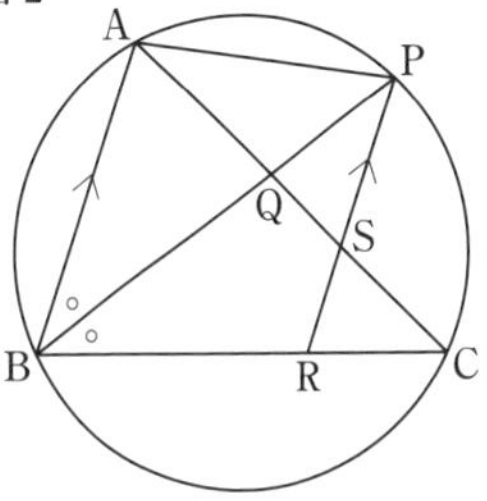

(2)＜**証明，長さの比**＞①右下図2で，②の$\angle CBQ=\angle SAP$は，$\overset{\frown}{CP}$に対する円周角であることからいえる。④の$\angle BAQ=\angle ASP$は，AB∥PRより，平行線の錯角であることからいえる。△ABQと△SAPにおいて，③の$\angle ABQ=\angle SAP$，④の$\angle BAQ=\angle ASP$より，2組の角がそれぞれ等しいから，△ABQ∽△SAPとなる。　②図2で，AB∥PRより，AS：SC＝BR：RC＝2：1だから，$AS=\frac{2}{2+1}AC=\frac{2}{3}AC$……㋐となる。次に，$\angle ABQ=\angle CBQ$であり，AB∥PRより，$\angle ABQ=\angle BPR$だから，$\angle CBQ=\angle BPR$である。これより，△BPRは二等辺三角形であり，$BR=\frac{2}{2+1}BC=\frac{2}{3}\times12=8$だから，$PR=BR=8$となる。また，△ABC∽△SRCだから，AB：SR＝BC：RC＝(2＋1)：1＝3：1となり，$SR=\frac{1}{3}AB=\frac{1}{3}\times9=3$である。よって，$SP=PR-SR=8-3=5$となる。さらに，△ABQ∽△SPQだから，QA：QS＝AB：SP＝9：5となり，$QS=\frac{5}{9+5}AS=\frac{5}{14}AS$……㋑である。㋐，㋑より，$QS=\frac{5}{14}\times\frac{2}{3}AC=\frac{5}{21}AC$となるので，QS：AC＝$\frac{5}{21}$AC：AC＝5：21である。

5〔**関数―関数$y=ax^2$と一次関数のグラフ**〕

(1)＜**比例定数**＞A(2，1)，B(2，8)であり，点Cは線分AB上にあるから，点Cのx座標は2である。y座標が6のとき，C(2，6)となる。放物線$y=ax^2$は点Cを通るので，$6=a\times2^2$より，$a=\frac{3}{2}$となる。

図1

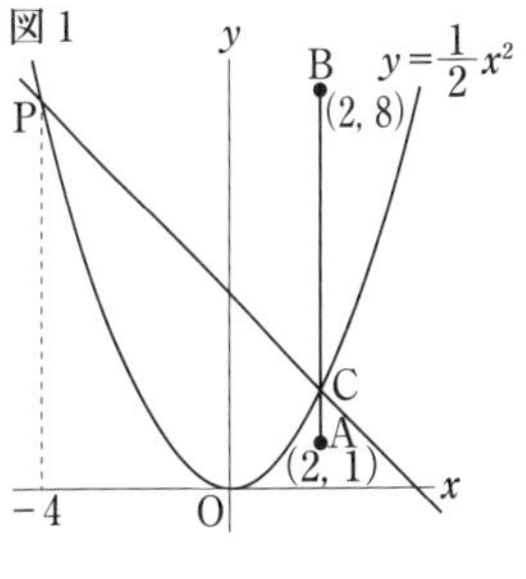

(2)＜**直線の式**＞右図1で，$a=\frac{1}{2}$のとき，点Cは放物線$y=\frac{1}{2}x^2$上の点となる。x座標は2だから，$y=\frac{1}{2}\times2^2=2$より，C(2，2)となる。また，点Pも放物線$y=\frac{1}{2}x^2$上にあり，x座標が−4なので，$y=\frac{1}{2}\times(-4)^2=$

8より，P(−4, 8)となる。よって，直線CPの傾きは $\frac{2-8}{2-(-4)}=-1$ だから，その式は $y=-x+b$ とおけ，点Cを通るから，$2=-2+b$，$b=4$ となる。よって，直線CPの式は $y=-x+4$ である。

(3)<**比例定数**>右図2で，2点P，Cは y 軸について対称だから，点Cの x 座標が2より，点Pの x 座標は−2である。また，A(2, 1)，B(2, 8)より，ABは y 軸に平行であり，AB＝8−1＝7となる。△ABPは，底辺をABと見ると，高さは2−(−2)＝4となる。よって，△ABP＝$\frac{1}{2}\times7\times4=14$ となる。△ACD：〔四角形CBPD〕＝3：11だから，△ACD＝$\frac{3}{3+11}$△ABP＝$\frac{3}{14}\times14=3$ である。△ACDは，ACを底辺と見ると，高さは2だから，面積について，$\frac{1}{2}\times$AC$\times2=3$ が成り立ち，AC＝3となる。これより，点Cの y 座標は1＋3＝4となるので，C(2, 4)である。点Cは放物線 $y=ax^2$ 上にあるから，$4=a\times2^2$ より，$a=1$ である。

図2

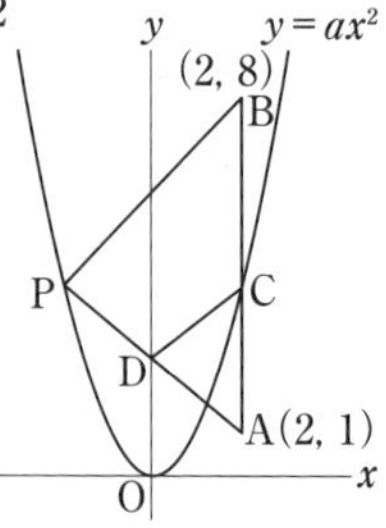

6〔**空間図形—直方体**〕

(1)<**長さ**>右図で，AD＝8，AI：ID＝3：1だから，AI＝$\frac{3}{3+1}$AD＝$\frac{3}{4}\times8=6$(cm)である。

(2)<**角度**>右図で，(1)より，AI＝AE＝6であり，∠EAI＝90°だから，△AEIは直角二等辺三角形である。よって，∠AIE＝45°となる。

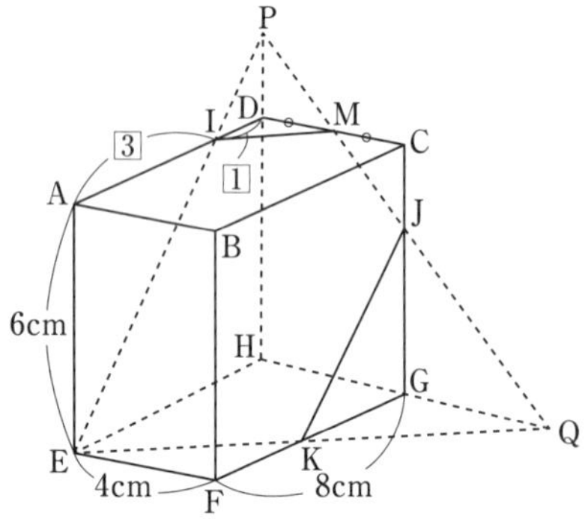

(3)<**長さ，体積**>①右図で，線分EI，JM，辺HDの延長の交点をPとする。∠DIP＝∠AIE＝45°より，△DPIは直角二等辺三角形となるから，DP＝ID＝AD−AI＝8−6＝2となる。また，DM＝CM＝$\frac{1}{2}$CD＝$\frac{1}{2}\times4=2$ だから，DP＝DM＝2より，△DPMも直角二等辺三角形となり，∠DMP＝45°となる。さらに，∠CMJ＝∠DMP＝45°となるので，△CJMは直角二等辺三角形であり，CJ＝CM＝2となる。よって，GJ＝CG−CJ＝6−2＝4(cm)である。　②上図で，線分MJ，EK，辺HGの延長の交点をQとする。面EFGHと面ABCDは平行なので，三角錐P-EHQと三角錐P-IDMは相似であり，相似比はHP：DP＝(6＋2)：2＝4：1だから，体積比は〔三角錐P-EHQ〕：〔三角錐P-IDM〕＝$4^3:1^3=64:1$ となる。よって，〔三角錐P-IDM〕＝$\frac{1}{64}$〔三角錐P-EHQ〕である。また，面AEHDと面BFGCは平行なので，三角錐P-EHQと三角錐J-KGQも相似で，相似比はHP：GJ＝8：4＝2：1だから，体積比は〔三角錐P-EHQ〕：〔三角錐J-KGQ〕＝$2^3:1^3=8:1$ となり，〔三角錐J-KGQ〕＝$\frac{1}{8}$〔三角錐P-EHQ〕である。∠GJQ＝∠CJM＝45°より，△GJQは直角二等辺三角形なので，GQ＝GJ＝4となり，HQ＝HG＋GQ＝4＋4＝8である。したがって，〔三角錐P-EHQ〕＝$\frac{1}{3}\times$△EHQ×HP＝$\frac{1}{3}\times\left(\frac{1}{2}\times8\times8\right)\times8=\frac{256}{3}$ となり，〔三角錐P-IDM〕＝$\frac{1}{64}\times\frac{256}{3}=\frac{4}{3}$，〔三角錐J-KGQ〕＝$\frac{1}{8}\times\frac{256}{3}=\frac{32}{3}$ となるから，求める立体の体積は，〔三角錐P-EHQ〕−〔三角錐P-IDM〕−〔三角錐J-KGQ〕＝$\frac{256}{3}-\frac{4}{3}-\frac{32}{3}=\frac{220}{3}$(cm³)である。

2024年度／水戸啓明高等学校

社会解答

1
1 (1) ①…ア
② 記号…ウ
燃料…バイオ燃料〔バイオエタノール〕
(2) ①…ユーロ ②…エ
③ (例)一人当たり国民総所得が多い国と少ない国との経済格差が大きい
(3) イ
2 (1) え…ア お…ク (2) ウ
(3) イ (4) A，D，E

2
1 (1) 土地…口分田 記号…エ
(2) 語…国風 記号…ア
(3) 内容 (例)武士と農民の身分の区別が明確になり
記号…イ
(4) 人物名…水野忠邦 記号…ウ
2 (1) カ
(2) 記号…エ 語…五・一五
(3) ウ

3
1 (1) 語…ワイマール 記号…ウ
(2) い (例)君主権が強い
う…象徴
(3) 記号…イ 名称…PKO
2 (1) 記号…ア
内容 (例)任期が短く，解散もあるため，世論をより反映している
(2) 語…閣議 記号…イ
(3) ウ (4) 300

4
1 (1) 語…インフレーション〔インフレ〕
記号…エ
(2) イ
(3) (例)サヘルはサハラ砂漠の南の縁にあたり，開発などにより砂漠が拡大している。
2 (1) イ (2) 記号…ア 語…共助
3 (1) 名称…能〔能楽〕 記号…ウ
(2) ア

1 〔地理―世界の姿と諸地域，日本の姿と諸地域，地形図〕

1⑴＜日本の特色，発電エネルギー＞①日本は大小さまざまな島々から成り立っている海洋国で，沿岸国が領海の外側に設定できる，資源を独占的に調査したり開発したりすることのできる排他的経済水域が国土面積の約12倍ある。また，日本の人口は約1億2500万人(2022年)で，国土面積は約38万km²(2021年)なので，人口密度は約330人／km²となる。なお，イはCのインドネシア，ウはBのブラジル，エはAのアメリカ，オはDのオーストラリアである。　②Bのブラジルでは，豊富な水資源を生かした水力発電の割合が最も高い(a…水力)。日本をはじめ，多くの国で高い割合を占める発電エネルギー源は，火力である(b…火力)。CのインドネシアとDのオーストラリアでは，2024年2月現在，原子力発電は行われていない(c…原子力)。また，さとうきびやとうもろこしなどの植物を原料としてつくられるバイオ燃料〔バイオエタノール〕は，原料となる植物が成長過程において二酸化炭素を吸収しているため，燃焼時に新たな二酸化炭素が排出されないと考えられている。アメリカやブラジルなどの国で生産が盛んで，再生可能エネルギーの1つとして注目されている。

⑵＜ヨーロッパ連合＞①EU〔ヨーロッパ連合〕で導入されている共通通貨はユーロである。ユーロは

2002年から流通が始まり，その取引量はアメリカドルに次いで世界第２位である(2022年)。　②2020年にEUを脱退したのはイギリスであり，首都ロンドン郊外には０度の経線である本初子午線が通っている。なお，アはドイツのベルリン，イはアメリカのニューヨーク，ウはイタリアのローマについて述べたものである。　③資料４から，ヨーロッパ州では各国の一人当たり国民総所得に大きな差があり，経済格差が大きいことが読み取れる。一方EUでは，加盟国間における移動の自由が保障されているため，より高い賃金を求めて，所得水準の低い国から所得水準が高い国への移民が増加する傾向がある。所得水準の高い国の中には，増加する移民によって国内の雇用が奪われるなど，移民に対して否定的な世論が形成される場合があり，イギリスのようにEUから脱退する国も現れた。

(3)＜**アフリカ州の国**＞資料５と資料６から，面積が最も大きく輸出額第１位の品目が原油であることからｄはナイジェリア，面積が最も小さく輸出額第１位の品目がカカオ豆であることからｅはコートジボワールが当てはまる。資料６から，輸出額第１位の品目が紅茶であるｆは標高の高い地域で茶の生産が盛んであるケニア，輸出額第１位の品目がダイヤモンドであるｇはダイヤモンドの生産量が世界第２位(2020年)であるボツワナが当てはまる。

2(1)＜**日本の河川**＞**え**．日本の河川の中で最も長い川は，長野県や新潟県を流れるアの信濃川である。なお，イの利根川は日本で最も流域面積が大きく関東地方を流れる川，ウの最上川は山形県，エの石狩川は北海道を流れる川である。　**お**．日本は国土面積が小さく山地が多いため，日本の河川は世界の河川と比較すると長さが短く，上流から下流までの傾斜が急であるという特徴がある。

(2)＜**地形図の読み取り**＞縮尺が２万５千分の１の地形図では，地図上の１cmが実際の距離の250mを表すので，地図上の８cmが表す実際の距離は，250m×8＝2000m＝２kmとなる(ウ…○)。なお，地図上では特にことわりがないかぎり，上が北を表すため，「上州新屋駅」から見て「上州福島駅」は，西の方角にある(ア…×)。線路沿いに多く見られる，‖の地図記号は，畑(∨)ではなく水田である(イ…×)。上信電鉄の線路は，地形図中の範囲で150mを超えた地点を通っていない(エ…×)。

(3)＜**みかんの生産地**＞みかんの栽培は，温暖な気候と日当たりや水はけの良い地域で盛んで，和歌山県，愛媛県，静岡県が収穫量上位に見られることから，イがみかんを表している。なお，アはもも，ウはりんご，エは日本なしが当てはまる。

(4)＜**資料の読み取り**＞「2021年に前年より人口が増加しているのは沖縄県だけで他の７県は減少している」ことがわかるのはＥの九州地方８県の人口増減率のグラフ，「最も農業産出額が多いのは鹿児島県，最も少ないのは沖縄県」であることがわかるのはＡの九州地方８県の農業産出額のグラフからである。「農業・林業・水産業に従事する就業者の割合が最も低いのは福岡県」の記述については，農業・林業・水産業は第１次産業であるため，Ｄの九州地方８県の第１次産業就業者割合の資料が根拠となる。

2 〔歴史―古代～現代の日本と世界〕

1(1)＜**口分田，平城京**＞班田収授法により６歳になると与えられた土地は口分田と呼ばれ，収穫量の約３％にあたる稲を税として納める租が課された。また，平城京に都が移されたのは710年のことである(エ…○)。なお，アの大化の改新が始まったのは645年，イの冠位十二階の制定は603年，ウの坂上田村麻呂の征夷大将軍任命は797年のことである。

⑵＜**国風文化，摂関政治**＞９世紀末より遣唐使の派遣が計画されなくなったことで平安時代の後半に栄えた，日本の風土に合った文化は国風文化と呼ばれる。９世紀には漢字を変形させて日本語を書き表せる仮名文字がつくられた。仮名文字を使って，11世紀初めに清少納言が著したのは『枕草子』で，『源氏物語』は紫式部の作品である。また，国風文化が栄えた頃は，藤原氏が天皇が幼いときや女性のときに天皇を補佐する摂政や，成人の天皇を補佐する関白につくことで政治の実権を握っていた。

⑶＜**豊臣秀吉**＞太閤検地は統一された方法や基準で全国の農地の田畑の面積や収穫高を計測してそれらの情報を検地帳に記録させる政策であり，刀狩は百姓や僧侶から武器を没収する政策である。これらの政策は武士と農民の区別を明確なものとすることで社会の安定を図る，兵農分離を目的とするものであった。また，豊臣秀吉は明の征服を目指し，1592年と1597年の二度にわたり朝鮮に出兵したが，失敗に終わった。なお，アの安土城下での楽市楽座は織田信長，ウのポルトガル船の来航禁止は徳川家光の政策であり，エの関ヶ原の戦いで勝利したのは徳川家康である。

⑷＜**水野忠邦，江戸時代の農業**＞水野忠邦は1841年から進めた天保の改革の中で，株仲間が商品の流通を独占しているために物価が上昇していると考え，株仲間の解散を命じた。資料の農具は，江戸時代に使われ始めた千歯こきで，稲や麦を歯と歯の隙間に挟んで引くことで脱穀の能率を高めたものである。なお，備中ぐわは土を深く耕すことのできるくわ，唐箕はもみ殻と米粒，塵を選別する道具で，いずれも江戸時代に普及した農具である。石包丁は弥生時代に使われた，穀物の穂先をつみとるための石器である。

2⑴＜**年代整序**＞年代の古い順に，Ⅲ(名誉革命―1688～89年)，Ⅱ(アヘン戦争―1840～42年)，Ⅰ(日英同盟の締結―1902年)となる。

⑵＜**ブロック経済，五・一五事件**＞1929年に起こった世界恐慌への対応策として，イギリスやフランスでは，本国と植民地間の関税を下げて物資を流通させる一方，他国の商品に高い関税をかけて，自国産業を保護するブロック経済が実施された。なお，アの五か年計画を推進したのはソビエト連邦，イのニューディール政策を行ったのはアメリカ，ウの独裁政治を行い軍備を増強して植民地拡大を目指したのはイタリアやドイツである。また，1932年５月15日，海軍の将校らが，犬養毅首相を暗殺した事件は五・一五事件と呼ばれる。これ以降，政党の党首が内閣を組織する政党内閣の時代が終わり軍人出身者主導の内閣が多くなった。

⑶＜**55年体制**＞「55年体制」とは，1955年の結党以来，自由民主党が議席の多数を占めてきた日本の政治体制を指す。40年近く続いた「55年体制」が崩壊したのは，総選挙の結果，自由民主党が衆議院議席数の過半数を割り込み，細川護熙による非自民連立政権が成立した1993年のことである。なお，アのアジアで最初のオリンピック・パラリンピックである東京オリンピック・パラリンピックの開催は1964年，イの沖縄返還は1972年，エの日韓基本条約の締結は1965年の出来事である。

3〔**公民―総合**〕

1⑴＜**ワイマール憲法，社会権**＞第一次世界大戦後の1919年，ドイツで制定されたワイマール憲法は，世界で最初に社会権を明記した憲法である。社会権とは，国民が社会の中で人間らしく，文化的な生活を営む権利のことであり，日本国憲法では生存権，教育を受ける権利，勤労の権利，労働基本権が保障されている。なお，アの奴隷的拘束を受けない権利は自由権(身体の自由)，イの損害賠償を請求する権利は請求権，エの意見を発表する権利は自由権(精神の自由)に当てはまる。

⑵**＜天皇の地位＞**天皇を中心とする国であった明治時代の日本は大日本帝国憲法をつくるうえで，皇帝の権限，すなわち君主権が強い当時のドイツ(プロシア)の憲法を手本とした。日本国憲法では，国民が主権者であることが明記され，天皇は，日本国と日本国民統合の象徴であり，国政に関する権能を持たないと規定されている。

⑶**＜平和主義，PKO＞**資料２は日本国憲法第９条の条文であり，平和主義について定めている。国際連合の平和維持活動(Peace Keeping Operations)の略称はPKOである。PKOは，国際連合の安全保障理事会決議に基づき，世界各地における紛争の解決のために行われる活動であり，具体的には停戦の監視や選挙の監視，復興開発などがある。

2⑴**＜二院制，衆議院の優越＞**2015年の公職選挙法改正により，選挙権の年齢は衆議院，参議院ともに18歳に引き下げられた。一方，被選挙権の年齢については，衆議院は25歳以上，参議院は30歳以上と定められている。また，衆議院の優越とは，参議院よりも衆議院により強い権限が与えられていることを指す。衆議院は参議院よりも任期が短く，解散もあることから，世論をより強く反映していると考えられるため，このような優越が認められている。

⑵**＜内閣＞**内閣の意思決定は全ての大臣が出席する閣議で行われ，閣議の議決は原則として全員一致による。また，日本国憲法第68条で，国務大臣は内閣総理大臣が任命し，その過半数は国会議員でなければならない，と定められている。

⑶**＜司法権＞**全ての裁判所は，具体的な裁判を通して法律や政令などが憲法に違反していないかを審査する権限(違憲審査権)を持っており，最高裁判所に最終決定権があることから最高裁判所は「憲法の番人」と呼ばれる(ウ…○)。なお，最高裁判所の長官は内閣の指名に基づいて天皇が任命し，その他の裁判官は内閣が任命する(ア…×)。私人の間の争いについては民事裁判，犯罪行為については刑事裁判が行われる(イ…×)。また，裁判員裁判では有罪か無罪かの決定や，有罪の場合の刑罰の内容も裁判員が裁判官とともに決定する(エ…×)。

⑷**＜直接請求権＞**条例の制定や改廃の請求については，有権者の50分の１以上の署名が必要となるため，有権者が15000人の地方公共団体の場合は，15000÷50＝300となり，有権者300人以上の署名が必要となる。

4〔三分野総合─持続可能な未来をテーマにした問題〕

1⑴**＜インフレーション，冷戦の終結＞**一般に，好景気のときに見られる物価の上昇をインフレーション〔インフレ〕という。また，日本がバブル経済であったのは，1980年代後半から1990年代初めである。1989年にはベルリンの壁が壊され，アメリカとソビエト連邦の首脳がマルタ会談で冷戦の終結を宣言した。なお，アのアジア・アフリカ会議の開催は1955年，イのベトナム戦争の終結は1970年代半ば，ウのアメリカ同時多発テロは2001年の出来事である。

⑵**＜資料の読み取り＞**資料１の「男性」と「女性」のグラフに着目すると，①と②を合計した「心の豊かさ」を優先する割合は，「男性」が48.7％，「女性」が54.2％であり，女性の方が高い(イ…○)。なお，「全体」を見ると，①と②を合計した「心の豊かさ」を優先する割合は51.7％であり，２分の１を超えている(ア…×)。年代別に見ると，①と②を合計した「心の豊かさ」を優先する割合は，「60～69歳」で55.0％，「70歳以上」で58.3％であり，③と④を合計した「物の豊かさ」を優先する

割合は，「60～69歳」で44.1％，「70歳以上」で38.8％となっている。したがって，この２つの年代においては「心の豊かさ」を優先する割合の方が高く，59歳以下の年代については「物の豊かさ」を優先する割合の方が高い(ウ，エ…×)。

(3)＜**砂漠化**＞サヘルとは，サハラ砂漠の南の縁に広がる半乾燥地域のことで，現在深刻な砂漠化が進み，農地の減少などにより貧困が拡大している。

2(1)＜**資料の読み取り**＞核家族に該当するのは，夫婦のみの世帯，夫婦と(未婚の)子の世帯，ひとり親と(未婚の)子の世帯である。これら３つの世帯数の合計が全世帯数に占める割合を計算すると，2010年が62.8万÷108.7万×100＝57.7…より約58％，2020年が66.5万÷118.3万×100＝56.2…より約56％となる(次郎さん…正)。資料２のXは，2010年から2020年にかけて大きく増加している家族類型である単独世帯を表している(良子さん…誤)。

(2)＜**社会保障制度**＞日本の社会保障制度を構成する４つの柱の中心となっているのは医療，年金，介護などの社会保険である。また，一般に，さまざまな危機への対応や支援，リスクへの備えについて，これを自分自身で行うことを「自助」，地域の人々や危機を共有する人たちで行うことを「共助」，国や地方公共団体などの公的な機関が行うことを「公助」という。社会保険のしくみは，医療や老齢，介護など，共通のリスクを持つ人々がともに負担し合って，必要な人に給付を行うしくみであり，「共助」の考え方が基本となっている。

3(1)＜**室町時代**＞能〔能楽〕は，それまで村や寺社などで行われていた猿楽や田楽などの芸能をもとに，室町幕府第３代将軍の足利義満の保護を受けた観阿弥と世阿弥が大成したものである。足利義満は，1336年から続いていた南北朝の動乱を南北朝を合一させることで1392年におさめた。なお，アの参勤交代の制度化は江戸時代の1635年，イの御成敗式目の制定は1232年，エの元(中国)の九州北部侵攻は1274年と1281年のことでいずれも鎌倉時代の出来事である。

(2)＜**資料の読み取り**＞日本を７つの地方に区分すると，北海道地方，東北地方，関東地方，中部地方，近畿地方，中国・四国地方，九州地方に分けられる。このうち伝統的工芸品が10以上ある都道府県が最も多く位置しているのは，新潟県，石川県，愛知県がある中部地方である(ア…○)。なお，東北地方で，伝統的工芸品が３以上５未満の都道府県は，秋田県，岩手県，宮城県で，このうち秋田県は県名と県庁所在地名が同じである(イ…×)。関東地方で，海に面していない内陸県は群馬県，栃木県，埼玉県であるが，埼玉県は伝統的工芸品が５以上10未満である(ウ…×)。中国・四国地方で，伝統的工芸品が５以上10未満の都道府県は，広島県のみである(エ…×)。

理科解答

1 (1) ア，ウ　(2) ア　(3) イ，オ
(4) ウ　(5) イ　(6) エ
(7) ウ，エ　(8) ア

2 (1) 15cm　(2) イ　(3) エ
(4) (例)像の形は同じで，明るさは暗くなった。
(5) ウ

3 (1) 電離　(2) ア
(3) (例)電子を失い，イオンとなって溶け出したため。
(4) キ　(5) 化学エネルギー

4 (1) 栄養生殖
(2) (例)親の遺伝子をそのまま受け継ぐため。
(3) あ…ア　い…イ　う…オ　(4) イ
(5) ア，イ，エ

5 (1) A→C→B　(2)
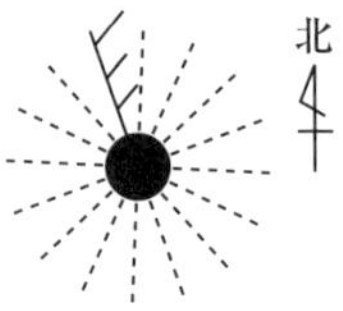

(3) ウ　(4) ウ
(5) エ

6 (1) イ　(2) ウ
(3) エ　(4) ア

1 〔小問集合〕

(1)<**電磁誘導**>図のように，コイルに棒磁石を近づけたり遠ざけたりすると，コイルに電流が流れる。この現象を電磁誘導といい，流れる電流を誘導電流という。誘導電流の向きは，近づける磁石の極を変えることで逆になり，磁石とコイルを近づけるときと遠ざけるときも逆になる。そのため，図で，N極を下にした棒磁石を上からコイルに近づけると，検流計の針が＋側に振れたことから，S極を下にした棒磁石を上からコイルに近づけると，検流計の針は－側に振れる。よって，棒磁石のS極を下にしたとき，検流計の針が＋側に振れるのは，コイルと棒磁石のS極を遠ざける場合で，アとウが当てはまる。

(2)<**化学かいろ**>化学かいろでは，鉄粉が空気中の酸素によって酸化されることで，周囲に熱を放出するため，温度が上がる。このような化学変化を発熱反応という。

(3)<**両生類**>背骨を持つ動物(脊椎動物)のうち，幼生(子)はえらと皮ふで，成体(おとな)は肺と皮ふで呼吸する動物のなかまは両生類である。ア～カのうち，両生類はイモリとカエルである。なお，メダカは魚類，カメとトカゲはは虫類，イルカは哺乳類である。

(4)<**湿度**>表で，乾球と湿球の示度の差が同じ場合，いずれも気温が低いほど湿度が低い傾向にある。よって，誤っているものはウである。

(5)<**物体にはたらく力**>図のように，物体が摩擦のある斜面を下るとき，物体には物体にはたらく重力の斜面に平行な分力が，進行方向と同じ向きにはたらいている。なお，摩擦力は，物体どうしがふれ合う面にはたらく，物体の動きを妨げる力で，動こうとする向きと逆向きにはたらく。

(6)<**蒸留**>エタノールは燃えやすく，水は燃えないことから，表より，試験管Aの液体にエタノールは多く含まれているが，試験管Cの液体にエタノールはほとんど含まれていない。これより，エタノールが水よりも早く気体となって出てきているので，エタノールの沸点は水より低いことがわかる。よって，正しいのはエである。

(7)<**蒸散**>それぞれの枝が蒸散を行っているのは，枝Aでは茎＋葉の裏側，枝Bでは茎＋葉の表側，枝Cでは茎＋葉の表側＋葉の裏側，枝Dでは茎である。よって，葉の裏側からの水の蒸散量は，枝

Aの蒸散量から枝Dの蒸散量をひくことと，枝Cの蒸散量から枝Bの蒸散量をひくことで求められる。

⑻＜**地震のゆれ**＞地震が発生すると，P波とS波は同時に発生するが，P波の方がS波より伝わる速さが速い。そのため，図のように，はじめにP波による小さなゆれ(初期微動)が，後にS波による大きなゆれ(主要動)が見られる。

2 〔身近な物理現象〕

⑴＜**焦点距離**＞凸レンズと物体との距離が焦点距離の2倍のとき，凸レンズとスクリーンとの距離も焦点距離の2倍になり，凸レンズと物体，凸レンズとスクリーンとの距離は等しくなる。このとき，スクリーンには物体と同じ大きさの実像ができる。図2より，凸レンズと物体，凸レンズとスクリーンとの距離が等しいのは30cmである。よって，実験1で使用した凸レンズの焦点距離は，30÷2＝15(cm)である。

⑵＜**凸レンズ**＞図1で，物体が凸レンズの焦点の外側にあるとき，スクリーンには上下左右が物体と逆向きの像が映る。よって，ア～エのうち，最も適当なのはイである。

⑶＜**凸レンズ**＞図3で，凸レンズを通過した後，光軸に平行に進む光は，焦点を通る④である。なお，光軸に平行な①の光は，凸レンズを通過した後，焦点を通るように屈折する。

⑷＜**凸レンズ**＞凸レンズの上半分を黒いシートでおおって光を通さないようにすると，黒いシートでおおう前にスクリーンに映っていた像と比べて，像の形は同じだが，明るさは暗くなる。これは，物体からの光は凸レンズの下半分を通過してスクリーン上に像が映り，凸レンズを通過する光の量が減るためである。

⑸＜**虚像**＞⑴より，使用した凸レンズの焦点距離は15cmなので，凸レンズと物体との距離を10cmにすると，物体が焦点よりも凸レンズに近い位置にあることになる。このとき，スクリーンがあった側から凸レンズをのぞくと，物体より大きな虚像が見える。また，右図のように，凸レンズと物体との距離を10cmから5cmにしたとき，虚像の大きさは小さくなる。

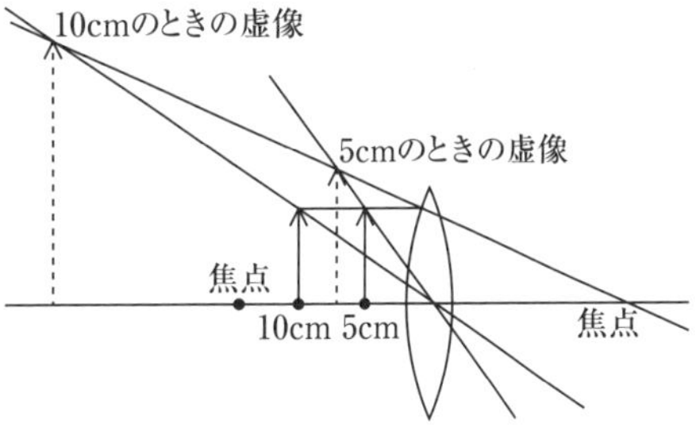

3 〔化学変化とイオン〕

⑴＜**電離**＞物質が水に溶けて陽イオンと陰イオンに分かれることを，電離という。なお，水に溶けて電離する物質を電解質という。

⑵＜**イオン**＞実験1より，硝酸銀水溶液に銅線を入れると，水溶液中に銅イオンが溶け出して増加し，無色の水溶液が青色に変化する。これは，銀よりも銅の方がイオンになりやすく，銅原子(Cu)が電子を2つ失って銅イオン(Cu^{2+})になり，水溶液中の銀イオン(Ag^{+})が電子を1つ受け取って銀原子(Ag)となって銅線に付着するためである。なお，銅イオンを含む水溶液は青色になる。

⑶＜**ダニエル電池**＞ダニエル電池の亜鉛板では，亜鉛原子が電子を失い，イオンとなって溶け出したため，亜鉛板の表面に凹凸ができて黒くなる。

⑷＜**ダニエル電池**＞図2のダニエル電池では，銅原子(Cu)より亜鉛原子(Zn)の方が陽イオンになりやすいため，Znは電子を失い亜鉛イオン(Zn^{2+})になって溶け出す。このとき，亜鉛板に残った電子は導線を通って銅板へ移動し，水溶液中の銅イオン(Cu^{2+})が銅板の表面で電子を受け取って銅原

子(Cu)になり，表面に付着する。よって，電子は－極から＋極へ移動するので，亜鉛板が－極，銅板が＋極となり，図2で，電子が移動する向きはbである。また，電流が流れる向きは電子が移動する向きと逆なので，電流が流れる向きはaとなる。

⑸＜**化学エネルギー**＞もともと物質が持つエネルギーを化学エネルギーという。電池では，化学変化を利用して，物質が持つ化学エネルギーを電気エネルギーに変換して取り出している。

4 〔生命・自然界のつながり〕

⑴＜**栄養生殖**＞植物の体の一部から新しい個体ができる無性生殖を，栄養生殖という。

⑵＜**無性生殖**＞無性生殖では，親の体の一部からつくられた新しい個体(子)が，親の遺伝子をそのまま受け継ぐため，親と全く同じ形質を持つ。無性生殖では，受精が行われず，体細胞分裂によって子がつくられるからである。

⑶＜**遺伝の規則性**＞生殖細胞は減数分裂によってつくられ，対になっている親の遺伝子が分かれて別々の生殖細胞に入り，生殖細胞が受精することによって遺伝子は再び対になる。また，丸い種子にする遺伝子をA，しわのある種子にする遺伝子をaとするとき，丸い種子をつくる純系のエンドウが持つ遺伝子はAA，しわのある種子をつくる純系のエンドウが持つ遺伝子はaaである。よって，丸い種子をつくる純系のエンドウからつくられる生殖細胞の遺伝子はA，しわのある種子をつくる純系のエンドウからつくられる生殖細胞の遺伝子はa，手順❷で調べた種子(子)のエンドウの遺伝子は全てAaと表すことができる。

⑷＜**遺伝の規則性**＞⑶より，手順❷で調べた種子(子)の遺伝子の組み合わせは全てAaである。この種子(子)からは，Aを持つ生殖細胞とaを持つ生殖細胞が1：1の個数の比でつくられる。そのため，手順❹で集めた種子(孫)の遺伝子の組み合わせと個数の割合は，右表のように，AA：Aa：aa＝1：2：1となる。よって，手順❹で調べた種子(孫)のうち，種子の形を決める遺伝子の組み合わせが手順❷で調べた種子(子)と同じものは，$\frac{2}{1+2+1}\times 100=50(\%)$になる。

	A	a
A	AA	Aa
a	Aa	aa

⑸＜**遺伝子**＞体細胞分裂では，分裂をはじめる前に，核の中の染色体が複製されている。よって，ウは誤っていて，ア，イ，エは正しい。

5 〔気象と天気の変化〕

⑴＜**等圧線**＞等圧線は，1000hPaを基準に4hPaごとに細い実線で，20hPaごとに太い実線で引かれる。また，気圧は，高気圧では中心にいくほど高くなり，低気圧では中心にいくほど低くなる。これより，図1の各地点の気圧は，地点Aが1014hPa，地点Bが1006hPa，地点Cは1010hPaとなるから，気圧の高い順に左から並べると，A→C→Bとなる。

⑵＜**天気図記号**＞18時の水戸市の天気は雨で，表より，風向は北北西，風力は3である。雨を表す天気記号は●，風向は矢羽根を北北東に引き，風力は中心から見て右側に矢羽根を3枚つけて表す。解答参照。

⑶＜**前線**＞図1に見られる2本の前線のうち，低気圧の中心から南西にのびる前線は寒冷前線で，寒気が暖気を激しく持ち上げ，南東にのびる前線は温暖前線で，暖気が寒気の上にはい上がっていく。そのため，X－Yの断面を南側から見た様子を表す模式図はウである。

⑷＜**寒冷前線**＞寒冷前線が通過した地点では，気温が急に下がり，風向が南寄りから北寄りに変化する。よって，寒冷前線が水戸市を通過したのは，表で，風向が南東から北北西に変わった15時から

18時の間と考えられる。

⑸＜**冬の気圧配置**＞大陸は海洋よりも暖まりやすく，冷えやすいため，冬にはユーラシア大陸は太平洋よりも冷え，図２のように，ユーラシア大陸に高気圧（シベリア高気圧）が，太平洋に低気圧が発達する。高気圧の中心付近では下降気流が発生し，低気圧の中心付近では上昇気流が発生する。よって，ア～エのうち，正しいのはエである。

6〔**小問集合**〕

⑴＜**雲のでき方**＞空気は上昇すると周りの気圧が低くなるため体積が大きくなる（膨張する）。このとき，空気の温度は下がり，やがて露点に達すると，空気中の水蒸気の一部が凝結して小さな水滴や氷の粒になり，雲ができる。

⑵＜**放電**＞雲の下の方は－の電気を帯び，雲の下の方の電気と地面の電気が引き合うので，地面が帯びている電気の種類は＋の電気である。また，雷のように電気が空間を移動したり，たまっていた電気が流れ出たりする現象を放電という。なお，真空放電は，気圧を非常に低くした空間を電流が流れる現象である。

⑶＜**イオン**＞アンモニウムイオン（NH_4^+）は，窒素原子（N）１個と水素原子（H）４個からできている。また，－の電気を持つ電子を１つ失った１価の陽イオンである。

⑷＜**道管**＞図２で，根から吸収した水や肥料が通る管は，維管束の茎の中心側にあるＡの部分で，道管という。一方，Ｂの部分を師管といい，葉でつくられた栄養分が通る管である。

国語解答

一 ㈠ ⑴ 照 ⑵ 皮肉 ⑶ 寒

㈡ 自分の仕事が誰かの仕事に続いていると考えず，自分しか想像できないで楽をすることばかり考えたこと。(48字)

㈢ 3　㈣ 2　㈤ 静かな炎

二 ㈠ ⑴ てってい ⑵ き ⑶ しゃてい

㈡ 4

㈢ 自分もコストと見なされてしまうリスクを絶えず背負うし，誰かがコストとして切り離されてしまうこと。(48字)

㈣ 3　㈤ 生まれた家

三 ㈠ 3　㈡ 4　㈢ 2　㈣ 3

㈤ 冬の坂

㈥ 坂をのぼれば行きつくような気分

四 ㈠ にわかに　㈡ 4　㈢ 2

㈣ 無益の事

㈤ (例)私の友人は美術部に所属し，絵に詳しい。バスケットボール部でふだん走り回っている私は絵とふれあう機会などなく何も知らなかったが，友人から話を聞くうちに関心を持ち，一緒に美術館に足を運ぶようになった。／趣味は人の成長に少なからず関わっているはずであり，自分と仲の良い友人の趣味であればどこかに共鳴する部分もあるのだろう。興味の幅を広げることにつながるので，自分以外の人の趣味にも関心を持ちたい。(197字)

一〔小説の読解〕出典：天沢夏月『青の刀匠』。

㈠＜**漢字**＞⑴音読みは「照明」などの「ショウ」。　⑵「皮肉」は，物事の結果が予想や期待に反したものになること。　⑶音読みは「寒暖」などの「カン」。

㈡＜**文章内容**＞「俺」は，コウさんに言われたことを思い出した。そして，自分がやっている仕事は「誰かの仕事と地続き」で，目には見えなくても「誰かの仕事に続いている」のに，自分のことしか見えていなくて，自分のことしか考えられなかったから，仕事に関して「楽をすることばかり考えて」しまっていたことに，「俺」は気づいた。

㈢＜**文章内容**＞コウさんは，仕事の内容や知識を人から教えてもらうのは簡単で早いけれども，時間がかかっても，自分で経験して気づいていくことが大切であり，自分で経験したことは忘れにくいと「俺」に話してくれた。「俺」は，コウさんは自分の体験から「経験が伴うかどうかで記憶の深さ」が変わることを感じ取ったのだろうかと思った。

㈣＜**文章内容**＞コウさんは，焼き鳥屋の家業を手伝っていた頃は「爆跳を恐れて，逃げ回って」いただけだったが，刀鍛冶職人になろうとしてからは，炭を切って燃やす作業をすることで，炭や火に「向き合った」と話してくれた。そしてコウさんは，「俺」の役に立つような話をしようと「何かを捻り出すように」目を動かし，「火を見るときに，いい方を意識」してはどうかと言った。

㈤＜**表現**＞「俺」は，コウさんを，かがりさんとは違うやり方で面倒をみてくれる「温かい人」であり，「穏やかだけれど，ほっとする」ような「静かな炎」のような人に感じた。

二〔論説文の読解―社会学的分野―現代社会〕出典：石田光規『「人それぞれ」がさみしい　「やさし

く・冷たい」人間関係を考える』。

≪**本文の概要**≫最近の大学生の中には，自分の友人関係を「コスパで選ぶ」という合理的な考えを持つ者がいる。しかし，人間関係のコスパ化が進んだ社会では，自分もコストとして見なされるリスクを絶えず背負うことになるし，誰かがコストとして切り離されるという問題点もある。現代の社会で，孤立しやすい人は，世間的に「よい」要素を持たない人であり，社会のつながりから外されているといえる。孤立することも「人それぞれ」の選択だと受け入れる社会は，孤立している人に優しい目を向けない。また，「人それぞれの社会」は，孤立はその人の社会的なコスパが悪いからであり，孤立という結果は当事者の責任だとして，格差を正当化する性質がある。しかし，現在の状況を「人それぞれ」が選んだ結果と見なす考え方は，必ずしも正しいとはいえない。その人の生まれた家の違いによって，学歴や職業の達成は当然違うのである。「人それぞれ」が選んだ結果は平等ではないのに，私たちは，格差に目を向けようとはしない。一見，寛容な「人それぞれの社会」は，結果としての不平等を見過ごす冷たい社会でもある。

㈠＜**漢字**＞⑴「徹底」は，最後まで貫き通すこと。　⑵「帰する」は，人や物のせいにする，という意味。　⑶「射程」は，本来は，弾丸の届く最大距離のこと。ここから，力の及ぶ範囲のことをいう。

㈡＜**接続語**＞A．東京近郊に住む人を対象にして，どういう人が「孤立との関連が深いのか」を分析してみると，一般に「世間的に『よい』要素をもたない人が孤立しやすい」ことがわかった。　B．孤立を「人それぞれ」として受け入れる社会では，孤立することや結婚しないことを，「『人それぞれ』の選択の結果」だから「気にかける必要はない」と考えたり，もしくは，「相手の支払うコストに見合うほどのパフォーマンスを発揮できない人」だと考えたりする。

㈢＜**文章内容**＞「自らにとってよい要素をもつ人」とだけつき合うという考えを「徹底」させて，人間関係を「コスパ」だけで考えると，「自らもコストと見なされてしまうリスクを絶えず背負うこと」になる。また，「誰かがコストとして切り離されて」しまうことも起こるのであり，そういうことに想像を巡らせることが大事である。

㈣＜**文章内容**＞「地方から出てきた学生」は，地方に住んでいたので，「中学受験という選択肢はなかった」という。つまり，その学生は，受験をするような中学校のない所に住んでいたので，中学受験が選択肢にならなかったのである。

㈤＜**文章内容**＞「人それぞれ」の選択といっても，人は「生まれた家」が違うから，「それぞれの人が到達する学歴や職業的な地位が違う」ことになる。一方で，私たちが思い描く「望ましい結果」は同じであり，「生まれた家」という環境によって，みんなが「望ましい結果」にたどりつくとは限らないのである。

三〔**説明文の読解―芸術・文学・言語学的分野―文学**〕出典：岡井隆『歌を創るこころ』。

㈠＜**品詞**＞「押しながら行くのを」の「の」と，「食べるのが」の「の」は，体言の代用としてはたらく格助詞。「花の咲く頃」の「の」は，主語を表す格助詞。「近くのコンビニ」の「の」は，連体修飾語をつくる格助詞。「勉強するの」の「の」は，疑問を表す終助詞。

㈡＜**漢字の知識**＞楷書にすると「機」で，部首は「木」で「きへん」である。

㈢＜**表現技法**＞「暗喩」は，「まるで～ようだ」などの言葉を使わずにたとえる技法。「あの人は鉄の心を持っている」の「鉄の心」が，強い心をたとえている。1は，「まるで」が使われているので直喩，3は，「目的地」で文が終わっているので体言止め，4は，「ゆっくりと」が繰り返されているので反復法が使われている。

㈣**＜短歌の内容理解＞**「自転車を」の短歌は，「自転車を押しながら急な坂をのぼっている」作者の姿を感じさせる短歌であり，作者の「一歩一歩の歩みが目にうかぶ」ようによまれている。

㈤**＜短歌の内容理解＞**「星空へ立て掛けしごと」という直喩によって，実際に存在している急な「冬の坂」が，「星座へ向けて」立てかけられた坂と表現されているのである。

㈥**＜文章内容＞**急な坂道を自転車を押しながらのぼっていくのは楽ではないが，「その坂をのぼれば，星座に行きつくような」感じがするので，作者は坂道を自転車を押しながらのぼるのを「愉し」と表現しているのである。

四〔**古文の読解―説話**〕出典：『古事談』巻第一ノ九二。

≪現代語訳≫京極大相国(藤原宗輔)が，蜂を飼っておられることを，世間は意味のないことと言っていた。そうではあるが五月の頃，鳥羽上皇の離宮で蜂の巣が突然落ちて，鳥羽上皇の前に(蜂が)多く飛び散ったので，人々も刺されまいとして，逃げ騒いでいたときに，相国が，鳥羽上皇の前に枇杷《びわ》があったのを一ふさ取って，琴の爪で(枇杷の)皮をむいて上へあげたところ，蜂はいる限り全てが(枇杷の実に)取りついて散らなかったので，蜂を集めたままお供の者を呼び，(蜂の群がった枇杷を)そっと捨てた。院(鳥羽上皇)も「都合よく宗輔が居合わせて」とおっしゃって，感心なさった。

㈠**＜歴史的仮名遣い＞**歴史的仮名遣いの語頭以外のハ行は，原則として現代仮名遣いでは「わいうえお」になる。

㈡**＜古文の内容理解＞**藤原宗輔は，蜂を飼っていて蜂の習性を知っていたので，蜂が人を刺さないように，蜂を枇杷の実に群がらせて飛び散らないようにしたのである。

㈢**＜熟語の構成＞**「危険」と「平静」は，似た意味の漢字を重ねた熟語。「新品」は，上の漢字が下の漢字を修飾している熟語。「開館」は，下の漢字が上の漢字の目的語になっている熟語。「安否」は，上の漢字と下の漢字が対になっている熟語。

㈣**＜古文の内容理解＞**藤原宗輔が蜂を飼っていることを，世間の人は「無益の事」と評していた。

㈤**＜作文＞**【Ⅰ】の古文は，藤原宗輔が蜂を飼っていて，蜂の習性をよく知っていたので，人々が蜂に刺されるのを阻止できたという内容である。当時の人は，宗輔の趣味を意味のないことと「否定的にとらえていた」が，その趣味が人々を「助けた」のである。【Ⅱ】の話し合いでは，人の趣味はいろいろあるけれど，「よく知りもしないで」他人の趣味を一方的に非難するべきではないという意見が出ている。この内容をとらえたうえで，自分の「趣味」は何か，自分とは違う友達の「趣味」をどう思っているかを考えてみる。そして「趣味」とはどういうものかを考える。二段落という構成を守り，誤字に気をつけて字数の範囲内でまとめていくこと。

2024年度 水戸啓明高等学校(推薦)

【英　語】（50分）〈満点：100点〉

1　次の(1)～(4)の英文について，AとBの対話が成立するように，(　　　)に当てはまる最も適切な英文を，それぞれア～エの中から一つ選んで，その記号を書きなさい。

(1) A : Nami, you are reading the new comic! Can I read it after you?

B : Well, it's Tom's. You should ask him.

A : I see. (　　　　)

B : Sorry, I don't know. But I think he will be back soon.

ア Who is he?　　イ Why did he buy that?

ウ Where is he now?　　エ Can you ask him?

(2) A : Can you come to my house to play video games tomorrow?

B : Yes, but (　　　　).

A : Oh, I forgot that. Then, let's do our homework after enjoying video games.

B : OK. I will visit you at two.

ア we must do our homework tomorrow　　イ I had to do my homework yesterday

ウ I want to play video games alone　　エ I will be very busy tomorrow

(3) A : Where did you go yesterday?

B : I went to a department store with my family.

A : Oh, you went shopping. Did you have a good time?

B : (　　　　) I will use them at school.

ア Yes. We had Chinese food.　　イ Yes. I got some nice pens.

ウ No. I got nothing.　　エ No. I wanted to go with my family.

(4) A : I have a question. (　　　　)

B : No. I sometimes talk with him, but I don't know about that. Why do you ask me?

A : Because you and Satoshi are in the art club. Can you ask him about it, please?

B : OK. I'll try.

ア Do you know Satoshi?　　イ Do you often talk with Satoshi?

ウ Do you know Satoshi's club?　　エ Do you know Satoshi's birthday?

2 次の**A**と**B**の英文は，日本の高校生のタク(Taku)と，友人のサム(Sam)がやり取りしたメールです。それぞれの英文を読んで，あとの**(1)**，**(2)**の問いに答えなさい。

A

> Hi, Sam.
>
> I never had a bike before. My sister has ①(she), so I used it when I wanted to go somewhere by bike. But on my birthday last week, my father ②(buy) me a new one! How about ③(go) somewhere together by bike this Saturday?

B

> Hi, Taku.
>
> You always said you wanted your ④(o　　) bike. I'm happy you finally got one.
>
> This Saturday, I don't have any ⑤(p　　) yet, so I can go with you. You like seafood very much, right? Let's go to Oarai and enjoy ⑥(f　　) there. I will catch more fish than you!

(1) **A**の英文が完成するように，文中の①～③の(　　)の中の語を，それぞれ１語で適切な形に直して書きなさい。

(2) **B**の英文が完成するように，文中の④～⑥の(　　)内に，最も適切な英語を，それぞれ１語ずつ書きなさい。なお，答えはすべて(　　)内に示されている文字で書き始めるものとします。

3 次の英文は，中学生のユキ(Yuki)と留学生のジェーン(Jane)の対話です。この対話文を読んで，あとの(1)～(3)の問いに答えなさい。

Yuki : Jane, Ⓐ(ア man / イ you / ウ the / エ have / オ seen) in that poster on TV?

Jane : No. Who is he?

Yuki : His name is Akagi Masaharu. He's a ※patissier, and he has many ※sweet shops in big cities like Tokyo and Osaka.

Jane : That's great.

Yuki : Yes. He also has many shops in other countries.

Jane : He's famous around the world! ⒷDoes he have one of his shops near here, too?

Yuki : No, ※unfortunately.

Jane : I see. Is that poster about a new sweet from his shops?

Yuki : That's right.

Jane : I see three kinds of sweets on that poster. They are white, red, and green.

Yuki : Yes. The white one is ※coconut ※flavor. The red one is strawberry flavor. And the green one is *matcha* flavor.

Jane : You know a lot!

Yuki : Actually, my mother is a fan of his sweets, and she sometimes buys some for us when she goes to Tokyo. I will give you one next time.

Jane : Really? Thank you very much!

※ patissier パティシエ　sweet 甘い菓子　unfortunately あいにく　coconut ココナッツ
flavor 味

(1) 下線部Ⓐの(　　)の中の語を正しく並べかえて，記号で書きなさい。

(2) 下線部Ⓑを下の英文のように言いかえたとき，(　　)に入る適切な英語１語を書きなさい。
Is (　　) one of his shops near here, too?

(3) 次の英文は，ジェーンがアメリカの友人のマイケルに送ったメールの一部です。上の対話文に合うように，(①)～(③)に入る適切な英語を，それぞれ１語ずつ書きなさい。

> Today, I talked with my friend Yuki about a Japanese patissier. His name is Akagi Masaharu, and he has shops around the (①). Yuki and I saw a (②), and it was about a new sweet from his shops. The new sweet has three different colors and flavors. I want to try the (③) one. It's strawberry flavor.

4 中学生のリョウ(Ryo)と，留学生のベス(Beth)が，次のページのあやめ市立美術館のウェブサイトを見ながら話をしています。下の対話文を読んで，**(1)**，**(2)**の問いに答えなさい。

Ryo : Look at this website. Ayame City Museum of Art is having special ※exhibitions. Are you interested?

Beth : Yes! What can we enjoy?

Ryo : "The Sun in *Ukiyo-e*" and "100 ※Ink Wash Paintings by Japanese *Shogun*." If we go there in (①), we can enjoy them both.

Beth : It's this month! Then, let's go to the museum this Sunday. I want to take my sister Lisa with us. Is that OK?

Ryo : Of course. Is she a junior high school student, too?

Beth : No. She is older than I. She goes to Aoba High School.

Ryo : Then, she'll need (②) yen for the ※admission fee.

Beth : No problem. She likes Japanese history, and she's especially interested in Japanese *kimono*. I think she'll be happy to go to (③) on the second ※floor.

Ryo : Let's go there together after enjoying the special exhibitions. I also want to see the Japanese dishes. We can see (④) there.

Beth : That's interesting. Let's go there, too.

Ryo : Thank you.

Beth : Can (⑤) of the ※artwork in the museum?

Ryo : Well, the website says you can.

Beth : That's great. I will send some to my family in Australia.

Ryo : Well, the museum has a ※cafeteria, and we can have lunch on Sundays there.

Beth : [　　　　　　　　] of food can we eat there?

Ryo : We can eat some Japanese food like *sushi*.

Beth : Oh, I like it very much!

※ exhibition 展示会　ink wash painting 水墨画　admission fee 入場料　floor 階
artwork 作品　cafeteria 食堂

Ayame City Museum of Art

■ Open:　Tuesday to Sunday, 10:00 to 18:00

■ Admission Fee

※Adults	1,500 yen
High School Students	1,000 yen
Junior High School Students and Below	800 yen

■ Special Exhibitions

February 1 to March 31	The Sun in *Ukiyo-e*
March 1 to May 31	100 Ink Wash Paintings by Japanese *Shogun*

■ Floor Map

3rd Floor	Library	The library has about 3,000 books of art.
	Theater	You can watch a 5-minute movie about making *Ukiyo-e.*
2nd Floor	Room 2A	You can see more than 150 beautiful Japanese dishes.
	Room 2B	You can see 50 traditional Japanese *kimono.*
1st Floor	Cafeteria	We usually ※offer only cakes and drinks.　On weekends, we offer some Japanese food like *sushi* during lunchtime.
	Shop	You can buy ※postcards of the artwork in the museum and books about special exhibitions.

・You can take pictures of artwork in the museum.

※　adult　大人　　offer ～　～を提供する　　postcard　絵ハガキ

(1)　対話文中の(　①　)～(　⑤　)に入る最も適切なものを，**ア**～**エ**の中から一つ選んで，その記号を書きなさい。

① **ア**　February　　**イ**　March
　 ウ　April　　**エ**　May

② **ア**　800　　**イ**　1,000
　 ウ　1,500　　**エ**　1,800

③ **ア**　the library　　**イ**　the theater
　 ウ　Room 2A　　**エ**　Room 2B

④ **ア**　a movie about making *ukiyo-e*　　**イ**　about 50 traditional *kimono*
　 ウ　more than 150 dishes　　**エ**　about 3,000 books of art

⑤ **ア**　I take pictures　　**イ**　I buy one
　 ウ　I draw pictures　　**エ**　I make one

(2)　対話の流れに合うように，文中の［　　　　　　］に入る適切な英語２語を書きなさい。

5 下の英文を読んで，次のページの(1)～(4)の問いに答えなさい。

Yota is a junior high school student. He lives with his parents in Midori City. His grandmother lives near his house. She has a big white dog, and its name is Mochi.

One day, Yota visited his grandmother. She looked a little tired. He asked, "Are you OK?" She said, "I'm fine. I just got home from ※walking Mochi. I walk him every morning and evening, but ※these days, I easily get tired. But I have to do this for him." [1] He said, "I understand that, Grandmother. It's important for dogs to walk every day. Oh, I have an idea. I can walk Mochi for you every morning." She said, "Oh, really? That will help me a lot." He felt happy when he saw his grandmother's happy face. When he was walking home, he thought, "To walk Mochi in the morning, I have to get up early. I should go to bed early tonight." [2]

The next morning, Yota got up early and went to his grandmother's house at six forty. She and Mochi were waiting for him at the ※entrance. She said to him, "Good morning, Yota. Mochi is waiting for you!" He said to her and Mochi, "Good morning, Grandmother. Good morning, Mochi. [　　　]" The dog ※barked ※cheerfully. Yota and Mochi left her house at six fifty. They walked to Midori Station first. Then they went to his school and got to Chuo Park. Yota thought, "I thought a big dog like Mochi wanted to run a lot, but he doesn't do that. He is a very good dog." After walking in the park, they went home.

It was seven thirty when Yota got back to his grandmother's house with Mochi. His grandmother said, "Welcome back, Yota and Mochi. Mochi, did you have a good time?" Mochi barked just once. Then she said to Yota, "Thank you very much, Yota. You are a very good boy." [3] From that day, he walked Mochi every morning.

A few weeks later, when Yota was leaving his house in the morning, his father said to him, "Can I go with you?" He said, "Sure!" Then they walked Mochi together. When they were walking, Yota said, "Now I'm interested in helping people and their ※pets. It's not easy, but I feel good after doing it." Then his father said, "I think that's great, Yota. I hear there are some people who have to ※give up their pets when they get old, sick, or very busy. I don't think you can help them all, but you may ※be able to do something for them." Yota said, "You're right. I will learn more about these things and do something in the future." [4]

Yota still walks Mochi every morning. Now he wants to become an animal doctor and help people and their pets.

※ walk ～　～を散歩させる　these days　このごろ　entrance　玄関　bark　ほえる
cheerfully　陽気に　pet　ペット　give up ～　～を手放す
be able to ～　～することができる

(1) 本文の内容に合う文を，次の**ア**～**ク**の中から三つ選んで，その記号を書きなさい。

ア Yota is a junior high school student who lives with his parents and his grandmother.

イ Yota's grandmother told Yota that she easily got tired after walking Mochi.

ウ Yota doesn't think it is important for dogs to walk every day.

エ Yota didn't think he should get up early to walk Mochi.

オ On the first day of walking Mochi, Yota saw his grandmother and Mochi at the entrance.

カ Mochi always barked twice when Yota's grandmother spoke to him.

キ Yota told his father that he wanted to stop walking Mochi.

ク Yota's father said that there were some people who had to give up their pets.

(2) 次の①，②の質問に，それぞれ指定された語数の英文で答えなさい。ただし，**すべて英語のつづりで書くこと**とします。また，符号(, . ? ! など)は，語数には含まないものとします。

① How long did Yota walk Mochi when they first walked together? （3語以上）

② What does Yota want to become in the future? （3語以上）

(3) 次の文は文中の **1** ～ **4** のどの位置に入るのが最も適切か，番号で答えなさい。

Yota was a little tired, but he felt good when he heard that.

(4) 本文の内容から考えて，本文中の [　　　　] に入る最も適切なものを，次の**ア**～**エ**の中から一つ選んで，その記号を書きなさい。

ア What's your name?

イ Where did you go today?

ウ Why are you here?

エ Are you ready to go?

6 あなたは，英語の授業で，あなたが高校生になったら新しく始めてみたいことについて発表することになりました。次の⑴，⑵の問いに答えなさい。なお，記入例にならい，符号(，．？！など)は，その前の語につけて書き，語数には含まないものとします。

⑴ あなたが高校生になったら新しく始めてみたいことを説明する文を，英語５語以上，10 語以内で書きなさい。ただし英文は１文とします。

⑵ ⑴で書いた文に続けて，その理由を説明しなさい。英語 20 語以上，30 語以内で書きなさい。ただし，英文は４文までとします。

⑴

5

10

⑵

20

30

記入例				
	Is	that	your	school?
	Yes,	it	is.	

【数　学】（50分）〈満点：100点〉

注意　1．答えの分数が約分できるときは，約分しなさい。

2．答えに根号がつくときには，根号の中を最も小さい正の整数にしなさい。

3．答えの分母に根号がつくときには，分母に根号がつかない形に直しなさい。

1　次の(1)，(2)の問いに答えなさい。

(1)　次の①～④の計算をしなさい。

①　$2-8$

②　$3(x-y)-(2x-5y)$

③　$3a^2\times4a^2b^2\div6ab^2$

④　$-\dfrac{16}{\sqrt{2}}+\sqrt{8}$

(2)　$x^2-2x-35$　を因数分解しなさい。

2 次の(1)～(4)の問いに答えなさい。

(1) 下の**図**は，ある中学校の３年Ａ組の生徒 27 人と３年Ｂ組の生徒 27 人を対象として，先月読んだ本の冊数を調べて，そのデータを箱ひげ図で表したものである。

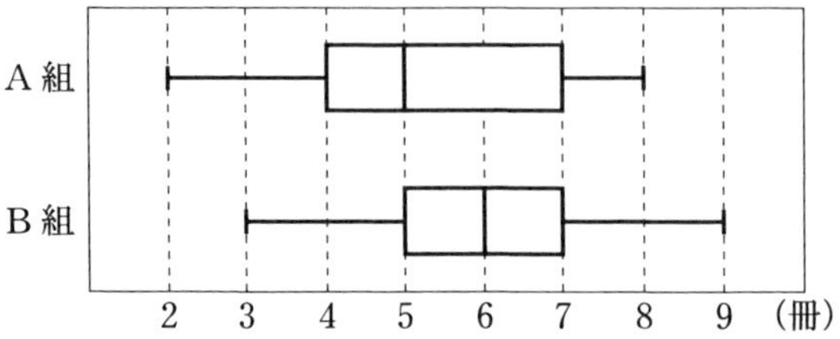

図

次の**ア**～**エ**の中から，値がＡ組よりＢ組の方が小さいと必ずいえるものを一つ選んで，その記号を書きなさい。

ア 範囲　　**イ** 四分位範囲　　**ウ** 平均値　　**エ** 中央値

(2) $5 \leqq \sqrt{2n} \leqq 6$ を満たす自然数 n の値は何通りあるか求めなさい。

(3) x についての２次方程式 $x^2-3ax+b=0$ と $x^2-bx+16=0$ が，どちらも $x=4$ を解にもつとき，a，b の値をそれぞれ求めなさい。

(4) 兄と弟は，家から公園まで自転車で行くことにした。
弟は，家を出発して時速 12 km で公園に向かった。
兄は，弟が家を出発してから 10 分後に家を出発して，時速 18 km で公園に向かったところ，２人は同時に公園に到着した。
このとき，家から公園までの道のりは何 km か求めなさい。

3 下の**図**のように，1から12までの数字が1つずつかかれた12枚のカードが並べられている。

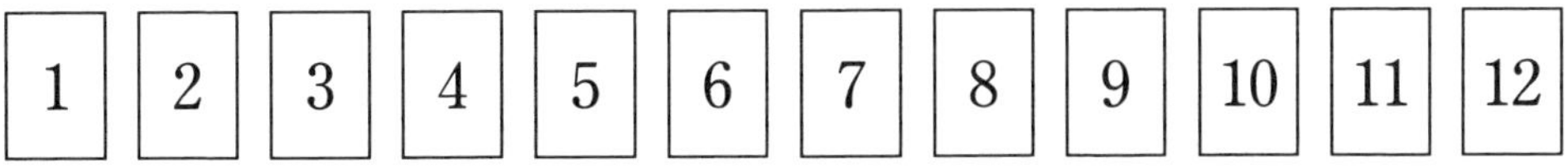

図

大小2つのさいころを1回振り，大きいさいころの出た目の数をa，小さいさいころの出た目の数をbとし，次の規則にしたがってカードを取り除く。

規則
・$a<b$のとき，$a+b$の約数がかかれたカードをすべて取り除く。
・$a=b$のとき，aの約数がかかれたカードをすべて取り除く。
・$a>b$のとき，$a-b$の約数がかかれたカードをすべて取り除く。

例えば，$a=4$，$b=2$のとき，$a>b$より，$a-b=2$の約数1と2がかかれた2枚のカードを取り除く。
このとき，次の**(1)**～**(3)**の問いに答えなさい。
ただし，さいころは各面に1から6までの目が1つずつかかれており，どの目が出ることも同様に確からしいとする。

(1) $a=1$，$b=3$のとき，取り除かれるカードの枚数を求めなさい。

(2) カードが1枚だけ取り除かれる確率を求めなさい。

(3) 3がかかれたカードが取り除かれる確率を求めなさい。

4　右の**図1**のように，△ABC の３つの頂点を通る円がある。

頂点 B を含まない $\overset{\frown}{AC}$ 上に点 P をとり，線分 BP と辺 AC との交点を Q とする。

このとき，次の**(1)**，**(2)**の問いに答えなさい。

(1)　線分 BP が円の直径で，CB＝CQ，∠ABQ＝8° とするとき，∠CBQ の大きさを求めなさい。

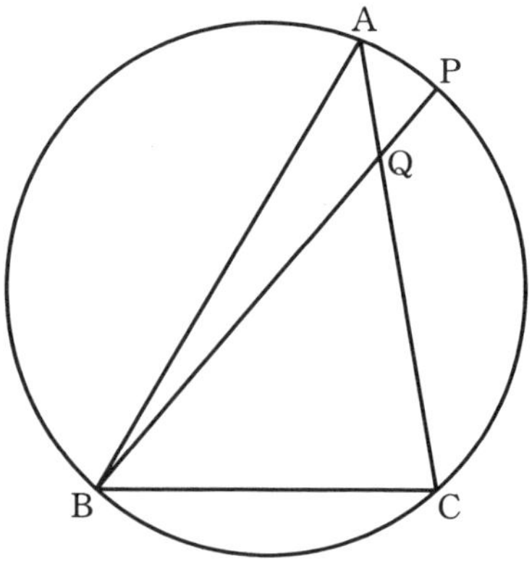

図 1

(2)　右の**図2**のように，$\overset{\frown}{AP}=\overset{\frown}{CP}$ となるとき，頂点 C と点 P を結ぶ。

①　△ABQ∽△PBC となることを次のように証明するとき，[ア]～[ウ]をうめて，証明を完成させなさい。

〈証明〉
△ABQ と △PBC において，
$\overset{\frown}{BC}$ に対する [ア] だから，
　　∠BAQ＝∠BPC　　　…①
$\overset{\frown}{AP}=\overset{\frown}{CP}$ より，
　　∠ABQ＝∠[イ]　　　…②
①，②より，[ウ] が
それぞれ等しいので，
　　△ABQ∽△PBC

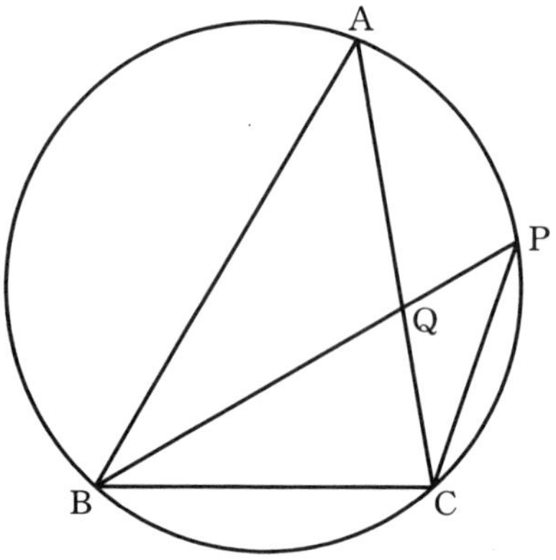

図 2

②　AB＝12 cm，BC＝8 cm，CP＝6 cm のとき，線分 BQ の長さと線分 PQ の長さの比をもっとも簡単な整数の比で表しなさい。

5 O (0, 0) とし，m は関数 $y = ax^2$ ($a > 0$) のグラフ，n は関数 $y = bx^2$ ($b > 0$) のグラフを表している。
m 上にあり，x 座標が 2 である点を A とする。
このとき，次の**(1)**，**(2)**の問いに答えなさい。

(1) $a = 2$ とする。
右の**図 1** のように，n 上の 2 点 B，C と，点 A を頂点にもつ長方形 ABDC をつくる。
辺 AC は x 軸に平行で，点 C の x 座標は 4 である。

① b の値を求めなさい。

② 2 点 A，D を通る直線の式を求めなさい。

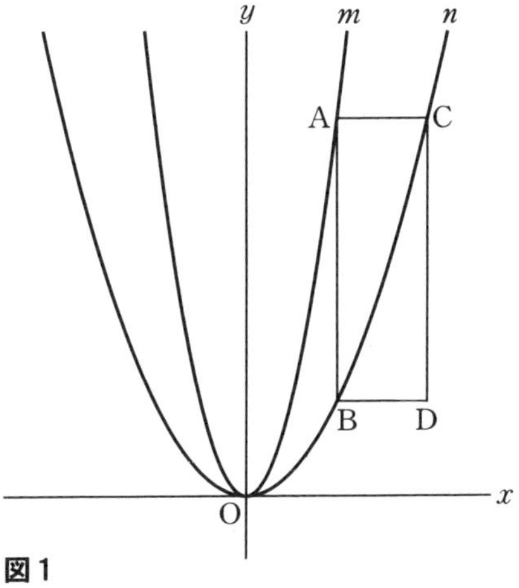

図 1

(2) $a = 1$，$b = \frac{1}{4}$ とする。
右の**図 2** のように，m 上の 2 点 A，E と，n 上の 2 点 F，G を頂点とする長方形 AEGF をつくる。
辺 AE は x 軸に平行である。
y 軸上に点 P を，辺 AE と線分 GP が交わるようにとる。
四角形 APGF の面積と長方形 AEGF の面積が等しいとき，点 P の y 座標を求めなさい。

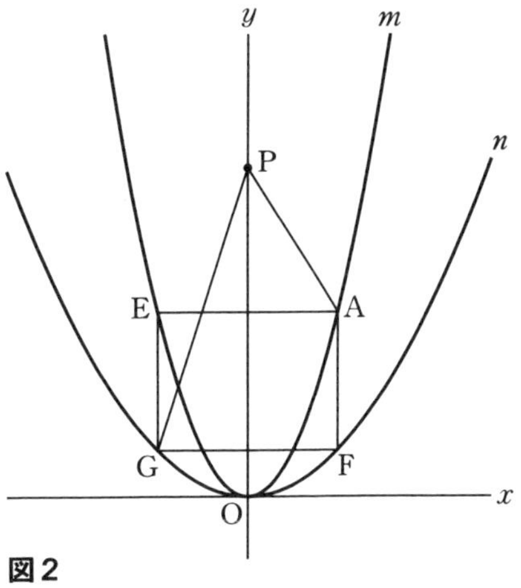

図 2

6　右の**図1**のような，AB＝8 cm，
BC＝10 cm，CA＝6 cm，AD＝4 cm，
∠BAC＝∠BAD＝∠CAD＝90° の三角柱 ABCDEF
がある。
このとき，次の**(1)**，**(2)**の問いに答えなさい。

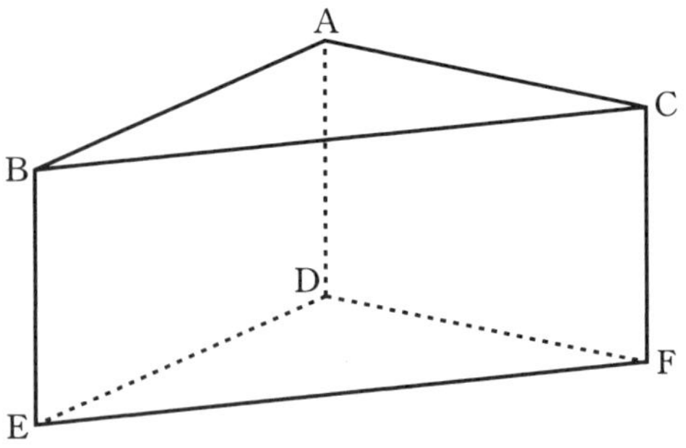

図1

(1)　**図2**は，辺 AB，BC，DE，EF の中点をそれぞれ L，M，N，O とし，三角柱 ABCDEF を4点 L，M，N，O を通る平面で2つの立体に分けたときの，頂点 A を含む方の立体である。

①　**図2**の立体で，面 ALND に垂直な辺は何本あるか答えなさい。

②　**図2**の立体の表面積を求めなさい。

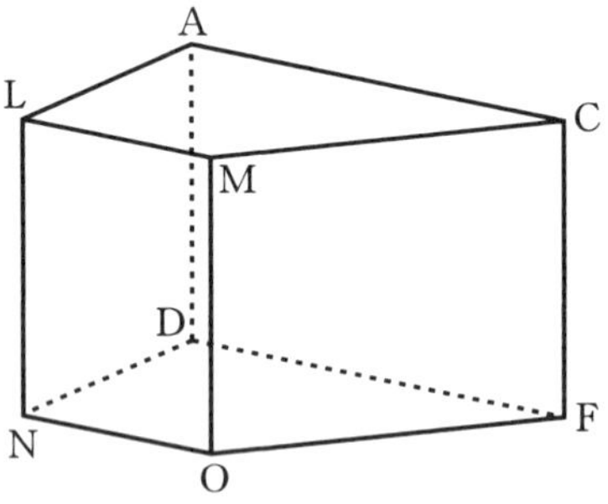

図2

(2)　**図3**のように，辺 AB 上に点 G，辺 AC 上に点 H を，AG：GB＝AH：HC＝2：1 となるようにとる。
このとき，5つの面 BEG，BEF，BFH，BHG，GEFH で囲まれた立体の体積を求めなさい。

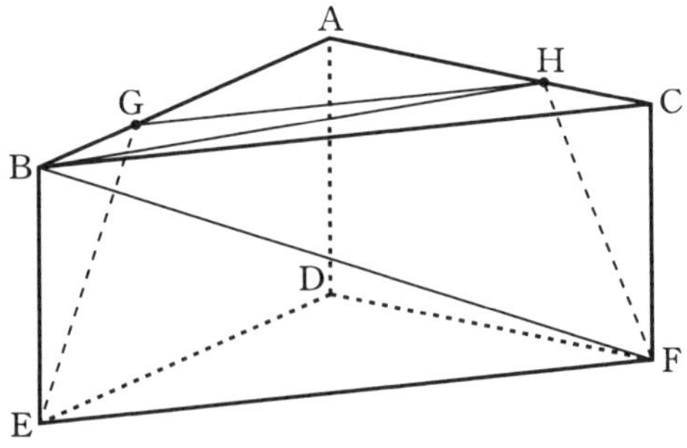

図3

【Ⅱ】　グループでの話し合い

（千春）　この古典の文章について話し合いましょう。皆さんの考えを発表してください。

（夏夫）　まず私が気になったのは、助けてほしいと頼まれたときに、王朗が簡単に引き受けてしまったことです。深く考えずに引き受けるのはよくないと思います。結果として後で見捨てようとしています。

（秋子）　たしかに、軽はずみな行為だったと思われても仕方ありません。責任を持てないなら軽々しく人に手を差し伸べるべきではないですよね。

（冬二）　それに対して、華歆の行動は先を見据えたものだと思えます。一時的な同情で助けるべきではなく、助ける以上は、ウ最後まで面倒を見るという考え方は素晴らしいですね。

（春美）　待ってください。王朗は、困っている人を見過ごすことができず、また、緊急事態に陥ったときは情に流されることなく決断ができる人間だという見方はどうでしょうか。華歆は一見、先見の明があり、義理堅い人間のようですが、助ける王朗を止めなかったわけですよね。人を見捨てるべき状況を迎えることになった責任はあると思います。

（秋男）　確かに、助けるのを拒んだときに華歆は理由を言うべきだったと思います。後になって、それ見たことかというように非難するのは後出しの感じで少しずるい気がします。苦しい局面を迎えることで、行動で理解させようとしたのかもしれませんが、結果として自分たちのためにはなっていないと思います。

（夏子）　人助けは難しいですよね。後で見捨てられることになっても、一時的に救ってもらったことに対してその人は感謝しているかもしれませんよ。人々は一連の行動によって華歆と王朗の［　　］を判断したようですが、本当の人助けとは何かと考えさせられる話ですね。

（中略……この後も話し合いは続いた。）

（千春）　いろいろな意見が出ましたね。では、話し合いで出た意見を参考にして、自分の考えをまとめてみましょう。

(五)　あなたもこのグループの一員として、「本当の人助け」について自分の考えをまとめることになりました。【Ⅰ】と【Ⅱ】の内容を参考にして、あなたの考えをまとめなさい。
ただし、以下の条件に従うこと。

1　百六十字以上、二百字以内で書くこと。（句読点を含む。）
2　二段落構成とし、第一段落には、「人助け」に関する具体的な体験を書くこと。第二段落には、「本当の人助け」についてのあなたの考えを書くこと。
3　題名と氏名は書かないこと。
4　正しい原稿用紙の使い方をすること。
5　｛や━━の記号（符号）を用いた訂正はしないこと。
6　文体は、常体「だ・である」で書くこと。

四

国語の授業で、次の古典の文章を読んで話し合い、自分の考えを書くことになりました。次の【Ⅰ】と【Ⅱ】について、下の㈠～㈤の問いに答えなさい。

【Ⅰ】古典の文章

※1華歆《くわきん》・王朗《わうらう》倶《とも》に（一緒に）船に乗りて難を避《さ》く。（戦乱を避けていた）一人《いちにん》依附《いふ》せんと欲するもの有り。（一人、連れて行って欲しいと頼む者がいた）歆輒《すなは》ち之《これ》を難《はば》む。（華歆はすぐにこれを拒んだ）朗（王朗が）曰《い》はく、ア幸ひ尚《な》ほ寛《ひろ》し、何為《なんす》れぞ可《か》ならざらん、と。（まだ余裕がある、どうしてだめなことがあろうか）後《のち》、賊※2追ひて至るに、王携《たづさ》へし所（王朗は連れてきた）の人を捨てんと欲す。（人を見捨てようとした）歆曰はく、本《もと》疑《ためら》ひし所以《ゆゑん》は、（理由は）正《まさ》にイ此《これ》が為《ため》のみ。（このためなのだ）既に已《すで》に其《そ》の自託《じたく》を（一度その頼みを受け入れたからには）納《い》る、寧《な》んぞ急を以《もつ》て相棄《あひす》つ可《べ》けんや、と。（どうして緊急事態だからといって見捨てることができようか）遂《つひ》に携拯《けいじよう》すること初めの如《ごと》し。（そのまま初めの通り連れて逃げた）世《よ》（世間は）此を以て華王の優劣を定む。

（「世説新語」による。）

※1　華歆・王朗＝二人とも中国後漢末期から三国時代の政治家。
※2　賊＝この場合は、反乱軍の追っ手のことを指す。

㈠　ア幸ひ　の読み方を現代仮名遣いに直して、全て平仮名で書きなさい。

㈡　イ此　が指していることとして、最も適切なものを、次の1～4の中から選んで、その番号を書きなさい。

1　助けた人のことを敵なのではないかと華歆が疑っていたこと。
2　追っ手が迫れば自分のことで精いっぱいになりかねないこと。
3　助けた人に自分の命を狙われる事態になるかもしれないこと。
4　人を助けたために追っ手が王朗の命を狙うかもしれないこと。

㈢　ウ最後　とあるが、この熟語と同じ構成のものを、次の1～4の中から一つ選んで、その番号を書きなさい。

1　点火　　2　乱雑
3　地震　　4　急病

㈣　【Ⅱ】の文章中の□に入る最も適切な語句を、【Ⅰ】の文章中から二字で抜き出して書きなさい。

えてやるという、その[A]こそが、歌における写生という方法を支えている根拠なのではないかと、私は思っています。

　捨てた部分は、それでは永久に日の目を見ないのでしょうか。歌を作ったことのある人間、読みの訓練をされた人間なら、その敢えて表現されなかった光景は、表現されたわずかな事実の向こうにしっかりと像を結ぶことは、言われなくともよくわかっていることでしょう。言わなかったことは、読者の映像喚起力にゆだねる、このゆだねるという作業、あるいは意識こそが、歌を介して、作者と読者がただ一回きりの火花の散るような緊迫した関係を結べる契機になっています。

（永田和宏「作歌のヒント」による。）

※　写生 ＝ 見たものをありのままに句にすることで、正岡子規が洋画の方法であった写生を俳句にとりいれたもの。

【感想の交流の一部】

（秋夫）　鑑賞文の筆者が述べているように、情景がはっきりと浮かぶ歌ですね。

（冬樹）　たしかに情景はわかるんですが、鑑賞文で説明している「写生」というものについて私はまだあまりよく理解できていません。

（夏美）　筆者は「写生」を、さまざまの属性の中から[B]ことで、それ以外を表現せずに捨てることだととらえていますね。正岡子規が歌を作る際にも「たたみのうへにとどかざりけり」ということ以外にいろいろなことが目には見えていたはずです。

（美冬）　でも子規は敢えてそれを表現しなかった、と解釈しているのですね。

（千秋）　そうすると見えている多くのものの中から何を選ぶのかが重要になってきそうですね。この鑑賞文の筆者も、子規が「たたみのうへにとどかざりけり」という切り口を選択したことに「[C]」を感じていますよ。

（四）　上の文章の説明として、最も適切なものを、次の**1**〜**4**の中から選んで、その番号を書きなさい。

1　写生歌の代表とされる短歌ではあるが、鑑賞文の筆者は本当の意味での写生歌だとはとらえていない。

2　写生歌として情報を意図的に減らしているこの短歌では、表現者として読者の読みを切り捨てている。

3　写生歌らしく、見えている多くの情報を消し去っていて、そこに作者の対象を選ぶ力量が感じられる。

4　写生歌であり、作者の目の未熟さも感じられるこの短歌は、読者の力を借りることで成立するものだ。

（五）　【感想の交流の一部】の[B]に入る最も適切な内容を、上の鑑賞文中の言葉を使って、十字以上、十五字以内で書きなさい。（句読点を含む。）

（六）　【感想の交流の一部】の[C]に入る最も適切な言葉を、上の鑑賞文中から五字で抜き出して書きなさい。

三　次の文章と【感想の交流の一部】を読んで、下の(一)～(六)の問いに答えなさい。

瓶にさす藤の花ぶさみぢかければたたみのうへにとどかざりけり

正岡子規『竹の里歌』

写生歌の代表とも言われる歌です。いかにも子規が丹念に写生※をしたと考えられます。情景が目に見えるようです。子規の目の確かさという観点から議論されてきました。しかしここでは、子規の物を見る目が画家のようにしっかりしていたというのではなく、彼は、その場の情景から消し去るべきものをしっかり把握していたのだと私は考えています。敢《あ》えて言えば、選択力の確かさを持っていたと思うのです。

瓶と藤の花とたたみ、素ア材としてはこれだけです。そして状態を表す言葉として「みぢかければ」と「とどかざりけり」のふたつ。子規は、目の前にあった多くの情報の中から、わずかにこれだけの「もの」と「こと」を選び出したのです。

藤の色や、曲がり具合、枝の太さ、花房の数など、数え上げればいくらでも出てきそうな藤の花にまつわる属性のなかで、短いということ、そしてそのもっとも端的な表現としての、たたみに届かないという切り口だけを〈選択〉したのです。イこの決断にこそ、一首の輝きがあるのです。

逆に言えば、数限りなくあったはずの属性、切り口、見え方のなかで、「たたみのうへにとどかざりけり」という切り口以外のすべての可能性を切り捨てたということなのです。

私は、表現としての写生を次のように考えています。すなわち、写生とは、対象のもつさまざまの属性の中の、ある一点だけを抽出し、あとはすべてを表現の外に追い出してしまう、そういう暴力的な選択だと思うのです。本来は作者の目に見えていたはずの、さまざまのものを捨てる意志。初めから見えていなかったのなら、それは作者の目の未熟ということでしょうが、見えていても、敢えてそれらには目をつぶって、たったひとつの事象、あるいは現象、事物、場面にだけ言葉を与

(一)　ア材 の漢字のへんを行書で書いたものを、次の1～4の中から選んで、その番号を書きなさい。

1 
2 
3 
4 

(二)　イこの と同じ品詞のものを、次の1～4の中から選んで、その番号を書きなさい。

1　どちらが正しいのか考える。
2　今日は一日おかしな天気だ。
3　家からだと駅はかなり遠い。
4　あらゆる可能性を考慮する。

(三)　A に入る言葉として最も適切なものを、次の1～4の中から選んで、その番号を書きなさい。

1　社会性
2　暴力性
3　客観性
4　多様性

面がありました。

　具体的に、家で親が料理や裁縫を子どものためにした、というエピソードを一通り話した上で、料理や裁縫を子どものためにした人について、「男性」と「女性」、頭の中でどちらの性別の人が浮かびましたか、というようなことを参加者に質問していました。なかなか(3)粋な挨拶ではないか、トップ自らこのような話をしてくれると後の研修もやりやすいと、その時は思ったものです。

　しかし、その直後におやと思うことが起こりました。それは、そのトップの挨拶の締めの一言でした。せっかくアンコンシャスバイアスに気づいてもらえるようなエピソードを話したにもかかわらず、「だからこそ、思いやりをもって取り組みを行っていこう」というような話で締めてしまったのです。［B］、いつもそういうことに気をつけていると疲れてしまうので、疲れないように「時々」気をつけよう、というおまけが付いていました。

「え、自分の意識に上がってこない、まだ気がついていない無意識の偏見を、思いやってどうにかしようというのはどういうことだろう」。そう思ってしまったのは、私だけでなく、聞いている人の中にもいたのではないかと思います。

　あえてそのトップの想《おも》いに寄せて考えれば、自分が気づいていないことを気づけるように思いやる、ということでしょうか。自分の言動を振り返り、無意識のことを意識化していこう、ということを言おうとしていたのかもしれません。

　でも、そうだとしても、それは本当に「思いやり」の一言で済むことなのでしょうか。もうちょっと言葉を補足してほしかったところです。

　なんだかイ「思いやり」が魔法の言葉と化していて、そう言っておけばいいとか、たいていのことは対応できるという認識がこのように表れているのではないか、と思ってしまうのは考えすぎでしょうか。

（神谷悠一「差別は思いやりでは解決しない」による。）

※1　LGBT＝セクシュアル・マイノリティー（性的少数者）の一部の人々を指した総称。

※2　コンシャス＝意識的な。意識している様子。気づいている様子。

※3　ハラスメント＝嫌がらせ。いじめ。英語では、「苦しめること、悩ませること、迷惑」の意味。

(四)　イ「思いやり」が魔法の言葉と化していて　とあるが、これはどういうことか。最も適切なものを、次の**1**〜**4**の中から選んで、その番号を書きなさい。

1　「思いやり」をもつ人は実際にはほとんどいなくなって、空想上の存在のようになりつつあるということ。

2　「思いやり」という言葉についてあらゆる解釈ができるように、言葉の意味が増えてきているということ。

3　「思いやり」をもっている人は、どのような問題でも解決することが可能な世の中になっているということ。

4　「思いやり」という言葉を使えば事態を丸く収めることができるという考えが広まりつつあるということ。

(五)　国語の授業で上の文章を読み、筆者の考えをまとめることになった。次は、ある生徒の【ノートの一部】である。［　］に入る言葉として最も適切なものを、上の文章中から七字で抜き出して書きなさい。

【ノートの一部】

アンコンシャスバイアスの例

〔業績評価〕
・仕事ぶりが同じ男女
「男性」＝評価A
「女性」＝評価C
↑
評価について問うと、［　］を返す。

二　次の文章を読んで、下の(一)～(五)の問いに答えなさい。

「アンコンシャスバイアス」という言葉が最近いろいろなところで聞かれます。企業や経済団体なども、このテーマについて盛んに取り上げています。

「アンコンシャスバイアス」は平易に言えば「無意識の偏見」です。無意識の偏見をなんとかしようという問題意識があるのであれば、本書のテーマである「思いやり『だけ』では解決しない」ことが認識されているはず、と思っていたのですが、そうでもないようです。

　私の友人が「これって本当にアンコンシャスバイアスの調査だと思う?」と言って見せてくれた、**ア**あるアンケート調査では、「女性に力仕事はかわいそう」「育児や介護をしながら働くのは難しい」「※1LGBTは普通の職場にはいない」といった設問がずらっと並び、これらにチェックを付けていくことで自身のアンコンシャスバイアスを測る、という内容になっていました。

　アンコンシャスバイアスというのは、まさに無意識の偏見ですから、「女性に力仕事はかわいそう」とか、「育児や介護をしながら働くのは難しい」など、カテゴリーで一般化して人を(1)排除する方向に働く言説について尋ね、その内容について認知して回答したとしても、それはアンコンシャスバイアスとは言えないはずです。

　アンコンシャスバイアスと聞いて思い浮かぶのは、採用面接をしていて自分が「男性」ばかりに高い点を付けていた、とか、業績評価をする際に、客観的には同じ仕事ぶりであるにもかかわらず、「男性」は評価がA、「女性」はCになっていた、というような事例ではないでしょうか。後者の評価の理由を聞くと、なぜか「女性」にだけ「協調性がない」「わがまま」など、特に根拠もない理由が返ってくることも往々にしてあるようです。こうした傾向は、過去の女性差別の裁判事例などにも表れているかと思います。

　つまり、アンケート調査の例は、「アンコンシャス」ではなく「※2コンシャス」な偏見を測るものだと思うのです。［A］、意外とこのような誤った認識、あるいは認識の不思議な接合は、あちらこちらで見られるようです。

　私が※3ハラスメント関連の研修であるところに(2)伺った際のことです。開会挨拶として、そこのトップが自らのエピソードを通して、アンコンシャスバイアスについて触れる場

(一)　上の文章中の(1)～(3)の漢字の読みを平仮名で書きなさい。

(二)　上の文章中の［A］・［B］に入る言葉の組み合わせとして、最も適切なものを、次の**1**～**4**の中から選んで、その番号を書きなさい。

1　**A**　しかし　　**B**　加えて
2　**A**　だから　　**B**　例えば
3　**A**　そして　　**B**　要するに
4　**A**　または　　**B**　反対に

(三)　**ア**あるアンケート調査　とあるが、筆者はこのアンケート調査についてどのようなことを指摘しているか。四十五字以上、五十字以内で説明しなさい。（句読点を含む。）
　ただし、「**アンコンシャス**」「**コンシャス**」「**認識**」の三つの言葉を用いて書くこと。

おもしろくないみたいなのよ。前にいたところよりレベルが低いんだって。いろいろ練習方法を提案したそうなんだけど、逆にチームから浮いたみたい。それで、ちょっと苛立《いらだ》っているのよ」
「へー、サッカー馬鹿のあの子でも、悩みがあるんだ」
私はちょっと同情した。大翔は運動神経がよく、少年サッカーでもずっとエースだった。学校よりも大事に思っているクラブチームでうまくいかないのは、きっと苦しいだろう。サッカーは団体でやるスポーツだ。ほかのメンバーに嫌われると、試合中にボールを回してもらえないこともあると大翔は言っていた。
そんな風になっていないといいけど。
「だからまあ、楽しそうに弓道部の話をしているお姉ちゃんがうらやましいんだね」
イ「楽しそう？　私が？」
柄にもなく部長になって、困惑するばかりなのに。しかし、母は優しい目をして私を見た。
「うん、前より楓はずっと生き生きしているよ。うちでも弓道部の話ばかりしてるじゃない」
「そうかな」
「好きなものがあるって強いことだね。以前の楓なら、『部長になるくらいなら、弓道部なんてやらない』と言って逃げていたと思うよ。それを引き受けたというのは、弓道が好きで、学校の中にも弓道を根付かせたいという強い想《おも》いがあるからなんでしょ？　なぜそれほど夢中になれるのか。どうして学校でやりたいのか。それを素直に伝えることができれば、きっと大丈夫だよ」
「そっかー」
母の言葉はすっと腑《ふ》に落ちた。
生徒会だからと、恐れることはない。私は私の想いを伝えればいいんだ。
弓道が好き。なぜ好きなのか。
ただのスポーツじゃない。礼儀とか自分を律するということを学べるものだからだ。勝ち負けよりも、正しく弓を引くことが重んじられるものだからだ。
みんなと弓道をやりたい。その素晴らしい弓道をみんなと分かち合いたい。下級生にも伝えていきたい。
もともとは強豪校だったのだ。その伝統を(3)フッカツさせたい。
そういうことを書けばいい。
「ありがとう、なんとか書けそうだよ」
私は漠然と浮かんだ考えを形にするために、ウ急いで自分の部屋に戻って行った。

（碧野圭「凛として弓を引く　青雲篇」による。）

※　大翔＝楓の二歳下の弟。

(四) ウ急いで自分の部屋に戻って行ったとあるが、このときの「私」の様子として、最も適切なものを、次の**1**～**4**の中から選んで、その番号を書きなさい。

1　考えがうまくまとまらないため、いったん申請書のことを忘れたくなっている様子。
2　自分の気持ちと向き合った結果を、すぐにでも申請書に反映したくなっている様子。
3　母の助言とは異なる方向性になりそうで、一人で申請書を書きたくなっている様子。
4　自分の思いに気づき、申請書はどうでもよくなり、弓道をやりたくなっている様子。

(五) 国語の授業で上の文章を読み、文章の内容についてまとめることになった。次は、ある生徒の【ノートの一部】である。[　　]に入る言葉を、上の文章中から七字で抜き出して書きなさい。

【ノートの一部】

〈母の提言の変化〉
○書くべきこと
・有志が集まったという事実
・弓道部があることによる[　　]
↓
・弓道に夢中になれる理由
・弓道を学校でやりたい理由

二〇二四年度
水戸啓明高等学校（推薦）

【国　語】（五〇分）〈満点：一〇〇点〉

一　次の文章を読んで、下の(一)～(五)の問いに答えなさい。

地元の弓道会に所属する高校二年生の矢口楓《やぐちかえで》は、同じ高校に通う一年生の高坂賢人《こうさかけんと》に乗せられて、廃部になっていた高校の弓道部をもう一度始めることに同意し、部長になることまで引き受けてしまう。まず生徒会執行部に出す、部発足のための申請書を書くことになったが、楓は『部を起《た》ち上げる理由』の欄に何を書いたらよいか悩んでしまう。

「おや、楓部長、何かお悩みで？」

※大翔《はると》は私が弓道部の部長になったと知って以来、私のことを「楓部長」と(1)ヨんでからかうのだ。

「うるさい、こういうものはいい加減なことを書いたらいけないの。だから、悩んでいるんだってば」

「素直に書けばいいんじゃないの？　弓道をやりたいという有志が集まったから、って」

私の持って来た申請書を見て、母がアドバイスをくれた。

「でも、それだけじゃ欄が埋まらないし、生徒会や先生方に見せるものだから、ちゃんと書かなきゃいけないと思うんだ」

「そうねえ、先生方の心証をよくするとしたら……自分たちのやる気をアピールするだけじゃなく、弓道のすばらしさとか、学校にとってどういうメリットがあるかを書くといいかもね」

「学校のメリット？」

「こんな風に学校に貢献できる、みたいなこと」

「楓部長(2)ヒキいる弓道部が学校に貢献。さすがです。ご立派！」

(ア)大翔がしつこくからんでくるので、イライラする。こっちは真剣なのに。

「もう、大翔はうるさい！　自分の部屋に行ってよ」

「了解、楓部長！」

私が本気で怒っているとわかったのか、大翔は逃げるようにリビングを出て行った。

「もう、大翔はほんとウザい」

「まあまあ、気持ちはわかるけど、いまは大目に見てあげて。あの子、最近クラブチームが

(一)　上の文章中の(1)～(3)の片仮名の部分を漢字で書きなさい。

(二)　(ア)大翔がしつこくからんでくるとあるが、大翔が「しつこくからんでくる」理由を母はどう解釈しているか。四十五字以上、五十字以内で書きなさい。（句読点を含む。）

(三)　(イ)楽しそう？　私が？　とあるが、このときの「私」の気持ちを説明したものとして、最も適切なものを、次の1～4の中から選んで、その番号を書きなさい。

1　母の言葉で自分のことを軽く扱われているように思って不満を感じている。
2　母の言葉で自分のことをわかってくれていないと気づき悲しくなっている。
3　母の言葉について自分では意識したことがなかったので意外に思っている。
4　母の言葉によって自分の気づかなかった一面を知ってうれしくなっている。

2024年度／水戸啓明高等学校（推薦）

英語解答

1 (1) ウ　(2) ア　(3) イ　(4) エ

2 (1) ① hers　② bought　③ going

(2) ④ own　⑤ plan(s)

⑥ fishing

3 (1) エ→イ→オ→ウ→ア　(2) there

(3) ① world　② poster　③ red

4 (1) ①…イ　②…イ　③…エ　④…ウ

⑤…ア

(2) What〔Which〕 kind(s)〔type(s)／sort(s)〕

5 (1) イ，オ，ク

(2) ① (例) For forty minutes.／He walked (it) for forty minutes.

② (例) An animal doctor.／He wants to become〔be〕 an animal doctor.

(3) 3　(4) エ

6 (1) (例) I want to start learning the guitar.

(2) (例) I want to do it because I like music very much. My brother can play the guitar very well, so I will learn how to play it from him.

(29語)

数学解答

1 (1) ① -6　② $x+2y$　③ $2a^3$

④ $-6\sqrt{2}$

(2) $(x+5)(x-7)$

2 (1) イ　(2) 6通り

(3) $a=2$，$b=8$　(4) 6 km

3 (1) 3枚　(2) $\frac{1}{6}$　(3) $\frac{5}{18}$

4 (1) 49°

(2) ① ア…円周角　イ…PBC　ウ…2組の角

② 8：3

5 (1) ① $\frac{1}{2}$　② $y=-3x+14$

(2) $\frac{11}{2}$

6 (1) ① 4本　② 108cm^2

(2) $\frac{160}{9}$ cm^3

国語解答

一 ㈠ ⑴ 呼 ⑵ 率 ⑶ 復活

㈡ サッカーのクラブチームで浮いている苛立ちがあり，楽しそうに弓道部の話をする姉がうらやましかったから。(50字)

㈢ 3 ㈣ 2

㈤ 学校のメリット

二 ㈠ ⑴ はいじょ ⑵ うかが

⑶ いき

㈡ 1

㈢ アンコンシャスな偏見を測るアンケート調査なのに，認識を誤ってコンシャスな偏見を測っていること。

(47字)

㈣ 4 ㈤ 根拠もない理由

三 ㈠ 3 ㈡ 4 ㈢ 2 ㈣ 3

㈤ ある一点だけを抽出して表現する

㈥ 一首の輝き

四 ㈠ さいわい ㈡ 2 ㈢ 4

㈣ 優劣

㈤ (例)先日駅の階段で，大きな荷物を抱えて歩くお年寄りに，階段の上まで荷物を持つことを申し出た。他人に荷物を触られることを嫌がる人もいるだろうし，断られたら恥ずかしいという思いもあったが，喜んでくれた。／本当の人助けとは，相手を思いやったうえでの行動だと思う。結果として相手から断られることもあるかもしれないが，手を差し伸べた気持ちは伝わるのではないだろうか。ためらうことなく人助けをしていきたい。(198字)

2023年度　水戸啓明高等学校

【英　語】（50分）〈満点：100点〉

1　次の(1)～(4)は，放送による問題です。それぞれ放送の指示にしたがって答えなさい。

(1)　これから，**No.** 1から**No.** 5まで，五つの英文を放送します。放送される英文を聞いて，その内容に合うものを選ぶ問題です。それぞれの英文の内容に最もよく合うものを，**ア**，**イ**，**ウ**，**エ**の中から一つ選んで，その記号を書きなさい。

No. 1

No. 2

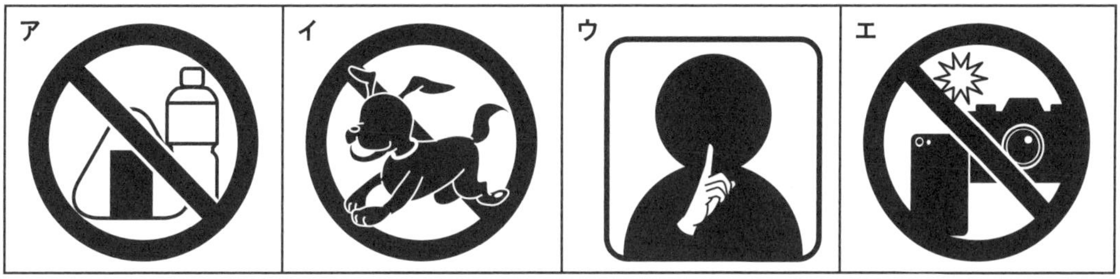

No. 3

No. 4

ア　【当番表】

	朝食	夕食
土曜日	ポール	メグ
日曜日	父	メグ

イ　【当番表】

	朝食	夕食
土曜日	父	メグ
日曜日	ポール	メグ

ウ　【当番表】

	朝食	夕食
土曜日	メグ	ポール
日曜日	メグ	父

エ　【当番表】

	朝食	夕食
土曜日	メグ	父
日曜日	メグ	ポール

No. 5

ア　【明日の予定】
9:00 学校を出発
10:00 美術館
12:00 昼食
13:00 動物園
16:00 学校に到着

イ　【明日の予定】
9:00 学校を出発
10:00 動物園
12:00 昼食
13:00 美術館
16:00 学校に到着

ウ　【明日の予定】
9:00 学校を出発
10:00 美術館
12:00 昼食
13:00 動物園
15:00 学校に到着

エ　【明日の予定】
9:00 学校を出発
10:00 動物園
12:00 昼食
13:00 美術館
15:00 学校に到着

(2)　これから，**No.** 1から**No.** 4まで，四つの対話を放送します。それぞれの対話のあとで，その対話について一つずつ質問します。それぞれの質問に対して，最も適切な答えを，**ア**，**イ**，**ウ**，**エ**の中から一つ選んで，その記号を書きなさい。

No. 1
ア　Daiki's.
イ　Daiki's brother's.
ウ　Lily's.
エ　Lily's brother's.

No. 2
ア　At the stadium.
イ　At school.
ウ　At the park.
エ　At her house.

No. 3
ア　On foot.
イ　By car.
ウ　By bus.
エ　By train.

No. 4
ア　She was studying at *juku*.
イ　She was studying at home.
ウ　She was having dinner at a restaurant.
エ　She was walking to a restaurant.

(3) これから，中学生のシュン(Shun)と留学生のエマ(Emma)との対話を放送します。そのあとで，その内容について，**Question No. 1** と **Question No. 2** の二つの質問をします。それぞれの質問に対して，最も適切な答えを，**ア**，**イ**，**ウ**，**エ**の中から一つ選んで，その記号を書きなさい。

No. 1

ア Shun does.
イ Emma does.
ウ Kayo does.
エ Emma's mother does.

No. 2

ア On June 13.
イ On June 14.
ウ On June 15.
エ On June 16.

(4) 中学生のエミ(Emi)が英語の授業で，週末の過ごし方について話しました。これからその内容を放送します。エミが土曜日に英語を勉強する時間は，何時間ですか。その時間を①に書きなさい。

また，エミが話した内容として正しい組み合わせのものを，下の**ア**，**イ**，**ウ**，**エ**の中から一つ選んで，その記号を②に書きなさい。

「エミが土曜日に英語を勉強する時間」　：　①（　　　　時間）
「エミが話した内容について」　：　②（　　　　）

	ア	**イ**	**ウ**	**エ**
土曜日の午後にすること	ピアノの練習	そうじ 料理	ピアノの練習	そうじ 料理
この前の日曜日に行った場所	動物園	動物園	浜辺	浜辺
日曜日の夕方にすること	ゲーム	映画鑑賞	映画鑑賞	ゲーム

これで，放送による聞き取りテストを終わります。続いて，問題**2**に進みなさい。

※　放送による問題の放送文は，英語の問題の終わりに付けてあります。

2 次の**A**と**B**の英文は，中学生のユウジ(Yuji)と，ALT のホワイト先生(Ms. White)がやり取りしたメールです。それぞれの英文を読んで，あとの**(1)**，**(2)**の問いに答えなさい。

A

Hi, Ms. White.
I heard you like ①(travel). Have you ever ②(be) to Canada, Italy, or China? I want to visit those ③(country). When you have time, please tell me about your experience.

B

Hello, Yuji.
Yes, I went to Italy three years ago. I ④(c) some mountains there. I had a very good time. I want to visit China when I don't have to ⑤(w) about ※COVID-19. If you want to talk with me, please come to the teachers' room after school on ⑥(W).

※COVID-19　新型コロナウイルス感染症

(1) **A**の英文が完成するように，文中の①～③の(　　　)の中の語を，それぞれ１語で適切な形に直して書きなさい。

(2) **B**の英文が完成するように，文中の④～⑥の(　　　)内に，最も適切な英語を，それぞれ１語ずつ略語を使わずに書きなさい。なお，答えはすべて(　　　)内に示されている文字で書き始めるものとします。

3 次の英文は，留学生のマーク(Mark)と中学生のアヤ(Aya)の対話です。この対話文を読んで，下の(1)～(3)の問いに答えなさい。

Mark : When do you feel happy, Aya?

Aya : I feel happy when I listen to music. I always listen to it before I go to bed.

Mark : I see. What kind of music do you like?

Aya : I like ※pop music. My favorite song is "The Wonderful Show." Do you know the song? It is a Ⓐ(ア by / イ which / ウ song / エ was / オ made) an American singer. I listen to it every day.

Mark : I know the song. It is a Tom Brown's song, right?

Aya : Yes, it is. It's a very old song. I like the ※lyrics and his way of singing very much. I feel happy when I listen to the song. When do you feel happy, Mark?

Mark : I feel happy when my favorite baseball team in America wins. There is a ※time difference between Japan and America, so I have to get up early to watch their games on TV.

Aya : ⒷMy brother sometimes does that, too.

Mark : Really? Is he an American baseball fan?

Aya : Yes. He has his own favorite Japanese baseball player, and the player plays in America now. So he is interested in American baseball.

Mark : I see. I want to talk with him about baseball someday.

※ pop music ポピュラー音楽 lyrics 歌詞 time difference 時差

(1) 下線部Ⓐの(　　　)の中の語を正しく並べかえて，記号で書きなさい。

(2) 下線部Ⓑを下の英文のように言いかえたとき，(　　　)に入る適切な英語1語を書きなさい。

Aya's brother sometimes gets up early (　　　) he wants to watch American baseball games on TV.

(3) 次の英文は上の対話が行われた日の夜に，マークが友人に書いたメールの一部です。上の対話文の内容に合うように，(①)～(③)に入る適切な英語を，それぞれ1語ずつ書きなさい。

> I talked with Aya today. She likes to listen to music. Especially, she likes an (①) song of Tom Brown. The song always (②) her happy. Her brother likes a Japanese baseball player (③) plays in America. I hope that the player will play well this year.

4 中学生のユウタ(Yuta)と留学生のアレックス(Alex)が，次のページのチラシ(leaflet)を見ながら話をしています。下の対話文を読んで，**(1)**，**(2)**の問いに答えなさい。

Yuta : Alex, have you decided which sport team to join?

Alex : I'm still thinking.

Yuta : How about the (①) team? Actually, I'm a member of the team and I have the leaflet about the team here. Please look.

Alex : OK. Your team has (②).

Yuta : That's right. It's not a big team, but I think it's a good team.

Alex : How often do you practice?

Yuta : (③) on ※weekdays. On weekends, we often have practice games against other school teams. For example, we had three practice games in April.

Alex : Wow, that's a lot. Did you win?

Yuta : Well, we ※beat (④).

Alex : I see. You have a "(⑤)" in November. What is it?

Yuta : We teach children in this city how to play basketball. We also enjoy a game with them. I joined it last year and it was fun.

Alex : That's a good event. Now I want to join your team. [　　　　　　] I have to do to join?

Yuta : You have to ※fill out an ※application and bring it to Mr. Suzuki in the teachers' room. I will give you the application later.

Alex : Really? Thank you!

※ weekday 平日　beat ～ ～に勝った　fill out ～ ～に必要事項を書き入れる
application 申込用紙

Midori Junior High School Basketball Team

We want new members!

Members: 9 boys and 11 girls
Practice: Monday, Wednesday, and Friday (We often have practice games on weekends.)
Time: 15:45 - 17:45
Place: Gym

※Major Events and Tournaments

July	Summer Tournament
August	Summer ※Camp
October	Autumn Tournament
November	Sports ※Gathering

Results of Practice Games

Date	Team	Result
March 19	Kita Junior High School	Win
March 27	Wakaba Junior High School	Win
April 9	Momiji Junior High School	Lose
April 16	Kamome Junior High School	Win
April 23	Minami Junior High School	Lose
May 5	Minato Junior High School	Win

To join the team: Fill out an application and bring it to Mr. Suzuki in the teachers' room.

※ major 主要な　camp 合宿　gathering 集まり

(1) 対話文中の(①)～(⑤)に入る最も適切なものを，**ア**～**エ**の中から一つ選んで，その記号を書きなさい。

① **ア** basketball　**イ** baseball
　ウ tennis　**エ** soccer

② **ア** as many boys as girls　**イ** more boys than girls
　ウ more girls than boys　**エ** more than ten boys

③ **ア** Two times　**イ** Three times
　ウ Four times　**エ** Five times

④ **ア** Momiji Junior High School　**イ** Kamome Junior High School
　ウ Minami Junior High School　**エ** Minato Junior High School

⑤ **ア** Summer Tournament　**イ** Summer Camp
　ウ Autumn Tournament　**エ** Sports Gathering

(2) 対話の流れに合うように，文中の［　　　　］に入る適切な英語２語を書きなさい。

5 下の英文を読んで，次のページの**(1)**～**(4)**の問いに答えなさい。

Kenta is a junior high school student in Aoba City. His family has lived there for many years, and his grandmother also lives in the city.

In a ※social studies class at school last week, Mr. Oka told his students to write a report about Aoba City. Mr. Oka said, "It's your homework. You need to find what to write about first. To do that, I think it will be good to go to the city library or talk with your family." [1] Kenta thought, "It will be interesting to learn about our city."

When Kenta was going home that day, he saw a very big tree in Aoba Park. He thought, "I know the tree, but I have never thought about it. When was it ※planted? Who planted it? Now I want to learn about the tree." [2] His father answered, "I don't know anything about the tree. It has been there since I was a child. How about asking your grandmother? She has lived here since she was born."

Last Saturday, Kenta visited his grandmother's house. He likes her very much because she always listens to him very ※carefully and speaks to him ※slowly. He asked her about the big tree in Aoba Park. [3] She said to him, "Oh, you want to know about the big tree. Yes, I know about it very well. Well, there were three small cities around here. They ※merged in 1950 and Aoba City was born. There was a large park in almost the middle of the three cities, so people ※named the park Aoba Park. They also planted a tree to ※commemorate the start of Aoba City. Actually, I went to see the ceremony." He said, "Then, the tree is a kind of a ※symbol of Aoba City. We should ※protect the tree for a long time. I will write about [ ]. Thank you very much for your help, Grandmother." She said, "You're welcome, Kenta. Come again soon." That evening, he wrote a report. He gave it to Mr. Oka on Monday morning.

The next day, Mr. Oka said to Kenta, "Your report about the big tree was very interesting. Why don't you talk about it in front of other students in the next class?" Kenta became very happy to hear that and said, "Thank you, Mr. Oka. The next class is this Thursday, right? Yes, I will do that. I hope everyone will like my story." Mr. Oka said, "I'm sure they will." [4]

※ social studies　社会科　　plant　植える　　carefully　注意深く　　slowly　ゆっくりと
merge　合併《がっぺい》する　　name ～ …　～を…と名づける　　commemorate ～　～を記念する
symbol　シンボル　　protect ～　～を守る

(1) 本文の内容に合う文を，次の**ア**～**ク**の中から三つ選んで，その記号を書きなさい。

ア Kenta and his family live in Aoba City, and his grandmother lives in another city.

イ Mr. Oka talked to his students about their homework last week.

ウ Kenta was interested in learning about his city when he heard about his homework.

エ There is a big tree in front of Kenta's grandmother's house.

オ Kenta's father knows when the big tree was planted.

カ Kenta doesn't like his grandmother very much because she talks very slowly.

キ Kenta's grandmother wanted to see the ceremony in 1950, but she couldn't.

ク Mr. Oka talked with Kenta about his report on Tuesday.

(2) 次の①，②の質問に，それぞれ指定された語数の英文で答えなさい。ただし，すべて英語のつづりで略語を使わずに書くこととします。また，符号(, . ? ! など)は，語数には含まないものとします。

① How many cities were there before Aoba City?（3語以上）

② When will Kenta talk about his report in front of other students?（2語以上）

(3) 次の文は文中の [1] ～ [4] のどの位置に入るのが最も適切か，番号で答えなさい。

That night, he asked his father about the tree.

(4) 本文の内容から考えて，本文中の [ ] に入る最も適切なものを，次の**ア**～**エ**の中から一つ選んで，その記号を書きなさい。

ア my father

イ you

ウ the tree

エ the small cities

6 あなたは，英語の授業で，留学生を案内したい日本国内の場所について発表することになりました。次の(1)，(2)の問いに答えなさい。なお，記入例にならい，符号(, . ? !など)は，その前の語につけて書き，語数には含まないものとします。

(1) あなたが留学生を案内したい日本国内の場所がどこであるかを説明する文を，英語 5 語以上，10 語以内で書きなさい。ただし，英文は 1 文とします。

(2) (1)で書いた文に続けて，なぜその場所に連れていきたいか理由を書きなさい。英語 20 語以上，30 語以内で書きなさい。ただし，英文は 4 文までとします。

(1)

5

10

(2)

20

30

記入例				
	Is	that	your	school?
	Yes,	it	is.	

＜放送による問題放送文＞

ただいまから１番の，放送による聞き取りテストを行います。問題は(1)から(4)までの四つです。放送中メモを取ってもかまいません。

それでは(1)の問題から始めます。

(1)　これから，**No.** 1から**No.** 5まで，五つの英文を放送します。放送される英文を聞いて，その内容に合うものを選ぶ問題です。それぞれの英文の内容に最もよく合うものを，**ア**，**イ**，**ウ**，**エ**の中から一つ選んで，その記号を書きなさい。

それぞれの英文は，２回放送します。

では，はじめます。

No. 1

My brother is dancing.

繰り返します。

No. 2

This means you can't eat or drink.

繰り返します。

No. 3

Two boys are singing, and a girl is playing the piano for them.

繰り返します。

No. 4

On weekends, Meg makes breakfast. Paul makes dinner on Saturday, and their father does that on Sunday.

繰り返します。

No. 5

Students will go on a field trip tomorrow. They will leave their school at nine in the morning and arrive at the art museum at ten. They will eat lunch at noon. After that, they will visit the zoo at one in the afternoon. They will come back to school at four.

繰り返します。

これで(1)の問題を終わります。

次に，(2)の問題に移ります。

(2) これから，**No. 1** から **No. 4** まで，四つの対話を放送します。それぞれの対話のあとで，その対話について一つずつ質問します。それぞれの質問に対して，最も適切な答えを，**ア**，**イ**，**ウ**，**エ**の中から一つ選んで，その記号を書きなさい。
対話と質問は，２回放送します。

では，はじめます。

No. 1
A： Is that your computer, Daiki?
B： No, Lily. It's my brother's. He lets me use it when he isn't using it.
A： I see. What are you doing with the computer?
B： I'm doing my homework.

Question：Whose computer is Daiki using?
繰り返します。(対話と質問を繰り返す。)

No. 2
A： Akira, your soccer team will have a game this Saturday, right?
B： Yes, Kate. We will have it at the stadium near the park.
A： Oh, that's also near my house. I will go there and watch the game that day.
B： Really? I'm happy to hear that!

Question：Where will Kate watch the soccer game this Saturday?
繰り返します。(対話と質問を繰り返す。)

No. 3
A： Where did you go yesterday, Miki?
B： I went to my grandfather's house.
A： That's nice. Can you walk there from your house?
B： No, Tony. I usually go there by car or bus with my family. But I went there alone yesterday, so I took a train.

Question：How did Miki go to her grandfather's house yesterday?
繰り返します。(対話と質問を繰り返す。)

No. 4
A： Kana, were you studying at your *juku* when I called you at about eight last night?
B： Oh, did you call me? I didn't know that. I'm sorry, Jack. My family and I were having dinner at a restaurant near my house then.
A： I see. How was the food?
B： It was very good. You should go to the restaurant with your family, too.

Question：What was Kana doing at about eight last night?
繰り返します。(対話と質問を繰り返す。)

これで(2)の問題を終わります。

次に，(3)の問題に移ります。

(3) これから，中学生のシュン(Shun)と留学生のエマ(Emma)との対話を放送します。そのあとで，その内容について，**Question No. 1** と **Question No. 2** の二つの質問をします。それぞれの質問に対して，最も適切な答えを，**ア**，**イ**，**ウ**，**エ**の中から一つ選んで，その記号を書きなさい。

対話と質問は，２回放送します。

では，はじめます。

Shun : Emma, do you know Kayo's fifteenth birthday is June fifteenth?
Emma : Of course, Shun. It's this Saturday. Will you do something for her?
Shun : Yes. I will give her a book. I went to a bookstore yesterday and found a good one for her.
Emma : Did you? That will be a great present because she likes reading very much.
Shun : I hope she will like it. Will you give her something, too?
Emma : Yes. I will make some cookies for her.
Shun : That's nice. You are very good at cooking, so those cookies will be very good.
Emma : Thank you. And on the cookies, I will write messages to her.
Shun : Messages on cookies? That sounds interesting, but can you do that?
Emma : Yes. I've done that with my mother before. I have to make big cookies.
Shun : When will you make them?
Emma : I will make them on the day before her birthday.
Shun : Please take some pictures and send them to me before you give her the cookies.
Emma : Sure.

Questions:
No. 1 Who likes reading very much?

No. 2 When will Emma make some cookies for Kayo?

繰り返します。(対話と質問を繰り返す。)

これで(3)の問題を終わります。

次に，(4)の問題に移ります。

(4) 中学生のエミ(Emi)が英語の授業で，週末の過ごし方について話しました。これからその内容を放送します。エミが土曜日に英語を勉強する時間は，何時間ですか。その時間を①に書きなさい。
また，エミが話した内容として正しい組み合わせのものを，下の**ア**，**イ**，**ウ**，**エ**の中から一つ選んで，その記号を②に書きなさい。
英文は，２回放送します。

では，はじめます。

I will talk about things I do on weekends. On Saturday morning, I study English for two hours after breakfast. Then, I visit Ms. Kinoshita. She is my piano teacher. There I practice the piano for two hours. In the afternoon, I clean my room and cook dinner for my family. I like cooking dinner for my family very much because everyone in my family always says they like my food.
On Sunday, my family and I often go to different places like museums, parks, or the beach. Last Sunday, we went to a new zoo in another city. I enjoyed visiting the zoo very much. In the evening, I watch movies with my family. Everyone in my family likes action movies. Well, I spend a lot of time with my family on weekends, and I like it very much. Thank you for listening.

繰り返します。(英文を繰り返す。)

これで，放送による聞き取りテストを終わります。続いて，問題**2**に進みなさい。

【数　学】 (50分) 〈満点：100点〉

注意　1．答えの分数が約分できるときは，約分しなさい。
　　　2．答えに根号がつくときには，根号の中を最も小さい正の整数にしなさい。
　　　3．答えの分母に根号がつくときには，分母に根号がつかない形に直しなさい。

1　次の問いに答えなさい。

(1)　次の①～④の計算をしなさい。

①　$-8+6$

②　$\sqrt{30}\div\sqrt{5}+\sqrt{24}$

③　$8a^2\div(-4ab)\times ab^2$

④　$\dfrac{5x+6y}{9}-\dfrac{x+2y}{3}$

(2)　2次方程式　$x^2-x-5=0$　を解きなさい。

2 次の各問に答えなさい。

(1) 連立方程式 $\begin{cases} 5x-2y=9 \\ 4x+3y=-2 \end{cases}$ を解きなさい。

(2) 下の**表**は，ある中学校に通う3年生男子生徒15人が行った反復横跳びの記録を，大きさの順に並べたものである。

第3四分位数を求めなさい。

41	43	46	47	50	50	51	52	53	55	58	59	60	61	65

表　　（単位：回）

(3) お菓子と，お菓子を入れる袋がそれぞれいくつかある。

1つの袋にお菓子を10個ずつ入れていくと，お菓子が8個袋に入りきらなかった。

1つの袋にお菓子を12個ずつ入れていくと，お菓子を8個だけ入れた袋が1袋あり，お菓子を入れていない袋が3袋あった。

このとき，袋の数を求めなさい。

(4) 右の**図**で，曲線**ア**は関数 $y=x^2$ のグラフであり，曲線**イ**は関数 $y=\frac{1}{4}x^2$ のグラフである。

曲線**ア**上の点で，x 座標が -1 である点をAとし，x 座標が2である点をBとする。

また，曲線**イ**上の点で，x 座標が2である点をCとする。

このとき，四角形OABCの面積を求めなさい。

ただし，原点Oから点(1, 0)までの距離と原点Oから点(0, 1)までの距離は，それぞれ1cmとする。

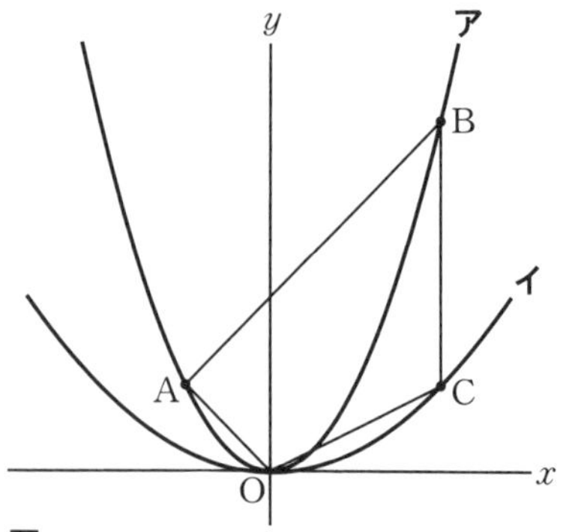

図

3 Aさんのクラスでは，文化祭で着用するクラスTシャツを作成することになった。
Aさんは，作成を依頼する店を決めるため，P店とQ店の料金システムについて調べた。
下の**表**は，Aさんが調べた内容をまとめたものである。
また，下の**図**は，それぞれの店について，Tシャツをx枚作成したときにかかる料金をy円として，xとyの関係をグラフに表したものである。

P店	・初期費用として30000円かかる。 ・Tシャツ1枚につき1000円かかる。
Q店	・Tシャツの注文枚数が20枚までのときは，一律40000円かかる。 ・Tシャツの注文枚数が20枚を超えるときは，21枚目から1枚につき1500円追加でかかる。

表

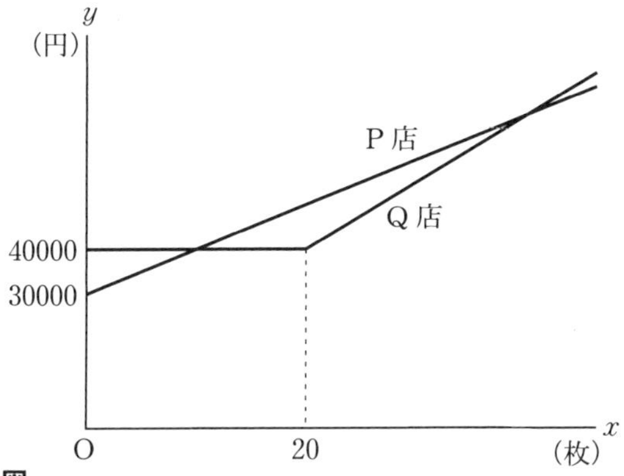

図

このとき，次の**(1)**〜**(3)**の問いに答えなさい。

(1) P店でTシャツを14枚作成したときにかかる料金は何円か求めなさい。

(2) Q店の方がP店よりも料金が安くなるのは，Tシャツの作成枚数が何枚以上何枚以下のときか求めなさい。

(3) Aさんのクラスの人数分Tシャツを作成するとき，Q店の方がP店よりも料金が3000円安い。
このとき，Aさんのクラスの人数を求めなさい。
ただし，Aさんのクラスの人数は，20人より多いものとする。

4

右の**図1**のように，線分ABを直径とする半円がある。

2点A，Bを除いた$\overset{\frown}{\mathrm{AB}}$上に点Pをとり，2点A，Pを除いた$\overset{\frown}{\mathrm{AP}}$上に点Qをとる。

線分APと線分BQとの交点をRとする。

点Bと点Pを結ぶ。

このとき，次の**(1)**，**(2)**の問いに答えなさい。

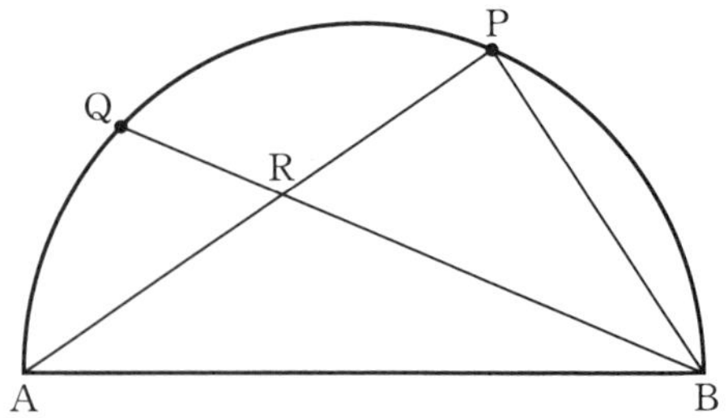

図1

(1) $\overset{\frown}{\mathrm{BP}}=\overset{\frown}{\mathrm{PQ}}$，∠PBR＝34°のとき，∠ABRの大きさを求めなさい。

(2) 右の**図2**は，**図1**において，AP＝BPのとき，線分BPをPの方向に延長した直線と，線分AQをQの方向に延長した直線との交点をSとしたものである。

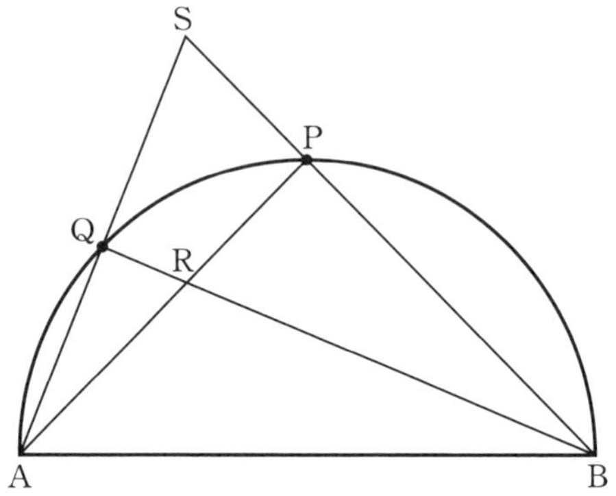

図2

① △APS≡△BPRであることを証明しなさい。

② 点Rと点Sを結ぶ。
BP＝12 cmで，△BSRの面積が$\dfrac{85}{2}$ cm²のとき，線分PRの長さを求めなさい。

5 右の**図1**のように，箱の中に，-3，-2，-1，1，2，3の数が一つずつ書かれた6枚のカードが入っている。

箱の中から1枚のカードをひき，もとに戻し，再び1枚のカードをひく。

1回目にひいたカードに書かれた数をa，2回目にひいたカードに書かれた数をbとする。

このとき，次の(1)～(3)の問いに答えなさい。

ただし，どのカードがひかれることも同様に確からしいとする。

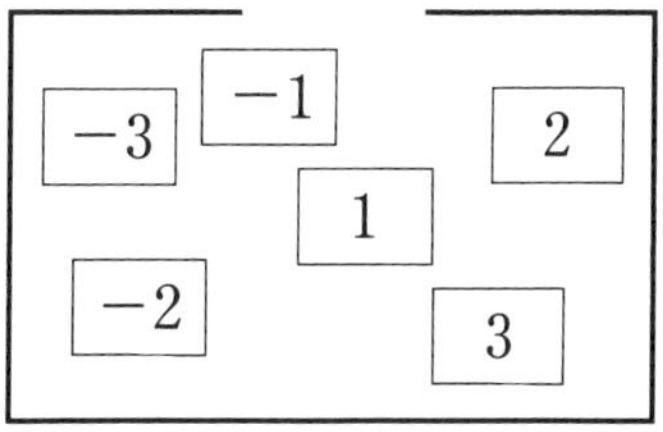

図1

(1) $a+b$の値が0になるカードのひき方は全部で何通りあるか求めなさい。

(2) $a-b<0$となる確率を求めなさい。

(3) 下の**図2**のような，点Oを原点とする座標平面がある。

座標平面上に点P$(a,\ 0)$，点Q$(0,\ b)$をとる。

たとえば，下の**図3**は，$a=2$，$b=-1$の場合を表したものである。

このとき，2点P，Qを通る直線の傾きは$\dfrac{1}{2}$である。

2点P，Qを通る直線の傾きが正の整数となる確率を求めなさい。

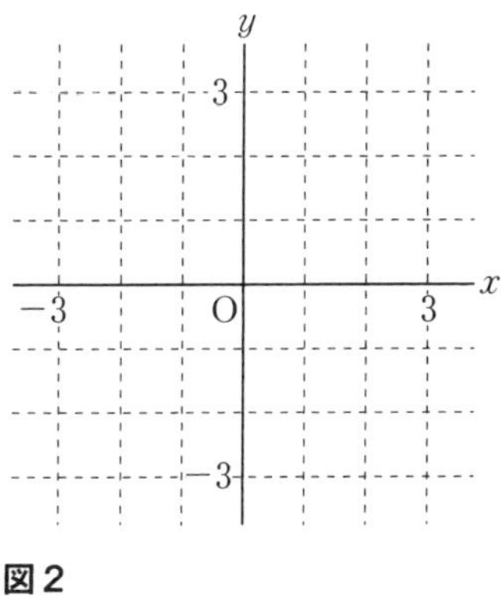

図2

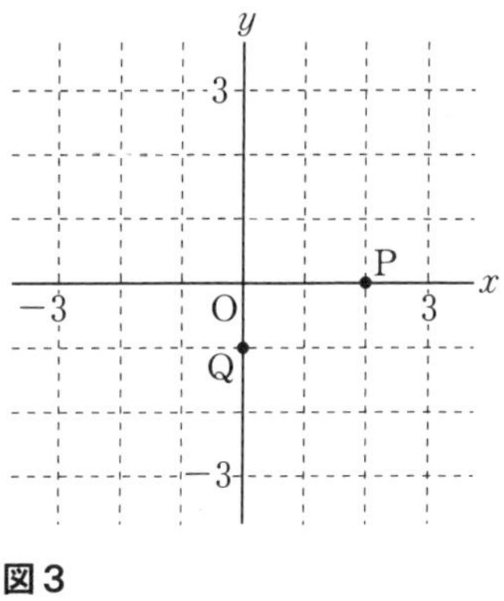

図3

6 右の**図1**のような，AB＝6 cm，BC＝8 cm，CA＝10 cm，AD＝9 cm，∠ABC＝∠ABE＝∠CBE＝90° の三角柱 ABCDEF がある。

2点 A，D を除いた辺 AD 上に点 P をとり，頂点 F と点 P を結ぶ。

このとき，次の(1)～(3)の問いに答えなさい。

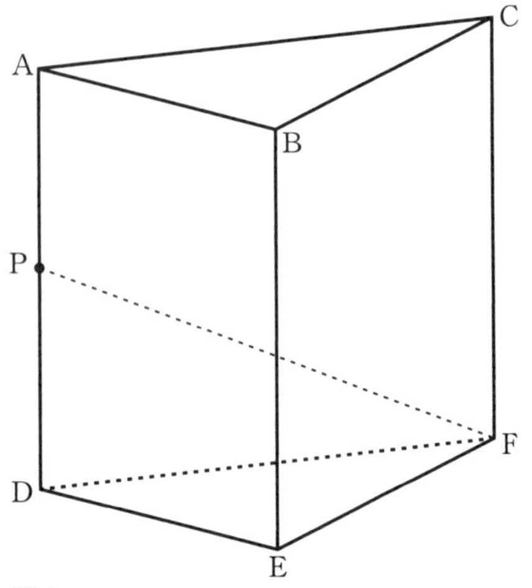

図1

(1) 三角柱 ABCDEF の表面積を求めなさい。

(2) ∠PFD＝∠DFE のとき，線分 PD の長さを求めなさい。

(3) 右の**図2**は，**図1**において，AP＝2 cm のとき，辺 BE 上に点 Q を，線分 PQ と線分 QF の長さの和がもっとも小さくなるようにとったものである。

このとき，立体 ABCPQF の体積を求めなさい。

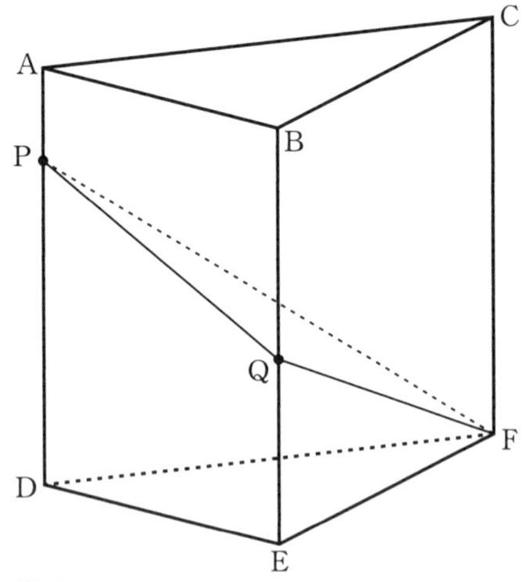

図2

【社　会】（50分）〈満点：100点〉

1　次の**1**，**2**に答えなさい。

1　世界の諸地域について，次の**(1)**～**(5)**の問いに答えなさい。

資料１　世界地図

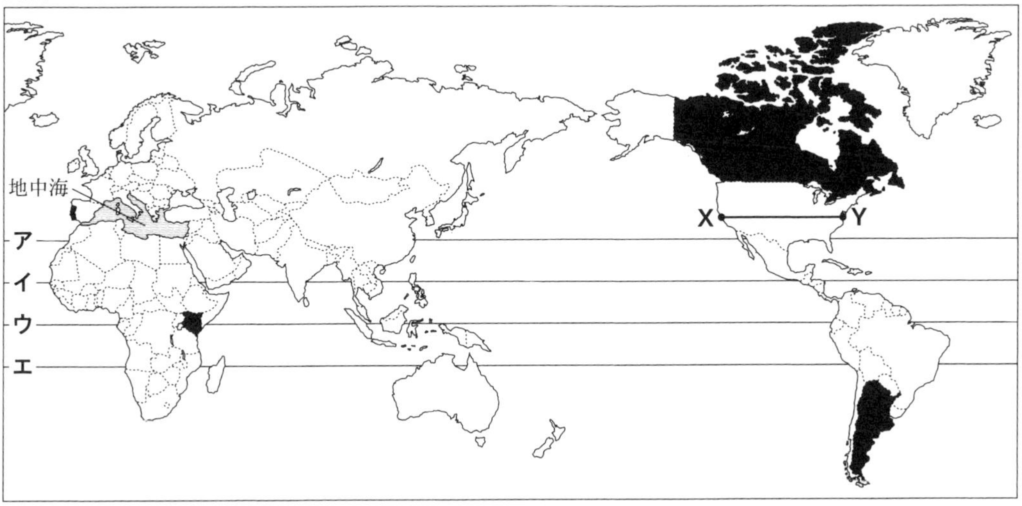

(1)　０度の緯線である赤道に当てはまるものを，**資料１**の**ア**～**エ**の中から一つ選んで，その記号を書きなさい。

(2)　**資料１**の**X**－**Y**の間の土地の起伏の様子を示した断面図として適切なものを，次の**ア**～**エ**の中から一つ選んで，その記号を書きなさい。

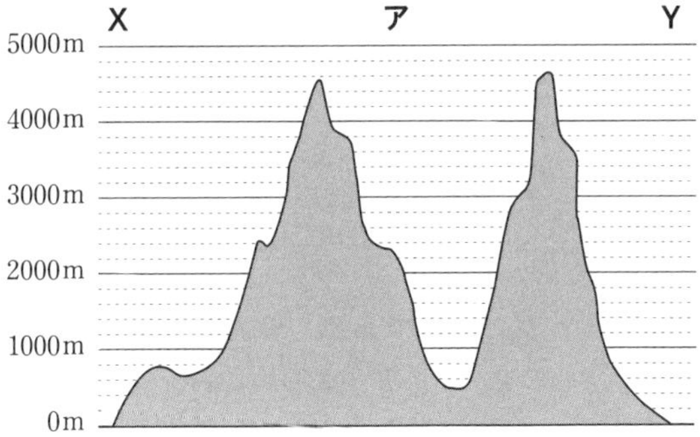

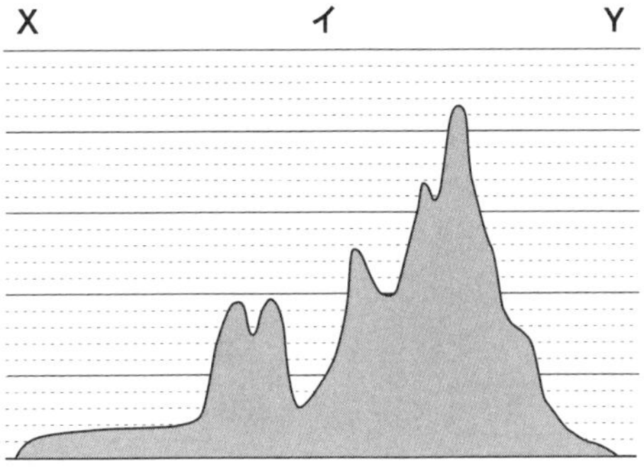

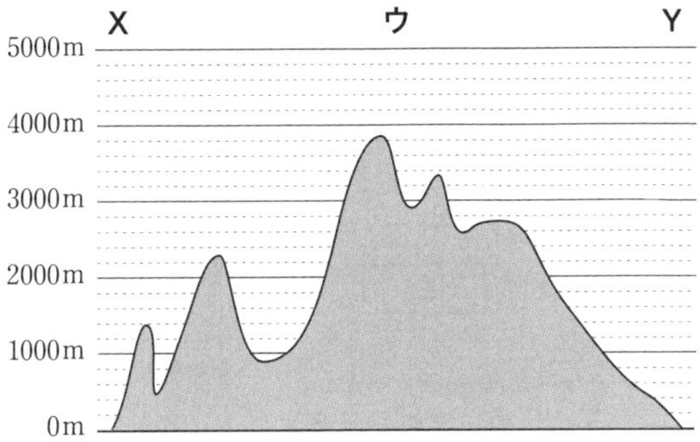

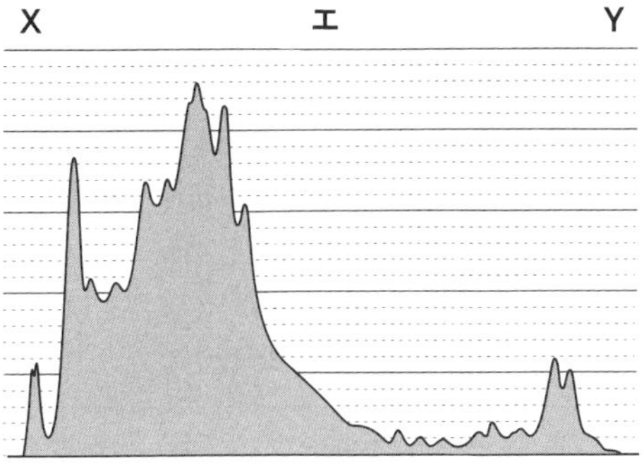

(3)　次の<メモ1>は，中国とインドの人口についてまとめたものである。<メモ1>の［あ］に当てはまる語を，下のア，イの中から一つ選んで，その記号を書きなさい。また，［い］に当てはまる政策名を書きなさい。

> **<メモ1>**
> 　**資料2**は，中国とインドの人口の推移を示したもので，**資料2**の**A**と**B**のうち，**A**は［あ］に当てはまる。このように人口が推移すると予測されているのは，［あ］では，1970年代末から，子どもの数を制限する［い］政策が行われてきたからである。

ア　中国　　　**イ**　インド

資料2　中国とインドの人口の推移

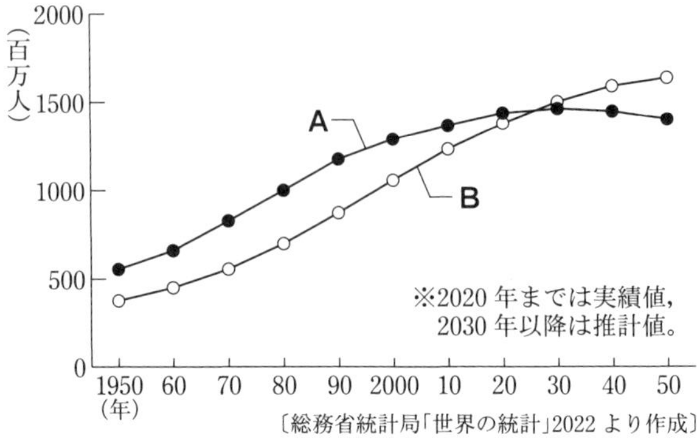

〔総務省統計局「世界の統計」2022より作成〕

(4)　**資料3**は，中心(東京)からの距離と方位が正しく表された地図である。**資料3**を参考にして，**資料1**に ■ で示した4か国のうち，次の<メモ2>で述べている国を，下のア～エの中から一つ選んで，その記号を書きなさい。

> **<メモ2>**
> 　この国は，東京から見てほぼ真西に位置している。この国の首都は標高1500 m以上の高原に位置し，東京からこの国の首都の都市までの距離は約11000 kmである。

ア　アルゼンチン　　**イ**　カナダ
ウ　ポルトガル　　**エ**　ケニア

資料3

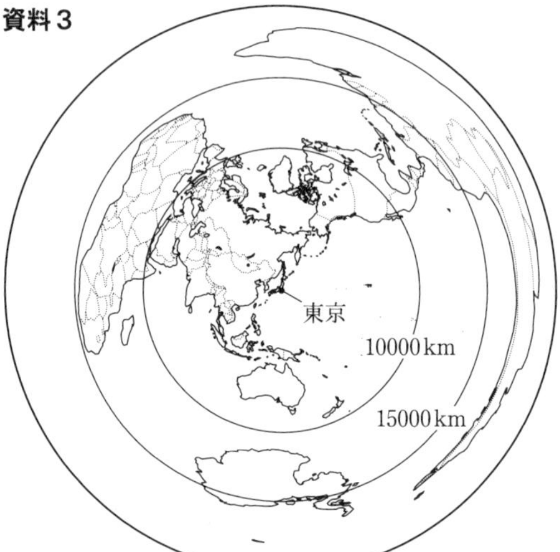

(5)　次の<メモ3>は，**資料1**の地中海についてまとめたものである。<メモ3>の［う］，［え］に当てはまる語の組み合わせとして適切なものを，下のア～エの中から一つ選んで，その記号を書きなさい。また，［お］に当てはまる内容を，「**夏**」，「**冬**」，「**降水量**」という語を用いて，簡潔に書きなさい。

> **<メモ3>**
> 　地中海に面したイタリアやフランス，スペインなどのヨーロッパ州の国々では，キリスト教の宗派のうちの［う］を信仰する人が多く，［え］言語が主に話されている。また，**資料4**は，地中海に面したフランスのニースの各月の気温と降水量を示したもので，［お］という地中海性気候の特徴が見られる。

資料4

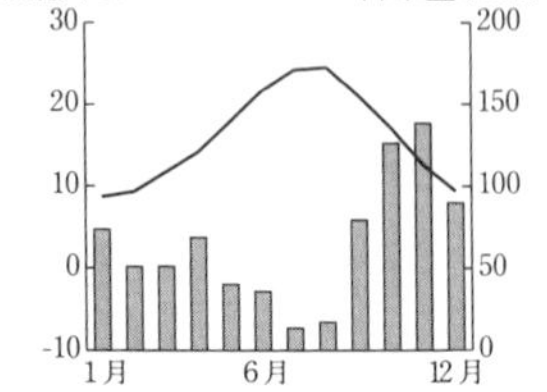

〔気象庁ホームページより作成〕

ア　［**う**　カトリック　　**え**　ラテン系　］　　**イ**　［**う**　プロテスタント　　**え**　ラテン系　］
ウ　［**う**　カトリック　　**え**　ゲルマン系　］　　**エ**　［**う**　プロテスタント　　**え**　ゲルマン系　］

2　日本や身近な地域について，次の(1)～(4)の問いに答えなさい。

(1)　**資料5**は，日本周辺の様子を示したものである。**資料5**についてまとめた次の**＜メモ4＞**の［か］，［き］に当てはまる語の組み合わせとして適切なものを，下の**ア**～**エ**の中から一つ選んで，その記号を書きなさい。また，［く］に当てはまる内容を，**資料5**に　　　で示した水域を表す語を用いて，簡潔に書きなさい。

資料5

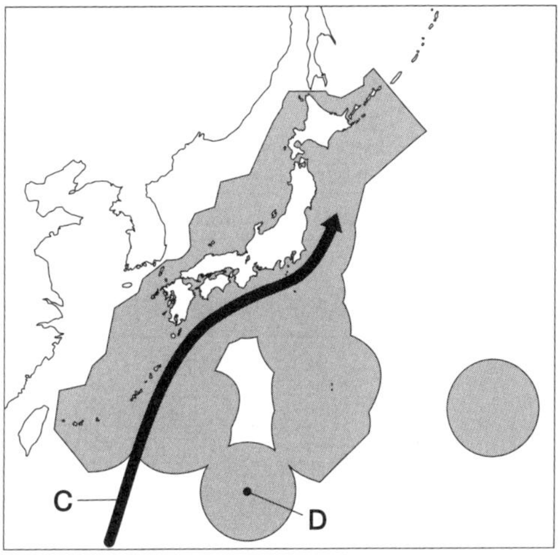

> **＜メモ4＞**
> 　**資料5**に**C**で示した海流は，暖流の［か］である。また，**D**で示した島は，日本の最南端に位置する［き］で，政府は，［く］ために，護岸工事を行ってこの島の水没を防いでいる。

ア［**か**　親潮《おやしお》　**き**　沖ノ鳥島《おきのとりしま》］　**イ**［**か**　黒潮《くろしお》　**き**　沖ノ鳥島］
ウ［**か**　親潮　**き**　南鳥島《みなみとりしま》］　**エ**［**か**　黒潮　**き**　南鳥島］

(2)　**資料6**は，北海道地方，東北地方，関東地方，中部地方のいずれかの農業産出額の内訳を示したものである。北海道地方に当てはまるものを，**資料6**の**ア**～**エ**の中から一つ選んで，その記号を書きなさい。また，北海道の道庁所在地の都市名を書きなさい。

資料6　四つの地方の農業産出額の内訳（2019年）

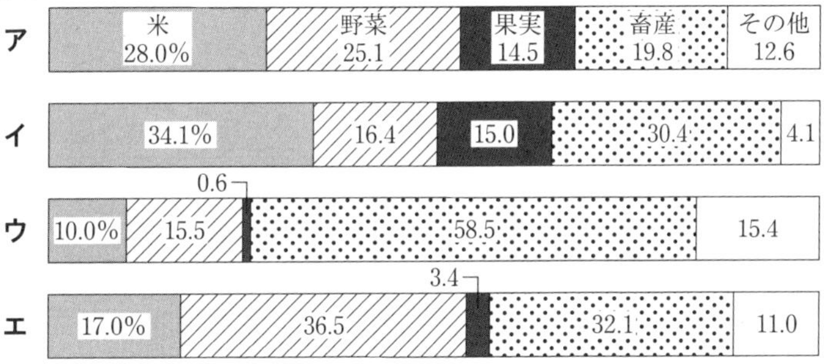

〔「データでみる県勢」2022年版より作成〕

(3)　**資料7**は，ある地域の地形図である。**資料7**から読み取れるものとして**適切でないもの**を，次の**ア**～**エ**の中から一つ選んで，その記号を書きなさい。

ア　豊橋《とよはし》駅から市役所までの長さは地形図上で約4 cmなので，実際の距離は約1000 mである。

イ　豊橋駅から見て市役所は，おおよそ北東の方角にある。

ウ　市役所の周囲の**E**で示した範囲には，消防署や中学校(小学校)，神社などが見られる。

エ　川沿いの**F**で示した範囲には，田や果樹園などが見られる。

資料7

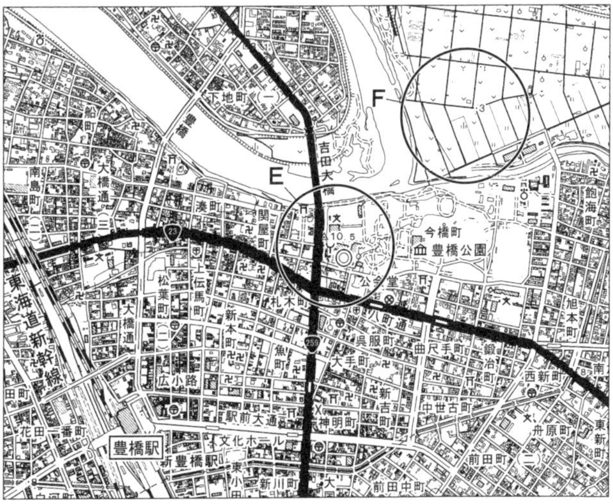

〔国土地理院発行2万5千分の1地形図「豊橋」より作成〕
〈編集部注：編集上の都合により原図の88%に縮小してあります。〉

(4) **資料８**～**資料10**は，茨城県と千葉県を比較して示したものである。これらの資料から読み取れるものとして適切なものを，下の**ア**～**オ**の中から**二つ**選んで，その記号を書きなさい。

資料８　茨城県と千葉県の面積，人口の推移，工業における従業者数と製造品出荷額

	面積(km²)	人口(千人)					従業者数(人)	製造品出荷額(億円)
	2020年	1980年	1990年	2000年	2010年	2020年	2019年	2019年
茨城県	6097	2558	2845	2986	2970	2869	280747	126383
千葉県	5158	4735	5555	5926	6216	6287	218550	125846

〔「データでみる県勢」2022年版より作成〕

資料９　茨城県と千葉県の産業別有業者割合(2017年)

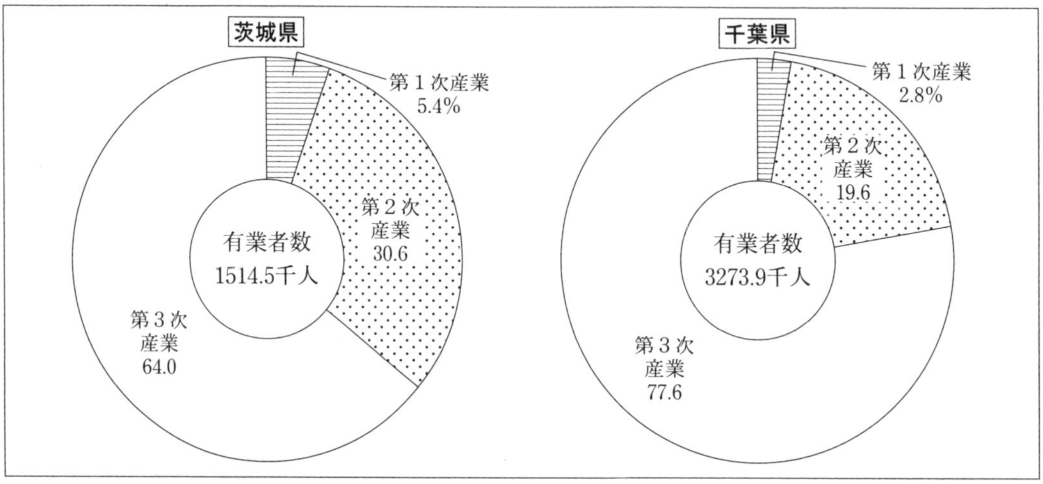

〔「データでみる県勢」2022年版より作成〕

資料10　茨城県と千葉県の製造品出荷額の内訳(2019年)

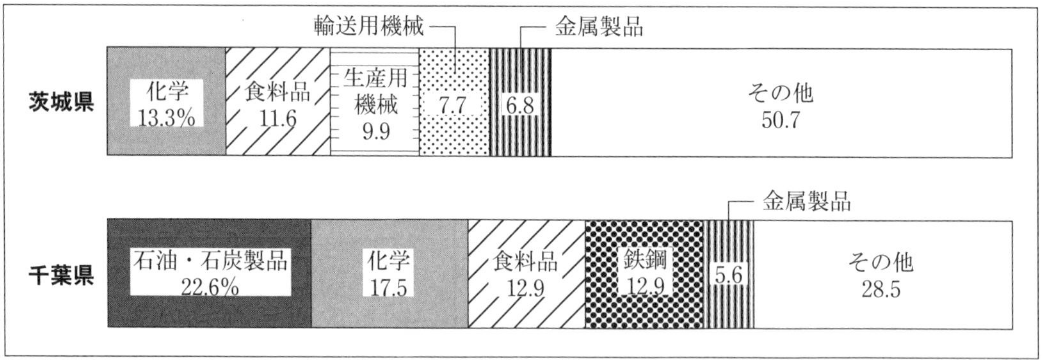

〔「データでみる県勢」2022年版より作成〕

ア　茨城県と千葉県の2020年における１ km²当たりの人口密度を比べると，千葉県のほうが高い。

イ　茨城県と千葉県はともに，1980年から2020年まで人口が増加し続けている。

ウ　2019年の茨城県と千葉県の従業者数と製造品出荷額を比べると，従業者数は茨城県のほうが多いが，製造品出荷額は千葉県のほうが多い。

エ　2017年の産業別有業者において，第２次産業に従事している有業者数は茨城県のほうが多い。

オ　2019年の化学工業の製造品出荷額は，茨城県よりも千葉県のほうが多い。

2 社会科の授業で，「日本の首都について考えてみよう」という課題で，班ごとにテーマを設定し，学習した。次の**1**，**2**に答えなさい。

1　１班では，「都《みやこ》の移り変わり」というテーマを設定して話し合った。下の**(1)**～**(5)**の問いに答えなさい。

> 花子：日本では，**a**大化《たいか》の改新以降，天皇中心の政治が整えられていく中で，中国にならって大規模な都がつくられるようになり，その一つが710年につくられた平城京《へいじょうきょう》だよね。
> 太郎：平城京には約10万人が住み，貴族の邸宅や大寺院が建てられ，市も開かれていたようだよ。
> 良子：その後**b**794年に，桓武《かんむ》天皇が，乱れてきた政治を立て直そうとして平安京《へいあんきょう》に都を移したわ。
> 一郎：平安京は今の京都市につくられたので，今でも京都市の地名などに，このときの名残があるよ。
> 花子：武士が権力を握るようになった中世や近世には，政治の中心地は**c**鎌倉や**d**江戸などに移ったけど，**e**天皇はほぼ京都にいたので，都は京都だったのよね。
> 太郎：明治維新によって天皇が京都から東京に移ってきて，今のように首都は東京になったんだね。

(1)　下線部**a**について，大化の改新が行われてから平城京に都が移されるまでの間に起こったできごとを，次の**ア**～**エ**の中から**二つ**選んで，その記号を書きなさい。

ア　大宝律令《たいほうりつりょう》が制定された。　　**イ**　藤原頼通《ふじわらのよりみち》が平等院鳳凰堂《びょうどういんほうおうどう》を建立した。

ウ　聖徳太子《しょうとくたいし》が推古《すいこ》天皇の摂政《せっしょう》となった。　　**エ**　壬申《じんしん》の乱が起こり，大海人皇子《おおあまのおうじ》が勝利した。

(2)　下線部**b**について，良子さんは，平安京に都が移されたころの様子について調べ，**<メモ１>**を作成した。**<メモ１>**の［**あ**］～［**う**］に当てはまる語の組み合わせとして適切なものを，下の**ア**～**エ**の中から一つ選んで，その記号を書きなさい。

> **<メモ１>**
> 平安京に都を移した桓武天皇は，東北地方の蝦夷《えみし》に対し，［**あ**］を征夷大将軍《せいいたいしょうぐん》に任命して遠征させ，朝廷の支配を広げた。このころ，唐《とう》に渡って新しい仏教の教えを学んだ最澄《さいちょう》と空海《くうかい》が帰国し，最澄は［**い**］を，空海は［**う**］を伝えた。

ア　［ **あ**　坂上田村麻呂《さかのうえのたむらまろ》　**い**　真言《しんごん》宗　**う**　天台《てんだい》宗 ］
イ　［ **あ**　坂上田村麻呂　**い**　天台宗　**う**　真言宗 ］
ウ　［ **あ**　菅原道真《すがわらのみちざね》　**い**　真言宗　**う**　天台宗 ］
エ　［ **あ**　菅原道真　**い**　天台宗　**う**　真言宗 ］

資料１　鎌倉幕府のしくみ

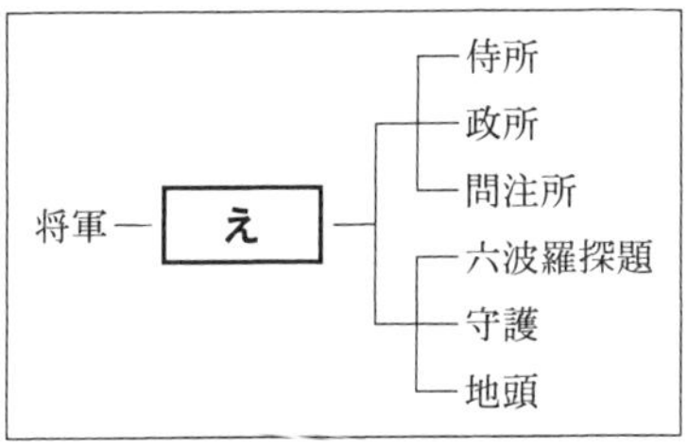

(3)　下線部**c**について，花子さんは，鎌倉幕府に興味をもち，鎌倉幕府のしくみを示した**資料１**を見つけた。**資料１**の［**え**］に当てはまる，将軍を補佐する役職名を書きなさい。また，**資料１**の六波羅探題《ろくはらたんだい》が設置されたことに最も関係の深いことがらを，次の**ア**～**エ**の中から一つ選んで，その記号を書きなさい。

ア　応仁《おうにん》の乱　　**イ**　壇ノ浦《だんのうら》の戦い

ウ　承久《じょうきゅう》の乱　　**エ**　元寇《げんこう》(蒙古襲来《もうこしゅうらい》)

資料２　からかさ連判状

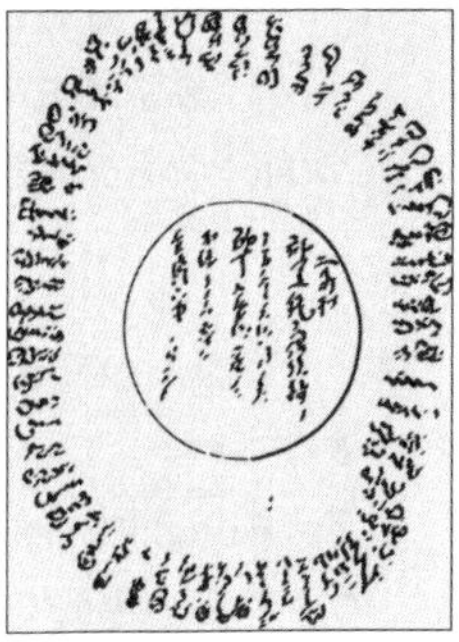

(4)　下線部**d**について，**資料２**は，江戸時代の百姓一揆《ひゃくしょういっき》のときに，農民たちが署名したからかさ連判状と呼ばれる証文を示したものである。農民たちが円形に署名した理由を，「**中心人物**」という語を用いて，簡潔に書きなさい。

⑸　下線部eについて花子さんが調べていく中で，14世紀に，後醍醐《ごだいご》天皇が京都から吉野《よしの》に逃れた後，京都に別の天皇が立てられ，京都と吉野で二つの朝廷が対立していた時代があったことがわかった。この時代を何というか，その時代名を書きなさい。

2　２班では，「首都東京の歴史」というテーマを設定し，東京に関する年表を作成した。次の⑴～⑷の問いに答えなさい。

西暦	できごと
1868	江戸が東京と改称される。
1871	【お】が行われ，東京府が置かれる。
1905	f 日比谷《ひびや》焼き打ち事件が起こる。
1923	関東大震災により，大きな被害を受ける。
1932	g 五・一五事件が起こる。
1945	東京大空襲により，大きな被害を受ける。
1964	東京オリンピックが開催される。
1991	h 新しい東京都庁が新宿区に完成する。
2021	２度目の東京オリンピックが開催される。

⑴　年表中の【お】には，中央集権国家をつくるために明治政府が行ったできごとが当てはまる。【お】に当てはまる語を**漢字４字**で書きなさい。

⑵　次郎さんは，下線部fの日比谷焼き打ち事件について調べ，**<メモ２>**を作成した。**<メモ２>**の【か】，【き】に当てはまる語の組み合わせとして適切なものを，下の**ア**～**エ**の中から一つ選んで，その記号を書きなさい。

> **<メモ２>**
> 日比谷焼き打ち事件は，【か】の講和条約である【き】で賠償金が得られなかったことに不満をもった国民が起こした暴動事件である。

ア［**か**　日清《にっしん》戦争　**き**　下関《しものせき》条約］　**イ**［**か**　日清戦争　**き**　ポーツマス条約］
ウ［**か**　日露《にちろ》戦争　**き**　下関条約］　**エ**［**か**　日露戦争　**き**　ポーツマス条約］

⑶　洋子さんは，下線部gのころの経済の様子について興味をもち，**資料３**を見つけ，次郎さんと話し合った。【く】に当てはまる都市名を書きなさい。また，【け】に当てはまる内容を，経済政策の名称を入れて，簡潔に書きなさい。

> 洋子：**資料３**は，1929年を100としたときの世界の主な国の鉱工業生産指数の推移を示したものよ。1929年にアメリカの【く】のウォール街で株価が大暴落したことをきっかけに世界恐慌が起こって，多くの国で鉱工業生産指数が下がっていることが読み取れるわ。
> 次郎：でもソ連だけは【け】ため，発展を続けているね。

資料３　世界の主な国の鉱工業生産指数

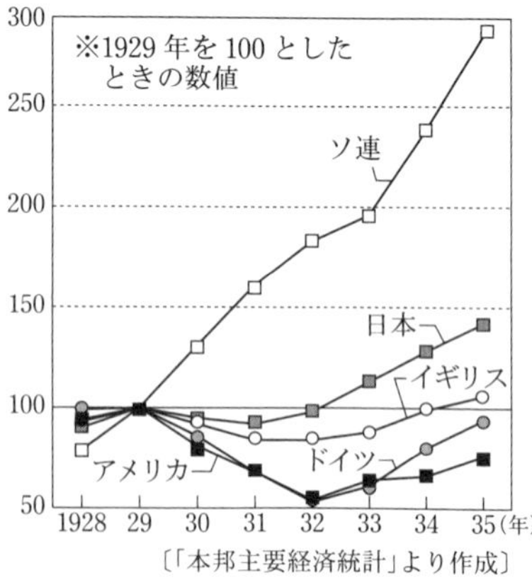

〔「本邦主要経済統計」より作成〕

⑷　下線部hのできごとよりも後に起こったできごとを，次の**ア**～**エ**の中から一つ選んで，その記号を書きなさい。

ア　細川護熙《ほそかわもりひろ》内閣が成立し，55年体制が終わった。
イ　アジア・アフリカ会議が開かれた。
ウ　冷戦の象徴であったベルリンの壁が崩壊した。
エ　沖縄が日本に復帰した。

3 ある中学校の社会科の授業で，「私たちと経済，政治はどのように関係しているのだろうか」という課題で，班ごとにテーマを設定し，学習した。次の**1**，**2**に答えなさい。

1 1班は，私たちと経済との関係について話し合った。下の⑴～⑸の問いに答えなさい。

花子：私たちは，a消費者として商品を購入しているから，消費者とb経済活動との関わり合いをしっかり考えるべきだわ。
太郎：そのためには，c商品の価格がどのようにして決まっているのかについても知る必要があるよ。
花子：価格の変動は，私たちの生活に大きな影響を与えるよね。
太郎：消費者である私たちは，同時に納税者でもあるね。税金を納めることはd国民の義務の一つで，国の財政はe国民の負担する税金などで運営されているんだよね。

⑴ 下線部**a**について，花子さんは，商品の購入に関することがらについて調べ，次の**＜メモ１＞**にまとめた。**＜メモ１＞**の［ あ ］に当てはまる語を**漢字２字**で書きなさい。

＜メモ１＞
商品を売る人と買う人の意思が一致して売買が成立することを契約といい，原則として，どのような契約を結ぶかは，当事者の［ あ ］な意思で行われる。これを契約［ あ ］の原則という。

⑵ 下線部**b**について，経済活動の主体の一つに企業があり，企業の多くは株式を発行して資金を得る株式会社という形態をとっている。企業の多くが株式会社の形態をとる利点を，「**少額**」，「**資金**」という語を用いて，簡潔に書きなさい。

⑶ 下線部**c**について，太郎さんは，商品の価格のきまり方について調べていく中で，**資料１**を見つけ，次の**＜メモ２＞**にまとめた。**＜メモ２＞**の［ い ］～［ え ］に当てはまる語の組み合わせとして適切なものを，下の**ア**～**エ**の中から一つ選んで，その記号を書きなさい。

＜メモ２＞
市場で売買される商品の価格を市場価格といい，常に変動している。**資料１**では，はくさいの入荷量の多い月には価格が低くなる傾向が見られるが，これは［ い ］量が［ う ］量よりも多いことを反映している。一方，８月から９月にかけて，入荷量がやや増えているのに対し，価格が大きく［ え ］しているが，これは［ う ］量が増加したためだと考えられる。

資料１ はくさいの入荷量と価格の動向（2021年）

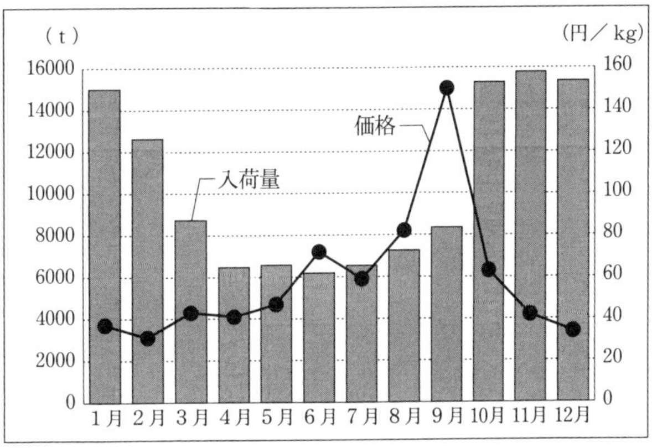

〔「東京都中央卸売市場 市場統計情報」より作成〕

ア［**い** 需要 **う** 供給 **え** 上昇］ **イ**［**い** 供給 **う** 需要 **え** 上昇］
ウ［**い** 需要 **う** 供給 **え** 下落］ **エ**［**い** 供給 **う** 需要 **え** 下落］

⑷ 下線部**d**について，日本国憲法に定められている国民の義務は三つあるが，「税金を納める義務」と「保護する子女に普通教育を受けさせる義務」以外のもう一つの国民の義務を書きなさい。

⑸　下線部eについて，太郎さんは，国の税金による収入について調べ，**資料2**を作成した。**資料2**の税のうち，直接税に含まれるものの金額の合計として適切なものを，次の**ア**～**エ**の中から一つ選んで，その記号を書きなさい。ただし，その他はすべて間接税であるものとする。

ア　約22兆円　　**イ**　約34兆円
ウ　約41兆円　　**エ**　約56兆円

資料2　国税の内訳　　（単位：億円）

消費税	217190	酒税	12650
所得税	195290	関税	9460
法人税	120650	たばこ税	9140
相続税	23410	その他	70689
揮発油税	22040	合計	680519

※2020年度当初予算
〔「日本国勢図会」2021/22年版より作成〕

2　2班では，私たちと政治との関係のうちの選挙について**カード1**～**カード3**にまとめた。下の⑴～⑷の問いに答えなさい。

カード1　選挙の四つの原則
・f 普通選挙
・平等選挙
・秘密選挙
・直接選挙

カード2　選挙制度
・g 衆議院
　…小選挙区比例代表並立制
・h 参議院
　…選挙区選挙と比例代表制

カード3　選挙の課題
・一票の格差
　…［　i　］
・投票率の低下
　…特に若い世代の棄権が多い

⑴　下線部fの普通選挙とはどのような原則か。「**性別**」，「**納税額**」という語を用いて，簡潔に書きなさい。

⑵　洋子さんは，下線部gの衆議院議員の選挙について調べていく中で，衆議院議員の選挙と一緒に行われる国民審査に関する**資料3**を見つけ，次の**<メモ3>**にまとめた。**<メモ3>**の［　お　］に当てはまる裁判所として適切なものを，下の**ア**～**エ**の中から一つ選んで，その記号を書きなさい。

<メモ3>
資料3は，［　お　］の裁判官について，国民が直接，任命が適切かどうかを審査する国民審査の投票用紙の見本を示したものである。

ア　最高裁判所　　**イ**　高等裁判所
ウ　地方裁判所　　**エ**　家庭裁判所

資料3

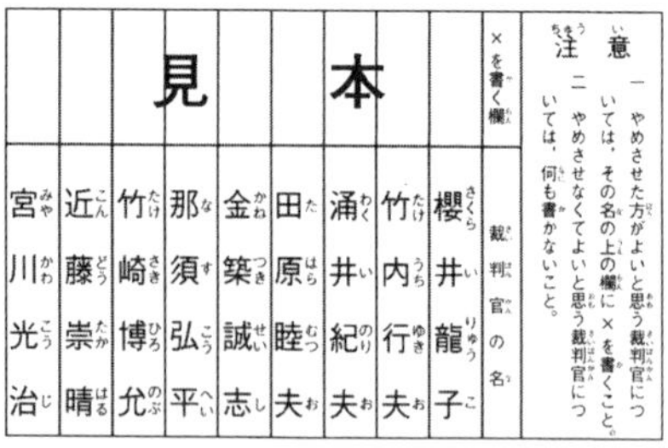
注《ちゅう》意《い》
一　やめさせた方《ほう》がよいと思《おも》う裁判官《さいばんかん》については，その名《な》の上《うえ》の欄《らん》に×を書《か》くこと。
二　やめさせなくてよいと思《おも》う裁判官《さいばんかん》については，何《なに》も書《か》かないこと。
×を書《か》く欄《らん》
裁《さい》判《ばん》官《かん》の名《な》
見本
櫻《さくら》井《い》龍《りゅう》子《こ》
竹《たけ》内《うち》行《ゆき》夫《お》
涌《わく》井《い》紀《のり》夫《お》
田《た》原《はら》睦《むつ》夫《お》
金《かね》築《つき》誠《せい》志《し》
那《な》須《す》弘《こう》平《へい》
竹《たけ》崎《さき》博《ひろ》允《のぶ》
近《こん》藤《どう》崇《たか》晴《はる》
宮《みや》川《かわ》光《こう》治《じ》

⑶　下線部hの参議院について正しく述べているものを，次の**ア**～**エ**の中から一つ選んで，その記号を書きなさい。

ア　予算は必ず参議院が先に審議する。
イ　参議院の議員定数は465人である。
ウ　参議院議員の任期は4年である。
エ　参議院議員の被選挙権は30歳以上の国民にある。

⑷　次の文は，**カード3**の［　i　］に当てはまる内容を示したものである。文の［　か　］に当てはまる語を**漢字1字**で書きなさい。

一票の格差は，選挙区ごとに議員一人当たりの有権者数に差があることで生じるもので，憲法に定められた「［　か　］の下の平等」に反しているとして，裁判所で違憲判決が出されることもある。

4　次郎さんの学校では，「現代社会と私たちの生活との関わり」という課題で，班ごとにテーマを設定し，それについて調べた。次の**1**，**2**に答えなさい。

1　1班は，「グローバル化による私たちの生活の変化」というテーマを設定し，**＜発表原稿＞**を作成した。下の**(1)**～**(5)**の問いに答えなさい。

＜発表原稿＞

現代の日本は，グローバル化の進展によって a世界との結びつきがより強くなり，たくさんの人，b物，金，情報などが c国境をこえて移動して d世界が一体化している。このような変化は，e食料品の輸入にも大きな影響を与え，日本の農業にも大きな変化が起こる原因となった。

(1)　下線部**a**について，次のⅠ～Ⅲは，世界との結びつきに関する歴史上のできごとについて述べたものである。それらを古い順に並べたものを，下の**ア**～**カ**の中から一つ選んで，その記号を書きなさい。

Ⅰ　ポルトガル人やスペイン人との間で南蛮《なんばん》貿易が行われ，日本からは主に銀が輸出された。

Ⅱ　平清盛《たいらのきよもり》が，宋《そう》との貿易の利益に目をつけ，瀬戸内海の航路を整え，兵庫の港を整備した。

Ⅲ　足利義満《あしかがよしみつ》が，正式な貿易船に明《みん》から与えられた勘合《かんごう》という証明書を持たせて日明貿易を始めた。

ア　［ Ⅰ－Ⅱ－Ⅲ ］　**イ**　［ Ⅰ－Ⅲ－Ⅱ ］　**ウ**　［ Ⅱ－Ⅰ－Ⅲ ］
エ　［ Ⅱ－Ⅲ－Ⅰ ］　**オ**　［ Ⅲ－Ⅰ－Ⅱ ］　**カ**　［ Ⅲ－Ⅱ－Ⅰ ］

(2)　下線部**b**について，**資料1**は，江戸時代に，諸大名が年貢や特産品を保管したりお金にかえたりするために大阪に設けた蔵屋敷《くらやしき》の様子を示したものである。当時の大阪は，全国から年貢米や特産物が集まり，商業の中心地であったことから何と呼ばれていたか，**5字**で書きなさい。また，江戸時代の商人がつくった同業者組合の名称として適切なものを，次の**ア**～**エ**の中から一つ選んで，その記号を書きなさい。

ア　惣《そう》　**イ**　座《ざ》　**ウ**　株仲間《かぶなかま》　**エ**　問《とい》（問丸《といまる》）

資料1

(3)　下線部**c**について，次郎さんは，世界の国々の国境線について調べ，次の**＜メモ1＞**にまとめた。**＜メモ1＞**の［ あ ］に当てはまる内容を，歴史的背景にふれて，簡潔に書きなさい。

＜メモ1＞

国境線には，川や山脈などの自然の地形が利用されることが多いが，**資料2**に示したアフリカ州の国々では，緯線や経線を利用した直線的な国境線が多い。これは，アフリカ州は［ あ ］ためである。

資料2

(4)　下線部**d**について，世界の一体化が進む中で，特定の地域でいくつかの国がまとまり，経済や安全保障などの分野で協力関係を強めようとする動きが見られる。こうした地域組織のうち，東南アジアの10か国が加盟してつくられている組織の略称を，次の**ア**～**エ**の中から一つ選んで，その記号を書きなさい。

ア　APEC　**イ**　ASEAN　**ウ**　AU　**エ**　EU

(5) 下線部**e**について，良子さんは，**資料3**～**資料5**を見つけ，下の**＜メモ2＞**を作成した。**＜メモ2＞**の［ **い** ］に当てはまる内容を，「**高齢者**」という語を用いて，［ **う** ］に当てはまる内容を，「**田**」，「**畑**」という語を用いて，それぞれ簡潔に書きなさい。また，**資料3**の**A**～**D**に当てはまる食料品の組み合わせとして適切なものを，あとの**ア**～**エ**の中から一つ選んで，その記号を書きなさい。

資料3　日本の主な食料品の自給率の推移

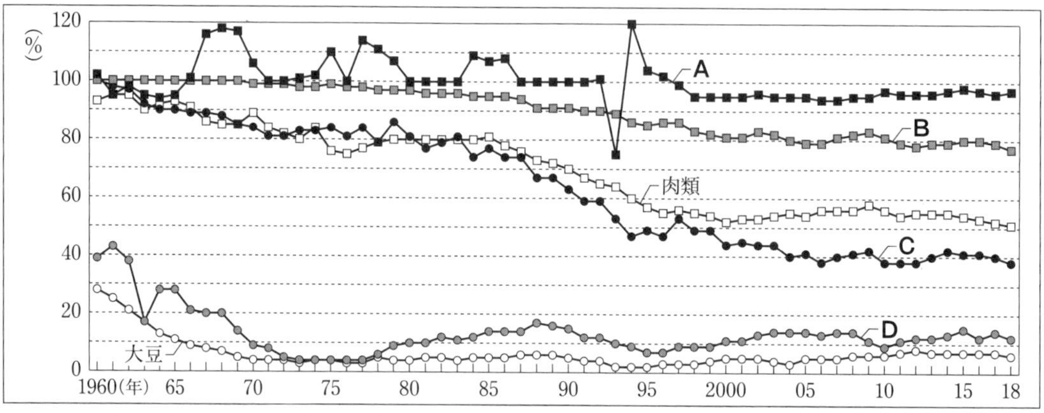

〔農林水産省「食料需給表」より作成〕

資料4　日本の基幹的農業従事者数の推移

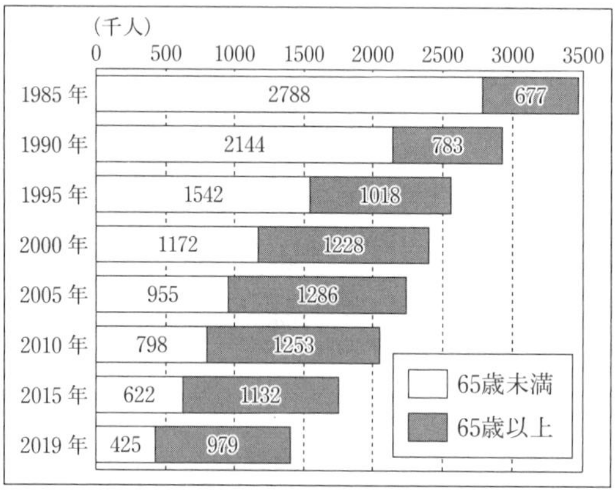

資料5　日本の耕地面積の推移

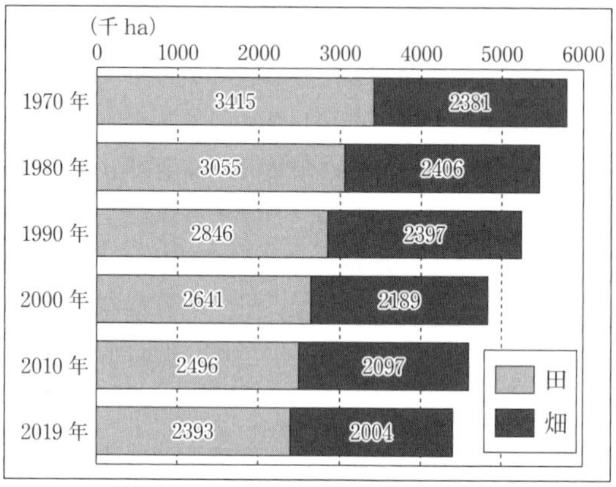

〔**資料4**，**資料5**は「数字でみる日本の100年」より作成〕

＜メモ2＞

グローバル化が進むと，各国が競争力の強い産業に力を入れ，競争力の弱い産業については他国に頼る国際分業が行われるようになる。日本では，外国から多くの食料が輸入されるようになり，食料自給率が低下している傾向が**資料3**から読み取れる。こうした影響を受けて，**資料4**からは，1985年以降，日本の基幹的農業従事者数は［ **い** ］ことが読み取れる。また，**資料5**からは，1970年以降，日本の耕地面積は［ **う** ］ことが読み取れる。

ア［ **A** 米　**B** 野菜　**C** 果実　**D** 小麦 ］
イ［ **A** 果実　**B** 野菜　**C** 米　**D** 小麦 ］
ウ［ **A** 米　**B** 小麦　**C** 果実　**D** 野菜 ］
エ［ **A** 果実　**B** 小麦　**C** 米　**D** 野菜 ］

2　2班は，「情報化と私たちの生活の変化について」というテーマを設定して調べ，**資料6**，**資料7**を見つけ，これらの資料をもとに話し合った。下の**(1)**～**(4)**の問いに答えなさい。

資料6　**年齢階層別インターネット利用率**

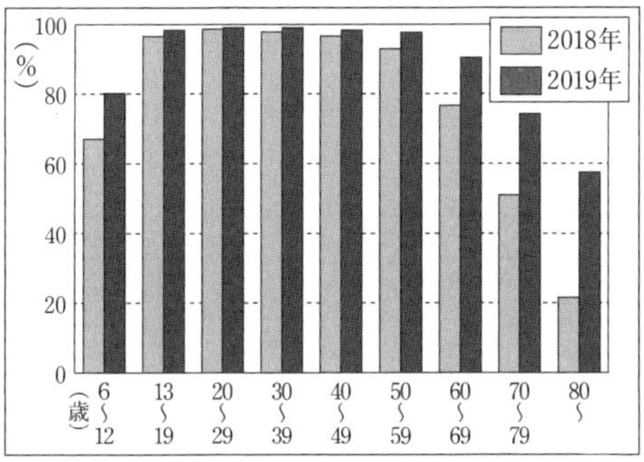

〔総務省「通信利用動向調査」より作成〕

資料7　**学校種別インターネット利用時間(2020年)**

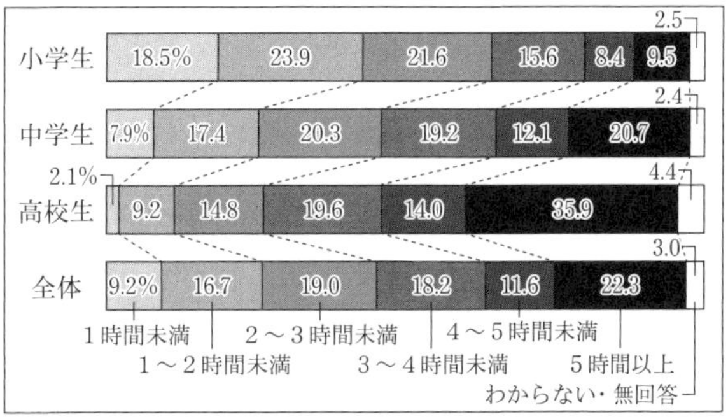

〔内閣府「青少年のインターネット利用環境実態調査報告書」より作成〕

三郎：**資料6**を見ると，2018年から2019にかけて，すべての世代でインターネット利用率が上がっていて，情報化が進んでいることがうかがえるね。
愛子：私たちの生活が便利になった一方で，個人情報が流出するなどの問題が起こったこともあって，「f新しい人権」としてプライバシーの権利が登場してきたね。
三郎：**資料7**は，g小学生，中学生，高校生のインターネット利用時間を示したグラフだね。
愛子：自分と近い世代のインターネット利用時間について，hいろいろなことが読み取れるわ。
三郎：インターネット以外に，テレビや新聞などのマスメディアからも多くの情報が発信されているけど，iそうした情報を正しく活用する力が必要だね。

(1)　下線部fについて，**資料8**は，「新しい人権」に配慮した建物の形を示したものである。このような形になっている理由を，このことに関連する「新しい人権」の名称を用いて，簡潔に書きなさい。

資料8

(2)　下線部gについて，明治時代初期の1872年に公布された，小学校から大学校までの学校制度を定めた法令を何というか，**漢字2字**で書きなさい。

(3)　下線部hについて，**資料7**から読み取れることとして適切なものを，次の**ア**～**エ**の中から一つ選んで，その記号を書きなさい。

ア　小学生，中学生，高校生のいずれにおいても，利用時間が5時間以上の割合が最も高い。
イ　小学生と中学生はどちらも，利用時間が3時間未満である割合が50％以上を占めている。
ウ　高校生では，利用時間が1時間未満の割合は10分の1以下，3時間以上は5分の4以上である。
エ　全体では，利用時間が3時間未満の生徒よりも，3時間以上の生徒のほうが多い。

(4)　三郎さんは，下線部iについて，次の**＜メモ3＞**にまとめた。**＜メモ3＞**の［**え**］に当てはまる語を**カタカナ**で書きなさい。

＜メモ3＞
　マスメディアから発信される情報について，そのまま信じるのではなく，信頼できる情報かどうかを冷静に判断したり，さまざまな角度から批判的に読み取る力のことをメディア［**え**］という。

【理　科】（50分）〈満点：100点〉

1　次の**(1)**～**(8)**の問いに答えなさい。

(1)　水平な机の上に物体**X**があるとき，机と物体**X**の間ではたらく作用と反作用の関係にあるものとして正しいものを，次の**ア**～**エ**の中から一つ選んで，その記号を書きなさい。

ア

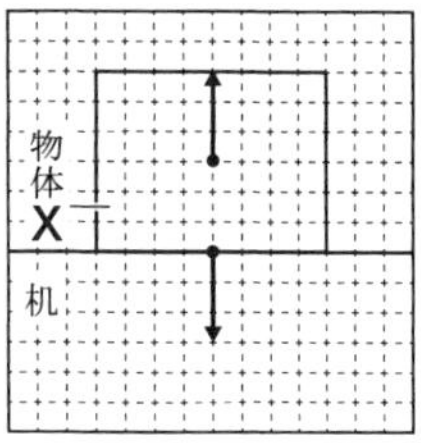

イ

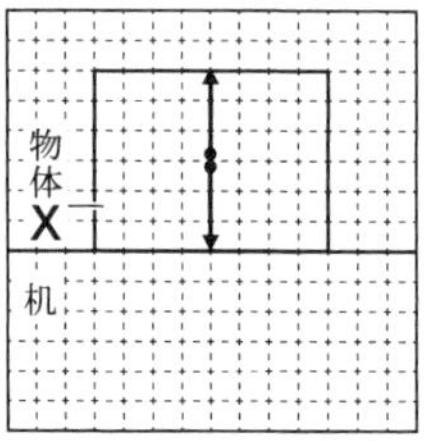

ウ

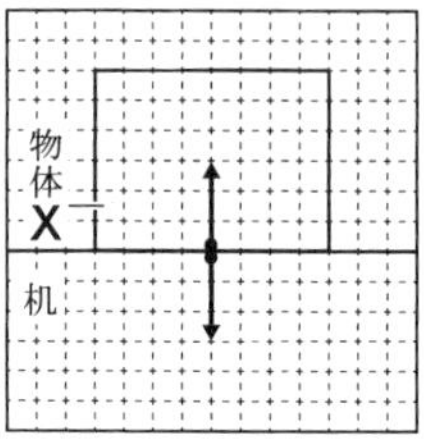

エ

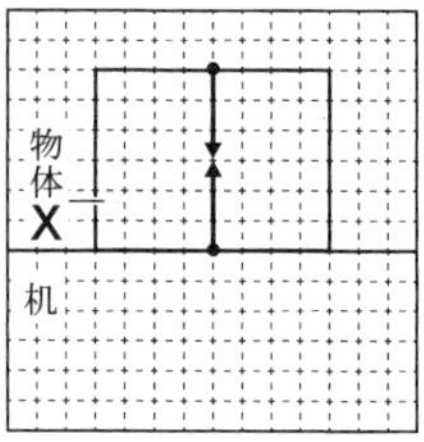

(2)　**図**は，硝酸カリウムとミョウバンの溶解度を示すグラフである。60℃の水 100 g を入れたビーカーを２つ用意し，１つには硝酸カリウム 30 g を，もう１つにはミョウバン 30 g を入れて溶かした。次に，それぞれの水溶液の温度を 20℃まで下げていった。このときのようすについて説明した次の文中の［あ］，［い］に当てはまるものの組み合わせとして正しいものを，下の**ア**～**エ**の中から一つ選んで，その記号を書きなさい。

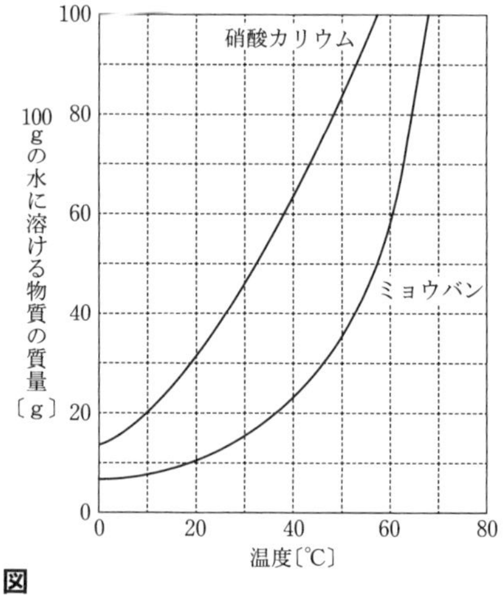

図

20℃まで温度を下げたとき，結晶が出てこない物質は［あ］である。この物質は，20℃の水 100 g にさらに約［い］g 溶かすことができる。

	あ	い
ア	ミョウバン	20
イ	ミョウバン	2
ウ	硝酸カリウム	20
エ	硝酸カリウム	2

(3) 節足動物の特徴の説明として正しいものを，次の**ア**～**エ**の中から一つ選んで，その記号を書きなさい。

ア 背骨がある。

イ 内臓がある部分が外とう膜で包まれている。

ウ えらで呼吸をする。

エ 体が外骨格でおおわれている。

(4) **表**は，異なる火山で採集した火山灰**A**と**B**に含まれる鉱物を調べた結果である。**表**の内容をふまえて，２つの火山のマグマの性質について説明した次の文中の **あ** ， **い** に当てはまる語の組み合わせとして正しいものを，下の**ア**～**エ**の中から一つ選んで，その記号を書きなさい。

表

火山灰	多く含まれる鉱物	少し含まれる鉱物
A	石英，長石	角閃《かくせん》石
B	輝石，カンラン石	長石

これらの火山灰を比べると，火山灰**A**の方が **あ** 色をしている。このことから，火山灰**A**をふき出した火山のマグマの方が，火山灰**B**をふき出した火山のマグマよりもねばりけが **い** と考えられる。

	あ	**い**
ア	黒っぽい	強い
イ	黒っぽい	弱い
ウ	白っぽい	強い
エ	白っぽい	弱い

(5) **図**のような装置を用いて，10 Nの重力がはたらいている物体を，ゆっくりと0.3m持ち上げた。このとき，**ロープを引く力の大きさ**と，**ロープを引いた距離**の組み合わせとして正しいものを，次の**ア**～**エ**の中から一つ選んで，その記号を書きなさい。ただし，ロープや滑車の摩擦，ロープや滑車の質量，ロープののび縮みは考えないものとする。

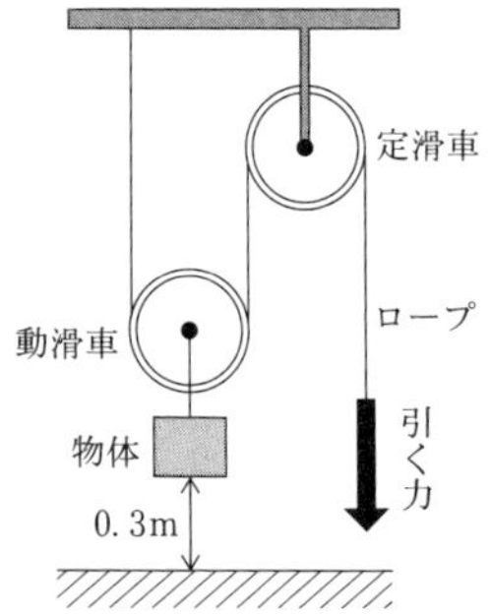

図

	ロープを引く力の大きさ	ロープを引いた距離
ア	5 N	0.3 m
イ	5 N	0.6 m
ウ	10 N	0.3 m
エ	10 N	0.6 m

(6) 酸化銀を加熱したところ，気体が発生した。発生した気体の説明として正しいものを，次の**ア**～**エ**の中から一つ選んで，その記号を書きなさい。

ア 空気より重く，水に少し溶けて水溶液は酸性を示す。

イ 空気より軽く，火を近づけると音を立てて燃える。

ウ 激しく鼻をさすような特有のにおいがある。

エ 水にほとんど溶けず，物質を燃やすはたらきがある。

(7) 反応には，熱いものに手がふれたとき，熱いという意識が生まれる前に**思わず腕を曲げて手を引っ込める反応**や，**手をにぎられてからにぎり返す反応**がある。**図**で，それぞれの刺激の信号が伝わる経路の組み合わせとして正しいものを，次の**ア**～**カ**の中から一つ選んで，その記号を書きなさい。

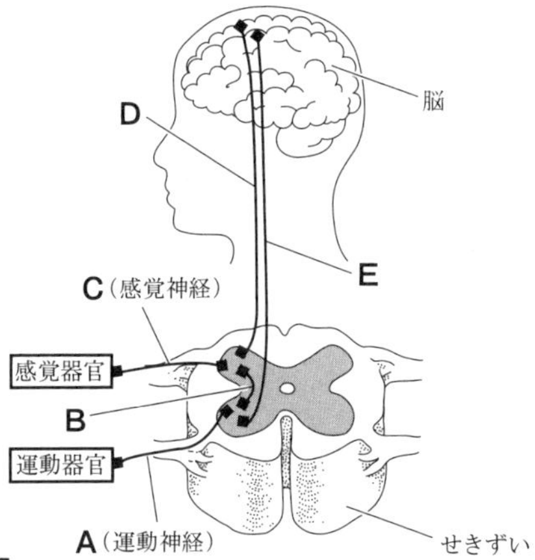

図

	思わず腕を曲げて手を引っ込める反応の経路	**手をにぎられてからにぎり返す反応の経路**
ア	C → B → A	C → D → E → A
イ	C → B → A	C → B → A
ウ	C → B → A	A → E → D → C
エ	C → D → E → A	C → D → E → A
オ	C → D → E → A	C → B → A
カ	C → D → E → A	A → E → D → C

(8) **図**は，ある時期の日本付近の天気図である。この時期の日本付近で見られる天気の説明として正しいものを，下の**ア**～**エ**の中から一つ選んで，その記号を書きなさい。

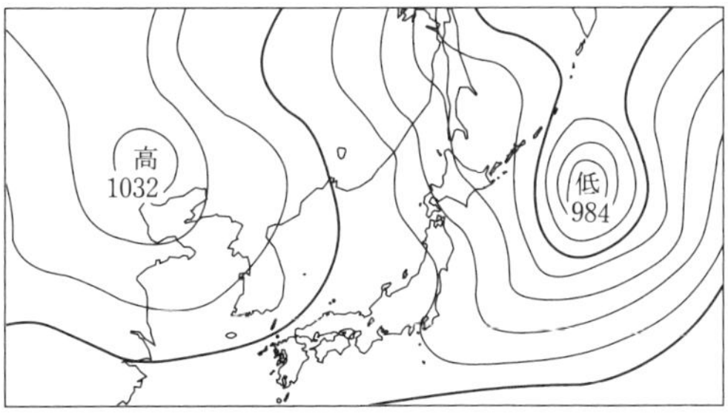

図

ア 小笠原《おがさわら》気団が発達し，同じ気圧配置が長い時間続き，晴天の日が続く。

イ シベリア気団が発達し，太平洋側では乾燥した晴天の日が続く。

ウ 大陸からの移動性高気圧と低気圧が交互に日本列島を通過し，周期的に天気が変わる。

エ オホーツク海気団と小笠原気団との間に前線ができやすく，天気が不安定である。

2

啓太さんと明子さんは，授業で電熱線の抵抗の大きさと水の温度変化の関係を調べるために実験を行い，ノートにまとめた。あとの**(1)**〜**(4)**の問いに答えなさい。

啓太さんの実験ノート

【手順】

❶ 発泡ポリスチレン製のコップに水 100 g を入れ，水の温度が室温と同じになるようにする。

❷ 抵抗が 4.0 Ω の電熱線 **X** を使って，**図 1** のような装置をつくる。

❸ 電源装置の電圧を 6.0 V にして，スイッチを入れる。

❹ ガラス棒で水をゆっくりとかき混ぜながら，１分ごとに水の温度を５分間はかる。

❺ 電熱線を，抵抗が 6.0 Ω の電熱線 **Y** にかえて，❶〜❹を同様に行う。

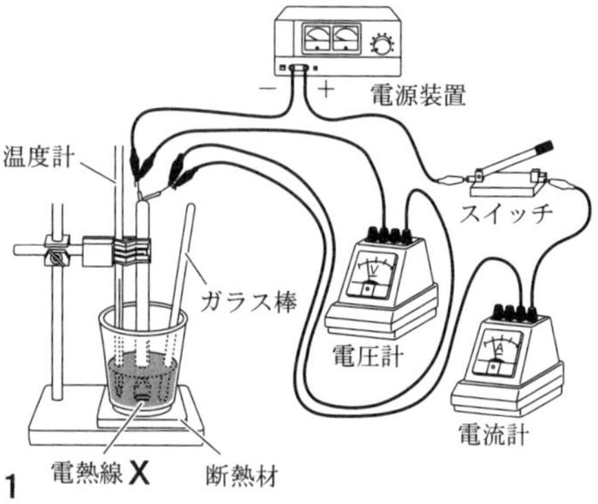

図 1

【結果】

表

電流を流した時間〔分〕		0	1	2	3	4	5
水の温度〔℃〕	電熱線 **X**	20.0	21.2	22.4	23.6	24.8	26.0
	電熱線 **Y**	20.0	20.8	21.6	22.4	23.2	24.0

(1) 電熱線 **X** を使った回路に 6.0 V の電圧を加えたとき，流れる電流は何 A か，求めなさい。

(2) **手順**の❺で，電熱線 **X** から電熱線 **Y** にかえたとき，電流計と電圧計の示す値について述べた文として正しいものを，次の**ア**〜**エ**の中から一つ選んで，その記号を書きなさい。

ア 電流計の示す値は大きくなり，電圧計の示す値は変わらない。

イ 電流計の示す値は変わらず，電圧計の示す値は大きくなる。

ウ 電流計の示す値は変わらず，電圧計の示す値は小さくなる。

エ 電流計の示す値は小さくなり，電圧計の示す値は変わらない。

(3) **結果**の**表**から，電熱線 **X** について，電流を流す時間と水の温度の変化量との関係を表すグラフをかきなさい。ただし，定規を使用してもかまわない。

(4) 啓太さんと明子さんが，実験を振り返って話している。次の会話を読んで，下の①，②の問いに答えなさい。

> 啓太：この実験の結果から，抵抗値が小さい電熱線**X**の方が，抵抗値が大きい電熱線**Y**よりも発熱量が大きいことがわかりました。しかし，家に**図2**のような電気ストーブがあるのですが，２本の電熱線を使うときの方が，１本で使ったときよりも温かいです。２本で使う方が電熱線を多く使うので，抵抗値は大きくなるのではないでしょうか。
>
> 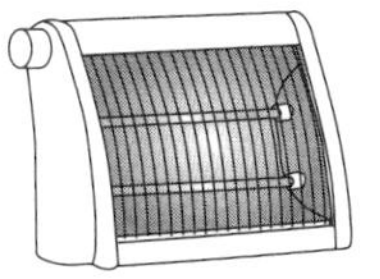
>
> **図2**
>
> 明子：それは，電熱線のつなぎ方が関係しているかもしれません。つなぎ方が直列か並列かで，同じ電圧を加えても回路全体に流れる電流の大きさや，回路全体の抵抗の大きさが違うことを学びましたね。
>
> 啓太：そうでしたね。
>
> 明子：例をあげて考えてみたいと思います。実験で使った，抵抗が4.0Ωの電熱線**X**を，２本つなぐことを考えます。**図3**は電熱線を直列に，**図4**は並列につないでいます。どちらの回路にも6.0Vの電圧を加えると，回路全体に流れる電流の大きさと，回路全体の抵抗の大きさはどうなるでしょうか。
>
> 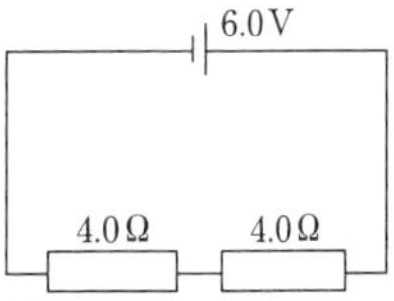
>
>
> **図3**
>
> 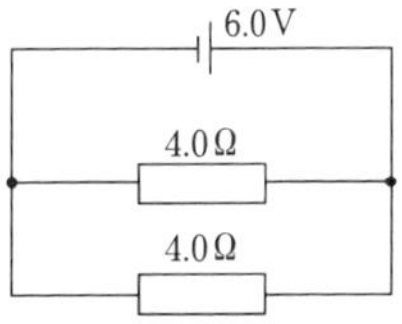
>
>
> **図4**
>
> 啓太：**図3**の回路では，回路全体に流れる電流の大きさは［**あ**］Aで，回路全体の抵抗の大きさは［**い**］Ωです。**図4**の回路では，回路全体に流れる電流の大きさは［**う**］Aで，回路全体の抵抗の大きさは［**え**］Ωですね。
>
> 明子：そうですね。加える電圧が同じとき，抵抗器を直列につなぐよりも並列につないだ方が，回路全体の抵抗の大きさは小さくなり，回路全体に流れる電流の大きさは大きくなるのですね。

① 文中の［**あ**］～［**え**］に当てはまる数値をそれぞれ書きなさい。

② 啓太さんが家で使っている電気ストーブで，100Vの電圧で２本の電熱線を使用したときの消費電力は800Wである。この電気ストーブを，800Wで２時間使用したときの電力量は何kWhか，求めなさい。

3 次は，明子さんが遺伝について関心を持ち，メンデルが行った実験と遺伝の規則性について調べ，まとめたノートの一部である。あとの(1)〜(5)の問いに答えなさい。

明子さんのノートの一部

≪メンデルが行った実験≫

❶ **図1**のように，丸い種子をつくる純系のエンドウのめしべに，しわのある種子をつくる純系のエンドウの花粉をつけて他家受粉させたところ，子にあたる種子は全て丸い種子だった。

❷ ❶で得られた子にあたる丸い種子をまいて育て，自家受粉をさせると，丸い種子としわのある種子がそれぞれ5474個と1850個得られ，その割合はおよそ3：1となった。

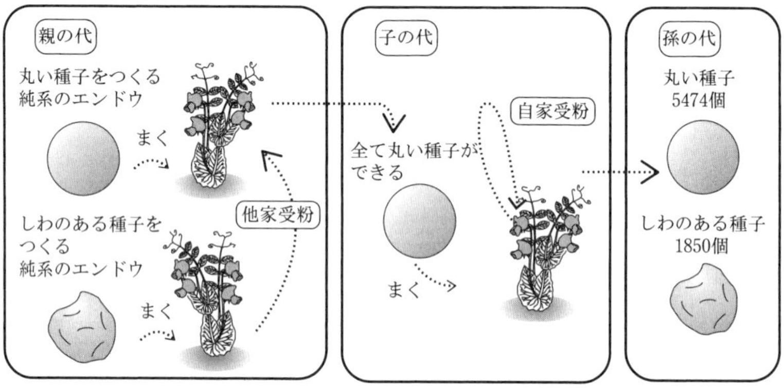

図1

≪遺伝の規則性≫

メンデルが行った実験の結果を遺伝子の伝わり方で考えると，次のように表すことができる。丸い種子をつくる遺伝子を**A**，しわのある種子をつくる遺伝子を**a**とすると，**実験**の❶と❷は，**図2**，**図3**のようになる。

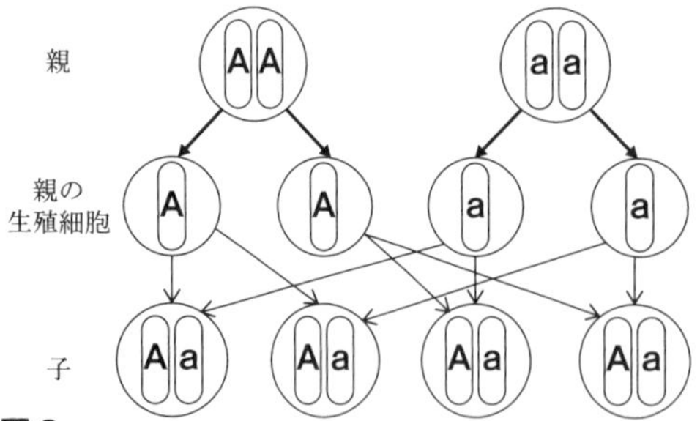

図2

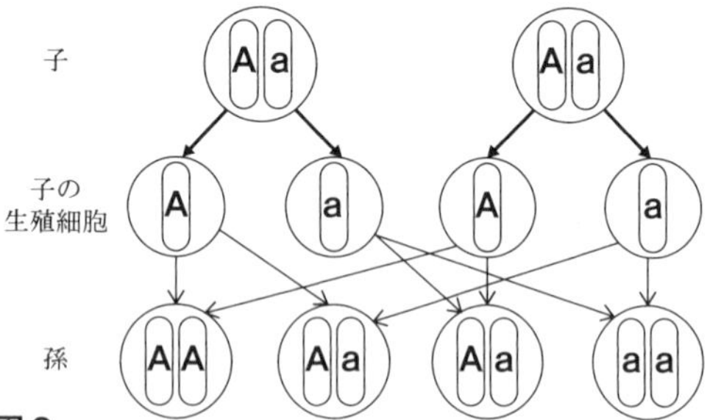

図3

(1) **メンデルが行った実験**の❶について，対立形質をもつ純系の親どうしをかけ合わせたときに，子に現れる形質を何というか，書きなさい。

(2) **遺伝の規則性**の**図2**，**図3**について，生殖細胞がつくられるときの細胞分裂を何というか，書きなさい。

(3) 明子さんと啓太さんが，**図2**，**図3**の子と孫の遺伝子の組み合わせについて話している。会話文中の［**あ**］，［**い**］に当てはまる数値を，それぞれ書きなさい。

明子：**図2**を見ると，子の遺伝子の組み合わせは，すべて**Aa**になっているね。

啓太：そうだね。でも，**図3**の孫の代になると，孫全体に対する**Aa**の割合は［**あ**］%になっているよ。

明子：それでは，孫の代をすべて育てて自家受粉させたら，孫の次の代，つまりひ孫の代では，ひ孫全体に対する**Aa**の割合はどうなるのだろう。

啓太：孫の代で得られた種子の遺伝子の組み合わせには，**図3**のように，**AA**，**Aa**，**aa**があり，それぞれを育てて自家受粉させることになるね。そうすると，**図4**のようになるよ。

明子：**図3**の孫の代では，**Aa**の種子は，**AA**の種子や**aa**の種子の2倍あるから，ひ孫の代の種子全体に対する**Aa**の種子の割合は，［**い**］%になるね。

啓太：このように自家受粉をくり返していくと，**Aa**の種子の割合が変化していくことがわかるね。

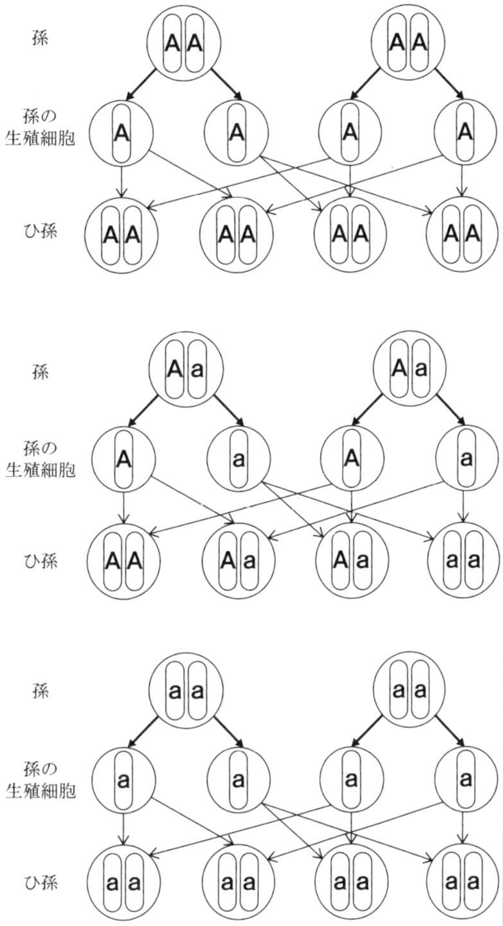

図4

(4) 孫の代にあたる種子のうち，丸い種子だけをすべて育てて自家受粉させたとき，得られる丸い種子としわのある種子の数の比として正しいものを，次の**ア**～**エ**の中から一つ選んで，その記号を書きなさい。

ア　3：1　　**イ**　5：1　　**ウ**　5：3　　**エ**　7：1

(5) 農業の分野では，エンドウのような有性生殖を用いた栽培ではなく，無性生殖を用いた栽培を行うことがある。その理由を「**形質**」という語を用いて説明しなさい。

4 啓太さんは，ある地域で起きた地震について調べ，ノートにまとめた。インターネットを用いてデータを集めると，この地震は内陸で起き，震源が浅いことがわかった。また，震源からの距離が異なる観測地点**A**～**E**の５地点の観測データを得ることができた。あとの**(1)**～**(4)**の問いに答えなさい。ただし，この地域の地盤の構造は一定であり，地震のゆれが伝わる速さは一定であるものとする。

啓太さんのノートの一部

・**図**は，地点**A**における地震計の記録である。その記録には，Ｐ波によるゆれ**X**と，Ｓ波によるゆれ**Y**の２種類のゆれが記録されている。

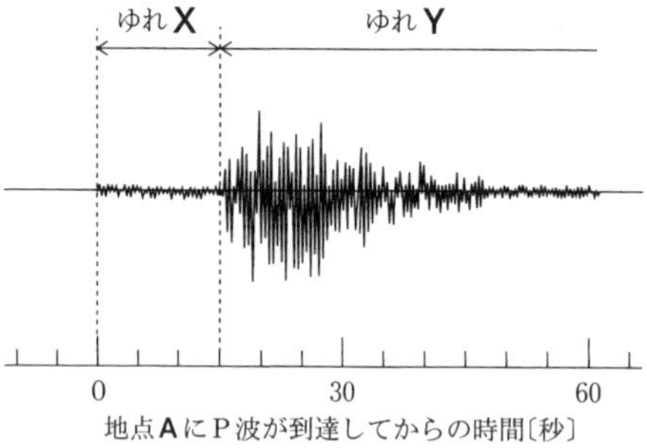

図

・**表**は，地点**B**～**E**の地震計の記録から，Ｐ波とＳ波が届いた時刻を読みとり，それぞれの地点の震源からの距離を調べた結果をまとめたものである。

表

	震源からの距離	Ｐ波が届いた時刻	Ｓ波が届いた時刻
地点**B**	24 km	14 時 15 分 53 秒	14 時 15 分 56 秒
地点**C**	64 km	14 時 15 分 58 秒	14 時 16 分 06 秒
地点**D**	88 km	14 時 16 分 01 秒	14 時 16 分 12 秒
地点**E**	128 km	14 時 16 分 06 秒	14 時 16 分 22 秒

(1) 次の文中の **あ** に当てはまる語を書きなさい。また，**い** に当てはまる数値を書きなさい。

> Ｐ波が届いてからＳ波が届くまでの時間を **あ** といい，**図**に示した観測地点**A**での **あ** は，**い** 秒間である。

(2) この地震において，Ｓ波の速さは何 km/s か，求めなさい。

(3) **図**の地点**A**と**表**の地点**D**を比較したとき，どちらの方が震源から遠いと判断できるか，地点とその理由をそれぞれ書きなさい。

(4) 地震の規模についての説明として正しいものを，次の**ア**～**エ**の中から一つ選んで，その記号を書きなさい。

ア 震度で表され，ふつう，観測地点が震源に近いほど値が大きくなる。

イ 震度で表され，値が大きいほど地震のエネルギーは大きい。

ウ マグニチュードで表され，ふつう，観測地点が震源に近いほど値が大きくなる。

エ マグニチュードで表され，値が大きいほど地震のエネルギーは大きい。

5　明子さんは，水溶液の酸性・中性・アルカリ性の性質を調べるために実験を行い，ノートにまとめた。あとの(1)～(5)の問いに答えなさい。

明子さんの実験ノート

≪実験１≫

【手順】

❶　アンモニア水，食塩水，砂糖水，石灰水，酢，せっけん水を用意した。

❷　**図１**のように，赤と青のリトマス紙を用意し，❶の水溶液をそれぞれガラス棒でつけて，リトマス紙の色の変化を観察した。

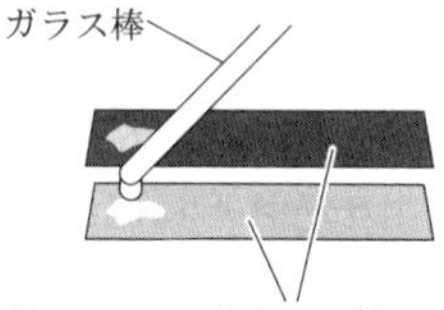

図１

❸　**図２**のように，マイクロプレートにそれぞれの水溶液を入れた。

❹　❸に緑色のBTB液を加えて，色の変化を観察した。

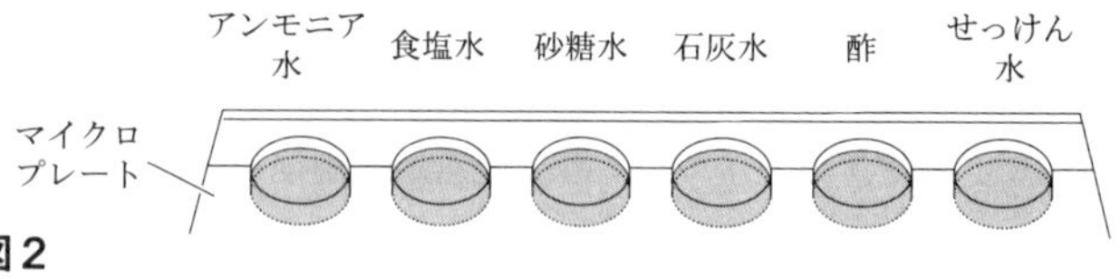

図２

【結果】

❶　**手順**の❷におけるリトマス紙の変化を，**表１**にまとめた。

❷　**手順**の❹において，緑色のBTB液を加えると，いくつかのプレートで色の変化があった。

表１

	アンモニア水	食塩水	砂糖水	石灰水	酢	せっけん水
リトマス紙の変化	赤色 → 青色	変化なし	変化なし	赤色 → 青色	青色 → 赤色	赤色 → 青色

≪実験２≫

【手順】

❶　うすい塩酸とうすい水酸化ナトリウム水溶液を用意し，**表２**のような体積の組み合わせで混ぜ合わせて，水溶液**A**～**F**をつくった。

表２

水溶液	**A**	**B**	**C**	**D**	**E**	**F**
うすい塩酸の体積〔cm^3〕	3	6	9	12	15	18
うすい水酸化ナトリウム水溶液の体積〔cm^3〕	0	3	6	12	5	9

❷　スライドガラスの上に，食塩水をしみ込ませたろ紙をのせ，その上に青色リトマス紙と赤色リトマス紙をならべ，その中央に水溶液**A**をしみ込ませた糸をのせた。それらの両端を**図３**

のように，クリップではさみ，電源装置につないだ。

❸ 10 V の電圧を加え，リトマス紙の色の変化を観察した。

❹ 水溶液**B**～**F**についても，糸とろ紙とリトマス紙を新しいものに変えて，❸と同じようにリトマス紙の色の変化を観察した。

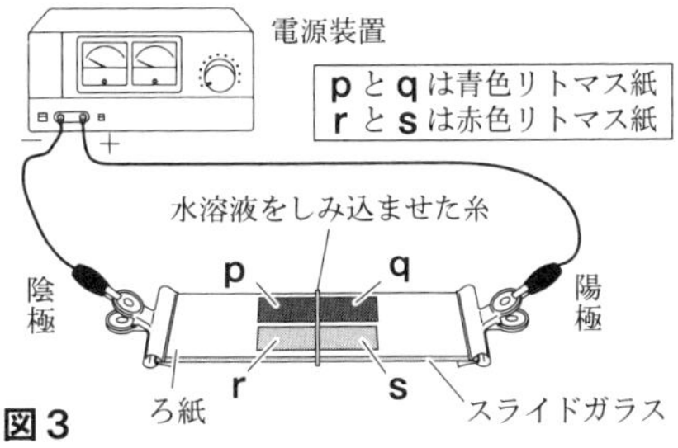

図3

【結果】

❶ 水溶液**A**をしみ込ませたときは，**p**～**s**のいずれかの部分で色の変化が見られた。

❷ 水溶液**B**をしみ込ませたときは，赤色と青色のリトマス紙に色の変化は見られなかった。

❸ 水溶液**C**～**F**の水溶液をしみ込ませたときは，いくつかのリトマス紙で色の変化が見られた。

⑴ **実験1**の**結果**から，アルカリ性の水溶液を次の**ア**～**カ**の中から**すべて**選んで，その記号を書きなさい。

ア アンモニア水　**イ** 食塩水　**ウ** 砂糖水

エ 石灰水　**オ** 酢　**カ** せっけん水

⑵ **実験1**の**手順**の❹で，水溶液に緑色のＢＴＢ液を加えたときの色の変化について説明しているものとして正しいものを，次の**ア**～**エ**の中から一つ選んで，その記号を書きなさい。

ア アンモニア水に緑色の BTB 液を加えると黄色になった。

イ せっけん水に緑色の BTB 液に加えると青色になった。

ウ 食塩水に緑色の BTB 液を加えると黄色になった。

エ 酢に緑色の BTB 液を加えると青色になった。

⑶ **実験2**の**結果**の❶で，**p**～**s**のうち，色の変化が広がるようすが見られた部分として正しいものを，一つ選んで，その記号を書きなさい。

⑷ **実験2**の**結果**の❷で，水溶液**B**の性質として正しいものを，次の**ア**～**ウ**の中から一つ選んで，その記号を書きなさい。

ア 酸性　**イ** 中性　**ウ** アルカリ性

⑸ **実験2**の水溶液**A**～**F**に，マグネシウムリボンを入れて反応のようすを観察したとき，気体が発生する水溶液を**A**～**F**の中から**すべて**選んで，その記号を書きなさい。また，発生する気体は何か，化学式を書きなさい。

6 啓太さんと明子さんは，エネルギーについて学んだことを思い出しながら話している。次の会話を読んで，あとの(1)～(4)の問いに答えなさい。

啓太：今日は，体育の授業ですっかりエネルギーを使ってしまったよ。
明子：エネルギーといえば，理科の授業では，仕事をする能力のことをエネルギーというのだと学んだね。
啓太：エネルギーには，力学的エネルギーや光エネルギーなど，いろいろな種類があったね。また，それぞれのエネルギーのはたらくようすは違って見えるけれど，電熱線に電流を流すと熱が発生するように，エネルギーは互いに移り変わるということもあるよね。
明子：そうだね。これらのエネルギーの大きさは，すべてジュール(J)という単位で表すことができるね。
啓太：こうして考えてみると，この世界はエネルギーの移り変わりの中で成り立っているということができるね。たとえば，わたしたちは，食べ物からエネルギーを体にとり込んで，生命を維持するエネルギーに変換しているね。
明子：では，これらのようなエネルギーの移り変わりについて，調べてみよう。

(1) 啓太さんは，力学的エネルギーについて調べるために，**図1**のような装置でふりこの実験を行った。点**P**で質量100 gのおもりを支えていた手をそっと放したところ，おもりは点**Q**，点**R**を通過して，点**S**に達した。点**Q**，**R**，**S**のうち，おもりのもつ**運動エネルギーが最も大きい位置**と，**位置エネルギーが最も大きい位置**の組み合わせとして正しいものを，次の**ア**～**カ**の中から一つ選んで，その記号を書きなさい。

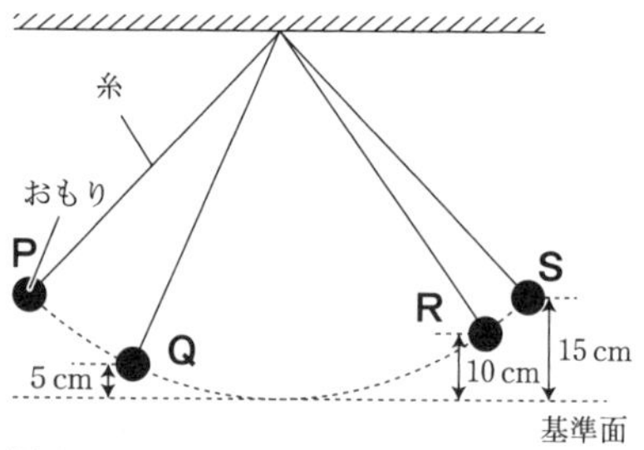

図1

	運動エネルギーが最も大きい位置	位置エネルギーが最も大きい位置
ア	Q	R
イ	Q	S
ウ	R	Q
エ	R	S
オ	S	Q
カ	S	R

(2) 明子さんは，火起こし器について調べ，エネルギーの移り変わりをまとめた。次の文中の［あ］，［い］に当てはまる語を，下の**ア**～**エ**の中からそれぞれ一つずつ選んで，その記号を書きなさい。

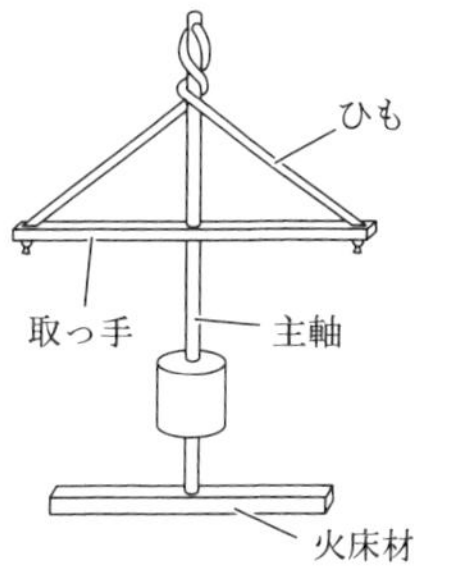

図2

> 火起こし器は，**図2**のように組み立て，取っ手の部分を上下させることで，［あ］がやがて［い］に移り変わることで，着火する。

ア　電気エネルギー　　**イ**　熱エネルギー　　**ウ**　弾性エネルギー　　**エ**　運動エネルギー

(3) 啓太さんは，**図3**のように，化学エネルギーを電気エネルギーに変換する装置について調べた。この装置では，水溶液と金属板の化学反応により，電子の授受が行われることで電流が流れ，電気エネルギーに変換されることがわかった。このような，**化学エネルギーを電気エネルギーに変換する装置の名称**と，**図3**の装置で**電子を受け取った側の金属板**の組み合わせとして正しいものを，次の**ア**～**エ**の中から一つ選んで，その記号を書きなさい。

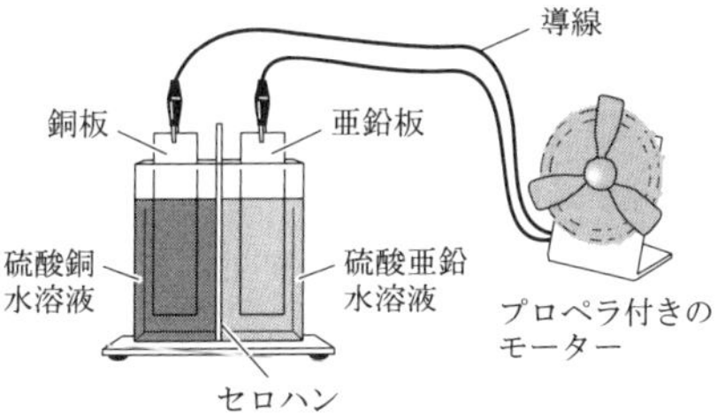

図3

	化学エネルギーを電気エネルギーに変換する装置の名称	**電子を受け取った側の金属板**
ア	電池	亜鉛板
イ	電池	銅板
ウ	電気分解装置	亜鉛板
エ	電気分解装置	銅板

(4) 明子さんは，植物の光合成で行われるおもなエネルギーの変換について調べた。**図4**は，光合成によって葉緑体で起こる物質の変化を模式的に表したものである。［う］，［え］に**当てはまる物質**と，**光合成によって起こるエネルギーの移り変わり**の組み合わせとして正しいものを，次の**ア**～**エ**の中から一つ選んで，その記号を書きなさい。

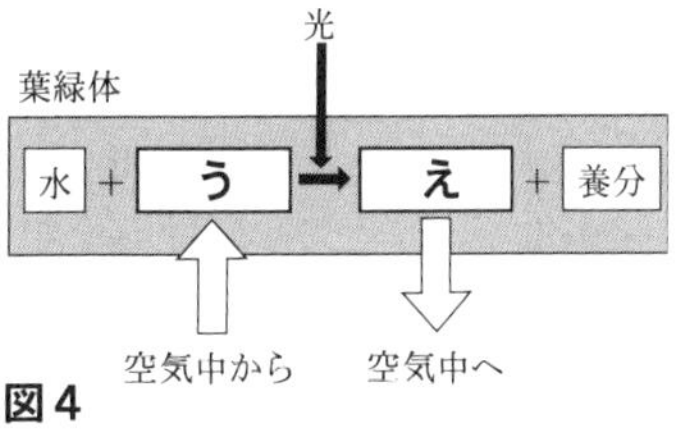

図4

	［う］に当てはまる物質	**［え］に当てはまる物質**	**光合成によって起こるエネルギーの移り変わり**
ア	二酸化炭素	酸素	光エネルギー→化学エネルギー
イ	二酸化炭素	酸素	化学エネルギー→光エネルギー
ウ	酸素	二酸化炭素	光エネルギー→化学エネルギー
エ	酸素	二酸化炭素	化学エネルギー→光エネルギー

【Ⅱ】グループでの話し合い

（夏子）　この古典の文章を読んで、「恩」というテーマで話し合います。皆さんの考えを発表してください。

（秋男）　幼児と親の関係、動物と飼い主の関係が書かれていますね。親や飼い主の立場では、最初から自分たちの関係をわかっていますが、幼児や動物の立場ではそうではありません。それでも、親や飼い主が相手を思って接すればその思いは伝わるということですね。

（冬美）　これはペットを飼っている人ならよくわかるのではないでしょうか。私は猫を飼っていますが、知人から譲り受けた当初は全然なつかず、うなられてばかりでした。でも毎日愛情をもって接していたらその気持ちが伝わったのか、今では座っている私の足の上で寝るようにまでなりました。どこかで恩を感じているのかもしれません。

（春一）　愛情をもって接することによってよい関係が築けますよね。古典の文章では、さらに後半で、そのあとどうなるかということまで伝わる具体例となる話が示されていますよ。

（秋絵）　相手を思って接した結果として、「□」を得たということですね。これは思わぬ結果ですよね。武帝はこんなことが起こると思ってはいなかったはずです。

（太郎）　そうですね。前半に書かれている文章でも、もちろん愛情を注がれた相手は恩を感じているかもしれませんが、注ぐほうは見返りを求めているわけではありません。

（春香）　親が子どもからの見返りを求めて愛情を注ぐなんてウもってのほかだと思います。ただ、どのような形であれ、子どものほうは自然と恩を返したいと思うのではないでしょうか。

（次郎）　親子だけではなく、部活動やクラス内などでも恩を受ける場面はありますよね。そうすると相手との関係性はよくなるし、やはり自然とその恩は返したくなると思います。

（中略……この後も話し合いは続いた。）

（夏子）　いろいろな意見が出ましたね。では、話し合いで出た意見を参考にして、古典の文章に関する考えを書いてみましょう。

(五)　あなたもこのグループの一員として、「恩」について考えをまとめることになりました。【Ⅰ】と【Ⅱ】の内容を参考にして、あなたの考えをまとめなさい。

ただし、以下の条件に従うこと。

1　百六十字以上、二百字以内で書くこと。（句読点を含む。）

2　二段落構成とし、第一段落には、「恩」に関する具体的な体験を書くこと。第二段落には、第一段落の内容をふまえて、「恩」についてのあなたの考えを書くこと。

3　題名と氏名は書かないこと。

4　正しい原稿用紙の使い方をすること。

5　｛や━の記号（符号）を用いた訂正はしないこと。

6　文体は、常体「だ・である」で書くこと。

四、国語の授業で、次の古典の文章を読んで話し合い、自分の考えを書くことになりました。次の【Ⅰ】と【Ⅱ】について、下の㈠～㈤の問いに答えなさい。

【Ⅰ】古典の文章

みどり子は、親といふゆゑを知らねども（幼い子は、親ということを知らないけれど）、情をむつましくしてしたがふ（優しく愛情を注ぐことでついてくるものだ）。六畜《ろくちく》※1は主《ぬし》といふことをアわきまへねども、あはれみを知りてむつる（優しさを感じ取って慣れ親しんでくるものだ）。いはむや、心ある人倫《じんりん》をや（ましてや、心ある人間は言うまでもない）。禽虫《きんちゅう》※2のたぐひ、恩を知れるためし、これ多し（恩を知る例は、多い）。漢武帝《かんぶてい》※3、昆明池《こんめいち》※4にあそび給《たま》ふに（遊覧なさっているときに）、一つの鯉《こひ》の鉤《こう》を含みて、死なむとするあり（釣り針をのみ込んで、死にそうにしているのがいた）。帝《みかど》、これを見て、人をして（人をつかって）ときはなち給へり。その夜、帝の夢中に鯉来《きた》りて、悦《よろこ》びけり（感謝した）。次の日、池に行幸《みゆき》し給ひけるに（お出かけになられた時）、昨日の鯉の、明月《めいげつ》※5の珠《たま》を含みて（口にくわえて）、池の辺《へ》に置きて去りぬ。そののち、イかの池の釣漁《てうぎよ》をとどめられけり（この池で魚を釣ることをおやめになったという）。

（「十訓抄」による。）

※1　六畜＝馬・牛・羊・猪・犬・鶏という六種の家畜のこと。
※2　禽虫＝この場合は、動物の総称。
※3　漢武帝＝中国、前漢第七代の皇帝。
※4　昆明池＝武帝が昆明にある池に似せて、長安城の西に掘らせた池。
※5　明月の珠＝暗闇でも自ら光って照らす明月のような宝玉のこと。

㈠　アわきまへね　の読み方を現代仮名遣いに直して、全て平仮名で書きなさい。

㈡　イかの池の釣漁をとどめられけり　とあるが、武帝がそうした理由として、最も適切なものを、次の**1**～**4**の中から選んで、その番号を書きなさい。

1　鯉を逃がしたら、池から魚がいなくなったから。
2　自分の釣った鯉が、夢に出てくると知ったから。
3　夢に出てきた鯉が、気持ちを行動で表したから。
4　鯉を釣ることに夢中で、出かけなくなったから。

㈢　【Ⅱ】の文章中の［　］に入る最も適切な言葉を、【Ⅰ】の文章中から四字で抜き出して書きなさい。

㈣　ウもってのほか　とあるが、この意味を持つ四字熟語を、次の**1**～**4**の中から選んで、その番号を書きなさい。

1　異口同音　　**2**　因果応報
3　針小棒大　　**4**　言語道断

語として大切に扱われているのです。「受験」や「受験生」も春の季語です。

僕も、教壇に立って三十年になりますが、毎年毎年、「入学試験」の問題を作ったり、試験監督をしたりなどして、今日に至りました。

「入学試験」は、教師も大変な緊張を強いられますが、皆さんにおいても、「青春時代」の中で一番緊張し、一番真剣になる瞬間といえば、もしかしたら「入学試験」であるかもしれませんね。

（復本一郎「青春俳句をよむ」による。）

※1　山口誓子＝京都府出身の俳人。
※2　真摯＝真面目でひたむきな様子。
※3　措辞＝文字の用法や辞句の配置のしかた。
※4　あだやおろそかにはできない＝いいかげんにはできない。

【感想の交流の一部】

（春江）　この俳句は先生の目線で作られたものですね。先生がどのような目で答案を見ているかを考えたことはありませんでした。生徒としては、答案という言葉を見ただけで少しドキッとしてしまいます。あまり心が弾むような言葉ではないですよね。

（冬樹）　筆者は、答案は生徒の［B］だと述べています。だからこそ、この俳句の作者も「対決す」という言葉を使って、真剣勝負をしている感覚を表現したのですね。

（夏美）　その結果によって生徒の成績が決まるわけですし、段階によっては人生を左右することにもなりますよね。そう考えると一枚もいいかげんに扱うわけにはいきませんね。

（千秋）　筆者は、［C］ときに教師としての幸せを感じているのだと書いていますね。教える立場としては、教えたことがきちんと伝わったという達成感のようなものがあるのかもしれません。私たちも先生のこういう思いを念頭に置いて、解答用紙を埋めていきたいですね。

㈣　上の文章の説明として、最も適切なものを、次の1～4の中から選んで、その番号を書きなさい。

1　鑑賞文の筆者は、俳句の作者に対して感じる愛や憎しみが伝わるように解説している。
2　鑑賞文の筆者は、俳句の作者の力を試験する思いで、句の内容を細かく解説している。
3　鑑賞文の筆者は、俳句の作者の独特な句の作り方について批判的な目で解説している。
4　鑑賞文の筆者は、俳句の作者と同じ仕事をする者の目線で、その思いを解説している。

㈤　【感想の交流の一部】の［B］に入る最も適切な言葉を、上の文章中から五字で抜き出して書きなさい。

㈥　【感想の交流の一部】の［C］に入る最も適切な内容を、上の文章中の言葉を使って、十字以上、十五字以内で書きなさい。（句読点を含む。）

三

次の文章と【感想の交流の一部】を読んで、下の(一)～(六)の問いに答えなさい。

寒気澄む或《あ》る答案と対決す

堀井春一郎《ほりいしゅんいちろう》

堀井春一郎は、※1山口誓子《やまぐちせいし》門の俳人です。三重県の尾鷲《おわせ》高等学校の先生をしていました。その体験をもとにして、句集『教師』をまとめています。

俳人仲間で、慶応義塾大学の先輩楠本憲吉《くすもとけんきち》は、春一郎の俳句に対して、「堀井は教師たることによって傷つき、傷つくことによってその仕事を愛し、且《か》つ憎み、その愛憎のすべてを俳句に託して自己を形成して来たと言ってもよいだらう」とのア評言を残しています。教師としても、俳人としても、※2真摯さを貫いたということでありましょう。

右の句にも、イそんな春一郎の真摯さがうかがえます。

季語は「寒気」で、季節は冬です。

「寒気澄む」は、ぴーんと張り詰めたような寒さの中にいる心地よさを表現したものでありましょう。

何枚もの答案に目を通していき、「或る答案」に行き当《あた》ったのでありましょう。素晴らしい答案だったのだと思います。「対決す」の※3措辞に、それがうかがえます。「対決」を強いられるような答案です。教師は、その答案と真剣勝負をすることになります。時に、こんな答案に出くわすと、つくづくと教師冥利《みょうり》に浸ることができます。

皆さんの日頃の精進ぶりの成果を確認するものが「試験」。その「試験」の結果としての答案。ですから、答案とは、皆さんの努力の結晶なのです。教師とて、※4あだやおろそかにはできないのです。「寒気澄む」の措辞に、教師としての春一郎の［A］がうかがえます。

「切れ」は〈寒気澄む／或る答案と対決す〉です。

皆さんにとっての最大の「試験」が「入学試験」ですね。「入学試験」は、俳句においても春の季

(一) 上の文章中で行書で書かれたア評の漢字を楷書で書くときの総画数と同じ総画数である漢字を、次の1～4の中から選んで、その番号を書きなさい。

1 郷　2 運　3 園　4 率

(二) イそんな春一郎の真摯さがうかがえますの文節の数を書きなさい。

(三) 上の文章中の［A］に入る言葉として最も適切なものを、次の1～4の中から選んで、その番号を書きなさい。

1 後悔　2 怒り
3 喜び　4 困惑

歴史学の場合もそうです。さっき言った「客観性」の問題です。たとえば真珠湾攻撃だって、攻撃した日本の側と攻撃されたアメリカ市民の側では全然ちがうことを考えます。

史実、歴史の事実、このかたち《ペットボトル》があったとして、史実《ペットボトル》はひとつなんだけど、見る視点や見る人による解釈は人それぞれです。これは非常にむずかしい問題をわれわれに投げかけています。プロの歴史家にとってもむずかしいものです。

しばしば起きるのが日本と韓国のあいだの歴史認識の問題、摩擦、※2軋轢《あつれき》ですね。これは植民地にしたほう（日本）と、されたほう（韓国）ですから、もう、なにを言っても平行線になりやすく、どっちの視点から見るかでまるでちがってきます。

日本国内には、こう言う人もいます。

「植民地支配がよくなかったと言うが、まだ(2)後れていた朝鮮半島に農業用の用水路やダムをつくったり、お米が穫《と》れるようにして近代化のためにいろいろやってあげた側面もあるではないか」

それを聞いた韓国の側が反論します。

「でも、日本国内でお米が足りないときは、そうやって増産したお米を日本に輸出したじゃないか。朝鮮人には(3)雑穀を食べさせた」

アさあ、どちらが正しい……ではないでしょう。

問題なのは、史実はひとつですが、どこを見るかで、ずいぶん違った話になります。

ここに重要な点があります。

自分に都合のいい史実だけを見ようとすると、見えるものが、とても少なくなってしまう点です。双方の利害、複数の視点で物事は見なくてはなりません。勉強でも学問でもここが急所です。そしてここから先がほんとうに大事です。自分にとって有利な情報も、有利でない情報も、両方しっかり見なくてはいけません。

ペットボトルでいうと、上からも見るし、横からも見るし、下からも見る行動が非常に重要です。これは、日韓関係のような国民国家間の問題にかぎりません。日本国内でも歴史観の地域対立はあります。たとえば、薩摩《さつま》や長州の人たちが語る幕末維新の歴史と、攻められて「賊軍」呼ばわりされた会津や東北の人たちから見た明治維新の歴史では、全然ちがうものになりがちです。

イ歴史とは、けっきょく、他者理解です。なるべく自分から離れて異時空を生きた人びとの了見をも理解しようとしたほうが、情報が多くなり、客観性が増し、歴史認識が深まります。

（磯田道史「歴史とは靴である」による。）

※1　弁証法＝この場合はヘーゲルの弁証法。主張されたある事柄（テーゼ）と、それに対立あるいは矛盾したりする事柄（アンチテーゼ）とを総合統一し、さらに高度で新しい論理（ジンテーゼ）に発展させていく思考方法。

※2　軋轢＝争い合って、互いの関係がうまくいかないこと。

(四)　イ歴史とは、けっきょく、他者理解ですとあるが、筆者が「他者理解」のために必要だと考えていることを、四十五字以上、五十字以内で説明しなさい。（句読点を含む。）

ただし、「**利害**」「**視点**」「**有利**」の三つの言葉を用いて書くこと。

(五)　国語の授業で上の文章を読み、印象に残った内容をまとめることになった。次は、ある生徒の【ノートの一部】である。□に入る言葉として最も適切なものを、上の文章中から二字で抜き出して書きなさい。

【ノートの一部】

「**弁証法**」

〔仮説A〕
←
〔**仮説**〕**と異なる事態に遭遇**
←
〔仮説B〕

◎《〔**仮説**〕**との**□**を認識することで次の段階に進める**》

二

次の文章を読んで、下の㈠～㈤の問いに答えなさい。

歴史には「客観性」の問題があって人によって同じものを見ても見かたにちがいが生じます。非常にむずかしい面があります。

たとえばここにペットボトルがあります。みなさんから見ると完全にペットボトルですが、こっち側（底のほう）からしか見てなかったら、ただの○《マル》にしか見えません。物事は全部そうです。情報が少ない段階では、あるいは見ようとしない人にとっては、はじめはなんだかわからない。ペットボトルだって、四方八方からながめれば、これは〝お～いお茶〟のボトルだとわかります。メーカーは伊《い》藤園《とうえん》だなと（笑）。[A]いろんな視点からみれば、理解がだんだん深まっていきます。

またまた犬の話になりますが、たとえば、ぼくが友だちの家へ行って、番犬をしている犬にワオオオ！（犬の鳴き声を真似《まね》る）――と吠《ほ》えられたとします。このとき、

――犬は人に吠えるものである。

という、ひとつの教訓、つまりは仮説（テーゼ）ができます。

[B]、友だちが玄関から出てきて、

「メッ、メッ！　この人、友だち」

と叱ったらキューンとおとなしくなったら、どうでしょう。

あら？　犬は人に必ずしも吠えるわけではない。そういう先ほどとは矛盾した情報を得た場合、次の仮説が成り立ちます。

――犬は、自分が主人だと思っている存在に危害を加えそうな者に吠える。

要するに情報が増えてくるにつれて、前とちがう、矛盾する状況が生じます。この矛盾が大事です。

ぼくには吠えた

←

主人が出てきて「この人は大丈夫なんだよ」と叱る

←

吠えなくなった

という一連の事態のなかに、前と矛盾した状況があるから次の段階に進めるわけです。これがいわゆる※1「弁証法」なんです。

自分の思いこみではなくて、自分が前に思っていたのと全然ちがう情報を大事にするというのが、じつは世のなかを生きていくうえで(1)肝心です。

㈠ 上の文章中の(1)～(3)の漢字の読みを平仮名で書きなさい。

㈡ 上の文章中の[A]・[B]に入る言葉の組み合わせとして、最も適切なものを、次の1～4の中から選んで、その番号を書きなさい。

1 A すなわち　B ところが
2 A あるいは　B なぜなら
3 A さらに　B あるいは
4 A ただし　B そのうえ

㈢ アさあ、どちらが正しい……ではないでしょう とあるが、この部分の説明として、最も適切なものを、次の1～4の中から選んで、その番号を書きなさい。

1 正しいほうは言うまでもなく明らかだということ。
2 正しいほうを客観的に判断はできないということ。
3 正しいほうは史実を見れば判断できるということ。
4 正しいほうを認識しないほうが幸せだということ。

続いて中指。
「三つ目」最後に薬指を立て、問答無用に言い(1)ハナつ。
「可愛《かわい》らしいもの！」
三本指を突きつけられて、イ智子と中園が揃《そろ》って腑抜《ふぬ》けた顔になる。気持ちは分かるが、美由起は正気だ。
「可愛い？」と呟《つぶや》いてから、智子が額を押さえて首を振る。
「言っていることが、分からないわ」
「私ではなく、小五の娘の意見です。ラッピングタイプのオムライスは『可愛い』そうです」
「ああ、うん。俺、なんか分かるかも」
驚いたことに、小五女子の感性に寄り添ってきたのは中園だった。
「たしかに可愛いすよね。お腹《なか》のところがぽこんとして、そこにちょうど(2)モウフを掛けるみたいに赤いケチャップが載っかってて。絵心なくても黄色と赤のマジックさえあれば描けちゃう感じ、最高に可愛いっす」
しかも適当に話を合わせている様子ではない。奥二重の鋭い目で、真剣にオムライスの魅力を語っている。
中園ほどオムライスの「可愛さ」を理解できている気がしないが、美由起は「そうなのよ！」と尻馬に乗った。
「しかもラッピングオムライスって、素人が作ってもそんなに可愛くならないの」
「そうっすね。ころんとした形が作れない」
「だから家庭でも、カバータイプが主流になってるんだって」
「へぇ、時代だなぁ」
茶番はこのくらいで充分だ。美由起は表情をあらためて、智子に向き直る。
「ですから前場さん、ケチャップソースの、最高に美味しいラッピングオムライスを作ってくれませんか？」
智子の料理人としての腕と、できるかぎり美味しいものを提供したいという熱意は(3)カう。あとはこちらのコンセプトにうまくはまりさえすれば、反目せずにやっていけるのではないだろうか。そんな期待を込めて、返事を待った。
「どうして、私が」
「まさか、作れないわけじゃないでしょう？」
「いや、無理なんじゃないすか。ラッピングのほうが技術がいりますもん」
中園にまで煽《あお》られて、ウ智子は首まで赤くなった。折り返している厨房服《ちゅうぼうふく》の袖をさらにまくり上げ、卵を二つ片手に掴《つか》む。
「いい？ 今のうちに『すみませんでした』と謝る準備をしておきなさい！」
なんだか格好いい。智子はもう、プロの眼差しで卵をかき混ぜはじめている。
込み上げてくる笑いを噛み殺しながら、美由起はこの人のこと、そんなに嫌いじゃないかもしれないと思い直していた。

（坂井希久子「たそがれ大食堂」による。）

※1 ラッピングタイプ＝ライスを卵で包むタイプのオムライス。卵を全体にかけるのはカバータイプ。
※2 ノスタルジー＝遠い昔や過ぎ去った過去をなつかしむ気持ち。

---

4 美由起の言葉が思いもよらないもので、話の流れに合わない気がしたから。

(四) ウ智子は首まで赤くなったとあるが、智子が「首まで赤くなった」理由を、四十五字以上、五十字以内で書きなさい。（句読点を含む。）

(五) 国語の授業で上の文章を読み、気づいたことをまとめることになった。次は、ある生徒の【ノートの一部】である。□に入る言葉を、上の文章中から六字で抜き出して書きなさい。

【ノートの一部】

智子の気持ちや様子を**表情で表している**
・中園に凄まれて
⇒「唇を噛み、眉を寄せる」
・美由起の宣言を受けて
⇒「軽蔑の眼差し」
・料理をする際
⇒「□」

二〇二三年度 水戸啓明高等学校

【国 語】 （五〇分） 〈満点：一〇〇点〉

一

次の文章を読んで、下の(一)～(五)の問いに答えなさい。

瀬戸美由起《せとみゆき》は百貨店の食器・リビング部門で大失敗し、存続が危ぶまれている大食堂のマネージャーに異動になる。一か月が過ぎた頃、若社長の指示で、都内の有名店で修業した前場智子《ぜんばともこ》が料理長になり、改革を宣言する。まずオムライスからてこ入れすると言うので、美由起は娘の意見を聞きながらオムライスについて考えてみた。翌日、智子は自家製デミグラスソースを使って作ったものをみんなに食べさせ、今までの倍近くの値段にしようとする。副料理長の中園敦《なかぞのあつし》は猛反発した。

「そんなに好き勝手やりてぇんなら、自分で身銭切って店出せや！」

中園に凄《すご》まれて、智子がはじめて言葉に詰まった。そこにえぐられたくない傷でもあったのか、唇を噛《か》み、眉を寄せる。ほんの一瞬の表情だったが、中園を狼狽《うろた》えさせるには充分だった。

「えっと。マネージャー、なんか言って！」

苦しいときの、マネージャー頼み。中園こそ、今にも泣きだしそうな顔になっている。

美由起はすっかり空になった皿にスプーンを置き、口元を指で拭った。

「ごちそうさまです。本当に美味《おい》しかった」

「いや、完食してるじゃないっすか！」

智子の経歴は、伊達《だて》ではない。料理の腕はたしかだと、このひと皿でよく分かった。

それでもひと晩考えて、自分なりに軸を定めてきたのだ。ア なにを食べさせられても、ぶれるつもりはない。

「ですがお値段据え置き、※1ラッピングタイプのケチャップソース。うちのオムライスは、それでいきます」

もしも智子が本当に若社長から食堂の全権を預けられているのなら、刃向かわないのが利口なのかもしれない。食堂部門で再出発どころか、今度こそ降格処分になることもあり得る。

それでもこのひと月、美由起なりに大食堂のことを考えてきたのだ。黙って引き下がるわけにはいかない。大食堂の存続が危ぶまれているなら、なおのことだ。

「うちの売りはあくまでも、『昭和レトロ』ですから」

「あなたまだ、そんなことを」

自信満々に宣言した美由起に、智子が軽蔑の眼差《まなざ》しを向けてくる。いいかげんにしてちょうだいとその目が物語っている。

「分かります。前場さんは『古臭い』のが嫌なんでしょ。ですからここに、『昭和レトロ』の定義を打ち立てます。一つ、昭和らしいもの」

美由起はそう言って、右手の人差し指を立てた。

「二つ、※2ノスタルジーを感じるもの」

(一) 上の文章中の(1)～(3)の片仮名の部分を漢字で書きなさい。

(二) ア なにを食べさせられても、ぶれるつもりはない とあるが、このときの美由起の気持ちとして、最も適切なものを、次の**1**～**4**の中から選んで、その番号を書きなさい。

1 いま食べたひと皿で、智子の料理の腕についての評価は変えないと決めている。

2 大食堂のことを自分なりに考えた結果、出した答えは押し通そうと思っている。

3 改革案を出し、智子と自分のどちらが大食堂に必要なのか比べたくなっている。

4 大食堂がたとえどうなろうとも、変化をもたらすことはやめようと考えている。

(三) イ 智子と中園が揃って腑抜けた顔になる とあるが、二人がこのような顔になった理由として、最も適切なものを、次の**1**～**4**の中から選んで、その番号を書きなさい。

1 美由起の言葉は自分にはないような斬新な発想だったので、感心したから。

2 美由起の言葉に圧倒されて、口を出すことすらできないように感じたから。

3 美由起の言葉を聞いてその意外性に面白さを感じ、気持ちがなごんだから。

2023年度／水戸啓明高等学校

英語解答

1 (1) No.1 エ　No.2 ア　No.3 イ
No.4 ウ　No.5 ア
(2) No.1 イ　No.2 ア　No.3 エ
No.4 ウ
(3) No.1 ウ　No.2 イ
(4) ①… 2〔二〕　②…イ

2 (1) ① travel(l)ing　② been
③ countries
(2) ④ climbed　⑤ worry
⑥ Wednesday(s)

3 (1) ウ→イ→エ→オ→ア
(2) because〔as, since〕
(3) ① old(er)〔American〕
② makes　③ who〔that〕

4 (1) ①…ア　②…ウ　③…イ　④…イ
⑤…エ
(2) What do〔will〕

5 (1) イ，ウ，ク
(2) ① (例) There were three ((small) cities).
② (例) He will do〔talk about〕 it this〔next〕 Thursday.
(3) 2　(4) ウ

6 (1) (例) I want to take foreign students to Kairakuen.
(2) (例) It is a very beautiful place, and people can enjoy seeing beautiful flowers in February and March. I am sure that the students will like it. (26語)

1 〔放送問題〕 解説省略

2 〔長文読解総合─Eメール〕

≪全訳≫A．こんにちは，ホワイト先生。僕は先生が旅行をするのが好きだと聞きました。先生は，カナダかイタリアか中国に行ったことがありますか？　僕はそれらの国々を訪れたいと思っています。時間のあるときに，先生の経験について教えてください。

B．こんにちは，ユウジ。ええ，私は3年前にイタリアに行ったわ。私はそこでいくつかの山に登ったの。とても楽しい時を過ごしたわ。新型コロナウイルス感染症の心配をする必要がなくなったら，私は中国を訪れたいと思っているの。私と話したければ，水曜日の放課後に職員室に来て。

(1)<語形変化>①動詞 like「～を好きである」の目的語となる部分。like は「～すること」の意味の目的語として動名詞(～ing)も to不定詞もとることができるが，「1語」という指定がある。②Have you ever been to ～？で「今までに～に行ったことがあるか」という意味(現在完了の‘経験’用法)。　③country は‘数えられる名詞’。those が前にあるので複数形にする。country のように語尾が‘子音字＋y’で終わる語の複数形は，y を i に変えて es をつける。

(2)<適語補充>④空所の後に some mountains とあるので，イタリアで山に登ったと考えられる。⑤don't have to ～「～する必要がない」　worry about ～「～の心配をする」　⑥空所の前に on があり，Wが大文字であることに着目。空所の前の on は‘曜日’につく前置詞。

3 〔長文読解総合─対話文〕

≪全訳≫❶マーク(M)：アヤ，君はいつ幸せな気分になる？❷アヤ(A)：私は音楽を聴いているときが幸せだわ。寝る前にいつも聴くの。❸M：なるほど。どんな音楽が好きなの？❹A：ポピュラー音楽が好きなの。私のお気に入りの歌は，「The Wonderful Show」よ。その歌を知ってる？　あるアメリカ人の歌手によってつくられた歌なの。私はそれを毎日聴いているの。❺M：その歌を知ってるよ。トム・ブラウンの歌だよね？❻A：そうよ。とても古い歌なのよ。私は歌詞と彼の歌い方がとても好きなんだ。その歌を聴くととても幸せな気分になるの。マーク，あなたはいつ幸せな気分になるの？❼M：僕は自分の好きなアメリカの野球チームが勝つと，幸せな気分になるよ。日本とアメリカの間には時差があるから，テレビで試合を見るには早起きしなくちゃいけないんだ。❽A：私の兄〔弟〕もときどきそうしてるわよ。❾M：本当？　彼はアメリカの野球のファンなの？❿A：そうよ。彼にはお気に入りの日本人の野球選手がいて，その選手が今アメリカでプレーしているの。だから彼はアメリカの野球に興味があるのよ。⓫M：なるほど。いつか彼と野球について話したいな。

(1)＜**整序結合**＞文の主語 It は前文にある the song を指す。まず song を置いて It is a song とし，この後は which を主格の関係代名詞として使って song を修飾する関係代名詞節をつくる。関係代名詞節の中は‘be動詞＋過去分詞＋by’の受け身の形にまとめる。　It is a song which was made by an American singer.

(2)＜**書き換え―適語補充**＞下線部の does that「それをする」とは，直前でマークの言った get up early to watch their games on TV を受けている。to watch their games on TV「テレビで彼らの試合を見るために」(‘目的’を表す to不定詞の副詞的用法)の部分を，「テレビでアメリカの野球の試合を見たいから」と‘理由’を表す内容に書き換える。‘理由’を表す接続詞として because のほか，as，since でも可。

(3)＜**内容一致**＞「今日アヤと話したよ。彼女は音楽を聴くのが好きなんだ。特に彼女は(より)古い〔アメリカの〕トム・ブラウンの歌が好きなんだ。その歌はいつも彼女を幸せにするんだって。彼女のお兄〔弟〕さんはアメリカでプレーする日本人の野球選手が好きなんだ。その選手が今年うまくプレーするといいな」　①第6段落第2文参照。It's a very old song. とある。older としてもよい。また，第4段落第4文より，アヤが好きなのはアメリカ人の歌手の歌なので American としても可。　②第6段落第4文参照。I feel happy when I listen to the song. とある。この内容を‘make＋人＋形容詞’「〈人〉を～(の状態)にする」の形で表す。主語が The song で単数形なので3単現の s をつける。　③空所を含む文の述語動詞は likes で，空所以下は a Japanese baseball player を修飾する部分。‘人’を先行詞とする主格の関係代名詞が入る。

4〔**長文読解総合―対話文**〕

≪**全訳**≫❶**ユウタ(Y)**：アレックス，どのスポーツの部に入るか決めた？❷**アレックス(A)**：まだ考え中だよ。❸Y：バスケットボール部はどう？　実は，僕はその部の一員で，ここにその部についてのチラシを持っているんだ。見てよ。❹A：わかった。君の部は女の子の方が多いんだね。❺Y：そのとおりだよ。大きな部じゃないけど，いい部だと思うよ。❻A：どれくらい練習するの？❼Y：平日は3回だよ。週末は，他の学校の部と練習試合をよくするんだ。例えば，4月には3回練習試合をしたんだ。❽A：へえ，それは多いね。勝ったの？❾Y：ええと，カモメ中学校に勝ったよ。❿A：なるほど。11月に「スポーツの集まり」があるね。それは何？⓫Y：バスケットボールのやり方をこの町の子どもたちに教えるんだ。僕たちも彼らとともに試合を楽しむよ。僕は去年それに参加して楽しかったよ。⓬A：それはいいイベントだね。もう僕は君の部に加入したくなったよ。加入するには何をしないといけないんだい？⓭Y：申込用紙に必要事項を書き入れて，職員室のスズキ先生のところにそれを持っていかないといけないんだ。後で申込用紙をあげるよ。⓮A：本当？　ありがとう！

ミドリ中学校バスケットボール部
新入部員募集！

部員：男子９名　女子11名
練習：月，水，金
　　（週末はよく練習試合をします）
時間：15:45～17:45
場所：体育館

主なイベントとトーナメント

７月	夏のトーナメント
８月	夏の合宿
10月	秋のトーナメント
11月	スポーツの集まり

練習試合の結果

日付	チーム	結果
３月19日	キタ中学校	勝ち
３月27日	ワカバ中学校	勝ち
４月９日	モミジ中学校	負け
４月16日	カモメ中学校	勝ち
４月23日	ミナミ中学校	負け
５月５日	ミナト中学校	勝ち

部に入るには：申込用紙に必要事項を書き入れて，職員室のスズキ先生のところにそれを持っていくこと。

⑴＜**適語（句）選択**＞①チラシはバスケットボール部の部員募集である。　②チラシの Members 参照。男子より女子の方が多い。　③チラシの Practice 参照。練習日は月，水，金の３日である。　④チラシの Results of Practice Games の表参照。４月に勝った相手はカモメ中学校のみ。　⑤Major Events and Tournaments の表参照。11月に Sports Gathering とある。

⑵＜**適語句補充**＞直後のユウタの返答から，アレックスはバスケットボール部に入るのに何をしなければならないかを尋ねたのだとわかる。

5〔**長文読解総合―物語**〕

≪**全訳**≫❶ケンタはアオバ市の中学生だ。彼の家族は長年そこに住んでいて，彼の祖母もその市に住んでいる。❷先週，学校の社会科の授業で，オカ先生が生徒たちにアオバ市についてレポートを書くようにと言った。オカ先生は言った。「それが君たちの宿題だ。まずは書くことを見つける必要がある。そうするためには，市の図書館に行くか，家族と話すのがいいと思うよ」　ケンタは「自分たちの町について学ぶのはおもしろそうだ」と思った。❸その日，ケンタは帰宅途中に，とても大きな木がアオバ公園にあるのが目に入った。彼は思った。「僕はその木を知っているけど，それについて一度も考えたことがなかったな。それはいつ植えられたんだろう？　誰がそれを植えたんだろう？　その木のことを知りたくなったぞ」　$_{2}$その夜，彼は彼の父にその木のことを尋ねた。彼の父はこう答えた。「その木のことは何も知らないな。私が子どもの頃からあそこにあったんだよ。おばあちゃんに尋ねてみたらどうだ？　おばあちゃんは生まれたときからずっとここに住んでいるんだ」❹この前の土曜日，ケンタは祖母の家を訪れた。彼は祖母のことがとても好きだ，なぜならいつも彼の言うことをとても注意深く聞いてくれて，ゆっくり彼に話してくれるからだ。彼は彼女にアオバ公園の大きな木について尋ねた。彼女は彼に言った。「ああ，あなたはあの大きな木のことを知りたいのね。そうね，私はそれについてとてもよく知ってるわ。あのね，ここら辺には３つの小さな市があったの。それらは1950年に合併して，アオバ市が生まれたのよ。その３つの市のほぼ真ん中に大きな公園があってね，だから人々はその公園をアオバ公園と名づけたのよ。彼らはアオバ市の始まりを記念するために木も植えたの。実際，私はその式典を見に行ったわ」　彼は言った。「じゃあ，あの木はアオバ市のある種のシンボルなんだね。僕たちはあの木を長い間守るべきだね。僕はあの木について書くよ。おばあちゃん，助けてくれてありがとう」「どういたしまして，ケンタ。またすぐに来てね」と彼女は言った。その晩，彼はレポートを書いた。彼は月曜日の朝にオカ先生にそれを渡した。5その次の日に，オカ先生がケンタに言った。「大きな木についての君のレポートはとてもおもしろかったよ。次の授業で，他の生徒たちの前でそれについて話したらどうだい？」　ケンタはそれを聞いてとてもうれしくなり，「オカ先生，ありがとうございます。次の授業は今週の木曜日ですよね？　はい，やります。みんなが僕の話を気に入ってくれるといいのですが」と言った。オカ先生は「きっと気に入ると思うよ」と言った。

(1)＜**内容真偽**＞ア.「ケンタと彼の家族はアオバ市に住んでいて，彼の祖母は別の市に住んでいる」…×　第１段落第２文参照。祖母も同じ市に住んでいる。　イ.「オカ先生は先週，彼の生徒たちに彼らの宿題について話した」…○　第２段落第１文に一致する。　ウ.「ケンタは彼の宿題について聞いたとき，彼の町について学ぶことに興味があった」…○　第２段落最終文に一致する。エ.「ケンタの祖母の家の前に大きな木がある」…×　第３段落第１文参照。大きな木はアオバ公園にある。　オ.「ケンタの父はその大きな木がいつ植えられたのかを知っている」…×　第３段落終わりから４文目参照。ケンタの父はその木のことを何も知らない。　カ.「ケンタは祖母がとてもゆっくり話すので彼女をあまり好きではない」…×　第４段落第２文参照。　キ.「ケンタの祖母は1950年にその式典を見に行きたかったが，行けなかった」…×　第４段落第10文参照。ケンタの祖母は実際にその式典を見に行った。　ク.「オカ先生は火曜日にケンタのレポートについて彼と話した」…○　第４段落最終文，第５段落第１文参照。　ケンタは月曜日の朝にレポートを提出し，次の日にオカ先生と話した。

(2)＜**英問英答**＞①「アオバ市の前はいくつの市があったか」―「３つ(の小さな市が)あった」　第４段落第６，７文参照。　②「ケンタはいつ他の生徒たちの前で彼のレポートについて話すか」―「(彼は)今週の木曜日に(それについて話す)」　第５段落第２，４，５文参照。

(3)＜**適所選択**＞脱落文の意味は「その夜，彼(＝ケンタ)は彼の父にその木のことを尋ねた」。空所２の後で父がその木についての質問に答えている。

(4)＜**適語句選択**＞ケンタがレポートに書く内容が入る。祖母から聞いたアオバ公園の大きな木について書くと考えられる。

6〔**テーマ作文**〕

(1)「案内したい」とあるので，I want to ～「私は～したい」で書き始め，‘take＋人＋to＋場所’「〈人〉を〈場所〉に連れていく」や‘show＋人＋around＋場所’「〈人〉に〈場所〉を案内する」などを使うとよい。解答例の訳は「私は留学生を偕楽園に連れていきたい」。

(2)(1)で書いた場所の特徴の説明を含めて書くとよい。「理由」とあるが，‘Because＋主語＋動詞...’の形だけで完結する文は書かないように注意。解答例の訳は「それはとても美しい場所で，人々は２月や３月に美しい花を見るのを楽しむことができる。私はその生徒たちがそれをきっと気に入ると思う」。

数学解答

1 (1) ① -2 ② $3\sqrt{6}$ ③ $-2a^2b$

④ $\dfrac{2}{9}x$

(2) $x=\dfrac{1\pm\sqrt{21}}{2}$

2 (1) $x=1$，$y=-2$ (2) 59回

(3) 24袋 (4) 6 cm^2

3 (1) 44000円 (2) 11枚以上39枚以下

(3) 34人

4 (1) 22°

(2)

① (例)△APSと△BPRで，仮定から，AP＝BP……㋐ 線分ABが半円の直径より，∠APB＝90°だから，∠APS＝∠BPR＝90°……㋑ 円周角の定理より，∠PAS＝∠PBR……㋒ ㋐，㋑，㋒から，1組の辺とその両端の角がそれぞれ等しいので，△APS≡△BPR

② 5 cm

5 (1) 6通り (2) $\dfrac{5}{12}$ (3) $\dfrac{5}{18}$

6 (1) 264cm^2 (2) $\dfrac{15}{2}$cm

(3) 128cm^3

1 〔独立小問集合題〕

(1)＜数の計算，式の計算＞① $-8+6=-2$ ②与式$=\sqrt{\dfrac{30}{5}}+\sqrt{2^2\times6}=\sqrt{6}+2\sqrt{6}=3\sqrt{6}$ ③与式$=-\dfrac{8a^2\times ab^2}{4ab}=-2a^2b$ ④与式$=\dfrac{5x+6y-3(x+2y)}{9}=\dfrac{5x+6y-3x-6y}{9}=\dfrac{2}{9}x$

(2)＜二次方程式＞解の公式より，$x=\dfrac{-(-1)\pm\sqrt{(-1)^2-4\times1\times(-5)}}{2\times1}=\dfrac{1\pm\sqrt{21}}{2}$となる。

2 〔独立小問集合題〕

(1)＜連立方程式＞$5x-2y=9$……①，$4x+3y=-2$……②とする。①×3より，$15x-6y=27$……①′ ②×2より，$8x+6y=-4$……②′ ①′+②′より，$15x+8x=27+(-4)$，$23x=23$ ∴$x=1$ これを①に代入して，$5-2y=9$，$-2y=4$ ∴$y=-2$

(2)＜データの活用—四分位数＞$15=7+1+7$だから，15人の記録の第3四分位数は，大きい方の7人の記録の中央値である。大きい方の7人の記録は，53，55，58，59，60，61，65だから，この中央値は4番目の59回であり，第3四分位数は59回となる。

(3)＜一次方程式の応用＞袋の数をx袋とする。お菓子を10個ずつx袋に入れると，8個入り切らなかったので，お菓子の個数は，$10\times x+8=10x+8$(個)と表せる。また，お菓子を12個ずつ入れると，x袋のうち，8個だけ入れた袋が1袋あり，お菓子を入れていない袋が3袋あったから，12個ずつ入れた袋は，$x-1-3=x-4$(袋)である。よって，お菓子の個数は，$12\times(x-4)+8\times1=12x-48+8=12x-40$(個)とも表せる。したがって，$10x+8=12x-40$が成り立つ。これを解くと，$-2x=-48$より，$x=24$(袋)となる。

(4)＜関数—面積＞右図で，2点A，Bは放物線$y=x^2$上にあり，x座標はそれぞれ-1，2だから，$y=(-1)^2=1$，$y=2^2=4$より，A$(-1, 1)$，B$(2, 4)$である。点Cは放物線$y=\dfrac{1}{4}x^2$上にあり，x座標は2だから，$y=\dfrac{1}{4}\times2^2=1$より，C$(2, 1)$である。2点A，Cの$y$座標が等しいので，2点A，Cを結ぶと，線分ACは$x$軸と平行になり，$AC=2-(-1)=3$となる。△AOCと△ABCの底辺を線分ACと見

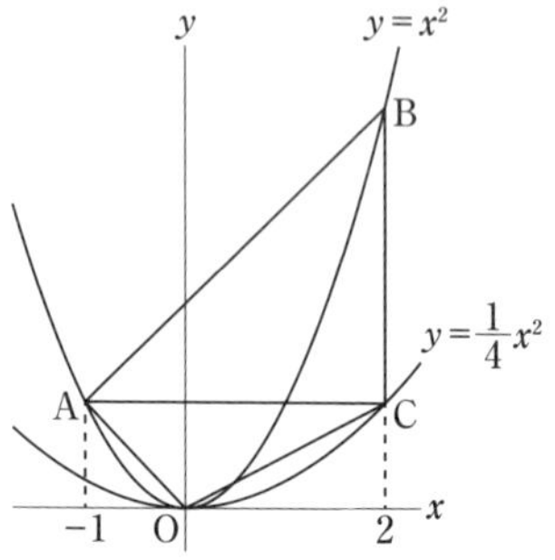

ると，点Aのy座標より，△AOCの高さは1であり，2点B，Aのy座標より，△ABCの高さは$4-1=3$である。よって，〔四角形OABC〕$=\triangle\mathrm{AOC}+\triangle\mathrm{ABC}=\frac{1}{2}\times3\times1+\frac{1}{2}\times3\times3=\frac{3}{2}+\frac{9}{2}=6$ (cm^2)である。

3 〔関数―関数の利用〕

(1)<**料金**>P店では，初期費用が30000円で，Tシャツ1枚につき1000円かかるから，P店でTシャツを14枚作成したときの料金は，$30000+1000\times14=44000$(円)となる。

(2)<**枚数**>Tシャツをx枚作成するとき，P店の料金は$30000+1000x$円と表せる。一方，Q店の料金は，20枚までのときは一律40000円だから，$x\leqq20$のとき，40000円である。このとき，P店とQ店の料金が等しくなるとすると，$30000+1000x=40000$が成り立つ。これを解くと，$1000x=10000$，$x=10$となる。よって，11枚以上になるとQ店の方がP店よりも料金が安くなる。また，20枚を超えるとき，Q店の料金は，21枚目から1枚につき1500円追加でかかるから，$x>20$のとき，$40000+1500(x-20)$円と表せる。このとき，P店とQ店の料金が等しくなるとすると，$30000+1000x=40000+1500(x-20)$が成り立つ。これを解くと，$30000+1000x=40000+1500x-30000$，$-500x=-20000$，$x=40$となる。よって，39枚以下だとQ店の方がP店よりも料金が安くなる。以上より，Q店の方がP店よりも料金が安くなるのは，11枚以上39枚以下のときである。

(3)<**人数**>Aさんのクラスの人数をa人とすると，$a>20$なので，Q店の料金は，$40000+1500(a-20)$円と表せる。また，P店の料金は$30000+1000a$円である。Q店の方がP店よりも料金が3000円安いとき，$40000+1500(a-20)=30000+1000a-3000$が成り立つ。これを解くと，$500a=17000$より，$a=34$(人)となる。

4 〔平面図形―半円〕

図1

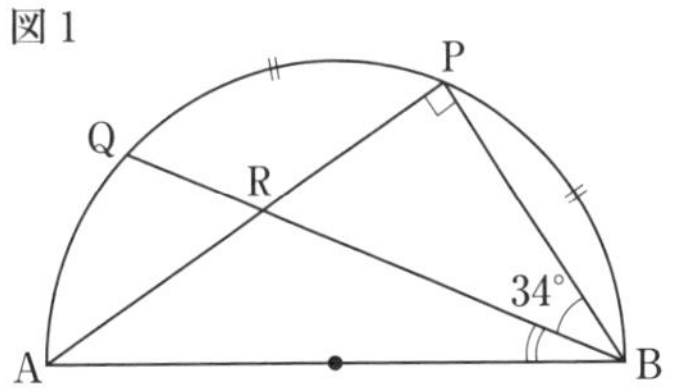

(1)<**角度**>右図1で，$\overset{\frown}{\mathrm{BP}}=\overset{\frown}{\mathrm{PQ}}$より，$\overset{\frown}{\mathrm{BP}}$，$\overset{\frown}{\mathrm{PQ}}$に対する円周角は等しいから，$\angle\mathrm{PAB}=\angle\mathrm{PBR}=34^\circ$となる。また，線分ABは半円の直径なので，$\angle\mathrm{APB}=90^\circ$である。よって，△APBにおいて，$\angle\mathrm{ABP}=180^\circ-\angle\mathrm{APB}-\angle\mathrm{PAB}=180^\circ-90^\circ-34^\circ=56^\circ$となるから，$\angle\mathrm{ABR}=\angle\mathrm{ABP}-\angle\mathrm{PBR}=56^\circ-34^\circ=22^\circ$である。

図2

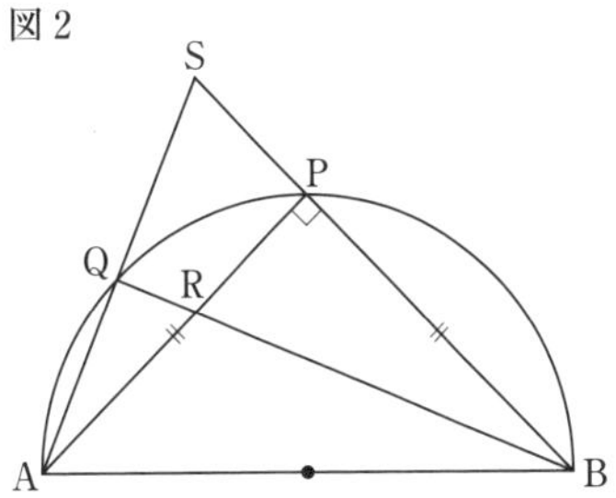

(2)<**証明，長さ**>①右図2の△APSと△BPRにおいて，AP=BPである。また，線分ABが半円の直径より，$\angle\mathrm{APB}=90^\circ$だから，$\angle\mathrm{APS}=\angle\mathrm{BPR}=90^\circ$となる。さらに，$\overset{\frown}{\mathrm{PQ}}$に対する円周角より，∠PAS=∠PBRである。以上より，1組の辺とその両端の角がそれぞれ等しいことがいえる。解答参照。　②右下図3で，$\angle\mathrm{BPR}=90^\circ$だから，△BSRは底辺を線分BSと見ると高さは線分PRの長さである。$\mathrm{PR}=x$(cm)とする。△APS≡△BPRより，$\mathrm{PS}=\mathrm{PR}=x$となるので，$\mathrm{BS}=\mathrm{BP}+\mathrm{PS}=12+x$と表せる。よって，△BSRの面積が$\frac{85}{2}\mathrm{cm}^2$より，$\frac{1}{2}\times(12+x)\times x=\frac{85}{2}$が成り立つ。これを解くと，$x^2+12x-85=0$，$(x+17)(x-5)=0$より，$x=-17$，5となる。AP=BP=12，PR<APより，$0<x<12$だから，$x=5$(cm)である。

図3

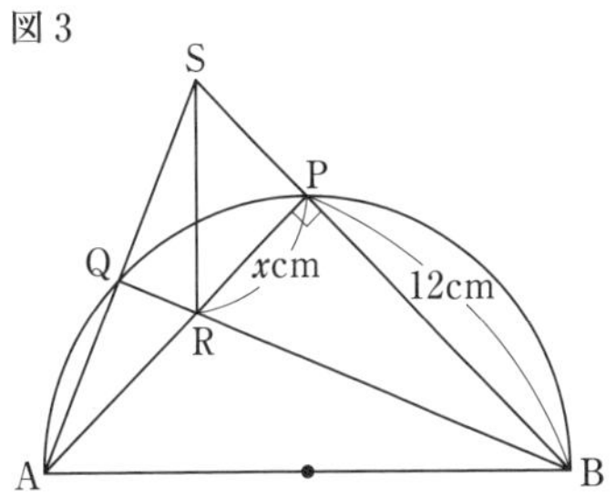

5 〔データの活用―場合の数・確率―カード〕

(1)<**場合の数**>$a+b=0$となるカードの引き方は，$(a,\ b)=(-3,\ 3)$，$(-2,\ 2)$，$(-1,\ 1)$，$(1,\ -1)$，$(2,\ -2)$，$(3,\ -3)$の6通りある。

(2)<**確率**>カードは6枚あり，引いたカードをもとに戻すので，1回目，2回目ともカードの引き方は6通りである。よって，2回のカードの引き方は，$6\times6=36$(通り)あるので，a，bの組も36通りある。このうち，$a-b<0$となるのは，$a<b$の場合だから，$a=-3$のとき$b=-2$，-1，1，2，3の5通り，$a=-2$のとき$b=-1$，1，2，3の4通り，$a=-1$のとき$b=1$，2，3の3通り，$a=1$のとき$b=2$，3の2通り，$a=2$のとき$b=3$の1通りあり，$a=3$のときはない。したがって，$a-b<0$となる場合は$5+4+3+2+1=15$(通り)あるから，求める確率は$\frac{15}{36}=\frac{5}{12}$となる。

(3)<**確率**>2点P(a，0)，Q(0，b)を通る直線の傾きは，$\frac{0-b}{a-0}=-\frac{b}{a}$である。これが正の整数となる場合は，$a=-3$のとき$b=3$の1通り，$a=-2$のとき$b=2$の1通り，$a=-1$のとき$b=1$，2，3の3通り，$a=1$のとき$b=-3$，$-2$，$-1$の3通り，$a=2$のとき$b=-2$の1通り，$a=3$のとき$b=-3$の1通りある。よって，36通りの$a$，$b$の組のうち，2点P，Qを通る直線の傾きが正の整数となる場合は$1+1+3+3+1+1=10$(通り)あるから，求める確率は$\frac{10}{36}=\frac{5}{18}$となる。

6 〔空間図形—三角柱〕

(1)<**表面積**>右図1で，三角柱ABCDEFの表面積は，△ABC＋△DEF＋〔長方形ADEB〕＋〔長方形BEFC〕＋〔長方形CFDA〕である。∠ABC＝90°だから，底面積は，△DEF＝△ABC＝$\frac{1}{2}\times6\times8=24$である。また，〔長方形ADEB〕$=9\times6=54$，〔長方形BEFC〕$=9\times8=72$，〔長方形CFDA〕$=9\times10=90$である。よって，表面積は，$24+24+54+72+90=264$(cm^2)となる。

図1

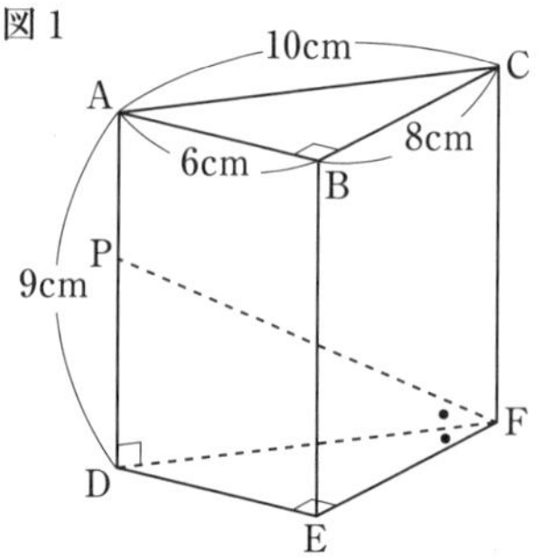

(2)<**長さ**>右図1の△PDFと△DEFで，∠PFD＝∠DFEであり，∠PDF＝∠DEF＝90°だから，△PDF∽△DEFである。よって，PD：DE＝DF：EFより，PD：6＝10：8が成り立ち，PD×8＝6×10より，PD＝$\frac{15}{2}$(cm)となる。

(3)<**体積**>右図2で，AP＝2より，PD＝AD−AP＝9−2＝7である。線分PQ，QFを含む2つの面，面ADEB，面BEFCを右下図3のように展開すると，PQ＋QFが最も小さくなるのは，3点P，Q，Fが一直線上にあるときとなる。このとき，∠QEF＝∠PDF＝90°，∠QFE＝∠PFDより，△QEF∽△PDFとなるから，QE：PD＝EF：DF＝8：(6＋8)＝4：7である。これより，QE＝$\frac{4}{7}$PD＝$\frac{4}{7}\times7=4$，BQ＝BE−QE＝9−4＝5となる。次に，図2で，〔立体ABCPQF〕＝〔四角錐C-APQB〕＋〔三角錐P-CQF〕で求められる。∠ABC＝∠ABE＝∠CBE＝90°より，BC⊥〔面ADEB〕，AB⊥〔面BEFC〕である。よって，四角錐C-APQBは，底面を台形APQBと見ると高さはBC＝8だから，〔四角錐C-APQB〕＝$\frac{1}{3}$×〔台形APQB〕×BC＝$\frac{1}{3}\times\frac{1}{2}\times(2+5)\times6\times8=56$となる。また，三角錐P-CQFは，底面を△CQFと見ると高さはAB＝6だから，〔三角錐P-CQF〕＝$\frac{1}{3}$×△CQF×AB＝$\frac{1}{3}\times\frac{1}{2}\times9\times8\times6=72$となる。以上より，〔立体ABCPQF〕＝56＋72＝128(cm^3)である。

図2

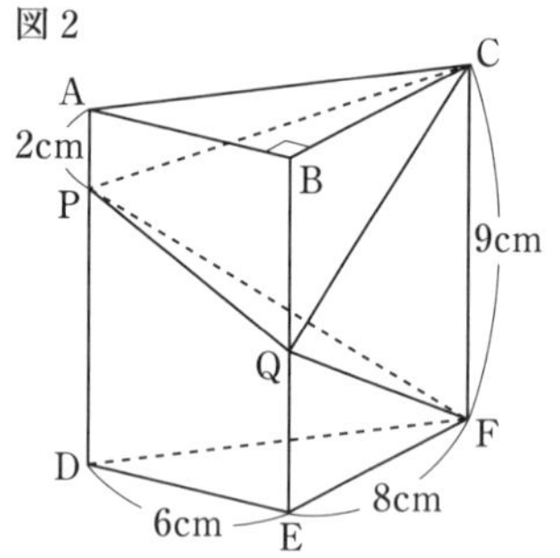

図3

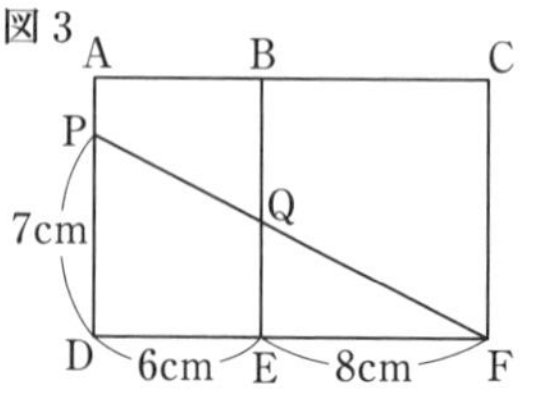

社会解答

1 1 (1) ウ　(2) エ

(3) あ…ア　い…一人っ子

(4) エ

(5) 記号…ア

内容 (例)夏の降水量が少なく，冬の降水量が多い

2 (1) 記号…イ

内容 (例)排他的経済水域の減少を防ぐ

(2) 記号…ウ　都市名…札幌

(3) エ　(4) ア，オ

2 1 (1) ア，エ　(2) イ

(3) 役職名…執権　記号…ウ

(4) (例)百姓一揆の中心人物が誰かわからないようにするため。

(5) 南北朝

2 (1) 廃藩置県　(2) エ

(3) く…ニューヨーク

け (例)共産主義の国で，五か年計画などの計画経済を行っていた

(4) ア

3 1 (1) 自由

(2) (例)少額の株式を多くの人に買ってもらうことで，多額の資金を集められること。

(3) イ　(4) 勤労の〔働く〕

(5) イ

2 (1) (例)性別や納税額による制限がないこと。

(2) ア　(3) エ　(4) 法

4 1 (1) エ

(2) 名称…天下の台所　記号…ウ

(3) (例)かつてヨーロッパ州の国に植民地支配されていて，そのときの境界線が国境線となっている

(4) イ

(5) い (例)減少し続けていて，65歳以上の高齢者の割合が高くなっている

う (例)減少し続けていて，畑よりも田の方が大きく減少している

記号…ア

2 (1) (例)環境権の1つとして日照権が主張されていて，日差しをさえぎらないようにするため。

(2) 学制　(3) エ

(4) リテラシー

1〔地理―世界の姿と諸地域，日本の姿と諸地域，地形図〕

1(1)＜赤道＞0度の緯線である赤道は，アフリカ大陸のギニア湾や南アメリカ大陸北部，東南アジアのシンガポール付近などを通っている。

(2)＜北アメリカ大陸の断面図＞北アメリカ大陸の西部(Xに近い地域)には，南北に高くけわしいロッキー山脈が連なっている。また，東部(Yに近い地域)には，低くなだらかなアパラチア山脈がのびている。2つの山脈の間の地域は，グレートプレーンズやプレーリーなどと呼ばれる平原が広がっている。したがって，これらの地形に当てはまる断面図はエとなる。

(3)＜中国とインドの人口推移＞あ．資料2では，2020年代までAの人口がBの人口を上回っているが，その後はBの人口がAの人口を上回るようになっている。したがって，Aはこれまで人口が世界第1位であった中国であり，Bは近い将来に人口が中国を抜いて世界第1位になると予測されているインドである。　い．資料2を見ると，中国(A)は，1990年代頃から人口の増加が緩やかになり，

2030年代以降は人口が減少に転じている。これは，中国で行われてきた一人っ子政策の影響である。中国では，急激な人口増加を抑えるため，１組の夫婦が持つ子どもの数を１人に制限する一人っ子政策が1970年代末から導入された。しかし，少子高齢化の急速な進展が問題となったことから，2015年に廃止された。

(4)＜**地図上での位置関係**＞資料３では，中心である東京からの距離と方位が正しく表されており，東京から見て上が北，下が南，右が東，左が西となる。また，資料３の中に描かれた東京を中心とする円は，それぞれ東京から「10000km」「15000km」にあたる場所を示している。資料３の中で，「東京から見てほぼ真西」の方向で「東京からこの国の首都の都市までの距離は約11000km」にあたるのはアフリカ大陸である。資料１でアフリカ大陸の[redacted]の国はケニアである。

(5)＜**ヨーロッパの文化と気候**＞**記号**．イタリアやフランス，スペインなどのヨーロッパ南部の国々では，キリスト教のカトリックを信仰する人が多い。また，これらの国々の言語はラテン系言語に分類される。なお，イギリスなどヨーロッパ北西部ではプロテスタント，ロシアなどヨーロッパ東部では正教会を信仰する人が多い。また，ヨーロッパの主な言語にはラテン系言語のほかに，英語やドイツ語などのゲルマン系言語，ロシア語やポーランド語などのスラブ系言語がある。　**内容**．資料４を見ると，６～８月頃の降水量が年間で最も少なくなっている。よって，地中海性気候は，夏に降水量が少なく乾燥し，冬に比較的降水量が多いという特徴を持つことがわかる。

2(1)＜**日本の自然環境と領域**＞か．暖流の黒潮〔日本海流〕は，日本列島に沿って太平洋を南西から北東に流れている。なお，親潮〔千島海流〕は，太平洋を北東から南西に流れる寒流である。　き．日本の最南端に位置するＤの島は沖ノ鳥島(東京都)である。沖ノ鳥島は，満潮時には小さな陸地が海面上に出るだけの小さな島であるが，この島がなくなると周囲の広大な排他的経済水域が失われることになるため，政府は護岸工事を行って波の侵食などによる島の水没を防いでいる。なお，南鳥島(東京都)は日本の最東端に位置する島である。

(2)＜**日本の農業，都道府県庁所在地**＞**記号**．北海道は，肉牛などの飼育や酪農が盛んであることから，農業産出額に占める畜産の割合が非常に大きい。したがって，ウが北海道となる。なお，米の割合が高いイは日本有数の稲作地帯である東北地方である。残るアとエのうち，野菜の割合が高いエは大都市周辺での近郊農業が盛んな関東地方，果実の割合が高いアはりんごの生産量が多い長野県やぶどう・ももなどの生産量が多い山梨県を含む中部地方である。　**都市名**．北海道の道庁所在地は政令指定都市の札幌市である。

(3)＜**地形図の読み取り**＞Ｆの範囲に見られるのは田(॥)や畑(∨)，荒地(ılı)であり，果樹園(ὁ)は見られない(エ…×)。この地形図の縮尺は２万５千分の１であることから，地形図上で４cmの長さの実際の距離は，４cm×25000＝100000cm＝1000mとなる(ア…○)。特にことわりのないかぎり地形図では上が北となるため，豊橋駅から見た市役所(◎)の方角は北東となる(イ…○)。Ｅの範囲には，消防署(Y)，小・中学校(文)，神社(⛩)が見られる(ウ…○)。

(4)＜**資料の読み取り**＞資料８より，2020年の人口密度は，茨城県が2869000÷6097＝470.5…より約471人，千葉県が6287000÷5158＝1218.8…より約1219人となる(ア…○)。資料８・資料10より，2019年の化学工業の製造品出荷額は，茨城県が126383億×0.133＝16808.9…億より約16809億円，千葉県が125846億×0.175＝22023.0…億より約22023億円となる(オ…○)。資料８より，茨城県は2000年から2020年にかけて人口が減少している(イ…×)。資料８より，従業者数，製造品出荷額のどちらも千葉県よりも茨城県の方が多い(ウ…×)。資料９より，第２次産業に従事している有業者数は，茨城県が1514500×0.306＝463437より約463400人，千葉県が3273900×0.196＝641684.4より約641700人で，千葉県の方が多い(エ…×)。

2 〔歴史―古代～現代の日本と世界〕

1⑴＜**大化の改新～平城京遷都の間の出来事**＞大化の改新が始まったのは645年，平城京に都が移されたのは710年である。大宝律令は701年に制定された。また，天智天皇の後継ぎをめぐって壬申の乱が起こったのは672年である。なお，イは平安時代の11世紀，ウは6世紀末の出来事である。

⑵＜**平安時代初期の政治と文化**＞あ．平安時代の初め，桓武天皇によって征夷大将軍に任じられた坂上田村麻呂は，東北地方へ派遣されて蝦夷と戦い，胆沢城(岩手県)などを築いて朝廷の支配地域を広げた。なお，菅原道真は9世紀末に遣唐使の派遣停止を提案した人物である。　い，う．最澄と空海は，平安時代初めに遣唐使とともに唐に渡り，仏教を学んだ。帰国後，最澄は天台宗を開いて比叡山延暦寺を建て，空海は真言宗を開いて高野山金剛峯寺を建てた。

⑶＜**鎌倉時代の政治**＞**役職名**．鎌倉幕府では，将軍を補佐する役職として執権が置かれた。鎌倉幕府を開いた源頼朝の妻の北条政子の一族である北条氏は，代々執権の地位を引き継ぎ，幕府の実権をにぎる執権政治を行った。　**記号**．1221年，後鳥羽上皇は鎌倉幕府の打倒を目指して承久の乱を起こしたが，幕府軍に敗れた。乱後，幕府は京都に六波羅探題を設置し，朝廷や西国の監視にあたらせた。なお，応仁の乱(1467～77年)は，室町幕府第8代将軍の足利義政の後継ぎ問題をめぐる対立から全国の守護大名を巻き込む争いに発展した戦乱である。また，壇ノ浦の戦い(1185年)は，源頼朝の弟である源義経が平氏を滅ぼした戦いである。元寇〔蒙古襲来〕(1274・1281年)は，元軍が2度にわたって九州北部に襲来した出来事である。

⑷＜**からかさ連判状**＞江戸時代，農民は年貢の軽減や不正な役人の交代などを求めて百姓一揆を起こした。からかさ連判状は，百姓一揆への参加者が円形に署名した証文である。一揆の中心人物は死刑などの重い刑罰を科せられたことから，誰が中心人物であるのか幕府や藩にわからないようにするため，このような連判状がつくられたと考えられている。

⑸＜**南北朝時代**＞後醍醐天皇は，足利尊氏らの協力を得て1333年に鎌倉幕府を滅ぼし，天皇を中心とする建武の新政を行ったが，貴族を重視する政策に対して武士の不満が高まった。このような中，尊氏が武家政治の復活を目指して挙兵すると，新政は2年ほどで崩壊した。後醍醐天皇は吉野(奈良県)に逃れ，以後は尊氏が立てた京都の北朝と吉野の南朝が約60年にわたって対立した。この時代を南北朝時代と呼ぶ。

2⑴＜**廃藩置県**＞1871年，藩を廃止して府・県を置く廃藩置県が行われ，新しく任命された府知事・県令が中央から派遣された。これにより，政府が全国を直接治める中央集権国家の体制が整えられた。

⑵＜**日比谷焼き打ち事件とポーツマス条約**＞日比谷焼き打ち事件は，日露戦争(1904～05年)の講和条約であるポーツマス条約に対する不満から，1905年に起こった暴動事件である。日露戦争では，戦費調達のために大幅な増税が行われるなど国民の負担が重かったが，ポーツマス条約には賠償金に関する規定がなく，日清戦争(1894～95年)では得られた賠償金が日露戦争では得られなかった。そのため，国民の間に不満が高まり，日比谷焼き打ち事件に発展した。

⑶＜**世界恐慌**＞1929年，アメリカのニューヨークで株価が暴落すると，これをきっかけに世界中の国々に深刻な不況が広がる世界恐慌となった。資料3を見ると，ソ連を除く4か国では，1929年以降の数年間は鉱工業生産指数が落ち込んでいることがわかる。一方，ソ連は世界恐慌の影響を受け

ることなく鉱工業生産指数を伸ばしている。これは，共産主義国であるソ連が，「五か年計画」に基づいて独自の計画経済を行っていたためである。

(4)**＜1991年よりも後の出来事＞**1993年，非自民連立内閣である細川護熙内閣が成立し，55年体制が終わった。なお，アジア・アフリカ会議が開かれたのは1955年，ベルリンの壁が崩壊したのは1989年，沖縄が日本に復帰したのは1972年のことである。

3〔**公民―総合**〕

1(1)**＜契約自由の原則＞**商品を売る人と買う人の間で成立する，何をいくらで売買するかという合意のことを契約(売買契約)という。どのような契約をいつ誰と結ぶのかは，当事者が自由な意思のもとで決めることができ，これを契約自由の原則という。

(2)**＜株式会社＞**株式会社は，株式を発行することによって，生産活動のもとになる資金(資本)を集めている。少額の株式を多くの人に買ってもらうことで，全体として多額の資金を集めることができるという利点がある。

(3)**＜需要と供給＞**市場で売買される商品の価格は，一般に需要と供給の関係で変化しており，需要量(買い手が買おうとする商品の量)が供給量(売り手が売ろうとする商品の量)よりも多ければ価格は上がり，供給量が需要量よりも多ければ価格は下がる。資料１の中で，はくさいの入荷量(供給量)が多い冬の時期には価格が低くなっており，供給量が需要量を上回っていると考えられる。一方，８月から９月にかけては，入荷量がやや増えているが，価格がそれよりも大きく上昇している。これは，供給量の増加以上に需要量が増加したためと考えることができる。

(4)**＜勤労の義務＞**日本国憲法では，子どもに普通教育を受けさせる義務，勤労の義務，納税の義務の３つを国民の義務として定めている。

(5)**＜直接税＞**直接税は税を納める人と税を負担する人が同じ税，間接税は税を納める人と税を負担する人が異なる税である。資料２のうち，直接税は所得税，法人税，相続税である。これらの金額を合計すると33兆9350億円であり，約34兆円となる。

2(1)**＜普通選挙＞**普通選挙とは，一定の年齢以上の全ての国民が選挙権を持ち，性別や納税額による制限を設けないという原則である。日本の選挙は，普通選挙，一人一票の平等選挙，代表を直接選出する直接選挙，無記名で投票を行う秘密選挙という４つの原則に基づいて行われている。

(2)**＜国民審査＞**国民審査は，最高裁判所の裁判官について，その任命が適切であるかどうかを国民の投票によって審査する制度である。国民審査は，任命後初めて行われる衆議院議員総選挙のときと，前回の審査から10年経過した後の総選挙のときに実施される。国民審査で投票者の過半数が不適切と判断した場合，その裁判官は罷免される。

(3)**＜参議院＞**参議院議員の被選挙権は満30歳以上，衆議院議員の被選挙権は満25歳以上の国民にある(エ…○)。予算は必ず衆議院が先に審議する(ア…×)。参議院の議員定数は248人，衆議院の議員定数は465人である(イ…×)。参議院議員の任期は６年，衆議院の議員の任期は４年である(ウ…×)。

(4)**＜法の下の平等＞**「法の下の平等」とは，法律を適用するにあたって，全ての国民が差別されることなく平等に扱われるという意味であり，日本国憲法第14条で保障されている。「一票の格差」は，議員１人当たりの有権者数が選挙区によって大きく異なるために，有権者が投票する一票の価値に軽重の差が生じる問題である。格差が大きい状態は「法の下の平等」に反すると考えられることから，国政選挙での最大格差について，裁判所で「違憲状態」「違憲」などの判断が下されることもある。

4　〔三分野総合―「現代社会と私たちの生活との関わり」をテーマとする問題〕

1⑴**＜年代整序＞**年代の古い順に，Ⅱ(12世紀―平安時代)，Ⅲ(15世紀初め―室町時代)，Ⅰ(16世紀―戦国時代～江戸時代初期)となる。

⑵**＜江戸時代の経済＞名称**．江戸時代，商業の中心地となった大阪は「天下の台所」と呼ばれた。大阪には諸藩の蔵屋敷が設けられ，全国から集められた年貢米や特産物が取り引きされた。　**記号**．江戸時代には，三都や城下町の商人が株仲間と呼ばれる同業者組合をつくり，幕府の許可を得て営業を独占した。なお，惣は室町時代に農村で成立した自治的な組織，座は室町時代の商人や手工業者がつくった同業者団体，問〔問丸〕は鎌倉～室町時代に倉庫業や運送業をになった業者である。

⑶**＜アフリカ州の国境線＞**アフリカ州の国々では，緯線や経線をもとにした直線的な国境線が多く見られる。これは，かつてヨーロッパの国々がアフリカを植民地支配し，緯線や経線に沿って支配地域の境界線を引いたためである。

⑷**＜ASEAN＞**ASEAN〔東南アジア諸国連合〕は，東南アジアの安定や発展を目指して1967年に結成された国際機構である。現在は，東南アジアの10か国が加盟している。なお，APECはアジア太平洋経済協力会議，AUはアフリカ連合，EUはヨーロッパ連合の略称である。

⑸**＜資料の読み取り，食料自給率＞い**．資料４を見ると，日本の基幹的農業従事者数は，全体として減少し続けていることがわかる。また，65歳未満の従事者数が65歳以上の従事者数よりも大きく減少しているため，全従事者数に占める65歳以上の高齢者の割合が高くなっていることが読み取れる。**う**．資料５を見ると，日本の耕地面積は，全体として減少し続けていることがわかる。また，畑に比べて田の方が大きく減少していることが読み取れる。　**記号**．自給率がほぼ100％に近い状態を保っているＡは米，1970年頃から10％前後を推移しているＤは小麦である。また，現在米に次いで自給率が高いＢは野菜であり，1980年代後半以降に自給率が大きく下がっているＣは果実である。果実や肉類の自給率がこの時期に下がっているのは，輸入の自由化が進んだことが影響している。

2⑴**＜日照権＞**資料８の建物は，周囲の建物が日陰にならないように配慮したためこのような形になっている。このように，住居への日当たりを確保する権利を日照権といい，良好な環境のもとで生活する権利である環境権に含まれる。環境権は，日本国憲法には規定のない「新しい人権」の１つである。

⑵**＜学制＞**1872年に学制が公布され，小学校から大学校までの学校制度が定められた。これにより，６歳以上の全ての男女が小学校教育を受けることとされた。

⑶**＜資料の読み取り＞**全体では，利用時間が３時間未満の生徒の割合は9.2＋16.7＋19.0より44.9％，３時間以上の生徒の割合は18.2＋11.6＋22.3より52.1％である(エ…○)。小学生は，利用時間が１～２時間未満(23.9％)の割合が最も高い(ア…×)。中学生では，利用時間が３時間未満である割合は7.9＋17.4＋20.3より45.6％で，50％に満たない(イ…×)。高校生では，利用時間が３時間以上である割合は19.6＋14.0＋35.9より69.5％で，全体の５分の４(80％)に満たない(ウ…×)。

⑷**＜メディアリテラシー＞**テレビや新聞などのマスメディアの報道やインターネットの情報を，そのまま信じるのではなく，さまざまな角度から批判的に読み取り，的確に判断・活用する能力をメディアリテラシーと呼ぶ。

理科解答

1 (1) ウ　(2) エ　(3) エ　(4) ウ
(5) イ　(6) エ　(7) ア　(8) イ

2 (1) 1.5A　(2) エ

(3)

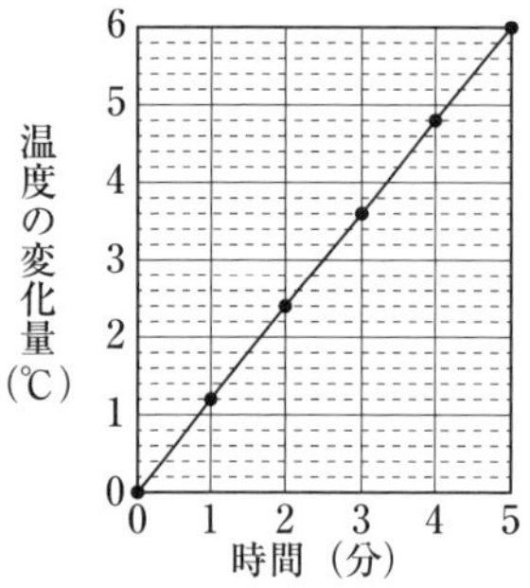

(4) ① **あ**…0.75　**い**…8.0　**う**…3.0
え…2.0
② 1.6kWh

3 (1) 顕性形質　(2) 減数分裂
(3) **あ**…50　**い**…25　(4) イ
(5) (例)親と全く同じ形質の子ができるから。

4 (1) **あ**…初期微動継続時間　**い**…15
(2) 4 km/s
(3) **地点**…A
理由…(例)ゆれXの時間が長いから。
(4) エ

5 (1) ア，エ，カ　(2) イ　(3) p
(4) イ
(5) **記号**…A，E　**化学式**…H_2

6 (1) イ　(2) **あ**…エ　**い**…イ
(3) イ　(4) ア

1〔小問集合〕

(1)＜**作用・反作用**＞水平な机の上に物体Xがあるとき，物体Xが机を押す力を作用，机が物体Xを押し返す力を反作用という。このときの２力の作用点は，どちらも物体Xと机が接している面上にあり，物体Xが机を押す力は下向きの矢印で，机が物体Xを押し返す力は上向きの矢印で表される。

(2)＜**溶解度**＞図より，20℃のときの溶解度は，硝酸カリウムが約32g，ミョウバンが約10gである。よって，60℃の水100gに硝酸カリウムとミョウバンをそれぞれ30g溶かした水溶液の温度を20℃まで下げたとき，結晶が出てこないのは溶解度が32gと，30g以上である硝酸カリウムで，32－30＝2より，さらに約２g溶かすことができる。

(3)＜**節足動物**＞節足動物は，無セキツイ動物のうち体が外骨格でおおわれ，体や足に節がある動物である。なお，内臓が外とう膜で包まれているのは，無セキツイ動物のうち軟体動物である。また，節足動物にはえらで呼吸するものもいるが，全てがえらで呼吸するわけではない。

(4)＜**鉱物**＞表の鉱物のうち，石英と長石は無色鉱物，角閃石《かくせんせき》と輝石，カンラン石は有色鉱物である。無色鉱物を多く含む火山灰は白っぽい色をしていて，ねばりけが強いマグマからつくられる。なお，有色鉱物を多く含む火山灰は黒っぽい色をしていて，ねばりけが弱いマグマからつくられる。

(5)＜**動滑車**＞図のように動滑車を１つ使うと，直接物体を持ち上げるときに比べ，ロープを引く力の大きさは半分になるが，ロープを引く距離は２倍になる。よって，10Nの物体を0.3m持ち上げるとき，ロープを引く力の大きさは半分の５N，引いた距離は２倍の0.6mになる。

(6)＜**酸化銀の分解**＞酸化銀を加熱すると，銀と酸素に分解する。よって，発生した気体は酸素で，酸素は水にほとんど溶けず，他の物質を燃やすはたらき(助燃性)がある。

(7)＜**刺激と反応**＞思わず腕を曲げて手を引っ込めるような無意識に起こる反応を反射といい，反射ではせきずいで命令を出すため，刺激の信号が伝わる経路はC→B→Aとなる。また，手をにぎられてからにぎり返すような意識して起こす反応では脳で命令を出すため，信号が伝わる経路はC→D→E→Aとなる。

(8)＜**日本付近の天気**＞図の天気図は，日本の西に高気圧，東に低気圧がある冬の典型的な西高東低の気圧配置になっている。冬には，シベリア気団が発達し，日本海側は雪，太平洋側は乾燥した晴天が続くことが多い。

2〔電流とその利用〕

⑴＜**電流**＞電熱線Xの抵抗は4.0Ωだから，6.0Vの電圧を加えたときに流れる電流は，オームの法則〔電流〕＝$\frac{〔電圧〕}{〔抵抗〕}$より，$\frac{6.0}{4.0}=1.5$(A)となる。

⑵＜**電流と電圧**＞電源装置の電圧は6.0Vで変わらないから，電圧計の示す値も6.0Vで変わらない。一方，抵抗が6.0Ωの電熱線Yに流れる電流は$\frac{6.0}{6.0}=1.0$(A)となるから，電流計の示す値は，電熱線Xのときより小さくなる。

⑶＜**グラフ**＞表より，電熱線Xを使用したとき，水の温度は1分ごとに1.2℃上昇している。よって，水の温度の変化量は電流を流す時間に比例するから，グラフは原点を通る直線になる。解答参照。

⑷＜**電流，電圧，電力**＞①図3は直列回路なので，回路全体の抵抗の大きさは$4.0+4.0=8.0$(Ω)で，回路全体に流れる電流の大きさは$\frac{6.0}{8.0}=0.75$(A)となる。また，図4は並列回路で，それぞれの電熱線に電源と同じ6.0Vの電圧が加わるから，1本の電熱線に流れる電流は$\frac{6.0}{4.0}=1.5$(A)である。よって，回路全体に流れる電流の大きさは$1.5+1.5=3.0$(A)であり，回路全体では6.0Vの電圧で3.0Aの電流が流れているから，回路全体の抵抗の大きさは$\frac{6.0}{3.0}=2.0$(Ω)となる。　②電力量は，〔電力量(Wh)〕＝〔電力(W)〕×〔時間(h)〕で求められる。よって，電気ストーブを800Wで2時間使用したときの電力量は$800\times2=1600$(Wh)より，1.6kWhである。

3〔生命・自然界のつながり〕

⑴＜**子に現れる形質**＞エンドウの種子の形の丸としわのように，対立形質を持つ純系の親どうしをかけ合わせたとき，丸のように子に現れる形質を顕性形質(優性形質)，しわのように子に現れない形質を潜性形質(劣性形質)という。

⑵＜**減数分裂**＞生殖細胞がつくられるときには，染色体の数が半分になる特別な細胞分裂が行われる。この細胞分裂を減数分裂という。

⑶＜**遺伝子の割合**＞図3で，孫の遺伝子の組み合わせは，AA：Aa：aa＝1：2：1になっている。よって，孫全体に対するAaの割合は，$\frac{2}{1+2+1}\times100=50$(%)となる。また，図4で，孫のAAからできるひ孫の数を4とすると，AAが4，孫のAaは他の2倍あるから，Aaからできるひ孫はAAが$1\times2=2$，Aaが$2\times2=4$，aaが$1\times2=2$であり，孫のaaからできるひ孫はaaが4となる。したがって，ひ孫の代では，AA：Aa：aa＝(4＋2)：4：(2＋4)＝6：4：6＝3：2：3になるから，全体に対するAaの割合は，$\frac{2}{3+2+3}\times100=25$(%)である。

⑷＜**形質の数の比**＞孫の代の丸い種子の遺伝子の組み合わせは，AAとAaである。⑶より，孫のAAからできるひ孫はAAが4，孫のAaからできるひ孫はAAが2，Aaが4，aaが2となるから，AA：Aa：aa＝(4＋2)：4：2＝6：4：2＝3：2：1である。よって，AAとAaが丸，aaがしわになるので，丸い種子としわのある種子の数の比は，(3＋2)：1＝5：1である。

⑸＜**無性生殖**＞無性生殖では，子は親と全く同じ遺伝子を受け継ぐため，子には親と全く同じ形質が現れる。そのため，優れた形質を持つ作物は，無性生殖でその形質を受け継がせることにより，一定の品質を保つことができる。

4〔大地の変化〕

⑴＜**初期微動継続時間**＞P波が届くと初期微動が起こり，S波が届くと主要動が起こる。P波が届い

てからＳ波が届くまでの初期微動が続いている時間を初期微動継続時間という。また，図より，ゆれＸは初期微動，ゆれＹは主要動で，初期微動継続時間は15秒間である。

⑵＜**Ｓ波の速さ**＞表で，地点Ｃと地点Ｄを比べると，Ｓ波は，震源からの距離の差より，88－64＝24(km)を，Ｓ波が届いた時刻の差より，12－06＝6(s)で伝わると考えられる。よって，Ｓ波の速さは，24÷6＝4(km/s)である。

⑶＜**震源からの距離**＞地震ではふつう初期微動継続時間が長い地点ほど，震源から遠い。⑴より，地点Ａの初期微動継続時間は15秒であり，表より，地点Ｄの初期微動継続時間は12－1＝11(s)である。よって，地点Ａの方が震源から遠いと判断できる。

⑷＜**地震の規模**＞地震の規模(エネルギーの大きさ)はマグニチュードで表され，マグニチュードの値が大きいほど，地震のエネルギーは大きくなる。なお，地震によるゆれの程度を表す震度は震源からの距離によって変化するが，マグニチュードは１つの地震ごとに１つの値しかない。

5 〔化学変化とイオン〕

⑴＜**アルカリ性の水溶液**＞アルカリ性の水溶液は，赤色リトマス紙を青色に変える。よって，表１より，アンモニア水，石灰水，せっけん水である。

⑵＜**BTB溶液**＞BTB溶液は，酸性で黄色，中性で緑色，アルカリ性で青色を示す。よって，アルカリ性のせっけん水にBTB液を加えると青色になるから，正しいのはイである。

⑶＜**イオンの移動**＞表２より，水溶液Ａはうすい塩酸である。うすい塩酸に電圧をかけると，酸性を示す原因となる水素イオン(H^+)が陰極へ移動するため，図３の青色リトマス紙の陰極側のｐの部分が赤色に変化する。

⑷＜**中性**＞水溶液Ｂは，赤色と青色のリトマス紙の両方の色を変えないので，中性である。

⑸＜**酸性の水溶液**＞⑷より，水溶液Ｂは中性なので，表２より，水溶液が中性になるのは，うすい塩酸とうすい水酸化ナトリウム水溶液を6：3＝2：1の体積比で混ぜたときで，これよりうすい塩酸が多ければ酸性に，うすい水酸化ナトリウム水溶液が多ければアルカリ性になる。よって，水溶液Ａと水溶液Ｅは酸性，水溶液Ｃと水溶液Ｄはアルカリ性，水溶液Ｆは中性になる。したがって，気体が発生するのは，酸性の水溶液Ａと水溶液Ｅであり，発生した気体は水素(H_2)である。

6 〔運動とエネルギー〕

⑴＜**力学的エネルギー**＞運動エネルギーは運動している物体が持っているエネルギーで，運動の速さが大きいほど大きく，位置エネルギーは高い所にある物体が持っているエネルギーで，物体の基準面からの位置が高いほど大きい。そして，位置エネルギーと運動エネルギーの和を力学的エネルギーといい，力学的エネルギーの大きさは一定に保たれる(力学的エネルギーの保存)。そのため，図１で，おもりの位置が下がるほど位置エネルギーは小さくなり，運動エネルギーは大きくなる。よって，点Ｑ，Ｒ，Ｓのうち，運動エネルギーが最も大きい位置は，最も位置が下がった点Ｑであり，位置エネルギーが最も大きい位置は，最も位置が上がった点Ｓである。

⑵＜**火起こし器**＞図２の火起こし器は，主軸が回転することによる運動エネルギーが，摩擦によって熱エネルギーに変わることで火を起こすことができる。

⑶＜**ダニエル電池**＞化学エネルギーを電気エネルギーに変換する装置を電池といい，図３は電池の一種であるダニエル電池である。ダニエル電池では，銅より亜鉛の方がイオンになりやすいため，亜鉛が溶けて亜鉛イオンになり，このとき電子を放出する。この電子は，亜鉛板からモーターを通って銅板へ移動する。よって，電子を受け取った側の金属板は銅板である。

⑷＜**光合成**＞光合成では，太陽の光を利用して，水と二酸化炭素からデンプンなどの養分と酸素ができる。つまり，光合成では，太陽の光エネルギーが，物質の化学エネルギーに移り変わっている。

2023年度／水戸啓明高等学校

国語解答

一 (一) (1) 放 (2) 毛布 (3) 買

(二) 2 (三) 4

(四) 美由起と中園に要望通りのオムライスを作れないと思われているように感じたことで，怒りが込みあげたから。(50字)

(五) プロの眼差し

二 (一) (1) かんじん (2) おく

(3) ざっこく

(二) 1 (三) 2

(四) 双方の利害，複数の視点を意識して，自分にとって有利な情報も，有利でない情報も両方しっかり見ること。

(49字)

(五) 矛盾

三 (一) 2 (二) 四 (三) 3 (四) 4

(五) 努力の結晶

(六) 素晴らしい答案に出くわした

四 (一) わきまえね (二) 3

(三) 明月の珠 (四) 4

(五) (例)吹奏楽部の練習中，どうしてもうまく吹けない部分について，先輩がつきっきりで教えてくれた。先輩自身の練習時間を削って教えてくれたことに恩を感じ，同様に困っている後輩の助けになろうと私も意識している。／どういう形であれ，受けた人の利益になったものが恩だと思う。誰かのために行動し，それに対して恩を感じることが巡っていけば優しい世の中になるのではないだろうか。恩がうまく循環していく社会になってほしい。(200字)

一〔小説の読解〕出典；坂井希久子『たそがれ大食堂』。

(一)<**漢字**>(1)音読みは「解放」などの「ホウ」。 (2)「毛布」は，防寒用の寝具として用いられる毛織物のこと。「布」は，「ノ」→「一」の順で書き始める。 (3)音読みは「買収」などの「バイ」。

(二)<**心情**>美由起は，オムライスの値上げを主張した智子に対し，「料理の腕はたしかだ」と認めた。しかし，マネージャーとして「ひと晩考えて，自分なりに軸を定めてきた」ので，美由起は，智子の案を受け入れずに自分が定めた軸を貫こうと考え，「お値段据え置き，ラッピングタイプのケチャップソース。うちのオムライスは，それでいきます」と言いきった。

(三)<**文章内容**>「腑抜け」は，驚いて気力がなくなること。美由起は，店の売りを「昭和レトロ」と設定し，その定義について，「昭和らしいもの」と「ノスタルジーを感じるもの」という「レトロ」にふさわしい内容を挙げた後，その流れに合わない「可愛らしいもの」を挙げた。そのため，智子と中園は，予想外の展開にあっけにとられたのである。

(四)<**文章内容**>美由起に，自分が発案したのとは違うケチャップソースのラッピングオムライスの調理を頼まれ，智子は，「どうして，私が」と不服そうにした。しかし，美由起と中園が，その反応を逆手に取って，智子がラッピングオムライスをつくれるかどうかを疑う発言をしたので，智子は，腹を立てて，かえって調理をする気になったのである。

(五)<**文章内容**>智子は，もともとケチャップソースのラッピングオムライスをつくることに乗り気ではなかったが，美由起と中園に挑発された結果，「折り返している厨房服の袖をさらにまくり上げ」

たり，「プロの眼差しで卵をかき混ぜはじめ」たりして，強いやる気を見せた。

二 **〔論説文の読解—社会学的分野—社会科学〕**出典；磯田道史『歴史とは靴である』。

≪本文の概要≫物事をいろいろな視点から見れば，理解はだんだん深まる。情報が増える過程で，すでに持っている情報と矛盾する状況が生じるが，その状況があるから理解は次の段階へと進むのである。そのため，自分が前に思っていたのと全然違う情報を大事にすることが，生きていくうえで肝心である。歴史学の場合における「客観性」の問題でも同様で，史実は一つであったとしても，どこを見るかで大きく解釈が異なる。理解を深めるためには，自他の双方の利害，複数の視点で物事を見なくてはならない。そして，自分にとって有利な情報も，有利でない情報も，両方しっかり見る必要がある。歴史とは，結局は他者理解であり，なるべく自分から離れて，異時空を生きた人々の了見をも理解しようとした方が，情報が多くなり，客観性が増し，歴史認識が深まるのである。

㈠**＜漢字＞**⑴「肝心」は，特に大切なこと。　⑵他の訓読みは「あと」「うし(ろ)」「のち」。音読みは「前後」などの「ゴ」，「後半」などの「コウ」。　⑶「雑穀」は，米・麦以外のさまざまな穀類のこと。

㈡**＜接続語＞**A．底からしか見なければ「ただの○」に見えるペットボトルも，「四方八方からながめれば，これは“お～いお茶”のボトルだ」とわかるということは，要するに，「いろんな視点からみれば，理解がだんだん深まって」いくということである。　B．犬に吠えられて，「ぼく」の中で「犬は人に吠えるものである」という仮説ができたのに，友達が犬をしかったら，犬は「キューンとおとなしくなった」のである。

㈢**＜文章内容＞**日本が韓国を植民地化したという一つの「史実」に対して，「朝鮮半島に農業用の用水路やダムをつくったり，お米が穫れるようにして近代化のためにいろいろやってあげた」という日本の見方と，「増産したお米を日本に輸出し」て，「朝鮮人には雑穀を食べさせた」という韓国の見方がある。このように，「史実はひとつ」でも，どこを見るかによって解釈は違ってしまうのであり，どちらが正しいとは決められないのである。

㈣**＜文章内容＞**自他の「双方の利害，複数の視点」で物事を見て，「自分にとって有利な情報も，有利でない情報も，両方しっかり」見る。そのように「自分から離れて」見ることが，「異時空を生きた人びと」，すなわち，「他者」のものの見方をも理解することにつながり，歴史認識が深まるのである。

㈤**＜文章内容＞**一つの仮説ができた後，情報が増えてくるにつれて，「前とちがう，矛盾する状況」が生じるが，「前と矛盾した状況がある」からこそ，より高度な仮説を考え出して「次の段階に進める」のである。このように最初の仮説とそれとは矛盾した状況とを統合して新しい論理に発展させていく方法が「弁証法」である。

三 **〔説明文の読解—芸術・文学・言語学的分野—文学〕**出典；復本一郎『青春俳句をよむ』。

㈠**＜漢字の知識＞**行書で書かれている「評」は，楷書では十二画。「郷」は，十一画。「運」は，十二画。「園」は，十三画。「率」は，十一画。

㈡**＜ことばの単位＞**文節に区切ると，「そんな／春一郎の／真摯さが／うかがえます」となる。

㈢**＜文章内容＞**「『寒気澄む』は，ぴーんと張り詰めたような寒さの中にいる心地よさを表現したもの」であり，その「心地よさ」は，「『対決』を強いられるような答案」に出くわし，春一郎が「教師冥利に浸る」中で生まれているのである。

㈣**＜文章内容＞**本文では，「三重県の尾鷲高等学校の先生」をしていた俳人の堀井春一郎が，その体験をもとにしてつくった俳句が話題になっている。「教壇に立って三十年」になる「僕」は，春一郎と同じ立場から，「答案と対決す」に教師としての喜びを読み取っている。

㈤**＜文章内容＞**生徒の「日頃の精進ぶりの成果を確認するものが『試験』」であり，答案は，生徒の「努力の結晶」なのである。

㈥**＜文章内容＞**「僕」は，「『対決』を強いられるような答案」，すなわち，「素晴らしい答案」に出くわすと，「つくづくと教師冥利に浸る」ことができるのである。

四 **〔古文の読解―説話〕**出典；『十訓抄』一ノ四。

≪現代語訳≫幼い子は，親ということを知らないけれど，(親が)優しく愛情を注ぐことでついてくるものだ。馬・牛・羊・猪《いのしし》・犬・鶏といった六種の家畜は，飼い主ということをわきまえないけれど，(飼い主の)優しさを感じ取って慣れ親しんでくるものだ。ましてや，心ある人間は言うまでもない。

動物のたぐいが，恩を知る例は，多い。(中国の皇帝であった)漢の武帝が，昆明池で遊覧なさっているときに，一匹の鯉で釣り針を飲み込んで，死にそうにしているのがいた。武帝は，これを見て，人をつかって(釣り針から鯉を)解き放ちなさった。その夜，武帝の夢の中に鯉が出てきて，(助けられたことを)感謝した。次の日，(武帝が)池にお出かけになられたときに，昨日の鯉が，暗闇でも自ら光って照らす明月のような宝玉を口にくわえて，(その宝玉を)池のほとりに置いて去った。その後，(武帝は)この池で魚を釣ることをおやめになったという。

㈠**＜歴史的仮名遣い＞**歴史的仮名遣いの語中・語尾のハ行は，現代仮名遣いでは原則として，「わいうえお」となる。よって「わきまへね」は，「わきまえね」となる。

㈡**＜古文の内容理解＞**武帝に助けられた鯉は，その夜に武帝の夢の中に出て感謝しただけでなく，次の日には武帝が池に出かけた際に，宝玉を置いてその感謝の気持ちを示した。武帝は，動物も恩に対する感謝を行動で示すことを知り，魚を釣るのを控えるようになったのである。

㈢**＜古文の内容理解＞**動物でも恩を知っていることが多く，愛情をもって接するとよい関係が築ける。武帝は，鯉の苦しみを思って助けた結果，鯉から恩返しとして宝玉をもらったのである。

㈣**＜四字熟語＞**「言語道断」は，言葉で言い表せないほどひどいこと。「異口同音」は，多くの人が口をそろえて同じことを言うこと。「因果応報」は，過去の行いのよし悪しに応じて，必ずその報いがあること。「針小棒大」は，物事をおおげさに言うこと。

㈤**＜作文＞**古典の文章とグループでの話し合いでは，相手を思って接した結果，「恩」が生じることが描かれている。これをふまえて，第一段落では，自分がどのような場面で，誰の，どのような行為に，「恩」を感じたのかという体験を，読み手が場面を想像できるように書く。第二段落では，第一段落の内容をふまえて，「恩」とは何か，なぜ「恩」が重要なのかなど，「恩」についての自分の考えを述べる。

2022年度 水戸啓明高等学校

【英　語】（50分）〈満点：100点〉

1　次の(1)～(4)は，放送による問題です。それぞれ放送の指示にしたがって答えなさい。

(1)　これから，**No.** 1から**No.** 5まで，五つの英文を放送します。放送される英文を聞いて，その内容に合うものを選ぶ問題です。それぞれの英文の内容に最もよく合うものを，**ア**，**イ**，**ウ**，**エ**の中から一つ選んで，その記号を書きなさい。

No. 1

No. 2

No. 3

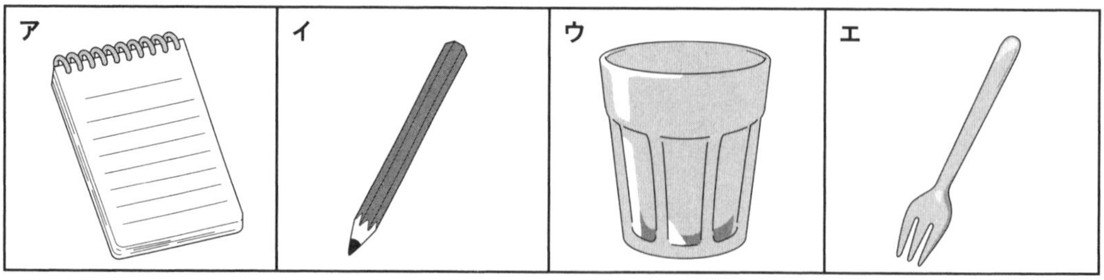

No. 4

ア

ピアノ	月曜日 土曜日
水泳	水曜日 木曜日

イ

ピアノ	火曜日 土曜日
水泳	木曜日 金曜日

ウ

ピアノ	木曜日 金曜日
水泳	火曜日 土曜日

エ

ピアノ	月曜日 木曜日
水泳	水曜日 土曜日

No. 5

ア　【人気の色】

1位	白
2位	青
3位	ピンク

イ　【人気の色】

1位	白
2位	ピンク
3位	青

ウ　【人気の色】

1位	ピンク
2位	白
3位	青

エ　【人気の色】

1位	青
2位	白
3位	ピンク

(2)　これから，**No. 1**から**No. 4**まで，四つの対話を放送します。それぞれの対話のあとで，その対話について一つずつ質問します。それぞれの質問に対して，最も適切な答えを，**ア**，**イ**，**ウ**，**エ**の中から一つ選んで，その記号を書きなさい。

No. 1

ア　To see her friends.
イ　To buy some books.
ウ　To talk with Jun.
エ　To do her homework.

No. 2

ア　At eleven.
イ　At twelve.
ウ　At one.
エ　At two.

No. 3

ア　Daniel's grandfather did.
イ　Daniel's brother did.
ウ　Her grandfather did.
エ　Her brother did.

No. 4

ア　Eric's room.
イ　Eric's hat.
ウ　A TV in Eric's room.
エ　A bed in Eric's room.

(3) これから，中学生のヒロト(Hiroto)とホワイト先生(Ms. White)との対話を放送します。そのあとで，その内容について，**Question No. 1** と **Question No. 2** の二つの質問をします。それぞれの質問に対して，最も適切な答えを，**ア**，**イ**，**ウ**，**エ**の中から一つ選んで，その記号を書きなさい。

No. 1

ア He will make some plans for the spring vacation.
イ He will see his friends in Sendai.
ウ He will talk about Date Masamune with Ms. White.
エ He will visit his grandfather and grandmother.

No. 2

ア She will tell Hiroto about some restaurants in Sendai.
イ She will visit the city museum in Sendai.
ウ She will see her friend in Sendai.
エ She will visit some famous places in Sendai.

(4) 佐藤先生(Mr. Sato)が留学生に，スポーツフェスティバルについて話しました。これからその内容を放送します。スポーツフェスティバルで行われるスポーツは，全部で何種類ですか。その数を①に書きなさい。

また，佐藤先生が説明した内容として正しい組み合わせのものを，下の**ア**，**イ**，**ウ**，**エ**の中から一つ選んで，その記号を②に書きなさい。

「スポーツフェスティバルで行われるスポーツの数」　：　①（　　　　　種類）
「佐藤先生が説明した内容」　：　②（　　　　　）

	開催日	開始時間	昼食準備
ア	来週金曜日	8時15分	必要
イ	来週金曜日	8時30分	不要
ウ	来週土曜日	8時15分	必要
エ	来週土曜日	8時30分	不要

※　放送による問題の放送文は，英語の問題の終わりに付けてあります。

2 次の**A**と**B**の英文は，アメリカに留学しているマサト(Masato)と，日本の高校のブラウン先生(Mr. Brown)がやり取りしたメールです。それぞれの英文を読んで，あとの**(1)**，**(2)**の問いに答えなさい。

A

> Hello, Mr. Brown.
> I ①(arrive) at my host family's house in America this morning. It's Friday today. This weekend, my host family will have a party for me. I will start ②(go) to school from Monday. I was surprised to see ③(house) in America. They are all large! I will write an e-mail to you again soon.

B

> Hi, Masato.
> How are you? Thank you ④(f　　) your e-mail. When I came to Japan and saw my house, I was a little sad because it was ⑤(s　　) than my house in America. But I like my house in Ibaraki, too. It's Sunday today, so your school will start from ⑥(t　　). I hope you will make many new friends!

(1) **A**の英文が完成するように，文中の①～③の(　　　)の中の語を，それぞれ１語で適切な形に直して書きなさい。

(2) **B**の英文が完成するように，文中の④～⑥の(　　　)内に，最も適切な英語を，それぞれ１語ずつ書きなさい。なお，答えはすべて(　　　)内に示されている文字で書き始めるものとします。

3 次の英文は，高校生のツトム(Tsutomu)と留学生のシンディ(Cindy)の対話です。この対話文を読んで，次のページの**(1)**～**(3)**の問いに答えなさい。

Cindy : Did you watch TV last night?

Tsutomu : Yes, I watched a baseball game with my brother. I enjoyed it very much.

Cindy : That's good. I watched a ※program about animals.

Tsutomu : Oh, I think I know it. It's a Ⓐ<u>(**ア** at / **イ** that / **ウ** seven / **エ** starts / **オ** program)</u> thirty in the evening, right? Do you often watch it?

Cindy : Yes, I like it very much. It shows many kinds of animals every week. I learn a lot from it. I learn Japanese, too. It's a program for children, so the Japanese is not so difficult. Ⓑ Watching it is good for me.

Tsutomu : I see. What animal was it about last night?

Cindy : Cats. I like cats very much, so I enjoyed watching the program very much.

Tsutomu : Do you have cats?

Cindy : Yes, I have two. They are Chloe and Lilly. They are sisters. I have some pictures. Look at them.

Tsutomu : Wow, they are very cute.

Cindy : Do you think so? I'm glad to hear that!

※program　番組

(1) 下線部Ⓐの(　　　)の中の語を正しく並べかえて，記号で書きなさい。

(2) 下線部Ⓑを下の英文のように言いかえたとき，(　　　)に入る適切な英語１語を書きなさい。

(　　　) is good for me to watch the program.

(3) 次の英文は上の対話が行われた日の夜に，シンディが友人に書いたメールの一部です。上の対話文の内容に合うように，(①)～(③)に入る適切な英語を，それぞれ１語ずつ書きなさい。

I talked with Tsutomu about TV programs today. Last night, he watched a (①) game with his brother. I watched a program about (②). It was about cats last night. Then I showed him some (③) of my cats. I was happy when he said my cats were cute.

4 高校生のアケミ(Akemi)と留学生のジャック(Jack)は，次のページのゴミ(garbage)の出し方に関するちらし(leaflet)を見ながら話をしています。下の対話文を読んで，(1)，(2)の問いに答えなさい。

Akemi : Hello, Jack. What are you reading?

Jack : Hi, Akemi. I'm reading a leaflet about how to ※dispose of garbage.

Akemi : There are (①) rules about disposing of garbage in our city.

Jack : Yes, I've just read them. I'm surprised that people have to use special plastic bags when they dispose of garbage from home.

Akemi : You're right. You can buy them at shops or stores in the city.

Jack : I see. Oh, I have a question. Which area do I live in?

Akemi : You live in Motomachi, right? It's in Area B.

Jack : Then, when can I dispose of ※combustible waste like (②)?

Akemi : You live in Area B, so you can dispose of it on Tuesday and Wednesday. You can dispose of things like bottles or ※cans (③).

Jack : How about ※incombustible waste?

Akemi : You can dispose of it on Thursday, but only ※once (④).

Jack : OK. On the ※collection day, I have to dispose of garbage (⑤), right?

Akemi : That's right. Well, [　　　　　　　　] reading the leaflet?

Jack : To help my host mother. She is always very busy, so I want to do something to help her.

Akemi : You are very kind!

※ dispose of ～　～を捨てる　combustible　可燃性の　can　缶　incombustible　不燃性の
once　一回　collection　収集

2022 Hikari City Waste Collection Days

Rules of disposing of garbage in Hikari City

Rule 1: Use Hikari City's special plastic bags for garbage from home.
Rule 2: ※Separate types of garbage.
Rule 3: Do not dispose of ※commercial waste.

Disposing of	Area A	Area B
Combustible Waste (Kitchen garbage, paper, plastic ※items, ※etc.)	Monday Thursday	Tuesday Wednesday
Incombustible Waste (※Metal items, ※glass products, etc.)	First Wednesday	Second Thursday
※Recyclables (Newspaper, bottles, ※PET bottles, cans, etc.)	Tuesday	Friday

Please dispose of your garbage at your collection place before eight in the morning.

※ separate ～　～を分ける　commercial　商業上の　item　製品　～ etc　～など
metal　金属の　glass product　ガラス製品　recyclable　再利用可能なもの
PET bottle　ペットボトル

(1) 対話文中の(　①　)～(　⑤　)に入る最も適切なものを，ア～エの中から一つ選んで，その記号を書きなさい。

① ア two　イ three
　 ウ four　エ five

② ア kitchen garbage　イ metal items
　 ウ newspaper　エ PET bottles

③ ア on Monday　イ on Wednesday
　 ウ on Thursday　エ on Friday

④ ア in a month　イ in a week
　 ウ in a year　エ in a day

⑤ ア before two in the afternoon　イ after two in the afternoon
　 ウ before eight in the morning　エ after eight in the morning

(2) 対話の流れに合うように，文中の［　　　　　　］に入る適切な英語３語を書きなさい。

5

下の，ミライ(Mirai)が書いた英文を読んで，次のページの(1)～(4)の問いに答えなさい。

I am Mirai and a high school student in Ibaraki. I am fifteen years old. Nozomi is one of my old friends and she is as old as I. [1] She lived ※next door to me when we were little. We played almost every day and talked about many things. We both liked to read books and we read each other's books.

One day Nozomi said to me, "Please read this book. It's a book about a Japanese ※female ※astronaut. After reading this book, I want to become an astronaut." I soon finished reading it, and I also felt the same as Nozomi. I said to her, "Let's study hard to become astronauts. [2]" We studied very hard for our dreams every day, but three years later, Nozomi moved to Osaka. We were ten years old then.

Last summer, my family and I visited Osaka. I met Nozomi there for the first time in about four years. We were very happy and talked about many things. We also talked about our dreams. I asked her, "Do you still hope to become an astronaut?" She said, "No. That was a child's dream, Mirai. I don't think we can become astronauts. I looked for information about the ※probability of becoming an astronaut on the Internet. A website says that the probability is ※less than 0.1 percent. [3] I still study very hard every day, but I do it to be a ※lawyer. ※As people grow, they ※accept the reality and have dreams they can realize, right? Well, [　　　　]?” I couldn’t answer her question because I still had the child’s dream.

That evening, I talked with my mother about Nozomi. She said, “Nozomi is very ※realistic. I think she is right.” I said to her, “Then, do you think I should give up my dream?” She said, “Well, this is a problem of ‘how you live.’ You can be realistic like Nozomi, or you can ※pursue your dream. I think becoming an astronaut is very difficult, but I also think working very hard to realize your dream will make your life better. I’m sure you will learn many things from it. [4] I will always help you, so why don’t you study hard for your dream now?” I said to her, “Thank you, Mother. Now I can answer Nozomi’s question. Yes, I want to be an astronaut!”

※ next door to ～　～の隣に　female　女性の　astronaut　宇宙飛行士　probability　確率
less than ～　～より少ない　lawyer　弁護士　as ～ grow　～が成長するにつれて
accept ～　～を受け入れる　realistic　現実的な　pursue ～　～を追求する

(1) 本文の内容に合う文を，次の**ア**～**ク**の中から三つ選んで，その記号を書きなさい。

ア Mirai goes to a high school in Ibaraki.
イ Mirai didn’t like to read books when she was little.
ウ When Nozomi was seven, she told Mirai about a book about a Japanese female astronaut.
エ Nozomi moved to Osaka when she was five years old.
オ Nozomi said to Mirai last summer that she still hoped to be an astronaut.
カ Mirai looked for information about the probability of becoming an astronaut.
キ After talking with Nozomi, Mirai talked with her mother about her future.
ク Mirai’s father also wanted to become an astronaut when he was little.

(2) 次の①，②の質問に，それぞれ指定された語数の英文で答えなさい。ただし，すべて英語のつづりで書くこととします。また，符号(, . ? ! など)は，語数には含まないものとします。

① How old is Nozomi? （3語以上）

② Where did Mirai meet Nozomi last summer? （2語以上）

(3) 次の文は文中の [1] ～ [4] のどの位置に入るのが最も適切か，番号で答えなさい。

Only children have dreams of becoming an astronaut.

(4) 本文の内容から考えて，本文中の □ に入る最も適切なものを，次の**ア**～**エ**の中から一つ選んで，その記号を書きなさい。

ア why do you want to be a lawyer

イ what's your dream now

ウ when did you come to Osaka

エ where do you want to go in Osaka

6 あなたは，英語の授業で，取り組んでみたいボランティア(volunteer)活動について発表することになりました。次の(1)，(2)の問いに答えなさい。なお，記入例にならい，符号(, . ? !など)は，その前の語につけて書き，語数には含まないものとします。

(1) あなたが発表する，取り組んでみたいボランティア活動が何であるかを説明する文を，英語５語以上，10語以内で書きなさい。ただし，英文は１文とします。

(2) (1)で書いた文に続けて，そのボランティア活動に取り組んでみたい理由を具体的に説明しなさい。英語20語以上，30語以内で書きなさい。ただし，英文は４文までとします。

(1)

5

10

(2)

20

30

記入例				
	Is	that	your	school?
	Yes,	it	is.	

＜放送による問題放送文＞

ただいまから１番の，放送による聞き取りテストを行います。問題は(1)から(4)までの四つです。放送中メモを取ってもかまいません。

それでは(1)の問題から始めます。

(1) これから，**No. 1** から **No. 5** まで，五つの英文を放送します。放送される英文を聞いて，その内容に合うものを選ぶ問題です。それぞれの英文の内容に最もよく合うものを，**ア**，**イ**，**ウ**，**エ**の中から一つ選んで，その記号を書きなさい。
それぞれの英文は，２回放送します。

では，はじめます。

No. 1
Jack is sleeping in his room.
繰り返します。

No. 2
There are two cats on the table. There is also a bag under the same table.
繰り返します。

No. 3
People use this when they want to drink something.
繰り返します。

No. 4
I practice the piano on Mondays and Thursdays. I practice swimming on Wednesdays and Saturdays. On Tuesdays and Fridays, I don't practice anything, so I cook dinner for my family.
繰り返します。

No. 5
Among girls in my class, white is more popular than blue, but white is not as popular as pink.
繰り返します。

これで(1)の問題を終わります。

次に，(2)の問題に移ります。

(2) これから，**No. 1** から **No. 4** まで，四つの対話を放送します。それぞれの対話のあとで，その対話について一つずつ質問します。それぞれの質問に対して，最も適切な答えを，**ア**，**イ**，**ウ**，**エ**の中から一つ選んで，その記号を書きなさい。
対話と質問は，２回放送します。

では，はじめます。

No. 1
A : Hello, Mary. Where are you going?
B : Hello, Jun. I'm going to the library.
A : Are you? What will you do there?
B : I will do my homework there.

Question：Why is Mary going to the library?
繰り返します。（対話と質問を繰り返す。）

No. 2

A： You look tired, Mike.
B： Yes, Kaori. I usually go to bed at eleven, but I went to bed at one last night.
A： That's not good. What did you do?
B： I played a video game with my sister.

Question：What time does Mike usually go to bed?
繰り返します。（対話と質問を繰り返す。）

No. 3

A： Yuko, do you have a computer?
B： Yes, Daniel. I got it on my birthday from my grandfather last month.
A： Do you use it every day?
B： Yes. I didn't know how to use it when I got it, but I learned it from my brother.

Question：Who gave Yuko a computer?
繰り返します。（対話と質問を繰り返す。）

No. 4

A： What are you looking for, Eric?
B： I'm looking for my hat, Mother. I put it by the TV yesterday, but I can't find it. Do you know where it is?
A： Yes. I took it to your room and put it on your bed.
B： Did you? I will go to my room then.

Question：What did Eric's mother take to Eric's room?
繰り返します。（対話と質問を繰り返す。）

これで**(2)**の問題を終わります。

次に，**(3)**の問題に移ります。

(3) これから，中学生のヒロト(Hiroto)とホワイト先生(Ms. White)との対話を放送します。そのあとで，その内容について，**Question No. 1** と **Question No. 2** の二つの質問をします。それぞれの質問に対して，最も適切な答えを，**ア**，**イ**，**ウ**，**エ**の中から一つ選んで，その記号を書きなさい。
対話と質問は，２回放送します。

では，はじめます。

Ms. White： Hiroto, do you have any plans for spring vacation?
Hiroto： Yes, Ms. White. I'm going to visit my grandfather and grandmother in Sendai.
Ms. White： That's nice. What will you do there?
Hiroto： I want to visit the city museum with my grandfather. I'm interested in Date Masamune, and my grandfather said, "The city museum is a good place to learn

a lot about Date Masamune."

Ms. White : That's good.

Hiroto : Have you ever been to Sendai?

Ms. White : Yes, I have. I have a friend there and I visited her last year.

Hiroto : What did you do?

Ms. White : I visited some famous places with her. My friend knows a lot of good restaurants and we had a lot of good food there, too.

Hiroto : Did you? I want to know about those restaurants. Can you tell me about them?

Ms. White : Sure. I will ask my friend the names of the restaurants this evening. I will tell them to you next week. Can you wait?

Hiroto : Of course. Thank you, Ms. White.

Questions:

No. 1 What will Hiroto do during the spring vacation?

No. 2 What will Ms. White do next week?

繰り返します。（対話と質問を繰り返す。）

これで**(3)**の問題を終わります。

次に，**(4)**の問題に移ります。

(4) 佐藤先生（Mr. Sato）が留学生に，スポーツフェスティバルについて話しました。これからその内容を放送します。スポーツフェスティバルで行われるスポーツは，全部で何種類ですか。その数を①に書きなさい。

また，佐藤先生が説明した内容として正しい組み合わせのものを，下の**ア**，**イ**，**ウ**，**エ**の中から一つ選んで，その記号を②に書きなさい。

英文は，２回放送します。

では，はじめます。

On Friday next week, our school will have a sports festival. Everyone in this school will enjoy sports together. The sports you can enjoy are tennis, soccer, baseball, basketball, and volleyball. Students will choose two sports from them to play, so you can choose yours. Why don't you talk with your friends and decide which to play? Tell them to me by Tuesday next week, OK?

Students usually come to school by eight fifteen, but on the sports festival day, you have to come a little earlier. You have to come to school and change your clothes by eight. The sports festival will start from eight thirty. It will finish before noon, so you don't have to bring your lunch. Well, I hope you will have a good day.

繰り返します。（英文を繰り返す。）

これで，放送による聞き取りテストを終わります。続いて，問題**2**に進みなさい。

【数　学】（50分）〈満点：100点〉

注意　1．答えの分数が約分できるときは，約分しなさい。
　　　2．答えに根号がつくときには，根号の中を最も小さい正の整数にしなさい。
　　　3．答えの分母に根号がつくときには，分母に根号がつかない形に直しなさい。

1　次の計算をしなさい。

(1)　$4-13$

(2)　$27\div(-9)-4^2$

(3)　$6(x-2y)-5(x-4y)$

(4)　$\sqrt{2}-\sqrt{32}+\dfrac{6}{\sqrt{2}}$

2　次の各問に答えなさい。

(1)　2次方程式　$x^2-2x-35=0$　を解きなさい。

(2)　右の**表**は，ある家庭で購入した卵10個の重さを1個ずつ測った結果を記録したものである。
　中央値を求めなさい。

45	44	45	47	51
44	52	46	53	43

表　（単位：g）

(3) 右の**図**で，2 点 A，B は関数 $y=\frac{1}{2}x^2$ のグラフ上にあり，点 A の x 座標は -4，点 B の x 座標は 2 である。

点 C は y 軸上にあり，その y 座標は 6 である。

点 B を通り y 軸に平行な直線と，点 C を通り直線 OB に平行な直線との交点を D とする。

点 A を通り，四角形 OBDC の面積を 2 等分する直線の式を求めなさい。

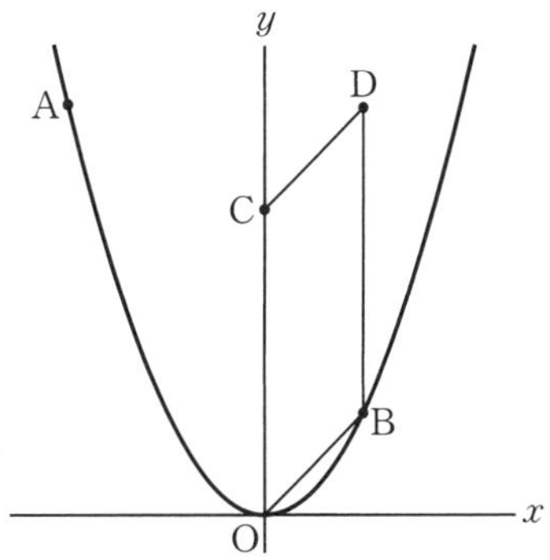

図

(4) 右の**図**のような △ABC があり，点 P は辺 BC 上にある。

∠BAP＝∠CAP となるときの点 P を作図によって求めなさい。

ただし，作図に用いた線は消さずに残しておくこと。

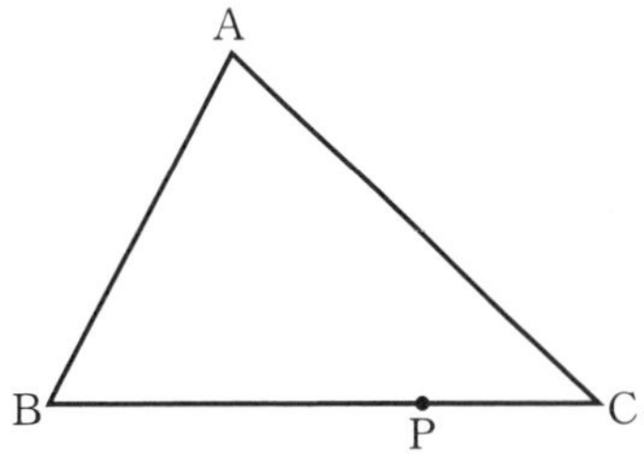

図

3

右の**図 1** のように，1 つの円の周上に 4 点 A，B，C，D がある。

線分 AC と線分 BD との交点を E とする。

線分 AB を B の方向に延長した直線と，線分 DC を C の方向に延長した直線との交点を F とする。

このとき，次の**(1)**～**(3)**の問いに答えなさい。

(1) △AFC∽△DFB であることを証明しなさい。

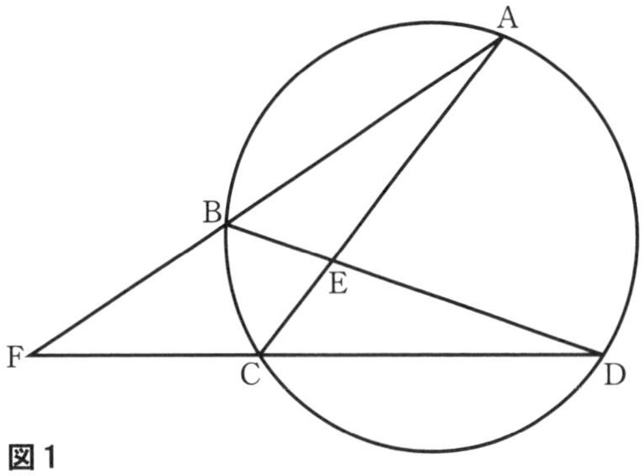

図 1

(2) ∠BAE＝19°，∠BFC＝33° のとき，∠AED の大きさを求めなさい。

(3)　右の**図２**は，**図１**において，AC＝AD＝8 cm，
AF＝$8\sqrt{2}$ cm としたものである。
　このとき，線分 AB の長さを求めなさい。

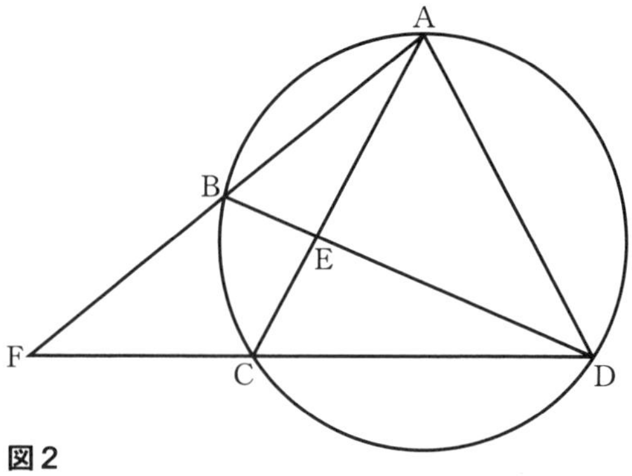

図２

4

　A さんの家から学校までは 1000 m 離れている。
　A さんは，家を出発して，家と学校の間を一定の速さで走って往復した。
　弟は，A さんが家を出発したあと学校を出発して，学校と家の間を自転車に乗って一定の速さで往復した。
　下の**図**は，A さんが家を出発してから x 分後の，家から 2 人のいる地点までの道のりをそれぞれ y m として，A さんが家を出発してから 14 分後までの x と y の関係をグラフに表したものである。

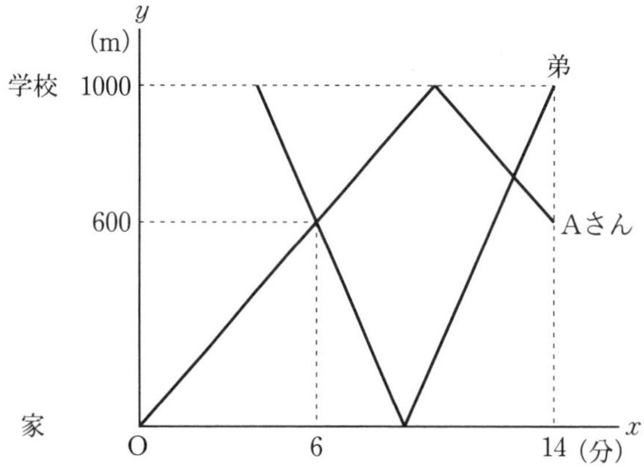

図

　このとき，次の**(1)**〜**(3)**の問いに答えなさい。

(1)　弟が自転車で進む速さは毎分何 m か求めなさい。

(2)　弟が学校を出発したとき，家から A さんがいる地点までの道のりは何 m だったか求めなさい。

(3)　A さんと弟が 2 回目に出会うのは，A さんが家を出発してから何分何秒後か求めなさい。

5 右の**図**のように，箱の中に，1，2，3，4，5，6の数字が1つずつ書かれた6個の玉が入っている。

箱の中から**手順**にしたがって2個の玉を取り出し，1個目に取り出した玉に書かれた数をa，2個目に取り出した玉に書かれた数をbとし，十の位の数がa，一の位の数がbである2けたの自然数をつくる。

このとき，次の**(1)**，**(2)**の問いに答えなさい。

ただし，どの玉を取り出すことも同様に確からしいとする。

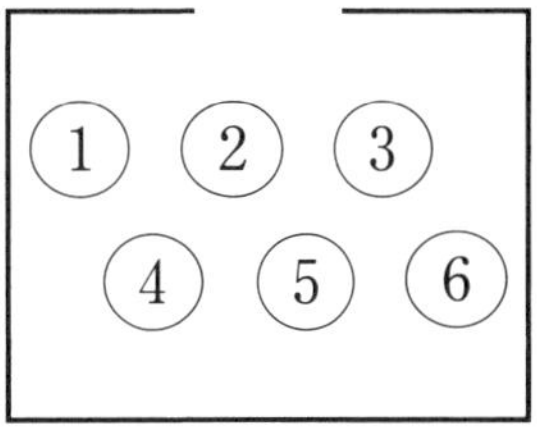

図

(1) **手順**を，「玉を1個取り出し，それを箱の中に**もどさずに**，2個目を取り出す。」とする。

① 玉の取り出し方は全部で何通りあるか求めなさい。

② つくった自然数が3の倍数となる確率を求めなさい。

(2) **手順**を，「玉を1個取り出し，それを箱の中に**もどしてから**，また1個取り出す。」とする。
つくった自然数が素数となる確率を求めなさい。

6 右の**図1**のように，AB＝6 cm，BC＝8 cm，AE＝EG＝10 cmの直方体ABCDEFGHがある。

辺CG上にCI：IG＝3：2となる点Iをとり，頂点Aと点Iを結ぶ。

このとき，次の**(1)**，**(2)**の問いに答えなさい。

(1) 四角形AEGIの面積を求めなさい。

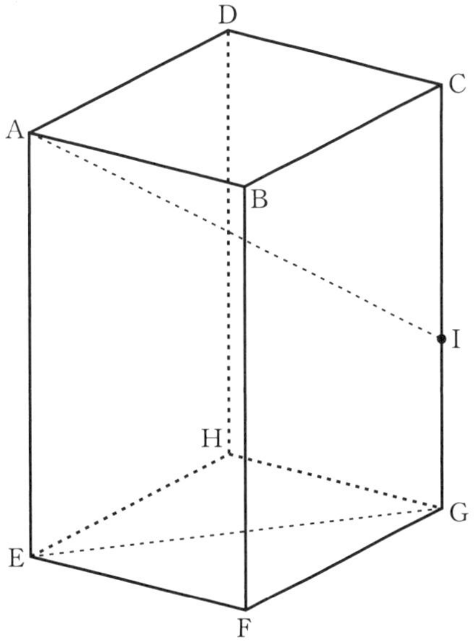

図1

(2) 右の**図2**は，**図1**において，線分 EG 上に点 J を，△AJI の周の長さがもっとも短くなるようにとったものである。

① EJ：JG を，もっとも簡単な整数の比で表しなさい。

② 四面体 AFIJ の体積を求めなさい。

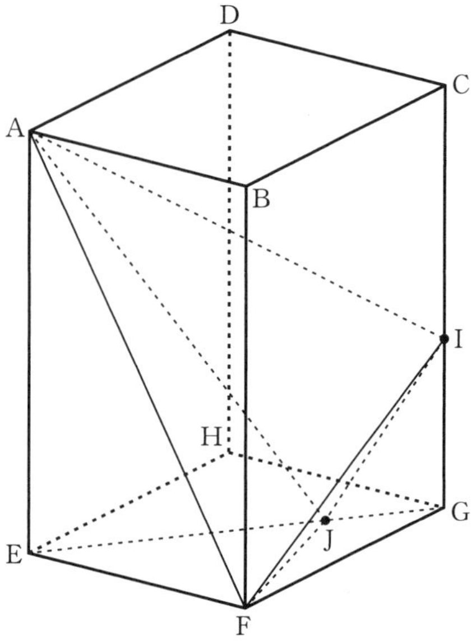

図2

【社　会】 (50分) 〈満点：100点〉

1

ある中学校の社会科の授業で，「関東地方にはどのような特色があるのだろうか」という課題で，班ごとにテーマを設定し，学習しました。次の**1**～**3**に答えなさい。

1　A班では，「関東地方の自然環境」というテーマを設定し，**資料1**～**資料3**を集めました。下の**(1)**～**(3)**の問いに答えなさい。

資料1

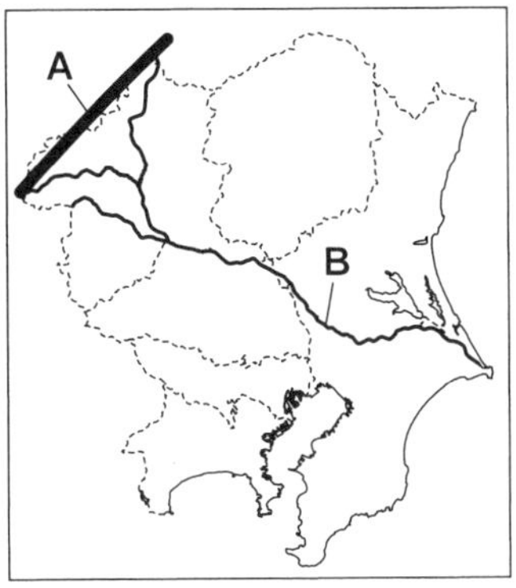

資料2　関東地方1都6県の地形別面積　(単位：km²)

	山地	丘陵地	台地	低地	内水域等
ア	4,887	224	654	585	13
イ	3,388	615	1,637	752	13
ウ	1,444	436	2,270	1,647	290
エ	1,230	232	900	1,414	20
千葉県	388	1,575	1,670	1,452	42
東京都	848	164	629	274	246
神奈川県	895	415	451	575	55
関東地方合計	13,080	3,661	8,211	6,699	679

〔「データでみる県勢 2021」より作成〕

資料3　水戸市と東京の7月～9月の真夏日(一日の最高気温が30℃以上の日)の日数

	2010年	2011年	2012年	2013年	2014年	2015年	2016年	2017年	2018年	2019年	2020年
水戸市	56	41	54	38	31	38	34	32	49	36	41
東京	66	55	64	55	41	42	52	47	59	46	47

〔「気象庁資料」より作成〕

(1)　A班は，**資料1**をもとに，関東地方の自然環境について調べ，次のような**<メモ>**を作成しました。**<メモ>**の［ あ ］，［ い ］に当てはまる語やことばの組み合わせとして最も適切なものを，下の**ア**～**エ**の中から一つ選んで，その記号を書きなさい。

> **<メモ>**
> 関東地方の冬は，**資料1**の**A**の越後《えちご》山脈をこえて吹き降ろしてくる［ あ ］の影響で，晴天の日が多くなります。また，**資料1**の**B**は，日本で［ い ］利根《とね》川です。

ア　［ **あ**　やませ　　**い**　最も長い ］　　**イ**　［ **あ**　やませ　　**い**　最も流域面積が大きい ］
ウ　［ **あ**　からっ風　　**い**　最も長い ］　　**エ**　［ **あ**　からっ風　　**い**　最も流域面積が大きい ］

(2)　A班は，関東地方の1都6県の地形別面積を示した**資料2**について，次の**<メモ>**にまとめました。**<メモ>**の［ う ］に当てはまる記号を，**資料2**の**ア**～**エ**の中から一つ選んで，その記号を書きなさい。また，［ え ］に当てはまる語を書きなさい。

> **<メモ>**
> **資料2**の**ア**～**エ**のうち，茨城県に当てはまるのは［ う ］です。**資料2**から，関東地方では台地の割合が全体の約4分の1を占めていることがわかります。これは，関東地方の広い範囲に，赤土の［ え ］とよばれる火山灰土が堆積しているためです。

(3)　**資料3**から，水戸市に比べて東京の真夏日の日数が多いことが読みとれます。このことと関係が深いヒートアイランド現象について，「**都心部**」「**周辺部**」という語を用いて説明しなさい。

2　B班では，「東京からの距離と方位が正しい地図上に見られる国の様子」というテーマを設定し，**資料4**の世界地図をもとに話し合いました。下の**(1)**～**(3)**の問いに答えなさい。

洋子：**資料4**の地図を見ると，緯度0度の緯線である赤道は，さまざまな国を通っているわね。
次郎：aアフリカ州では，ケニアやコンゴ民主共和国などを通っているよ。
洋子：b南アメリカ州では，ブラジルやエクアドルなどを通っているわ。
次郎：経度0度の経線は，cイギリスの首都ロンドンを通っているよね。
洋子：d経度0度の経線は，世界の時刻の基準となっていて，本初子午線ともよばれるわ。

資料4

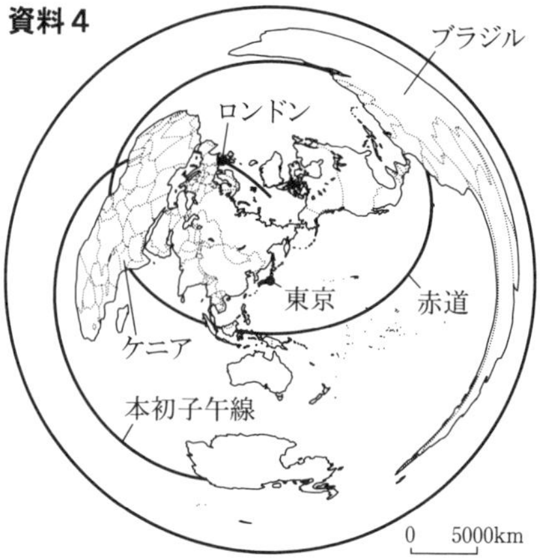

(1)　下線部**a**と下線部**b**について，洋子さんは，アフリカ州や南アメリカ州の国々の産業の特色について調べ，**資料5**，**資料6**を集め，下の**＜メモ＞**を作成しました。**資料5**，**資料6**から読みとったことをもとに，**＜メモ＞**の［お］に当てはまる内容を，「**価格**」「**生産量**」という語を用いて書きなさい。

資料5　ナイジェリアとベネズエラの主な輸出品

ナイジェリア（輸出総額624億ドル）

原油 82.3%	その他 17.7%

ベネズエラ（輸出総額372億ドル）

原油 85.1%	その他 14.9%

（「データブック オブ・ザ・ワールド2021」より作成）

資料6　原油価格の推移（年平均）

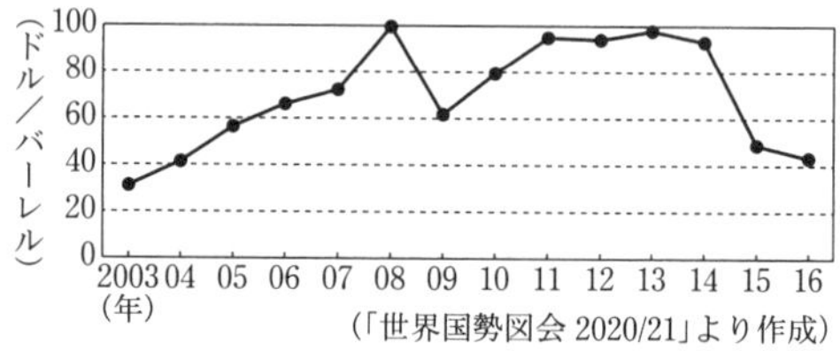

（「世界国勢図会 2020/21」より作成）

＜メモ＞
資料5に示したような，特定の鉱産資源や農産物などの輸出に頼っている経済をモノカルチャー経済といい，このような経済には，［お］という問題点があります。

(2)　下線部**c**について，次郎さんは，イギリスのロンドンと日本の札幌の気候について調べ，**資料7**を見つけ，次のような**＜メモ＞**を作成しました。**＜メモ＞**の［か］に当てはまる記号を，**資料7**の**ア**，**イ**の中から一つ選んで，その記号を書きなさい。また，［き］に当てはまる内容を書きなさい。

＜メモ＞
資料7の**ア**，**イ**のうち，ロンドンに当てはまるのは［か］です。そのように判断した理由は，ロンドンのほうが高緯度に位置しているが，［き］からです。

資料7　ロンドンと札幌の気温と降水量

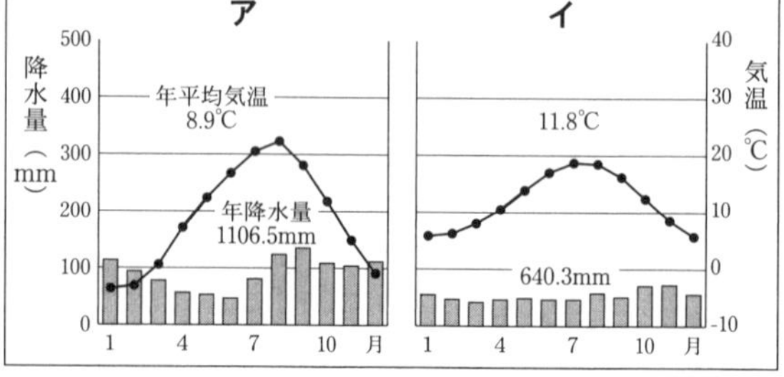

〔「理科年表 2021年版」より作成〕

(3)　下線部**d**について，本初子午線を時刻の基準としているイギリスと，東経135度の経線を時刻の基準としている日本との時差は何時間ですか，**数字**で書きなさい。

3　C班では，「関東地方の産業の様子と世界との結びつき」というテーマを設定し，調べたことをもとに**＜発表原稿＞**を作成しました。下の**(1)**～**(4)**の問いに答えなさい。

> **＜発表原稿＞**
> ・関東地方には，e首都である東京が位置しており，日本の政治や経済の中心となっています。
> ・関東地方の東京湾沿岸部には，製鉄所や石油化学コンビナートなどの大工場が立ち並び，f内陸部には，高速道路のインターチェンジ付近を中心に工業団地が建設され，自動車や電気機械の工場が立地しています。
> ・関東地方は，世界と日本とを結ぶ日本の玄関となっており，g日本有数の貿易港が位置しています。
> ・h関東地方の農業は，大消費地の近くに位置していることから，近郊農業が盛んに行われています。

(1)　下線部 **e** について，三郎さんは，首都である東京に集中している都市機能を分散する動きについて調べ，**資料８**にまとめました。**資料８**の**ア**～**エ**は，東京に集中している都市機能を分散させる目的で建設された「新都心」などの位置を示したものです。「幕張《まくはり》新都心」の位置として最も適切なものを，**ア**～**エ**の中から一つ選んで，その記号を書きなさい。

資料８

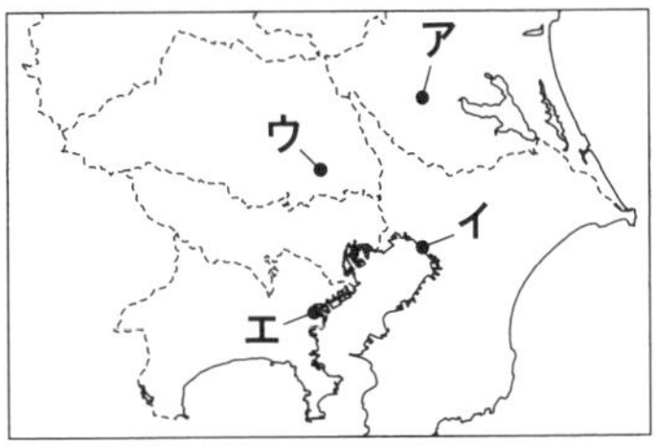

(2)　下線部 **f** について，C班では**資料９**の地形図を見つけました。**資料９**の地形図から読みとれることがらについて述べた文として最も適切なものを，下の**ア**～**エ**の中から一つ選んで，その記号を書きなさい。

資料９

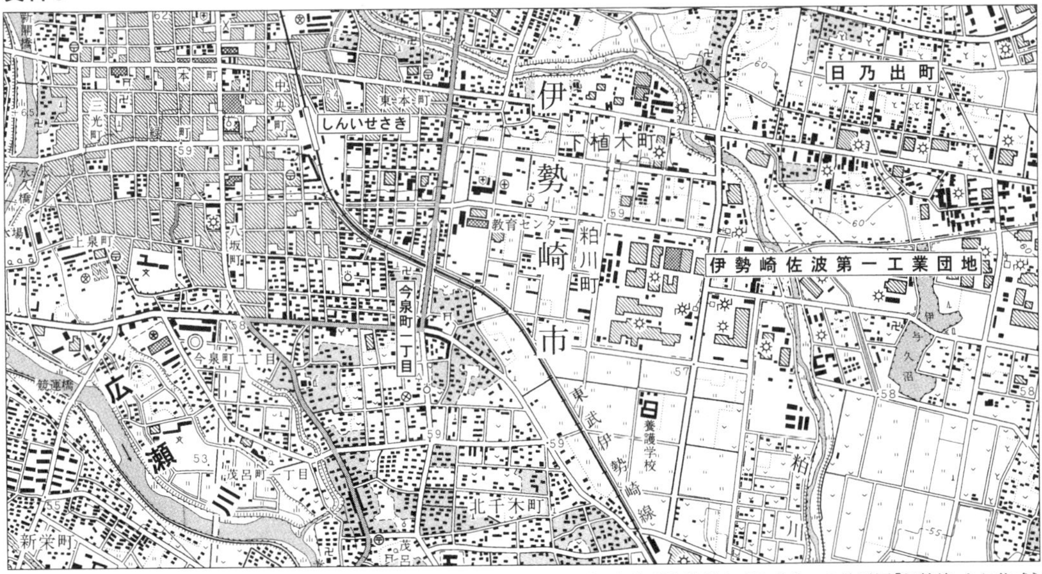

〔国土地理院発行２万５千分の１地形図「伊勢崎」より作成〕
〈編集部注：編集上の都合により原図の88％に縮小してあります。〉

ア　「しんいせさき」駅から伊勢崎市役所まで地形図上で約３ cm なので，実際の距離は約 300 m である。
イ　広瀬川は，地形図の範囲ではおおよそ北東から南西に流れている。
ウ　今泉町一丁目の周辺には，警察署，消防署，寺院，神社などが見られる。
エ　日乃出町の周辺には，田や畑，茶畑が見られる。

(3) 下線部**g**について，良子さんは，日本の貿易港について調べ，**資料 10** を見つけました。**資料 10** のうち成田《なりた》国際空港に当てはまるものを，**ア～エ**の中から一つ選んで，その記号を書きなさい。

資料 10　成田国際空港，名古屋港，千葉港，神戸港の主要輸出品目とその輸出額（2020 年）　（単位：億円）

ア		イ		ウ		エ	
自動車	25,571	半導体等製造装置	8,498	プラスチック	3,620	石油製品	1,226
自動車部品	17,333	金（非貨幣用）	7,695	建設・鉱山用機械	2,438	鉄鋼	1,222
内燃機関	4,318	科学光学機器	5,569	無機化合物	1,955	有機化合物	1,085
輸出総額	104,138	輸出総額	101,589	輸出総額	49,017	輸出総額	5,903

〔「日本国勢図会 2021/22」より作成〕

(4) 下線部**h**について，良子さんは，関東地方の農業について調べ，**資料 11** を見つけ，その中の三つの資料を使い，次のようにまとめました。**資料 11** の**A～F**の中から良子さんが使った資料として適切なものを**三つ**選んで，その記号を書きなさい。

＜まとめ＞

関東地方の中で，最も耕地面積が広いのは茨城県，最も狭いのは東京都で，茨城県では田が畑よりも広くなっています。また，茨城県の農業産出額は約 4500 億円で関東地方の１都６県の中で最も多く，茨城県の農業産出額のうち野菜の産出額は約 1700 億円です。

資料 11

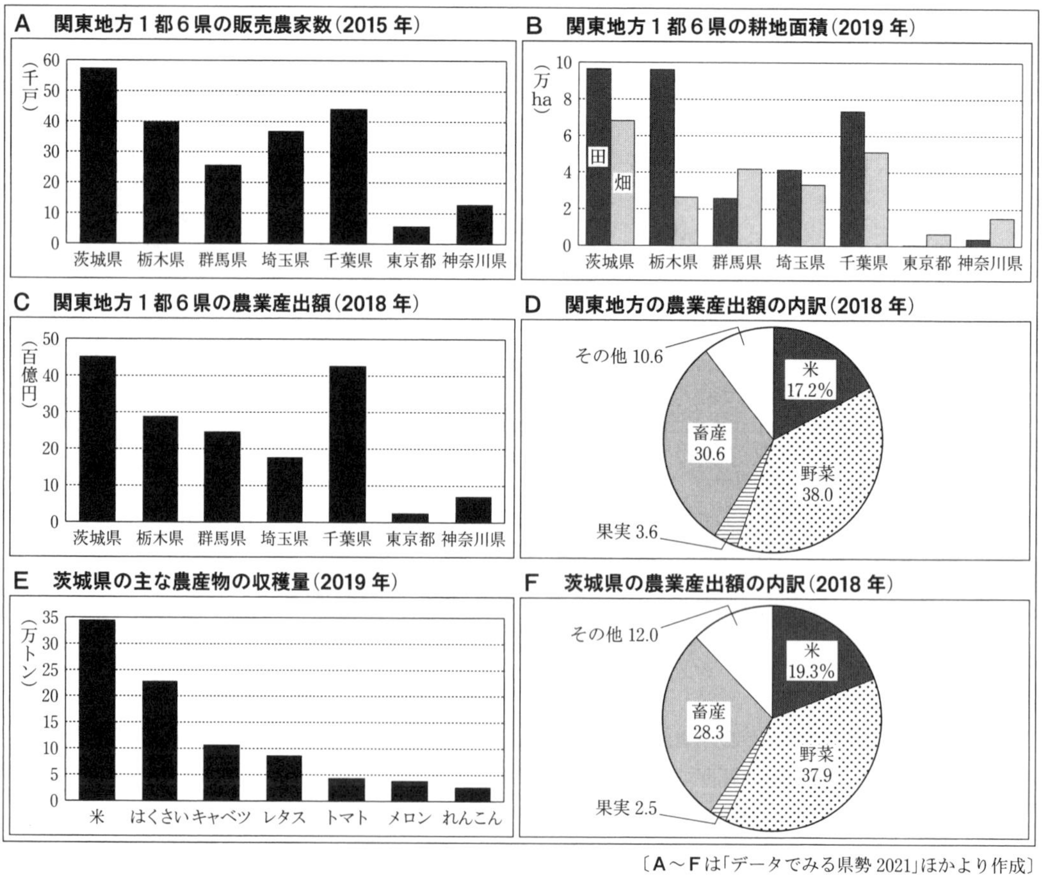

〔**A～F**は「データでみる県勢 2021」ほかより作成〕

2 ある中学校の社会科の授業で，「それぞれの時代にはどのような特徴があるのだろうか」という課題で，班ごとにテーマを設定し，学習しました。次の**1**，**2**に答えなさい。

1 A班は，「国の成り立ちに注目する」というテーマを設定し，資料を見つけ，**カード1**～**カード4**を作成しました。下の**(1)**～**(4)**の問いに答えなさい。

> **カード1　古代文明のおこり**
> アジアやアフリカの大河のほとりで農耕や牧畜が発達した。国家が形成され，文字の発明や大規模な建造物などの文明が発展した。

> **カード2　聖徳太子《しょうとくたいし》の国づくり**
> 6世紀末に，推古《すいこ》天皇の摂政《せっしょう》となった聖徳太子は，蘇我馬子《そがのうまこ》らとともに政治を行い，天皇中心の国づくりを目指した。

> **カード3　武家政治の始まり**
> 地方で力をつけた武士が，保元《ほうげん》の乱と平治《へいじ》の乱という二つの戦乱を経て中央の政治も動かすようになり，平清盛《たいらのきよもり》が武士として初めて太政大臣《だいじょうだいじん》となった。

> **カード4　徳川家康による開府**
> 1600年の関ヶ原《せきがはら》の戦いに勝利した徳川家康《とくがわいえやす》が，1603年に江戸に幕府を開き，幕府と藩が全国を支配する幕藩体制を整えた。

(1) 太郎さんは，**カード1**の古代文明で発明された文字について調べていく中で，**資料1**を見つけ，花子さんと話し合いました。［　あ　］，［　い　］に当てはまる語の組み合わせとして最も適切なものを，下の**ア**～**エ**の中から一つ選んで，その記号を書きなさい。

資料1

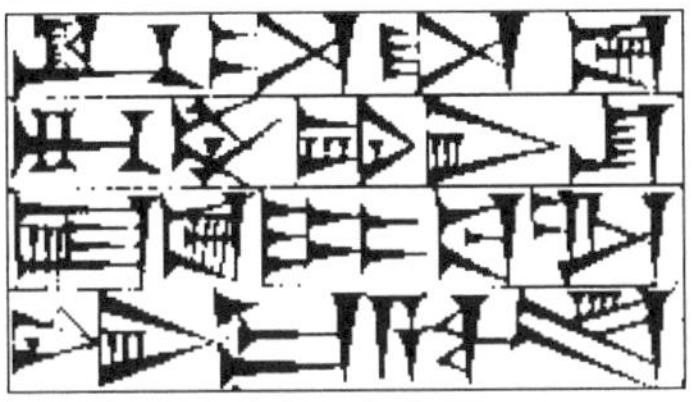

> 太郎：**資料1**に示した楔形《くさびがた》文字は，チグリス川・ユーフラテス川流域に栄えた［　あ　］文明で使われた文字だね。
> 花子：この文明では，時間を60進法で測ることや1週間を7日とすること，さらに［　い　］などが考え出されたのよね。

ア［**あ**　エジプト　　**い**　太陽暦］　　**イ**［**あ**　メソポタミア　　**い**　太陽暦］
ウ［**あ**　エジプト　　**い**　太陰暦］　　**エ**［**あ**　メソポタミア　　**い**　太陰暦］

(2) 太郎さんは，**カード2**の聖徳太子に興味をもち，聖徳太子が制定した冠位十二階の制度についての**資料2**を見つけ，次のような**<メモ>**を作成しました。［　う　］に当てはまる内容を，「**家がら**」「**能力**」という語を用いて書きなさい。また，聖徳太子によってつくられた寺院を，下の**ア**～**エ**の中から一つ選んで，その記号を書きなさい。

資料2　冠位十二階の制度

かんむりの色	紫	青	赤	黄	白	黒
位	大徳	大仁	大礼	大信	大義	大智
	小徳	小仁	小礼	小信	小義	小智

> **<メモ>**
> 聖徳太子は，［　う　］ために，冠位十二階の制度をつくった。

ア　法隆寺《ほうりゅうじ》　　**イ**　東大寺《とうだいじ》
ウ　延暦寺《えんりゃくじ》　　**エ**　唐招提寺《とうしょうだいじ》

(3) 花子さんは，**カード3**の平清盛について調べていく中で，栄華をほこっていた平氏は，壇ノ浦《だんのうら》の戦いで源氏に敗れて滅亡したことを知りました。壇ノ浦の場所を，**資料3**の**ア**～**エ**の中から一つ選んで，その記号を書きなさい。

資料3

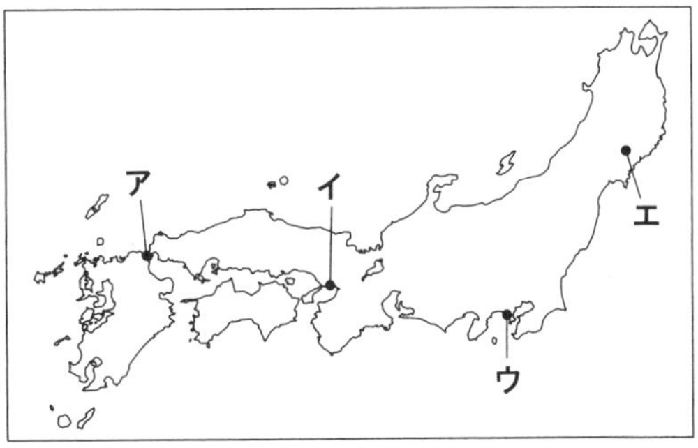

(4) 太郎さんは，**カード4**の江戸幕府について調べていく中で，**資料4**を見つけ，次のような**<メモ>**を作成しました。[え] に当てはまる内容を，「**関ヶ原の戦い**」「**徳川家**」という語と，大名の種類を表す語を用いて書きなさい。また，[お] に当てはまる人物名を書きなさい。

資料4　江戸時代の大名配置図(17世紀中ごろ,10万石以上の大名)

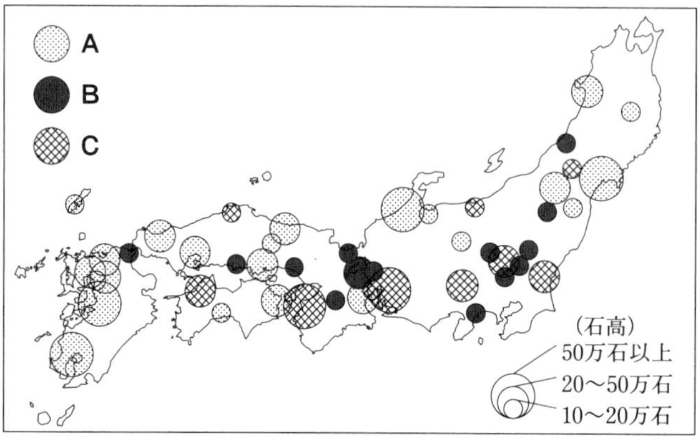

<メモ>

資料4は，江戸幕府の大名配置の様子を示したものです。江戸幕府は，徳川氏との関係から，大名を大きく三つに区分し，そのうち，**資料4**に**A**で示した大名は，[え] です。また，3代将軍の [お] は参勤《さんきん》交代《こうたい》を制度として定め，大名に対し，1年おきに江戸と領地を往復することを義務づけました。

2　B班は，「日本と外国との関係に注目する」というテーマを設定し，作成した年表をもとに話し合いました。次の**(1)**〜**(3)**の問いに答えなさい。

西暦	できごと
894	a 遣唐使の停止
1905	b ポーツマス条約
1956	c 日ソ共同宣言

(1) 次郎さんは，下線部**a**について洋子さんと話し合いました。[か] に当てはまる内容を，「**唐**」という語を用いて書きなさい。また，[き] に当てはまる内容を，下の**ア**〜**エ**の中から一つ選んで，その記号を書きなさい。

次郎：遣唐使《けんとうし》は，菅原道真《すがわらのみちざね》が [か] を理由に停止を進言して，それが認められたことで停止されたんだよね。

洋子：遣唐使が停止されたころから，[き] などの日本の風土や日本人の感情にあった国風文化が生み出されていったのよね。

ア　日本の国のおこりなどをまとめた歴史書の「古事記《こじき》」や「日本書紀《にほんしょき》」がつくられる

イ　庶民を主人公にした「浦島太郎《うらしまたろう》」などの御伽草子《おとぎぞうし》とよばれる絵入りの物語がさかんに読まれる

ウ　武士の戦いの様子を記した軍記物の「平家物語《へいけものがたり》」が琵琶法師《びわほうし》によって語り伝えられる

エ　漢字を書きくずした仮名《かな》文字を使って，清少納言《せいしょうなごん》が「枕草子《まくらのそうし》」，紫式部《むらさきしきぶ》が「源氏物語《げんじものがたり》」を著す

(2) 次郎さんは，下線部**b**について調べ，次のような**<メモ>**を作成しました。[く] に当てはまる内容を，ポーツマスが位置している**国の名前**を用いて書きなさい。

<メモ>

ポーツマス条約は日露《にちろ》戦争の講和条約で，ポーツマスという都市で結ばれました。日本とロシアの戦争の講和条約がポーツマスで結ばれたのは，[く] からです。

(3) 年表中の下線部**c**と最も関係の深いできごとを，次の**ア**〜**エ**の中から一つ選んで，その記号を書きなさい。

ア　沖縄が日本に復帰した。　　**イ**　日本が国際連合に加盟した。

ウ　特需景気が始まった。　　**エ**　55年体制が終わった。

3　ある中学校の社会科の授業で，「私たちの生活の中で人権や憲法はどのように生かされているのだろうか」という課題で，班ごとにテーマを設定し，学習しました。次の**1**，**2**に答えなさい。

1　A班は，人権について学習したことをもとに，**レポート**にまとめました。下の**(1)**～**(4)**の問いに答えなさい。

レポート

①人権思想の発達について
・人権思想は，a <u>17世紀ごろからヨーロッパやアメリカで大きく発達した</u>。
・b <u>20世紀になると社会権が主張され</u>，国際社会の中での人権保障の動きも活発になった。
②人権の分類について
・人権は，大きく，次の四つに分類される。
→c <u>自由権</u>，平等権，社会権，人権を保障するための権利
・現代社会の実情に合わせた「d <u>新しい人権</u>」も主張されてきている。

(1)　下線部**a**について，花子さんは，人権思想について調べていく中で，**資料1**を見つけ，次のような**＜メモ＞**にまとめました。［あ］に当てはまる国名を書きなさい。

＜メモ＞
資料1は，1789年に［あ］で起こった革命のときに出された人権宣言の一部を示したものです。

資料1

第1条　人は，自由かつ権利において平等なものとして出生し，かつ生存する。
第3条　あらゆる主権の原理は，本質的に国民に存する。いずれの団体，いずれの個人も，国民から明示的に発するものでない権威を行い得ない。

(2)　下線部**b**について，社会権に含まれる権利を，次の**ア**～**エ**の中から一つ選んで，その記号を書きなさい。

ア　法の下に平等で，人種，信条，性別，社会的身分などにより差別されない権利
イ　裁判所において裁判を受ける権利
ウ　健康で文化的な最低限度の生活を営む権利
エ　選挙で代表者を選んだり，自分が選挙に立候補したりする権利

(3)　下線部**c**について，花子さんは，自由権について調べていく中で，**資料2**を見つけ，次のような**＜メモ＞**にまとめました。［い］に当てはまる内容を書きなさい。また，経済活動の自由に含まれる自由権として最も適切なものを，下の**ア**～**エ**の中から一つ選んで，その記号を書きなさい。

＜メモ＞
日本国憲法第29条は，自由権のうちの経済活動の自由に含まれる財産権についての条文です。この条文中にある「公共の福祉」とは［い］のことです。人権は無制限に認められているわけではなく，国民には，人権を公共の福祉のために利用する責任があります。

資料2　日本国憲法第29条

①財産権は，これを侵してはならない。
②財産権の内容は，公共の福祉に適合するや《よ》うに，法律でこれを定める。
③私有財産は，正当な補償の下に，これを公共のために用ひ《い》ることができる。

ア　奴隷的拘束及び苦役からの自由　　**イ**　居住・移転・職業選択の自由
ウ　集会・結社・表現の自由　　**エ**　信教の自由

(4)　下線部**d**について，花子さんは，「新しい人権」について調べていく中で，**資料3**を見つけ，次のような**＜メモ＞**にまとめました。[う] に当てはまる内容を書きなさい。

＜メモ＞
資料3は，臓器提供の意思を表示するカードです。このカードは，「新しい人権」のうちの自己決定権に関するもので，この権利に基づいて，医療では，患者が治療方法などを自分で決定できるように，[う] というインフォームド・コンセントが行われるようになっています。

資料3

2　B班は，憲法について学習したことをもとに，話し合いました。下の(1)～(4)の問いに答えなさい。

洋子：日本では，明治時代の1889年に大日本帝国憲法が制定され，**e**翌1890年に帝国議会が開催されて，アジアで最初の近代的な立憲制国家となったのよね。
次郎：でもこのときは，法律による人権の制限があったり，国会は天皇の協賛機関と位置づけられたりして，不十分な点があったんだよね。
洋子：そのため，**f**第二次世界大戦後の民主化政策の中で，**g**大日本帝国憲法を改正するという形で，日本国憲法が制定されたのよね。
次郎：第二次世界大戦の反省から，**h**平和主義が原則の一つになっているのも日本国憲法の特徴だね。

(1)　下線部**e**について，洋子さんは，次のような**＜メモ＞**にまとめました。[え] に当てはまる内容を年齢と性別にふれて書きなさい。

＜メモ＞
第1回の衆議院議員選挙のときに選挙権を与えられたのは，[え] で直接国税を15円以上納める人だけで，全人口の約1.1％にすぎませんでした。

(2)　下線部**f**について，第二次世界大戦後の民主化政策の中で行われたことがらに**当てはまらないもの**を，次の**ア**～**エ**の中から一つ選んで，その記号を書きなさい。

ア　財閥の解体　　**イ**　労働組合法の制定　　**ウ**　教育勅語の発布　　**エ**　治安維持法の廃止

(3)　下線部**g**について，洋子さんは，大日本帝国憲法と日本国憲法について調べ，次のような**＜メモ＞**にまとめました。[お] に当てはまる語を書きなさい。

＜メモ＞
大日本帝国憲法で主権をもっていた天皇は，日本国憲法では「日本国と日本国民統合の象徴」という地位となり，政治の権限を一切持たず，[お] の助言と承認に基づいて国事行為のみを行うこととなった。

(4)　下線部**h**について，次の文は，平和主義について定めている日本国憲法第9条の条文を示したものです。[か]，[き] に当てはまる語を書きなさい。

第9条①日本国民は，正義と秩序を基調とする国際平和を誠実に希求し，国権の発動たる戦争と，武力による威嚇《いかく》又《また》は武力の行使は，国際紛争を解決する手段としては，永久にこれを放棄する。
②前項の目的を達するため，陸海空軍その他の [か] は，これを保持しない。国の [き] 権は，これを認めない。

4 ある中学校の社会科の授業で，「現代社会において私たちに求められる行動は何だろうか」という課題で，班ごとにテーマを設定し，学習しました。次の**1**～**3**に答えなさい。

1 A班では，「消費生活を営む際の注意点」というテーマを設定して調べ，**資料1**～**資料3**を見つけ，これらの資料をもとに話し合いました。下の**(1)**～**(3)**の問いに答えなさい。

資料1　消費生活相談件数の推移

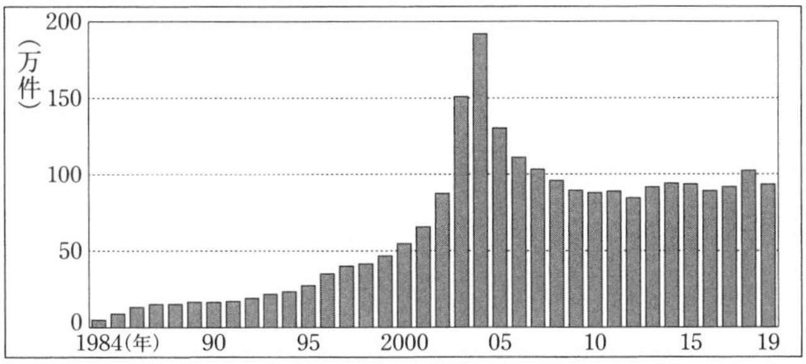

〔消費者庁「令和２年版 消費者白書」より作成〕

資料2　クーリング・オフの書面の例

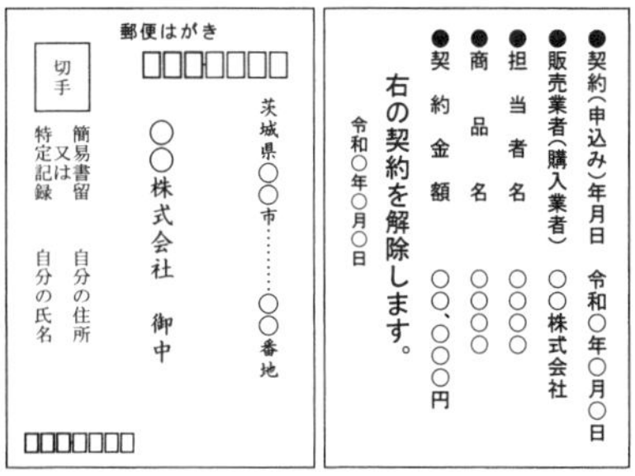

資料3　食品ロス量の推移及び2017年度における内訳

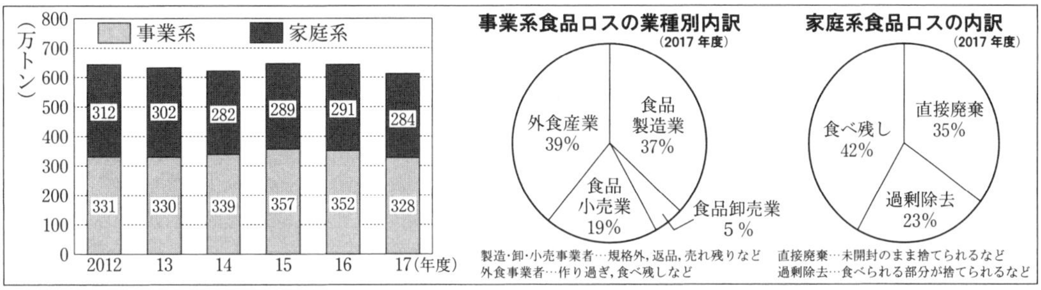

〔農林水産省「食品ロス及びリサイクルをめぐる情勢」ほかより作成〕

太郎：**資料1**を見ると，消費生活相談件数は2004年ごろに急に増えているね。
花子：2004年は，［　あ　］が行われたのと同じ年だわ。
太郎：**資料2**は，消費者保護の仕組みの一つのクーリング・オフについて，これを通知するときの例だね。クーリング・オフを使うと，［　い　］ができるよ。
次郎：一方で，私たち消費者にも，より良い消費生活が求められているよね。**資料3**は，まだ食べられるのに廃棄される「食品ロス」の量を示したものだけど，かなりの量が廃棄されているね。
花子：「食品ロス」を減らすために，必要な分だけ買うようにしたり，食べ残しをしないようにしたりすることを心がけたいわ。

(1) 文中の［　あ　］に当てはまる語を，次の**ア**～**エ**の中から一つ選んで，その記号を書きなさい。

ア 公正取引委員会の設置　　**イ** 消費者基本法の制定
ウ 環境基本法の制定　　**エ** 地球温暖化防止京都会議の開催

(2) 文中の［　い　］に当てはまる内容を，「**一定の期間内**」「**無条件**」という語を用いて書きなさい。

(3) **資料3**から読みとれる内容として最も適切なものを，次の**ア**～**エ**の中から一つ選んで，その記号を書きなさい。

ア 2012～2017年度の間で，事業系と家庭系を合計した食品ロス量が最も多いのは2012年度である。
イ いずれの年も，事業系の食品ロス量は家庭系食品ロス量よりも30万トン以上多い。
ウ 事業系の食品ロス量のうち，製造業，卸売業，小売業でのロス量が3分の2以上を占めている。
エ 家庭系の食品ロス量のうち，食べ残しによるロス量は100万トン以上である。

2　B班では，「現代社会における生産と労働」というテーマを設定し，話し合いました。下の**(1)**～**(3)**の問いに答えなさい。

資料4　非正規雇用労働者の割合の推移

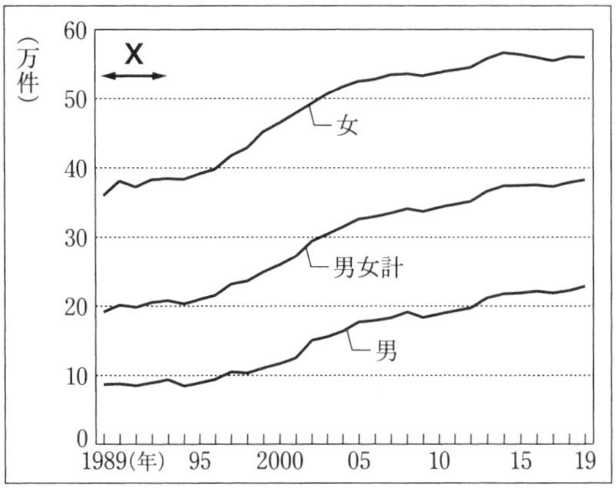

〔総務省「労働力調査」ほかより作成〕

資料5　雇用形態別の平均賃金（2020 年）

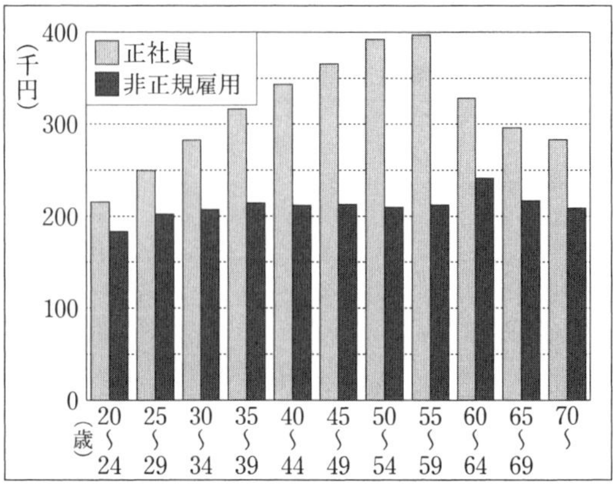

〔厚生労働省「令和２年賃金構造基本統計調査」より作成〕

洋子：**資料4**を見ると，非正規雇用の形態で働く労働者の割合は年々増えていて，特に女性の割合が高いことが読みとれるわ。

次郎：**資料5**を見ると，正社員に比べて非正規雇用の形態で働く労働者は，どの年代でも［　う　］，さらに，年代が上がっても［　え　］という問題点があるね。

洋子：**資料6**は，日本と外国の労働者の労働時間や休日を比較したものだけど，これを見ると，日本の労働者は働く時間が長いわね。

次郎：近年，ワーク・ライフ・バランスといって，［　お　］の実現が求められているのは，こういった状況を改善しようということからだね。

資料6　日本と外国の労働者の比較

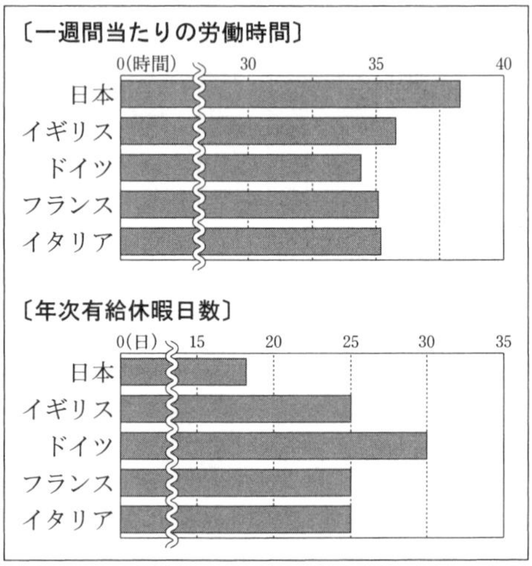

〔厚生労働省「就労条件総合調査」ほかより作成〕

(1)　**資料4**の**X**の時期の経済の様子として最も適切なものを，次の**ア**～**エ**の中から一つ選んで，その記号を書きなさい。

ア　投機などによって株価や地価が異常に高くなるバブル景気が発生したが，ふくらみすぎた景気を支えきれずに崩壊し，不景気となった。

イ　アメリカの証券会社が倒産したことをきっかけに，リーマン・ショックとよばれる世界金融危機が起こり，日本でも多くの会社が倒産した。

ウ　第四次中東戦争が起こり，アラブ諸国が石油戦略をとったために石油価格が大幅に上昇する石油危機が起こり，狂乱物価とよばれるほど物価が急上昇した。

エ　日本の国民総生産が資本主義国の中で第２位になるなど経済が成長し，国民の所得が増えて，テレビ，冷蔵庫，洗濯機などの家庭電化製品が普及した。

(2)　文中の［　う　］，［　え　］に当てはまる内容を，どちらも「**賃金**」という語を用いて書きなさい。

(3)　文中の［　お　］に当てはまる内容を，「**生活**」という語を用いて書きなさい。

3　C班では，「現代社会における政治と私たち」について話し合うことにして，話し合いで取り上げるテーマを出しあいました。下の**(1)**～**(3)**の問いに答えなさい。

＜話し合いで取り上げるテーマ＞
・私たちにとって身近な政治である a 地方公共団体の政治はどのように行われているのか。
・私たちが 18 歳から参加できる選挙は， b どのような制度で行われ，どのような課題があるのか。
・ c 選挙以外に私たちが政治に参加できることにはどのようなものがあるのか。

(1)　下線部 **a** について，**資料 7** は，茨城県の歳入の内訳を示したものです。**資料 7** の「地方交付税」と「国庫支出金」は，どちらも国から地方への補助金ですが，この二つの補助金の違いについて，「**使い道**」という語を用いて説明しなさい。

資料 7　茨城県の歳入の内訳(2018 年)

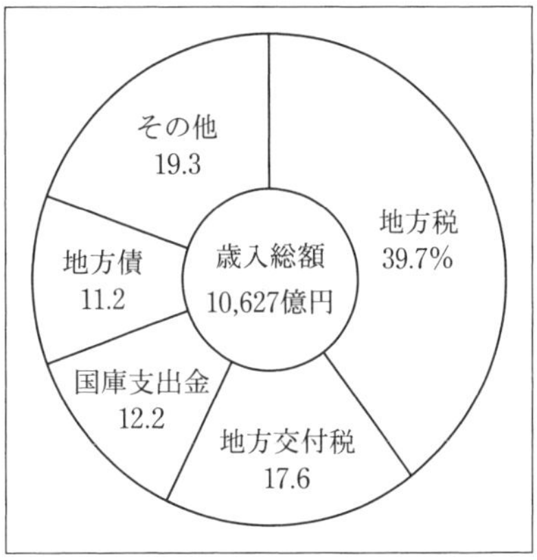

〔「データでみる県勢 2021」より作成〕

(2)　下線部 **b** について，衆議院議員と参議院議員の選挙では，政党に投票して議席を比例配分する比例代表制が取り入れられています。**資料 8** は，比例代表制におけるある選挙区の投票結果を示したものです。この選挙区から選ばれる議員が 3 人の場合，各党が獲得する議席数はどのようになりますか。最も適切なものを，下の **ア**～**ウ** の中から一つ選んで，その記号を書きなさい。

資料 8　ある選挙区の政党ごとの得票数

A党	B党	C党	D党
10000	7000	2000	1000

ア　A党… 3 人，B党… 0 人，C党… 0 人，D党… 0 人
イ　A党… 2 人，B党… 1 人，C党… 0 人，D党… 0 人
ウ　A党… 1 人，B党… 1 人，C党… 1 人，D党… 0 人

(3)　下線部 **c** について，選挙以外に国民が政治に参加する制度として，日本国憲法を改正するときの国民投票があります。日本国憲法を改正するときに国民投票が行われる理由についてまとめた次の**＜メモ＞**の［ **か** ］に当てはまる内容を，「**憲法**」「**法律**」「**効力**」という語を用いて書きなさい。

＜メモ＞
　日本国憲法の改正に国民投票が行われる理由の一つには，国民主権の原則に基づいていることが挙げられます。また，憲法は国の最高法規で［ **か** ］ため，法律などと比べて，その改正に厳格な手続きが必要であることも，理由の一つに挙げられます。

【理　科】（50分）〈満点：100点〉

1

次の(1)～(4)の問いに答えなさい。

(1) 物体の運動のようすは，速さと向きで表すことができる。**図**のように，１秒間に50回打点する記録タイマーを水平な机の上に固定し，テープを通した。このテープの端を手で持ち，速さがしだいに速くなるように引いたときの，**５打点が記録されるのにかかる時間**と，**打点の間隔**の組み合わせとして正しいものを，次の**ア**～**エ**の中から一つ選んで，その記号を書きなさい。

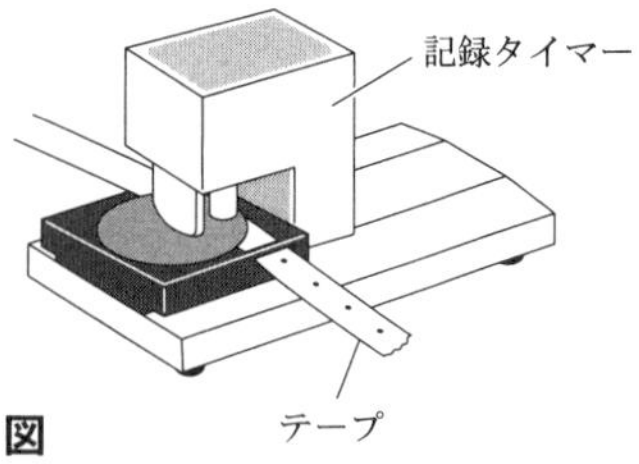

図

	５打点が記録されるのにかかる時間	**打点の間隔**
ア	0.1秒	しだいに広くなる。
イ	0.1秒	しだいに狭くなる。
ウ	0.5秒	しだいに広くなる。
エ	0.5秒	しだいに狭くなる。

(2) **図**のように，炭酸水素ナトリウムとうすい塩酸を別々にプラスチック容器に入れて密閉し，容器を傾けて混ぜ合わせたところ，炭酸水素ナトリウムとうすい塩酸との反応によって中で気体が発生し，反応終了後，ふたを開けた。反応前の全体の質量を**A**，反応後の全体の質量を**B**，反応後にふたを開けたあとの質量を**C**としたとき，**A**～**C**の関係を正しく表しているものを，次の**ア**～**エ**の中から一つ選んで，その記号を書きなさい。

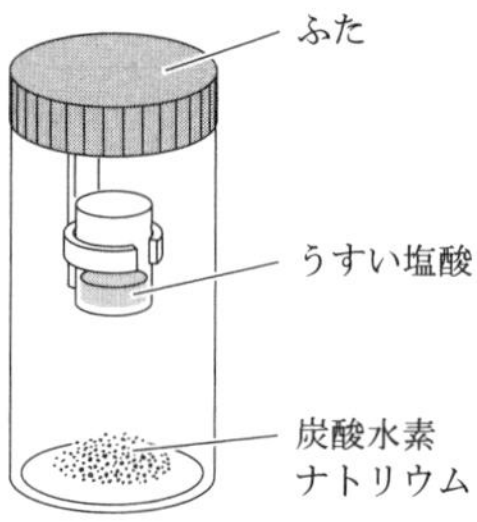

図

ア　$A > B > C$

イ　$A > B = C$

ウ　$A = B > C$

エ　$A = B = C$

(3) 池などの水の中には，肉眼では見えないほど小さな生物がすんでいる。池の水を採取してプレパラートをつくり，顕微鏡で観察したところ，**図**の３種類の生物が見られた。**図**の倍率は，それぞれの生物がほぼ同じ大きさで見えたときの顕微鏡の倍率である。これらの生物が同一の視野の中で観察されたとき，それぞれの大きさの関係はどのようになるか。次の**ア**～**エ**の中から一つ選んで，その記号を書きなさい。

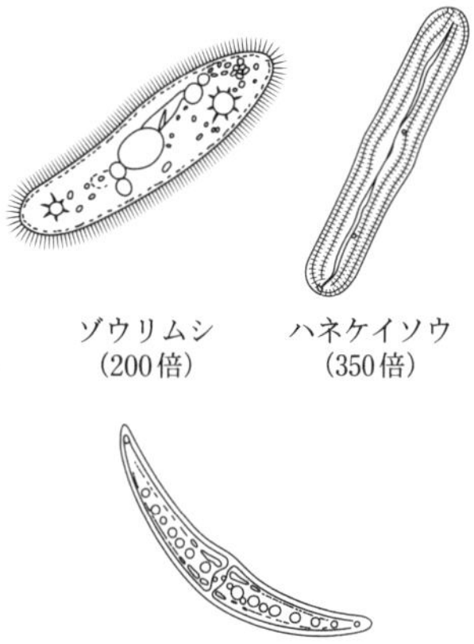

図

ア

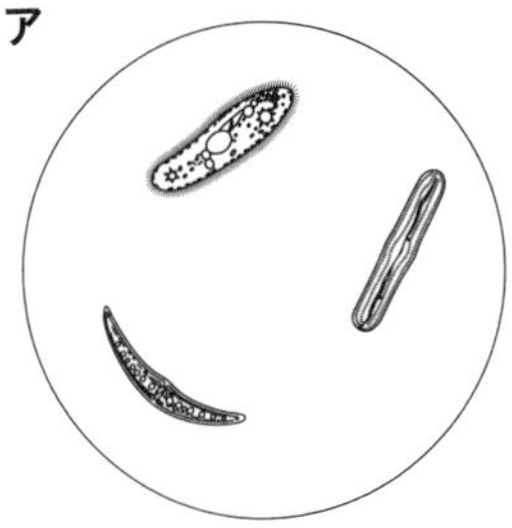

イ

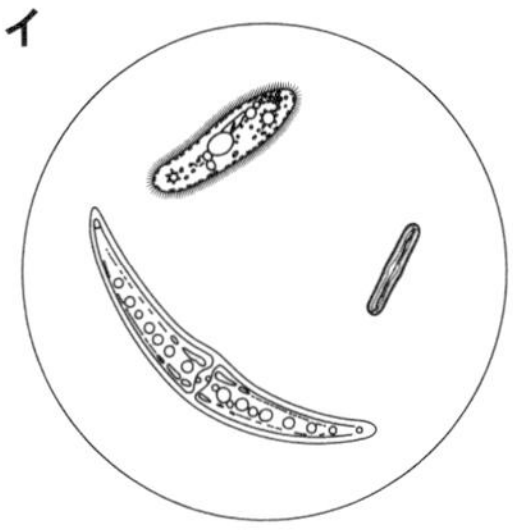

ウ

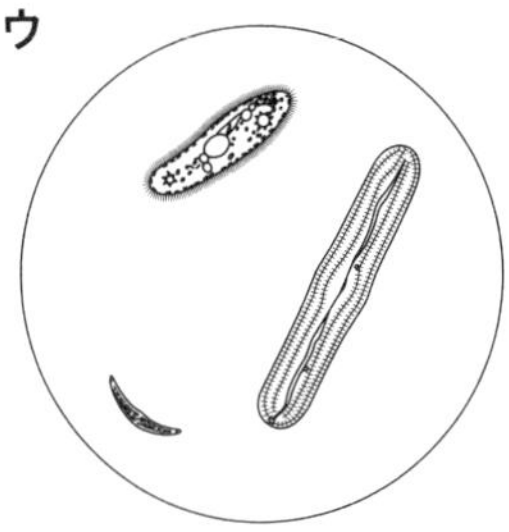

エ

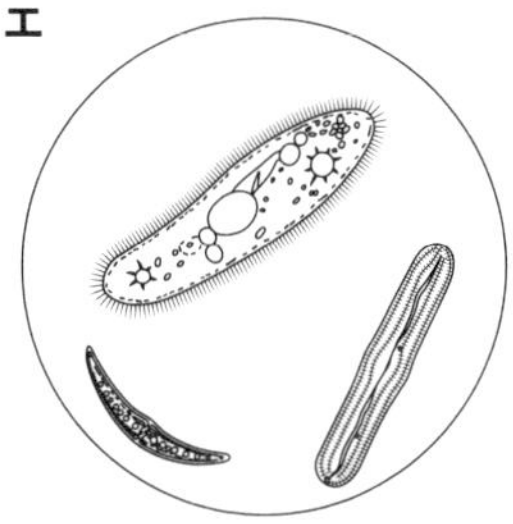

(4) 寺院に行くと，仏像や石塔など，さまざまなところに岩石が利用されているようすが見られる。**図**は，ある堆積岩の表面をスケッチしたもので，角ばった粒が多く含まれているようすが見られる。この岩石について説明した文として正しいものを，次の**ア**～**エ**の中から一つ選んで，その記号を書きなさい。

図

ア　チャートといい，ハンマーでたたくと火花が出るほどかたい。

イ　チャートといい，火山灰や軽石が押し固められたものである。

ウ　凝灰岩といい，ハンマーでたたくと火花が出るほどかたい。

エ　凝灰岩といい，火山灰や軽石が押し固められたものである。

2 次の**(1)**～**(3)**の問いに答えなさい。

(1) 明子さんと先生が，生物の進化について話している。次の会話を読んで，下の①～③の問いに答えなさい。

明子：先生，セキツイ動物の進化は，何をもとに知ることができるのですか。

先生：セキツイ動物の進化を示す証拠の一つは，［**あ**］です。［**あ**］は同じものから変化したと考えられる体の部分のことで，例えば，「ヒトの腕とコウモリの翼」などがあります。

明子：つまり，ある生物が進化して，ほかの生物が生じたことを示す証拠になるのですね。

先生：その通りです。また，化石も進化を示す証拠となります。動物の化石はいろいろな時代の地層から見つかっていますが，セキツイ動物の５つの種類の化石が最初に出現する年代は，**図**のようになっているので，ここからも進化の過程を知ることができるのです。

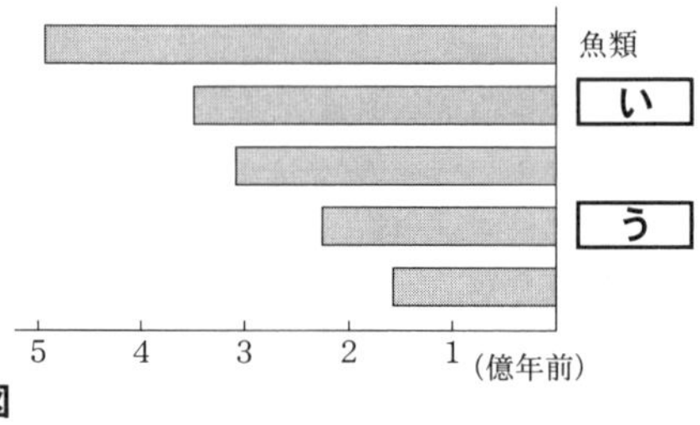

図

明子：進化というのは，「魚類」「哺乳類」のように種類が分かれたところで終わるのですか。

先生：そんなことはありません。水中から陸上へというような大きな変化でなくても，生物が代を重ねる中で，環境に適した体のつくりのちがいが少しずつつくり出されます。たとえば，南極には，氷でおおわれた冷たい海にすむ魚がいます。これも，一部の魚が，冷たい水中で生きるのに都合のよい体のつくりをもつようになった結果だと言えます。

明子：海が凍っていたら，魚は生きていけないように思えます。

先生：水が氷になると，質量は変わらずに［**え**］ので，氷は水に浮かびます。ですから，表面が氷でおおわれていても，その下は海水です。そのような冷たい海にすむ魚は，「氷点下でも血液が凍らない」などの特徴をもっています。

明子：現在見られる多様な生物は，そのような進化の結果生まれてきたものなのですね。

① 文中の［**あ**］に当てはまる語を書きなさい。

② **図**の［**い**］および［**う**］に当てはまる種類とそれらに分類される動物を下の**ア**～**エ**の中からそれぞれ一つずつ選んで，その記号を書きなさい。

〔種類〕

ア 哺乳類　　**イ** は虫類　　**ウ** 両生類　　**エ** 鳥類

〔動物〕

ア ペンギン　　**イ** シマウマ　　**ウ** カエル　　**エ** ヘビ

③ 文中の［**え**］に当てはまる説明を，次の**ア**～**エ**の中から一つ選んで，その記号を書きなさい。

ア 体積が大きくなり，密度が大きくなる　　**イ** 体積が大きくなり，密度が小さくなる

ウ 体積が小さくなり，密度が大きくなる　　**エ** 体積が小さくなり，密度が小さくなる

(2) 啓太さんと先生が，細胞について話している。次の会話を読んで，下の①～④の問いに答えなさい。

啓太：ほおの内側の粘膜の細胞をとって，プレパラートを作成し，顕微鏡で観察したところ，**図1**のような細胞が見られました。

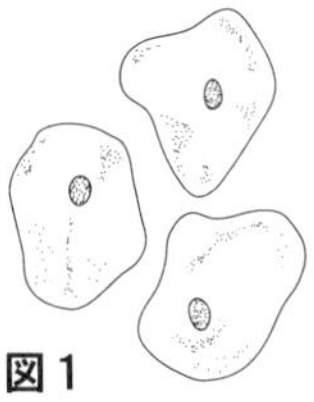

図1

先生：では，植物の細胞を観察すると，**図1**の細胞にはないつくりが見られますが，そのつくりは何ですか。

啓太：葉緑体，液胞，［ **あ** ］です。

先生：その通りです。現在，わたしたちは顕微鏡があることで，細胞を観察することができますが，細胞を最初に顕微鏡で観察した人物は誰か，知っていますか。

啓太：わかりません，誰でしょうか。

先生：では，ヒントを出しましょう。ここにばねがあります。**図2**は，このばねにはたらく力と，ばねののびとの関係を表したグラフです。このばねに，**図3**のようにおもりをつるして，ばねののびが 6.3 cm になったとすると，おもりの質量は何 g だと考えられますか。

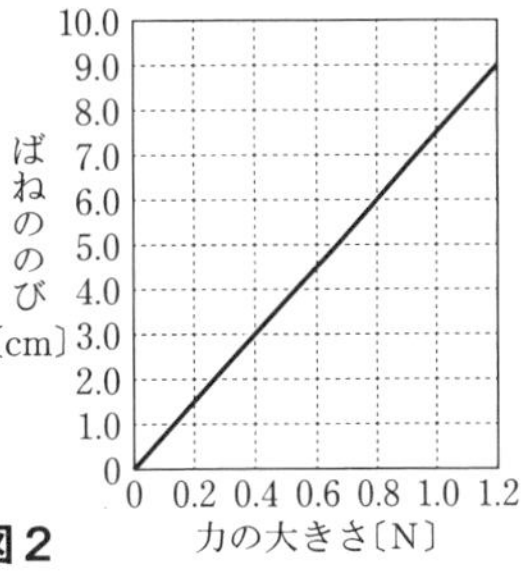

図2

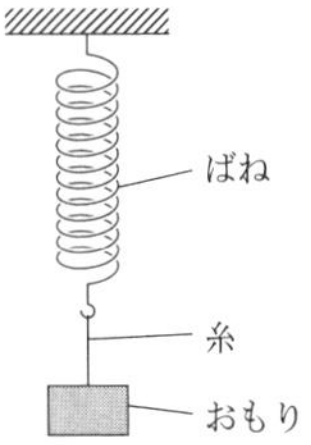

図3

啓太：［ **い** ］ g です。先生，なぜ急に，細胞の話からばねの話になったのでしょう。

先生：いま啓太さんは，おもりの質量をどのようにして求めましたか。

啓太：**図2**から，［ **う** ］の法則を使って求めました。

先生：［ **う** ］というのは，その法則を発見した科学者の名前です。そして，細胞というものを最初に顕微鏡で観察したのもこの人物なのです。

啓太：彼がいなければ，今でもわからないことが多かったかもしれませんね。

① 文中の［ **あ** ］に当てはまる語を書きなさい。

② **図3**のおもりにはたらく，つり合いの関係にある２つの力として正しいものを，次の**ア**～**エ**の中から一つ選んで，その記号を書きなさい。

ア おもりがばねを引く力と，ばねが糸を引く力。

イ おもりがばねを引く力と，糸がおもりを引く力。

ウ おもりにはたらく重力と，ばねが糸を引く力。

エ おもりにはたらく重力と，糸がおもりを引く力。

③ 文中の［ **い** ］に当てはまる数値を書きなさい。なお，質量 100 g の物体にはたらく重力の大きさを 1 N とし，糸の質量は無視できるものとする。

④ 文中の［ **う** ］に当てはまる語を，次の**ア**～**エ**の中から一つ選んで，その記号を書きなさい。

ア ワット　**イ** ジュール　**ウ** フック　**エ** パスカル

(3) 明子さんと先生が，物質と硫黄の関係について話している。次の会話を読んで，下の①～④の問いに答えなさい。

明子：先生，先日，温泉の注意書きに「温泉には硫黄の成分が入っているので，金属類は外して入浴してください。」と書かれていました。温泉と金属にはどんな関係があるのですか。

先生：鉄粉と硫黄の粉末を用いて実験してみましょう。
鉄粉と硫黄の粉末を混ぜ合わせた混合物を，**図1**のように加熱します。加熱部分が赤くなったら火からおろし，反応が終わるのを待ちます。

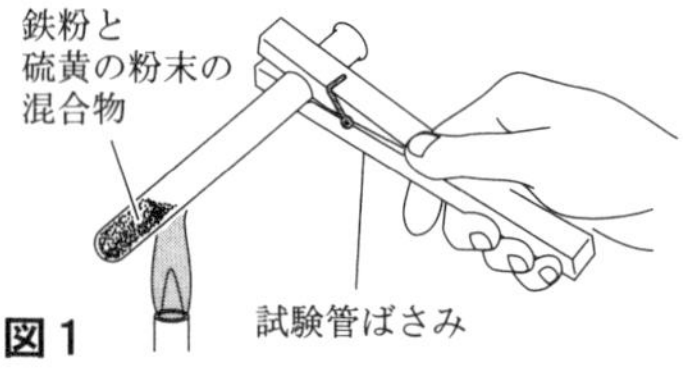

図1

明子：全体が黒色の物質になりました。

先生：この物質は，鉄と硫黄が反応してできた硫化鉄です。

明子：温泉の成分の硫黄と，鉄などの金属が反応しないように，注意していたのですね。

先生：そうですね。銅や銀なども反応しやすいので，注意する必要があります。では次に，反応する前の混合物と硫化鉄それぞれに，うすい塩酸を加えるとどうなるでしょうか。

明子：混合物ではにおいのない気体である［あ］が発生し，硫化鉄ではにおいのある気体が発生しました。温泉に行ったときに，このにおいをかぎました。

先生：よく気づきましたね。この気体は火山ガスの一つで，温泉は火山の熱を利用しているため，そのにおいがしたのですね。日本には火山が多いので，そのような温泉が各地にあります。

明子：では，日本に火山が多いのはなぜですか。

先生：**図2**のように，日本列島は**A**～**D**の４枚のプレートの境界にあり，海のプレートである**C**の太平洋プレートや**D**の［い］プレートが，**A**や**B**の陸のプレートの下に沈みこんでいます。火山ができるにはマグマが必要ですが，マグマができる条件は，プレートが100～150 km ほど沈みこんだところでそろいやすいため，多くの火山が，プレートの境界に平行にできると考えられています。

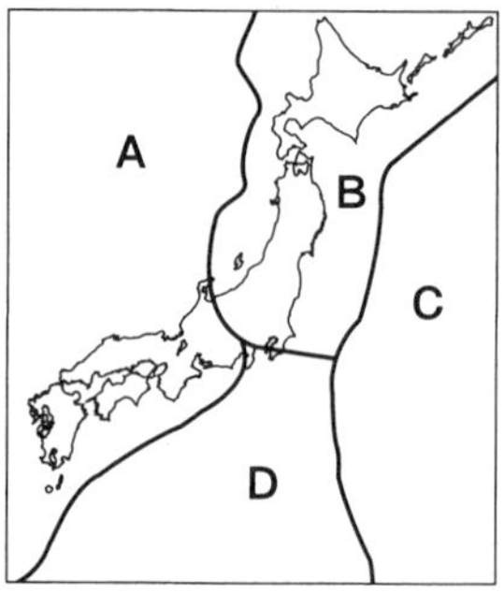

図2　―― プレートの境界

明子：日本列島がプレートの境界にあることで，火山の噴火や地震による災害も多いですが，温泉のようなめぐみもあるのですね。

① 鉄と硫黄が結びついて硫化鉄ができるときの化学反応式を書きなさい。

② 文中の［あ］に当てはまる物質名を書きなさい。

③ 文中の［い］に当てはまるものとして正しいものを，次の**ア**～**エ**の中から一つ選んで，その記号を書きなさい。

ア 北アメリカ　　**イ** フィリピン海　　**ウ** ユーラシア　　**エ** 南極

④ 下線部について，日本では，地震のときに大きな津波が起こることがある。その理由を「プレートの境界は，」という書き出しに続けて説明しなさい。

3　明子さんは，磁界について調べる実験を行い，ノートにまとめた。下の**(1)**〜**(4)**の問いに答えなさい。

明子さんの実験ノートの一部

≪実験１≫

図１のように，中央に穴をあけた板を固定して，その上に方位磁針を置き，穴にコイルを通した。コイルを電源装置につないでスイッチを入れたところ，**図１**の ➡ の向きに電流が流れ，方位磁針の針が振れた。

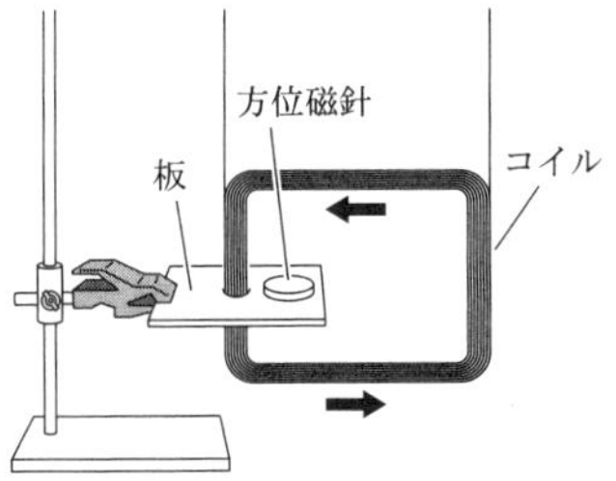

図１

≪実験２≫

図２のように，コイルに検流計をつなぎ，N極を下に向けて持った棒磁石をコイルの上から近づけたあと，コイルの中で静止させた。

【結果】　棒磁石を近づけると，検流計の針は－端子側に振れ，棒磁石を静止させると，検流計の針は０に戻って静止した。

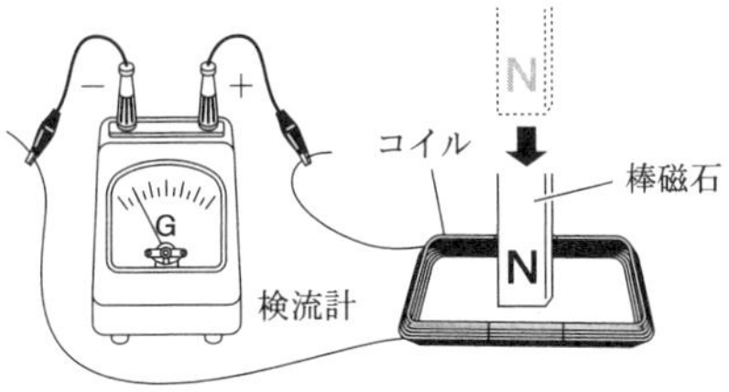

図２

(1)　**図３**は，下線部の状態を真上から見たようすである。**図１**のように電流を流したときに方位磁針のN極がさした方角を，次の**ア**〜**エ**の中から一つ選んで，その記号を書きなさい。

ア　東　　**イ**　西　　**ウ**　南　　**エ**　北

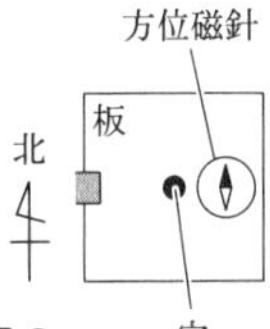

図３

(2)　**実験１**において，電流による磁界を大きくする方法として正しいものを，次の**ア**〜**エ**の中から一つ選んで，その記号を書きなさい。

ア　電源装置の＋と－を逆にしてつなぐ。　　**イ**　コイルの巻き数を多くする。

ウ　電熱線を１本，コイルに直列につなぐ。　　**エ**　電流を流す時間を長くする。

(3)　**実験２**において，コイルに流れた電流を何というか，書きなさい。また，棒磁石やコイルの動かし方を**実験２**とは変えて，検流計の針が－端子側に振れるようにするには，どのようにすればよいか。次の**ア**〜**エ**の中から二つ選んで，その記号を書きなさい。

ア　棒磁石のN極を下に向けて固定し，コイルを棒磁石のN極から下向きに遠ざける。

イ　棒磁石のN極を下に向けて固定し，コイルを棒磁石のN極に下から近づける。

ウ　棒磁石のS極を下に向けて固定し，コイルを棒磁石のS極から下向きに遠ざける。

エ　棒磁石のS極を下に向けて固定し，コイルを棒磁石のS極に下から近づける。

(4)　**実験２**において，磁石をコイルの中で静止させると検流計の針が振れなかった理由を，「**磁界**」という語を用いて説明しなさい。

4　啓太さんは，植物のつくりとはたらきについて実験を行い，ノートにまとめた。あとの(1)～(4)の問いに答えなさい。

啓太さんのノートの一部

≪植物の蒸散の実験≫

【仮説】

植物の蒸散は，おもに葉で行われている。植物の表側と裏側を比較すると，表側のほうが，蒸散が盛んに行われているのではないか。

【手順】

❶　葉の枚数と大きさ，茎の長さと太さがほぼそろっている同じ種類の植物の枝を２本用意した。

❷　２本の枝のうち，１本は葉の表側だけにワセリンをぬり，１本は葉の裏側だけにワセリンをぬった。

❸　２本のメスシリンダーに水を同量ずつ入れた。**図１**のように，それぞれのメスシリンダーに枝を１本ずつさして水面に油を１滴ずつたらし，これらを装置**A**，**B**とした。

❹　装置**A**，**B**を，明るく風通しのよい場所に同じ時間置いた。

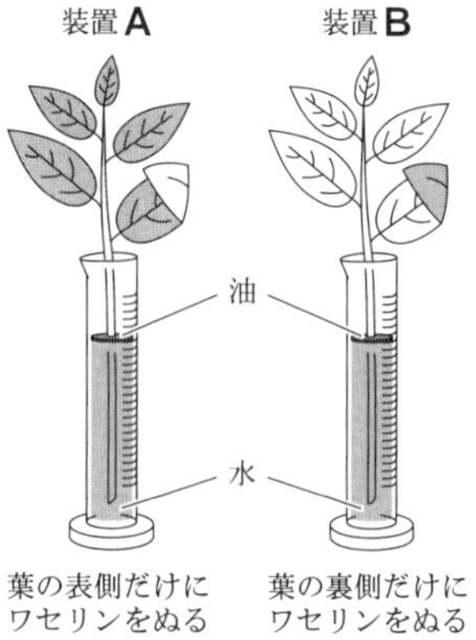

図１

【結果】

装置**A**，**B**で減少した水の量は，**表**のようになった。装置**A**，**B**の水が減少したのは，植物が行った蒸散により，茎に吸収された水が道管を通って，葉や茎に多数あるすきまから空気中へ出ていったためである。

表

	減少した水の量〔cm³〕
装置**A**（葉の表側だけにワセリンをぬった枝）	4.7
装置**B**（葉の裏側だけにワセリンをぬった枝）	1.9

(1) 下線部のすきまを何というか，書きなさい。

(2) **図2**は，実験に用いた植物の根，茎，葉の断面をそれぞれ模式的に表したものである。根，茎，葉における道管を，それぞれ黒く塗りつぶして示した図を，次の**ア**～**エ**の中から一つ選んで，その記号を書きなさい。また，実験で用いた植物の地中の根のつくりはどのようになっていると考えられるか，解答用紙に図をかきなさい。

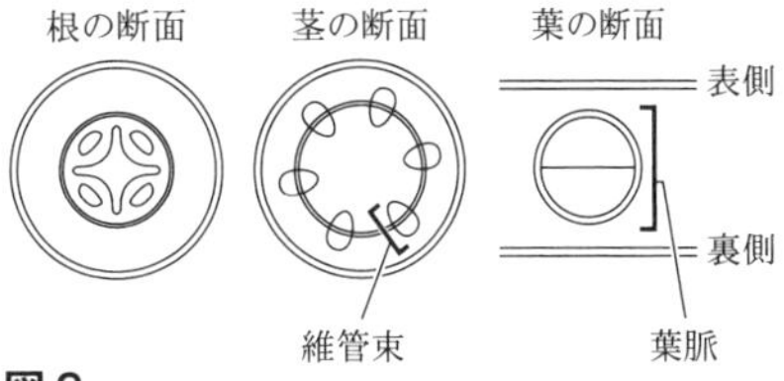

図2

ア

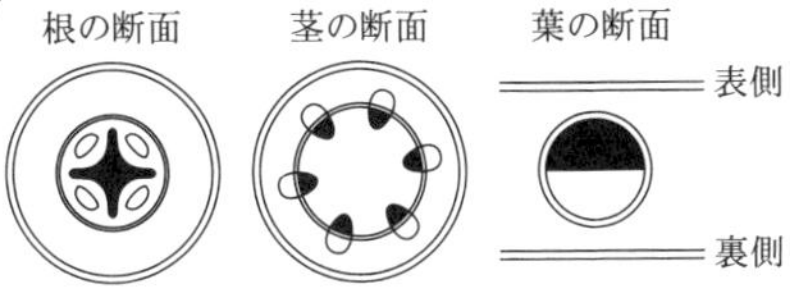

イ

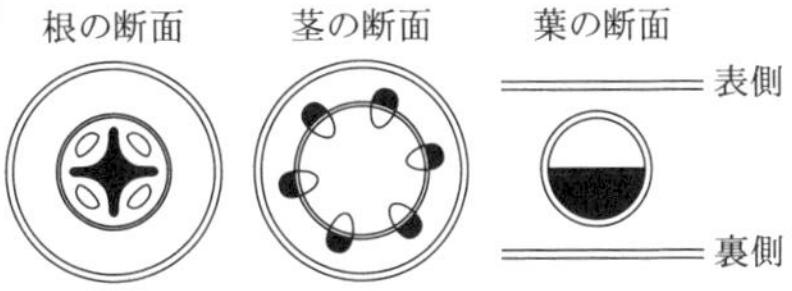

ウ

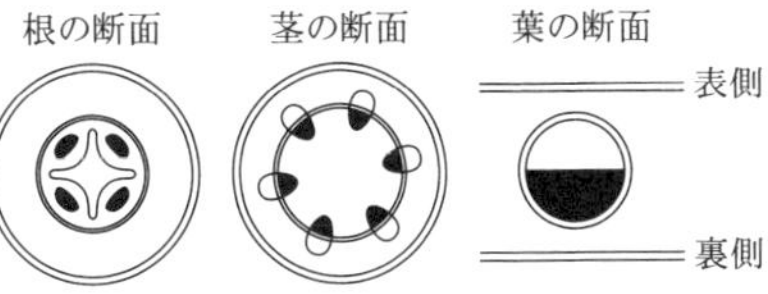

エ

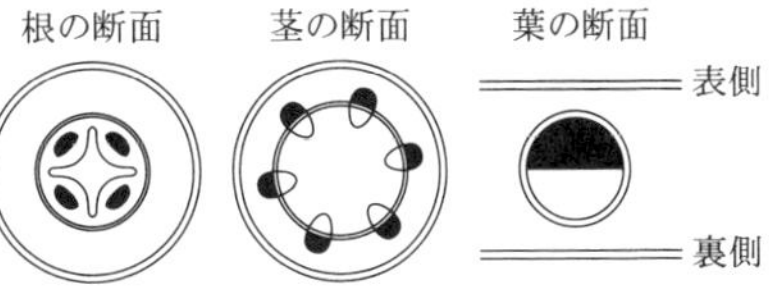

(3) 次の文中の **あ** ， **い** に当てはまるものの組み合わせとして正しいものを，下の**ア**～**エ**の中から一つ選んで，その記号を書きなさい。

> はじめに啓太さんが考えた仮説が正しかった場合，水の減少量は **あ** となる。実際に実験を行った結果から，仮説は **い** と言える。

	あ	い
ア	A＞B	正しかった
イ	A＞B	誤っていた
ウ	B＞A	正しかった
エ	B＞A	誤っていた

(4) **表**の数値には，葉の表側・裏側だけでなく，茎から出ていった水の量も含まれている。葉の表側だけから出ていった水の体積を求めるには，どのような枝を用いて，どちらの装置の結果と比較すればよいか。次の**ア**～**エ**の中から一つ選んで，その記号を書きなさい。

ア　どの部分にもワセリンをぬらない枝を用いて実験を行い，装置**A**の結果と比較すればよい。

イ　どの部分にもワセリンをぬらない枝を用いて実験を行い，装置**B**の結果と比較すればよい。

ウ　茎にだけワセリンをぬった枝を用いて実験を行い，装置**A**の結果と比較すればよい。

エ　茎にだけワセリンをぬった枝を用いて実験を行い，装置**B**の結果と比較すればよい。

5　次は，茨城県に住んでいる明子さんが天気の変化や前線をつくる大気のようすについてインターネットで調べ，まとめたノートの一部である。あとの(1)〜(5)の問いに答えなさい。

明子さんのノートの一部

〈天気や気圧について〉

図1は，ある日の日本付近の天気図である。この天気図をもとに調べたことを，次のようにまとめた。

・**図1**の天気図が得られたとき，茨城県では，雨や雪は降っていなかったことがわかっている。**図1**の天気図記号から，このときの茨城県の天気は [あ] であり，風向は [い] ，風力は3である。

・**図1**の**X**と**Y**は，それぞれ，低気圧または高気圧である。

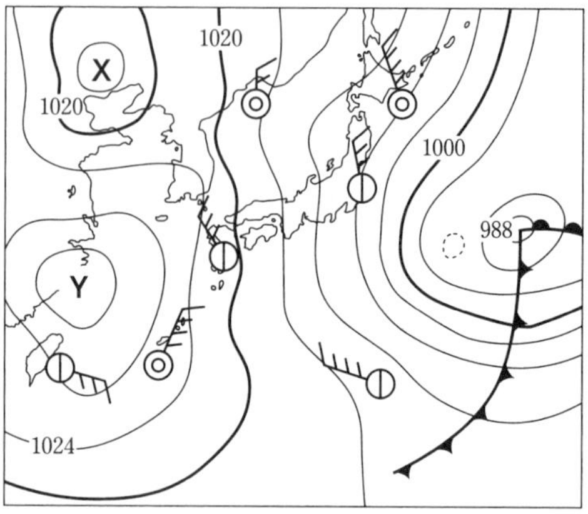

図1

・日本列島の南東の太平洋上には，寒冷前線と温暖前線の一部が見えている。この前日に，日本では，これらの前線がそれぞれ通過していったことにより，雨の降った地域があった。温暖前線付近と寒冷前線付近での雨の降り方のちがいを，雨が降る範囲と雨が降る時間の長さについて比較したとき，温暖前線付近で降る雨には， [う] という特徴がある。

〈前線について〉

図2は，寒冷前線と温暖前線の断面における大気の動きを模式的に表したものである。中緯度帯で発生する温帯低気圧は，中心部にこれらのような前線をともなっていることが多い。前線が通過するときに雨が降りやすいのは，**図2**のように，前線付近には上昇気流があり，それによって雲ができるためである。

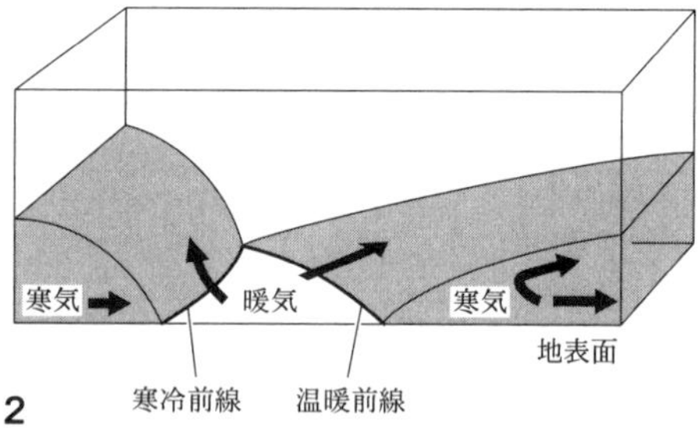

図2

地上では，寒冷前線は温暖前線よりも速く移動するため，これらの前線が偏西風によって西から東へ移動していくと，寒冷前線はやがて温暖前線に追いついて [え] 前線となる。この前線ができたあとは， [お] ことが多い。

(1) 文中の あ ， い に当てはまる語の組み合わせとして正しいものを，次の**ア**～**エ**の中から一つ選んで，その記号を書きなさい。

	あ	い
ア	晴れ	北北西
イ	晴れ	南南東
ウ	くもり	北北西
エ	くもり	南南東

(2) **図1**の**X**と**Y**の位置における大気の動きとして正しいものを，次の**ア**～**エ**の中から一つ選んで，その記号を書きなさい。

ア **X**と**Y**のどちらの位置にも，上昇気流がある。

イ **X**の位置には上昇気流が，**Y**の位置には下降気流がある。

ウ **X**と**Y**のどちらの位置にも，下降気流がある。

エ **X**の位置には下降気流が，**Y**の位置には上昇気流がある。

(3) 文中の う に当てはまる内容を書きなさい。

(4) **表**は，気温と飽和水蒸気量との関係を表したものである。下線部について，気温 20℃，湿度 65%の空気が上昇気流となったとき，空気の温度が何℃になったときに雲ができ始めると考えられるか。**表**の気温から一つ選んで，その数値を書きなさい。ただし，空気が上昇する間，空気に含まれる水蒸気量に変化はなかったものとする。

表

気温〔℃〕	飽和水蒸気量〔g/m^3〕
11	10.0
12	10.7
13	11.4
14	12.1
15	12.8
16	13.6
17	14.5
18	15.4
19	16.3
20	17.3

(5) 文中の え に当てはまる語を書きなさい。また， お に当てはまる説明を，次の**ア**～**エ**の中から一つ選んで，その記号を書きなさい。

ア 地表が暖気におおわれて低気圧は消滅する

イ 地表が暖気におおわれて低気圧は高気圧に変わる

ウ 地表が寒気におおわれて低気圧は消滅する

エ 地表が寒気におおわれて低気圧は高気圧に変わる

6 啓太さんは，化学電池について調べるために実験を行い，ノートにまとめた。下の**(1)**～**(5)**の問いに答えなさい。

啓太さんの実験ノート

【手順】

❶ 銅板と亜鉛板のいずれかである金属板**A**と**B**を用意し，質量を測定した。

❷ **図**のように，セロハンで区切った容器の一方に硫酸銅水溶液と金属板**A**を，もう一方に硫酸亜鉛水溶液と金属板**B**を入れた。

❸ プロペラつきのモーターを，導線で金属板**A**と**B**につないだ。

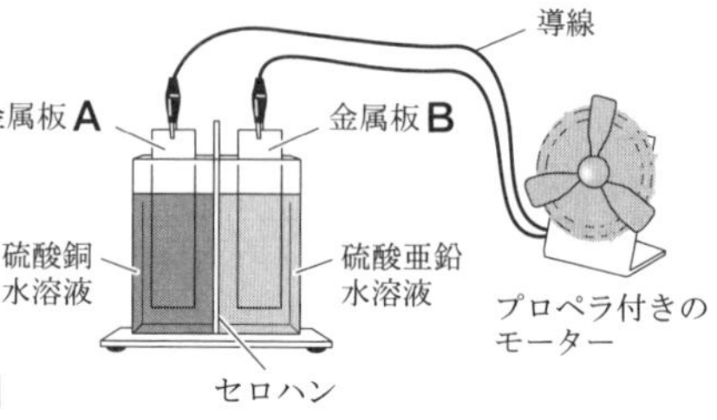

図

【結果】

・装置が電池となってモーターに電流が流れ，プロペラが回転した。

・プロペラを回転させたまましばらく置いたあと，金属板**A**と**B**をとり出し，乾燥させてから質量を測定すると，金属板**A**の質量は増加し，金属板**B**の質量は減少していた。

【考察】

・実験でつくった電池では，金属板**A**が［ あ ］板であり，電池の［ い ］極になっている。

・金属板**B**の質量が減少したのは，金属板**B**をつくる原子が［ う ］からだと考えられる。

(1) 銅と亜鉛に共通する性質を，次の**ア**～**エ**の中からすべて選んで，その記号を書きなさい。

ア 熱を伝えやすい。　**イ** たたくと粉々にくだける。

ウ みがくと黒く光る。　**エ** 電流を通しやすい。

(2) 硫酸亜鉛水溶液中に存在する陰イオンは何か，イオンの記号で書きなさい。

(3) 文中の［ あ ］に当てはまる語を，銅，亜鉛から一つ選んで書きなさい。また，［ い ］に当てはまる記号を，＋，－から一つ選んで書きなさい。

(4) 文中の［ う ］に当てはまる内容を，「**電子**」と「**イオン**」という語を用いて説明しなさい。

(5) うすい塩酸に2枚の亜鉛板を入れ，亜鉛板それぞれを導線でプロペラつきのモーターにつないだ場合，どのようになると考えられるか。次の**ア**～**エ**の中から一つ選んで，その記号を書きなさい。

ア プロペラが回転し，一方の亜鉛板からだけ気体が発生する。

イ プロペラが回転し，どちらの亜鉛板からも気体が発生する。

ウ プロペラは回転せず，一方の亜鉛板からだけ気体が発生する。

エ プロペラは回転せず，どちらの亜鉛板からも気体が発生する。

【Ⅱ】 グループでの話し合い

（千春）　この古典の文章を読んで、「癖は改められない」というテーマで話し合います。皆さんの考えを発表してください。

（夏夫）　仏門に入ったということだから、俗世間を捨てたわけですよね。そんな人が物に値段をつけるのはやはりよくない気がします。

（夏子）　以前イ商人だったせいで、その当時の癖が抜けないのでしょうね。そもそも値段をつけること自体が好きだったようですし、根っからの商人なのだと思います。

（冬二）　癖はなかなか改められませんよね。僕は小学生の頃から夏休みの宿題を始めるのがどうしてもぎりぎりになってしまいます。夏休み前には前半のうちに終わらせてあとは好きなことに時間を使おうと思うのですが、結局いつも同じような過ごし方になります。

（秋絵）　同じような経験をしている人は多いと思います。幼い頃の性格は何歳になっても変わらないという意味の「三つ子の魂百まで」ということわざもありますし、人間はそういうものなのでしょうね。

（冬美）　似た意味のことわざに「雀《すずめ》百まで踊り忘れず」というものもありますね。こちらは、良い習慣には使わないようです。古典の文章も値段をつけることを悪いことのように書いているのでこのことわざがあてはまりそうです。商人だった人は、最終的には、□にまで値段をつけてしまっています。

（秋男）　癖は誰かから指摘されて初めて気づくようなものかもしれませんね。

（中略……この後も話し合いは続いた。）

（千春）　いろいろな意見が出ましたね。では、話し合いで出た意見を参考にして、古典の文章に関する意見を書いてみましょう。

(五)　あなたもこのグループの一員として、この古典の文章に関する意見をまとめることになりました。**【Ⅰ】**と**【Ⅱ】**の内容を参考にして、あなたの考えをまとめ、意見文を書きなさい。
ただし、以下の条件に従うこと。

1　百六十字以上、二百字以内で書くこと。（句読点を含む。）
2　二段落構成とし、第一段落には、あなたの癖や習慣と、それに関する体験を書くこと。第二段落には、第一段落の内容を踏まえて、この古典を読んで考えたことをこれからの生活にどのように生かしていくかについて書くこと。
3　題名と氏名は書かないこと。
4　正しい原稿用紙の使い方をすること。
5　⌈や──の記号（符号）を用いた訂正はしないこと。
6　文体は、常体「だ・である」で書くこと。

四

国語の授業で、次の古典の文章を読んで話し合い、意見文を書くことになりました。次の【Ⅰ】と【Ⅱ】について、下の㈠～㈤の問いに答えなさい。

【Ⅰ】古典の文章

商人《あきびと》禅門に成りたるありしが、(商人から仏門に入った者がいたが)貴人のさし給《たま》へる刀脇差《わきざし》※1にても、上臈若衆《じやうらふ》※2の小袖、帯、はかまにても、見るほどの物に代をさし値をつくる事、(代金を示して値をつけるのが)天然かれがすきなりき。(うまれつき好きだった)時にあたり、あさましかりしかば、(見苦しくなってきたので)つねに崇敬《そうぎやう》せし(いつも尊敬している)東堂※3あり。「そちに教へん大事あり、聞かんや」「なかなか」(いかにも)と申す時、「自今以後、(これから先)物の値をさすべからず」とあれば、手をア合はせをがみをがみ、「さてもかたじけなき御意に候《さうらふ》。ただ今のおことばは百貫※4仕《つかまつ》らふと存ずる」と。

（「醒睡笑」による。）

※1 脇差＝小刀。　※2 上臈若衆＝身分の高い女性や少年。
※3 東堂＝住職。　※4 貫＝当時の通貨の単位。

㈠ ア合はせ の読み方を現代仮名遣いに直して、全て平仮名で書きなさい。

㈡ イ商人 とあるが、この熟語と同じ構成のものを、次の1～4の中から一つ選んで、その番号を書きなさい。

1 孤独　2 洋楽
3 育児　4 人造

㈢ 上の【Ⅰ】の文章で述べられている内容に合っているものとして、最も適切なものを、次の1～4から選んで、その番号を書きなさい。

1 かつて商人だった者の値段のつけかたは誰よりも上手だった。
2 かつて商人だった者は東堂にだけこっそり秘密を打ち明けた。
3 かつて商人だった者は物に値段をつけることはないと誓った。
4 かつて商人だった者の行動を戒めるために、東堂は注意をした。

㈣ 【Ⅱ】の文章中の□に入る最も適切な語句を、【Ⅰ】の文章中から四字で抜き出して書きなさい。

しむ眼差《まなざ》しがここにはある。

（河野有時「石川啄木《たくぼく》」による。）

※　森鷗外＝明治・大正期の小説家、評論家、翻訳家、陸軍軍医、官僚。『青年』は、ある青年の成長を描いた長編小説。

【感想の交流の一部】

（春江）　花を買うのは特別な日だと思いますが、友が自分よりえらく見える日に買うということは、友を祝ったのでしょうか。「したしむ」について、鑑賞文の筆者は、「[B]」と説明していますが、そんな時間を過ごす啄木は素敵だと思います。

（秋夫）　このときの啄木が友を祝ったと解釈してしまうと、「競走に敗れた者のかりそめの癒しなのだろうか」という問いの投げかけに合わないと思います。むしろ、妻に救いを求める啄木の弱さや悲しさが強く表れている歌のような気がします。

（夏美）　後半部分を読むと「かりそめの癒し」、つまり一時的な心の修復という受け取り方を、鑑賞文の筆者はしていないように感じます。そもそも、「競走に敗れた」という意識ですらないような、肯定的な感情を読み取っているようです。

（冬子）　鑑賞文の筆者は、啄木はこのとき、[　　]のだと解釈していると思います。これは今の私たちにとっても参考になるのではないでしょうか。私もこのような視点を取り入れながら生活していきたいと思います。

㈣　[B]に入る最も適切な言葉を、上の文章中から七字で抜き出しなさい。

㈤　上の文章の内容に合っているものとして、最も適切なものを、次の**1**～**4**の中から選んで、その番号を書きなさい。

1　筆者は、啄木の歌の一部を否定するために『青年』を引用し、当時の日本人の一般的な考え方を説明している。

2　筆者は、啄木の歌をもとに書かれた作品として『青年』を引用し、そこから歌の新たな解釈を導き出している。

3　筆者は、啄木の歌から読み取れる思いとは対照的な考えが書かれた『青年』を引用し、比較の材料としている。

4　筆者は、啄木の歌に関する自身の解釈と通じる意識が読み取れるために『青年』を引用し、論を補強している。

㈥　【感想の交流の一部】の[　　]に入る最も適切な内容を、上の文章中の言葉を使って、十五字以上、二十字以内で書きなさい。

三　次の文章と【感想の交流の一部】を読んで、下の㈠～㈥の問いに答えなさい。

友がみなわれよりえらく見ゆる日よ
花を買ひ来て
妻としたしむ

『一握の砂』「我を愛する歌」一二八

かつてはア卒業式とくれば「仰げば尊し」だった。「仰げば尊し我が師の恩」という歌い出しが教師を讃《たた》えるものであるからだろうか、いまではあまり歌われなくなった。とくに、現在の価値観にはそぐわないという理由で、

身を立て名をあげやよ励めよ　今こそ別れめいざさらば

という二番はまったく歌われない。だが、明治は立身[A]の時代だった。「友がみなわれよりえらく見ゆる」という思いは、今日の私たちが想像する以上のものだったろう。けれども、「われ」はそんなとき花を買って家に帰り、妻と和やかに語らうのがいいのだと歌う。それは、競走に敗れた者のかりそめの癒《いや》しなのだろうか。

※森鷗外《もりおうがい》の『青年』には、

一体日本人は生きるといふことを知つてゐるだらうか。小学校の門を潜《くぐ》つてからといふものは、一しょう懸命に此《この》学校時代を駈《か》け抜けようとする。その先《さ》きには生活があると思ふのである。学校といふものを離れて職業にあり附《つ》くと、その職業を為《な》し遂げてしまはうとする。その先きには生活があると思ふのである。そしてその先には生活はないのである。

という一節があり、イ続いて「現在は過去と未来との間に画した一線である。此線の上に生活がなくては、生活はどこにもないのである。」と書かれている。「花を買ひ来て／妻としたしむ」というあり方には、いまの自分の生活を穏やかに受け入れる心の働きがあるのではないか。学校を駆け抜け、仕事を成し遂げた先を見上げるのではなく、ありきたりの日常を愛《いと》お

㈠　上の文章中のア卒は行書で書かれている。この漢字と次の1～4の漢字を楷書で書いたとき、総画数が同じになるものを一つ選んで、その番号を書きなさい。

1　称
2　祖
3　点
4　沼

㈡　[A]を含む部分が「社会的に高い地位や名声を得ること」を意味する四字熟語になるように、[A]に入る漢字二字を書きなさい。

㈢　イ続いと活用の種類が同じものを、次の1～4の中から一つ選んで、その番号を書きなさい。

1　今日はいつもより早く起きた。
2　図書館で必要な資料を探した。
3　ゆっくりと駅の階段を降りた。
4　帰ってすぐシャワーを浴びた。

目前でいま困っている利用者を放っておけないからといった理由で）を過少評価するおそれがあるからです。その一方で、職の目的も理解しないまま、報酬目当てで集まる人材を過大評価してしまうおそれがあるからです。

むしろ、特定の人に負担が集中しないように、働く人の数を十分に確保したり、成果の見えづらい仕事（広く情報を集めたり、(2)丁寧に記録をつけたり、じっくりと話を聴いたりなど）の価値を正しく評価するなどの工夫が必要でしょう。生活していくうえで十分な報酬を支払うこと、有給の休暇や休息時間を十分に確保することなど、働くための基本的な条件の必要性はいうまでもありませんが。

これまで、仕事は、社会において、たくさんの人たちとさまざまな関係をつくるものだという話を繰り返ししてきました。実は、そのような関係をつくるものは、私たちがふつう「職業」と見なしている仕事だけではありません（「職業」だけでも、２０１１年時点で日本には、中分類で73件、小分類では１万７千件ほどありますが）。私たちは、朝起きてから夜眠るまで、たくさんの人たちが営むさまざまな種類の仕事の恩恵を受けているのです。

［B］、住民たちがつくる町内会活動、難病患者とその家族がつくる患者会活動、あるいは、外国人滞在者との交流を図る公民館活動など、人々がいろいろな目的で自発的に行う活動のもとで、たくさんの人たちの間にさまざまな関係が生まれます。「職業」としての仕事には、対価が発生しますが、これらの仕事には、かならずしも対価が発生しません。その人たちの仕事に賛同する人々の寄付によって運営されることが多いです。広く社会的にその意義が認められると国や自治体から税にもとづく補助がなされることもあります。

中には、「職業」としての仕事をしながら、ボランティアやＮＰＯ活動※1をする人もいます。また、ボランティアやＮＰＯ活動に意義を見出《みいだ》して、ワークとして活動に専念する人もいます。この人たちにとってのワーク・ライフ・バランス※2は、より広く、ライフ・ライフ・バランスと言い換えられるかもしれません。（中略）

重要なことは、社会の中のいろいろな人々が、あってほしいと願うことがらが、「職業」の(3)源泉となってきた、という事実です。そして、その願いに応答して注ぎ込まれた、たくさんの人の労力と、さまざまなスキルやアイディアが、「仕事」を形にしてきたという事実です。このようにつくり出された「仕事」は、人々の生活を豊かにすることに大きく貢献してきたといえるでしょう。

（後藤玲子「仕事って？」による。）

※1　ＮＰＯ活動 ＝ 特定非営利活動。
※2　ワーク・ライフ・バランス ＝ やりがいのある仕事と充実した私生活を両立させるという考え方。仕事と生活の調和。

(五) 国語の授業で上の文章を読み、「仕事」について考えることになった。次は、ある生徒の【ノートの一部】である。［　］に入る最も適切な言葉を、上の文章中から六字で抜き出して書きなさい。

【ノートの一部】

○仕事…たくさんの人たちとさまざまな関係をつくる
（「職業」＝対価がある）
→
労力
スキル
アイディア
→
人々の［　］という願い

二

次の文章を読んで、下の㈠〜㈤の問いに答えなさい。

イソップ物語りに出てくる「アリとキリギリス」の話を知っていますか。夏の間中、アリはせっせと働きます。冬になっても飢えないように食物を蓄えるためです。キリギリスはお腹《なか》がすけば葉っぱをかじりますが、あとは葉っぱの下で日がな一日歌って過ごします。やがて冬が来て、あたりは一面の雪におおわれました。外に出て働くことのできなくなったアリは、［I］に蓄えたものを食べ、あとは休んで過ごします。キリギリスは食べるものがありませんから、歌うどころか、生きることもままならなくなってアリに援《たす》けを求める。するとアリは、ここぞとばかり、こんな話でしたね。

ここで、もし、アリがキリギリスに食物をあげるとしたら、どうなるでしょう。きっとキリギリスは、アリの優しさに深く感謝しながら、また歌い始めるでしょう。アリはとろとろとまどろみながらそれを聴き、寝言でアンコール！　と言うかもしれませんね。そんな風にして穏やかに冬を過ごすうちに、夏が来て、アリはまたせっせと働き、キリギリスは日がな一日、歌って暮らしましたとさ。

さて、ここで考えたいことは次です。アンコール！　というアリの言葉に応じてキリギリスが歌うとしたら、歌うことは自分独りの楽しみにはとどまらず、他の人にとっても有用なこととなります。歌声を聴きつけて、他の生き物もやってきて、皆で鑑賞するとしたら、それはもう、ほとんどコンサート（仕事）だといえそうです。そうすると、アリがキリギリスに食べ物を分けたことは、贈与や(1)慈善ではなくて、ア労働への支払いだったと解釈できるかもしれません。

この解釈は、アリ自身は歌に興味がないとしても成り立ち得ます。個人的には歌に興味がなくても、そのよさを認めることはできるからです。自分より洗練された音感のもとで、そのよさを認めるだれかが、いつかどこかに現れるかもしれない、その可能性を否定できないかぎり、自分がキリギリスの「労働」に対価を払い続けることに賛同するかもしれません。私的な欲求や便益から少し離れて、公共的な観点からそうするかもしれませんね。

労働を、価値あるものを産み出す行為に限るとしても、ある行為が価値をもつかどうかの判断を、十分広く、開かれたものとするならば、いまある「職業」よりもずっと多くの行為が、労働と見なされる可能性が出てきます。たとえば、ある難病に苦しみながら、ひっそりと生きつづける人は、同様の病が発症する危険性を否定しきることのできないあらゆる人に希望を与えるでしょう。

ただし、このような労働概念の拡張に対しては次の反論がありえます。よろしい。キリギリスが歌うことは、労働であることを認めるとしよう。そして、それもまた対価を受けるに値することを認めよう。だが、両者の働き方を比べたら、明らかにアリの方がより多くのコストを費やし、より多くの便益を社会にもたらしているのでは？　そうであるにもかかわらず、アリがキリギリスに支払ったら、アリは働く意欲をうしない、結局、ともだおれに終わるのではと。

この問いに対する一般的な解答は、人があまりやりたがらない、けれども必要性の高い仕事、たとえば、危険であったり、技術の習得に多くの時間を要したり、人一倍、労苦の多い仕事を引き受けてくれる人たちには、たとえ成果がみえづらいとしても、たくさん支払いたい、それによって謝意と労《ねぎら》いの気持ちを表したいというもので、これは人の自然な心情でしょう。

［A］、「より高額な報酬を用意しないと、優秀な人材が集められない」といった言説には留意が必要です。それは、人が働く多様な動機（たとえば、いつかきっとだれかの役に立つはずだからとか、

㈠　上の文章中の(1)〜(3)の漢字の読みを平仮名で書きなさい。

㈡　上の文章中の［A］・［B］に入る言葉の組み合わせとして、最も適切なものを、次の1〜4の中から選んで、その番号を書きなさい。

1　A　そのうえ　　B　つまり
2　A　ですから　　B　ところで
3　A　けれども　　B　たとえば
4　A　ところで　　B　ただし

㈢　上の文章中の［I］に入る最も適切な言葉を、上の文章中から三字で抜き出して書きなさい。

㈣　ア労働への支払いだったと解釈できるかもしれませんとあるが、この解釈をした場合、「キリギリスに食べ物を分けたこと」によってアリに生じる可能性がある問題として、本文中で述べられている内容を、四十五字以上、五十字以内で説明しなさい。（句読点を含む。）

ただし、「**便益**」「**意欲**」の二つの言葉を用いて書くこと。

……とにかく添加物を極力少なくできる」
どういうふうに話すか、前夜から頭の中でシミュレーションしたはずなのに、全然上手くいかなかった。有人は何度もつっかえ、声を上ずらせ、言葉を途切れさせた。
「ベースの味は……こないだ涼先輩のお母さんからもらったタコの煮つけが、なんかヒントになるかなって……普通に東京で食べてたのと違う味がして。深みがあったというか。※2魚醤《ぎょしょう》っていうのを使っているんじゃないかって、叔父に聞いた。その……タラを使った魚醤を隠し味にしているんだろうって。漁協で作ってるんだよね、タラ魚醤。それ、こっちの味付けに使えないかな」
途切れ途切れの言葉なのに、他の四人は茶々の一つも入れず、ずっと真剣に有人の話を頷《うなず》きながら聞いた。
「だから……イウニのクリームパスタソースって限定するのはどうかなって」
少しの沈黙ののち、誠が言った。
「ウニのクリームパスタ？　なんだそれ。美味《うま》いのか？」
「美味しいよ」桃花だった。「私も札幌《さっぽろ》で食べたことある。好き」
「マジ？　桃花が言うならいいんじゃね？」
「僕は食べたことないけど、ペーストにするのはいいと思う」ハル先輩が淡々とメリットを指摘した。「ミョウバンの点はもちろん、最初から崩れていてもいいなら原価を(3)ヤスく抑えられる」
「え、有人くんの意見、普通に良くない？」涼先輩も賛同してくれた。「ウニのクリームパスタとか、めっちゃおしゃれじゃない？　これで行こう？　めっちゃ行けそう！」
誠、ハル先輩、桃花はためらわず頷いた。
「良かった、やっと方針が決まったね。有人くん、すごい」
涼先輩が胸の前で可愛《かわい》らしく拍手する。誠も「やるじゃんか」と親指をぐっと立てる。
「パッケージのデザインはどうするの？」
ハル先輩が一歩立ち止まれば、涼先輩が桃花の手を取り「私たち二人がめっちゃ可愛いの考える！　男子はキャッチコピーみたいなの考えて」と、三歩先に進む。
注がれている視線に気づいて、有人はそちらに顔を向けた。
教室にいた校長と森先生が、そろって恵比須のような笑顔で有人らを見守っていた。
「有人、すげーなおまえ」隣の誠が肩を叩《たた》いた。「おまえじゃなきゃ出ない意見だぜ。俺もそれ食ってみてー」
おまえじゃなきゃ。
誠の言葉は小さな火花を有人に飛ばした。飛んできたそれは有人の心に届いて、ささやかではあるが、確かな熱を与えた。
熱。熱があれば、なにかが芽を吹く。もう寒々しいだけじゃない。
今までとは違う。変わるかもしれない。そんな予感に、ウ有人の胸は高鳴った。

（乾　ルカ「明日の僕に風が吹く」による。）

※1　ミョウバン＝染色や防水などに用いられる。ウニの加工時には、型崩れ防止や保存のための添加物として使用される。
※2　魚醤＝魚類と塩を主な原料にした液体状の調味料。

(四)　ウ有人の胸は高鳴ったとあるが、このときの有人の気持ちとして、最も適切なものを、次の**1**～**4**の中から選んで、その番号を書きなさい。

1　誠の何気ない言葉から情熱をくみ取り、かけがえのない友人ができたという実感を得ている。
2　誠のほめ言葉を素直に受け止めずに、反発心に変えて自身のやる気を生み出そうとしている。
3　誠から妬まれたことで自信がわき、自分を見る周囲の目が変化することに喜びを感じている。
4　誠に存在価値を認められたように感じて気持ちが高ぶり、自身の前途に希望を見出《みいだ》している。

(五)　国語の授業で上の文章を読み、「有人」の人物像について考えることになった。グループで話し合う前に、まず、ノートに自分の考えをまとめた。次は、ある生徒の【ノートの一部】である。□に入る一文を、上の文章中から抜き出して、初めの四字を書きなさい。

【ノートの一部】

〈有人の人物像〉
慎重な人物だと思った。
○根拠となる部分
・□
（失敗しないように、念入りに準備して事に臨んでいることがわかる。）

二〇二二年度 水戸啓明高等学校

【国 語】 （五〇分） 〈満点：一〇〇点〉

一

次の文章を読んで、下の(一)〜(五)の問いに答えなさい。

東京で不登校になっていた有人は、北海道の離島で医師をしている叔父のもとに引っ越した。全校で五人だけしかいない高校では、水産実習の授業も行われている。そこで作った缶詰《かんづめ》を、北海道高校生物産展に出品する話が持ち上がり、ウニを出品することになる。具体的にどのような缶詰にするか、ディスカッションをするもののなかなか話は進まない。漁師の息子である誠の家に寄り、ウニをもらって帰った有人は、叔父とともにウニ丼を食べる。

生ウニを箸でつまんで、醤油《しょうゆ》をつけずにそのまま口に入れる。潮の香りが濃く、しっかりと形があるのに、舌の上ではとろりととけて、美味《おい》しさが広がる。語彙力のないグルメレポーターが、なにを食べても馬鹿の一つ覚えのように「甘い」と言うのを目にするたび、有人は興醒《きょうざ》めしていたが、もらった新鮮なウニは、本当にどこか甘みがあるのだった。

――やっぱ、生が最高ってことだよ。

誠は正しいと思った。この島の生ウニの味をもし知っていたら、缶詰や瓶詰はもちろん、折のウニだってまったくの別物だ。そして誠はこの新鮮な味を知っている。間違いなく涼先輩も。あの二人しか主に発言しないディスカッションが上手《うま》く進まないのは、道理だったのだ。

「どうした、有人」

ア有人は考え込んでいた。はっと我に返り、なんでもないとばかりにウニ丼を口に掻《か》っ込む。美味しい。でも、これを缶詰にしなくてはいけない。この味は諦めたうえで、どうにかしなければならないのだ。

次に行われた水産実習のディスカッションで、有人は思い切って口を開いた。

「誠んちからもらったウニ食べて思ったんだけど……」

生ウニの味には絶対勝てない。だったら、加工を逆手に取るのはどうかと(1)テイアンしたのだった。

「獲《と》れたて生ウニの味は絶対に無理だ。でも生ウニの形状に近いものを出したら、逆に期待させてしまう可能性がある。だとしたら、いっそうんと加工して、最初からペーストにするとかだと、形は無くなってもいいから、※1ミョウバンは使わずに行けるかもしれない。使うとしても、最低限で(2)スむかなって……」

有人は東京で食べたウニのクリームパスタの話をした。手汗が滲《にじ》む。

「これは、パスタにあえるウニクリームソースだって、もう用途をこっちで決めてしまえば……そうしたら、口にする人は生ウニの味を絶対期待しないし、こういう調理に使うってわかってたら、買う人も買いやすいし、調理のときに好みで味付けするだろうし、もちろんこっちでも買った人がアレンジできる程度でベースの味を付けると、アルコールとかの味も紛れるし

(一) 上の文章中の(1)〜(3)の片仮名の部分を漢字で書きなさい。

(二) ア有人は考え込んでいた とあるが、このときの有人の様子として、最も適切なものを、次の**1**〜**4**の中から選んで、その番号を書きなさい。

1 生ウニの良さをアピールしてくる友人に、ウニの缶詰の良さを伝える方法がないか探っている様子。

2 生ウニの味を正確に缶詰で表現するために、食べているウニ丼の味を忘れないようにしている様子。

3 生ウニの美味しさを意識しながら、どのようにすればより良い缶詰になるのかを模索している様子。

4 生ウニを食べたことでその美味しさが忘れられなくなり、缶詰にすることに疑問を抱いている様子。

(三) イウニのクリームパスタソースって限定するのはどうかなって とあるが、有人の考える、限定することの利点を、四十五字以上、五十字以内で書きなさい。（句読点を含む。）

2022年度／水戸啓明高等学校

英語解答

1 (1) No.1 イ No.2 ア No.3 ウ
No.4 エ No.5 ウ
(2) No.1 エ No.2 ア No.3 ウ
No.4 イ
(3) No.1 エ No.2 ア
(4) ①…5〔五〕 ②…イ

2 (1) ① arrived ② going
③ houses
(2) ④ for ⑤ smaller
⑥ tomorrow

3 (1) オ→イ→エ→ア→ウ (2) It
(3) ① baseball ② animals
③ pictures〔photo(graph)s〕

4 (1) ①…イ ②…ア ③…エ ④…ア
⑤…ウ
(2) (例)why are you

5 (1) ア，ウ，キ
(2) ① (例)She is fifteen years old.／Fifteen years old.
② (例)She met Nozomi in Osaka.／In Osaka.
(3) 3 (4) イ

6 (1) (例)I want to clean the park near my house.
(2) (例)I often played there with my friends when I was little. I don't play there now, but I hear many children still do. I want to do something for them.
(30語)

1〔放送問題〕解説省略

2〔長文読解総合―Eメール〕

≪全訳≫A．こんにちは，ブラウン先生。僕は今朝，アメリカのホストファミリーの家に着きました。今日は金曜日です。今週末にホストファミリーが僕のためにパーティーを開いてくれます。月曜日から学校に行き始めます。僕はアメリカの家を見て，驚きました。全て大きいのです！ すぐにまたメールを書きます。

B．こんにちは，マサト。元気ですか？ メールをありがとう。私は日本に来て，自分の家を見たとき，少し悲しかったです。なぜなら，その家は私のアメリカの家よりも小さかったからです。でも，私は茨城の家も好きです。今日は日曜日なので，あなたの学校は明日から始まりますね。あなたが多くの新しい友達をつくることを，私は望んでいます！

(1)＜語形変化＞①「今朝，到着した」と過去形にする。 arrive－arrived－arrived ②start〔begin〕「始める」の後に動詞を続ける場合はto ～も～ingも可能だが，1語という指定がある。 ③houseは‘数えられる名詞’。次の文でTheyで受けているので，複数形のhousesにする。

(2)＜適語補充＞④Thank you for ～「～をありがとう」 ⑤空所の前にあるitはブラウン先生が日本に来たときの家のこと。メールのやりとりから日本の家はアメリカの家より「小さい」。後ろにthanがあるので比較級にする。 ⑥学校が始まる月曜日は日曜日の翌日，つまり「明日」である。

3〔長文読解総合―会話文〕

≪全訳≫❶シンディ(C)：昨夜はテレビを見た？❷ツトム(T)：うん，野球の試合を弟〔兄〕と見たよ。

とても楽しかったよ。❸C：それはよかったわね。私は動物に関する番組を見たの。❹T：あっ，それ知ってると思う。夜7時半から始まる番組だよね？　よくその番組を見るの？❺C：ええ，大好きなの。毎週，多くの種類の動物を見せてくれるの。そこから多くを学べるわ。日本語も学べるし。子ども向けの番組だから，日本語はそんなに難しくないの。この番組を見ることは，私にとっていいのよ。❻T：なるほど。昨夜はどんな動物に関するものだったの？❼C：猫よ。私は猫が大好きだから，番組をとても楽しめたわ。❽T：猫を飼っているの？❾C：ええ，2匹飼っているわ。クロエとリリーっていうの。姉妹よ。写真が何枚かあるわ。見てみて。❿T：わあ，とてもかわいいね。⓫C：そう思う？　それを聞いてうれしいわ！

(1)＜整序結合＞文の主語 It は前文にある a program about animals を指す。まず program を置いて It's a program とし，この後は that を主格の関係代名詞として使って program を修飾する関係代名詞節をつくる。　It's a program that starts at seven thirty in the evening, right?

(2)＜書き換え―適語補充＞‘It is ～ for ― to …’「―が〔にとって〕…するのは～だ」の形式主語構文にすればよい。　Watching it is good for me. ≒ To watch it is good for me. ≒ It is good for me to watch the program.

(3)＜内容一致＞「今日，ツトムとテレビ番組について話したの。昨夜，彼は①野球の試合を弟〔兄〕と見ていたわ。私は②動物に関する番組を見たんだ。昨夜は猫に関するものだった。そして，私はツトムに自分の猫の③写真を何枚か見せたの。私の猫をかわいいとツトムが言ってくれたので，私はうれしかったわ」　①第2段落参照。　②第3段落参照。　③第9段落参照。snapshots, snaps も可。

4〔長文読解総合―対話文〕

≪全訳≫❶アケミ(A)：こんにちは，ジャック。何を読んでるの？❷ジャック(J)：やあ，アケミ。ゴミの捨て方についてのちらしを読んでるんだ。❸A：私たちの市には，ゴミの捨て方に関して①3つのルールがあるわね。❹J：うん，それを今読んだところだよ。家庭から出たゴミを捨てるときに，専用のビニール袋を使わなければいけないなんて，驚いたな。❺A：そうなのよ。ビニール袋は市のお店で買えるわよ。❻J：なるほど。あっ，1つ質問があるんだ。僕はどのエリアに住んでるの？❼A：あなたはモトマチに住んでるのよね？　モトマチはB地区よ。❽J：じゃあ，②台所ゴミのような可燃性のゴミはいつ捨てられるの？❾A：あなたはB地区に住んでいるから，火曜日と水曜日に捨てられるわ。ビンや缶などは③金曜日に捨てられるわ。❿J：不燃性のゴミに関してはどう？⓫A：木曜日に出せるけど，④1か月に1回だけよ。⓬J：了解。収集日には，⑤朝8時前にゴミを捨てなくてはいけないんだよね？⓭A：そのとおりよ。ところで，あなたはなぜちらしを読んでいるの？⓮J：ホストマザーの手伝いをするためだよ。彼女はいつも忙しいから，僕は彼女を手伝うために何かしたいんだ。⓯A：あなたはとても親切なのね！

2022年　ヒカリ市のゴミ収集日

ヒカリ市のゴミ出しルール
ルール1：家庭から出るゴミには，ヒカリ市専用のビニール袋を使うこと。
ルール2：ゴミの種類を分別すること。
ルール3：商業上のゴミは捨てないこと。

捨てるもの	A地区	B地区
可燃性のゴミ （台所ゴミ，紙，プラスチック製品など）	月曜日 木曜日	火曜日 水曜日
不燃性のゴミ （金属，ガラス製品など）	第１水曜日	第２木曜日
再利用可能なもの （新聞紙，ビン，ペットボトル，缶など）	火曜日	金曜日
ゴミは朝８時前に収集場所に捨ててください。		

⑴＜適語(句)選択＞①ちらしの中には「３つの」ルールが書かれている。　②直前の like は「～のような」の意味の前置詞。選択肢の中で combustible waste に含まれているのは，kitchen garbage のみ。　③ Area B で bottles or cans を捨てられるのは Friday。　④ incombustible waste は Second Thursday「第２木曜日」とある。つまり，「１か月に１回だけ」ということ。　⑤ちらしの一番下の文参照。

⑵＜適語句補充＞この質問に対する返答が To ～「～するため」（‘目的’を表す to不定詞の副詞的用法）となっているので，‘理由’を尋ねる疑問文にする。why「なぜ」で始め，空所後の reading につながるように現在進行形の疑問文をつくる。

5〔長文読解総合―エッセー〕

≪全訳≫❶私はミライといい，茨城の高校生で，15歳だ。ノゾミは私の昔からの友達の１人で，私と同じ年齢だ。私たちが小さかったとき，彼女は私の隣に住んでいた。私たちはほとんど毎日遊び，たくさんのことを話した。２人とも本を読むのが好きで，お互いの本を読んだ。❷ある日，ノゾミは私にこう言った。「この本を読んでみて。日本の女性の宇宙飛行士についての本なの。この本を読んでから，私は宇宙飛行士になりたいの」　私もすぐにその本を読み終えて，ノゾミと同じ気持ちになった。そして私は「宇宙飛行士になるために，一生懸命勉強しようね」とノゾミに言った。私たちは毎日，夢のために一生懸命勉強していたが，３年後，ノゾミは大阪に引っ越した。そのとき，私たちは10歳だった。❸この前の夏，私は家族と大阪を訪れた。そこで約４年ぶりにノゾミに会った。私たちはとてもうれしくて，たくさんのことを話した。私たちはお互いの夢の話もした。私がノゾミに「今でも宇宙飛行士になりたい？」ときくと，ノゾミはこう言った。「いいえ。それは子どもの夢だったの，ミライ。私たちが宇宙飛行士になれるとは思わないわ。宇宙飛行士になれる確率をインターネットで調べてみたの。あるサイトによると，確率は0.1％よりも少ないわ。子どもだけが宇宙飛行士になるという夢を持っているのよ。私は今でも毎日，一生懸命勉強しているけど，それは弁護士になるためなの。人は成長するにつれて，現実を受け入れ，自分が実現できる夢を持つんじゃない？　それで，あなたの今の夢は何？」　私はまだ子どもの夢を持っていたので，その質問に答えられなかった。❹その夜，私は母とノゾミについて話した。母は「ノゾミちゃんは現実的ね。彼女は正しいと思うわ」と言った。私は「じゃあ，私は夢を諦めるべきだと思う？」と母に言った。母はこう言った。「そうね，これは『あなたがどう生きるか』という問題よ。あなたはノゾミちゃんみたいに現実的になることもできるし，自分の夢を追うこともできる。宇宙飛行士になるのはとても難しいと思うけど，自分の夢を実現するために一生懸命勉強することが，自分の人生をより良くするとも思うわ。あなたは多くのことをそこから学べると思う。私はいつでもあなたを手伝うから，今のあなたの夢に向かって一生懸命勉強したらどう？」　私は母にこう言った。「ありがとう，お母さん。これで，私はノゾミの質問に答えられるわ。ええ，私は宇宙飛行士になりたいのよ！」

⑴＜内容真偽＞ア.「ミライは茨城の高校に通っている」…○　第１段落第１文に一致する。　イ.「ミライは小さい頃，本を読むのが好きではなかった」…×　第１段落最終文参照。　ウ.「ノゾミは７歳のとき，ミライに日本人の女性宇宙飛行士についての本を教えた」…○　第２段落に一致する。この本について教えてくれた３年後にノゾミは引っ越し，そのとき２人は10歳だった。　エ.「ノゾミは５歳のとき，大阪に引っ越した」…×　第２段落最後の２文参照。５歳ではなく10歳のとき。　オ.「この前の夏，ノゾミは今でも宇宙飛行士になりたいとミライに言った」…×　第３段落終わりから４文目参照。　カ.「ミライは宇宙飛行士になれる確率について調べた」…×　第３段落中盤参照。調べたのはミライではなくノゾミ。　キ.「ノゾミと話した後，ミライは母に自分の将来について話した」…○　第３段落～第４段落第１文に一致する。　ク.「ミライの父も小さい頃，宇宙飛行士になりたかった」…×　ミライの父に関する記述はない。

⑵＜英問英答＞①「ノゾミは何歳か」―「(彼女は)15歳だ」　第１段落第２，３文参照。　②「この前の夏，ミライはどこでノゾミに会ったか」―「(彼女は)大阪で(ノゾミに会った)」　第３段落第１，２文参照。

⑶＜適所選択＞脱落文の Only children「子どもだけ」という部分に着目すると，この文は「宇宙飛行士になる」という夢に対して否定的な内容であるとわかる。ノゾミは空所３の前でそのような態度を取っている。

⑷＜適語句選択＞直後の文および最終段落終わりの２文参照。この質問にミライは答えられなかったが，母と話した後，「宇宙飛行士になりたい」ことが自分の夢だと再確認でき，これでミライの質問に答えられると言っている。

6〔テーマ作文〕

⑴「取り組んでみたい」とあるので，I want to ～「私は～したい」で始めると書きやすい。解答例の訳は「私は家の近くの公園を清掃したい」。

⑵⑴で書いた内容の理由を自分の経験などを含めて書くとよいだろう。「理由」とあるが，‘Because＋主語＋動詞...’の形だけで完結する形は書かないように注意。解答例の訳は「私は小さい頃，よくそこで友達と遊んだ。今はもうそこでは遊ばないが，多くの子どもが今でもそこで遊んでいると聞く。私はその子どもたちのために何かをしたい」。

2022年度／水戸啓明高等学校

数学解答

1 (1) -9　(2) -19　(3) $x+8y$
(4) 0

2 (1) $x=-5,\ 7$　(2) 45.5g
(3) $y=-\dfrac{4}{5}x+\dfrac{24}{5}$
(4) (例)

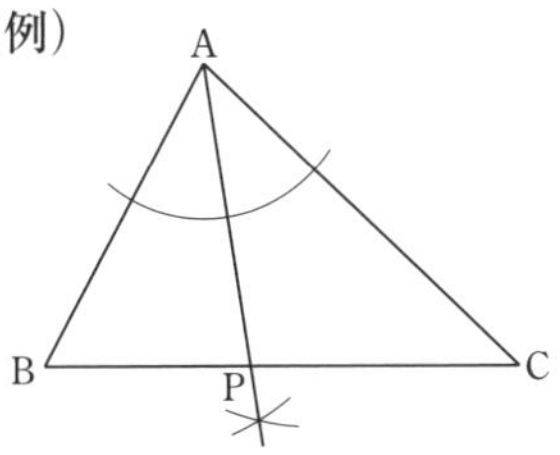

3 (1) (例)△AFC と △DFB で，共通な角だから，∠AFC＝∠DFB……① 円周角の定理より，∠FAC＝∠FDB……② ①，②から，2組の角がそれぞれ等しいので，△AFC∽△DFB
(2) 71°　(3) $4\sqrt{2}$ cm

4 (1) 毎分200m　(2) 400m
(3) 12分40秒後

5 (1) ① 30通り　② $\dfrac{1}{3}$　(2) $\dfrac{2}{9}$

6 (1) 70cm^2
(2) ① 5：2　② $\dfrac{320}{7}$cm^3

1 〔独立小問集合題〕

(1)＜数の計算＞$4-13=-9$

(2)＜数の計算＞与式$=-3-16=-19$

(3)＜式の計算＞与式$=6x-12y-5x+20y=x+8y$

(4)＜数の計算＞与式$=\sqrt{2}-\sqrt{4^2\times2}+\dfrac{6\times\sqrt{2}}{\sqrt{2}\times\sqrt{2}}=\sqrt{2}-4\sqrt{2}+\dfrac{6\sqrt{2}}{2}=\sqrt{2}-4\sqrt{2}+3\sqrt{2}=0$

2 〔独立小問集合題〕

(1)＜二次方程式＞左辺を因数分解して，$(x+5)(x-7)=0$　∴$x=-5,\ 7$

(2)＜データの活用―中央値＞卵10個の重さを軽い順に並べると，43g，44g，44g，45g，45g，46g，47g，51g，52g，53gとなる。中央値は5番目と6番目の重さの平均となるから，5番目が45g，6番目が46gより，$\dfrac{45+46}{2}=45.5$(g)である。

(3)＜関数―直線の式＞右図1で，DB∥CO，CD∥OBより，四角形OBDCは平行四辺形だから，四角形OBDCの面積を2等分する直線は対角線OD，BCの交点を通る。この交点をEとすると，点Aを通り▱OBDCの面積を2等分する直線は直線AEである。点Eは対角線BCの中点である。点Bは関数$y=\dfrac{1}{2}x^2$のグラフ上にあり，x座標が2なので，$y=\dfrac{1}{2}\times2^2=2$より，B(2，2)である。C(0，6)だから，点Eのx座標は$\dfrac{2+0}{2}=1$，y座標は$\dfrac{2+6}{2}=4$となり，E(1，4)である。また，点Aは関数$y=\dfrac{1}{2}x^2$のグラフ上にあり，x座標が-4なので，$y=\dfrac{1}{2}\times(-4)^2=8$より，A($-4$，8)である。よって，2点A，Eの座標より，直線AEの傾きは$\dfrac{4-8}{1-(-4)}=-\dfrac{4}{5}$となるから，その式は$y=-\dfrac{4}{5}x+b$とおけ，点Eの座標より$x=1$，$y=4$を代入すると，$4=-\dfrac{4}{5}\times1+b$より，$b=\dfrac{24}{5}$となる。以上より，求める直線の式は$y=-\dfrac{4}{5}x+\dfrac{24}{5}$である。

図1

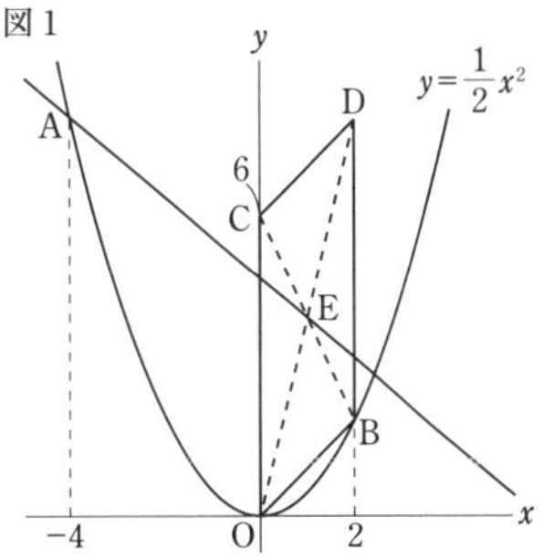

(4)＜平面図形―作図＞次ページの図2で，∠BAP＝∠CAPだから，線分APは∠BACの二等分線で

ある。よって，点Pの作図は，①点Aを中心として，円の弧をかき(辺AB，ACとの交点をそれぞれD，Eとする)，②点D，Eをそれぞれ中心として，半径の等しい円の弧をかき(その交点をFとする)，③直線AFを引く。直線AFと辺BCの交点がPとなる。

図2

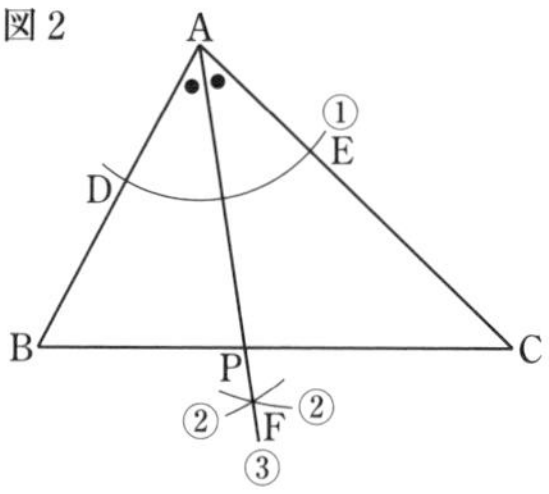

3〔平面図形—円〕

≪基本方針の決定≫(3)　$\triangle ABD$ と $\triangle ADF$ が相似であることに気づきたい。

(1)<証明—相似>右図1の $\triangle AFC$ と $\triangle DFB$ において，共通な角と，同じ弧に対する円周角が等しいことから，2組の角がそれぞれ等しいことがいえる。解答参照。

図1

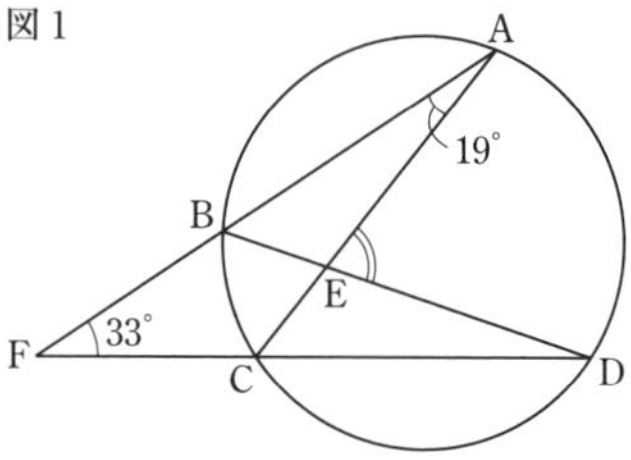

(2)<角度>右図1の $\triangle AFC$ で，内角と外角の関係より，$\angle ACD = \angle BAE + \angle BFC = 19^\circ + 33^\circ = 52^\circ$ である。また，$\overset{\frown}{AD}$ に対する円周角より，$\angle ABE = \angle ACD = 52^\circ$ となる。よって，$\triangle ABE$ で内角と外角の関係より，$\angle AED = \angle BAE + \angle ABE = 19^\circ + 52^\circ = 71^\circ$ である。

(3)<長さ—相似>右図2の $\triangle ABD$ と $\triangle ADF$ において，$\angle DAB = \angle FAD$ である。また，$AC = AD$ より，$\triangle ACD$ は二等辺三角形だから，$\angle ACD = \angle ADF$ であり，$\overset{\frown}{AD}$ に対する円周角より $\angle ABD = \angle ACD$ であるから，$\angle ABD = \angle ADF$ となる。よって，2組の角がそれぞれ等しいから，$\triangle ABD \backsim \triangle ADF$ となり，$AB : AD = AD : AF$ である。したがって，$AB : 8 = 8 : 8\sqrt{2}$ が成り立つ。これを解くと，$AB \times 8\sqrt{2} = 8 \times 8$ より，$AB = 4\sqrt{2}$ (cm)である。

図2

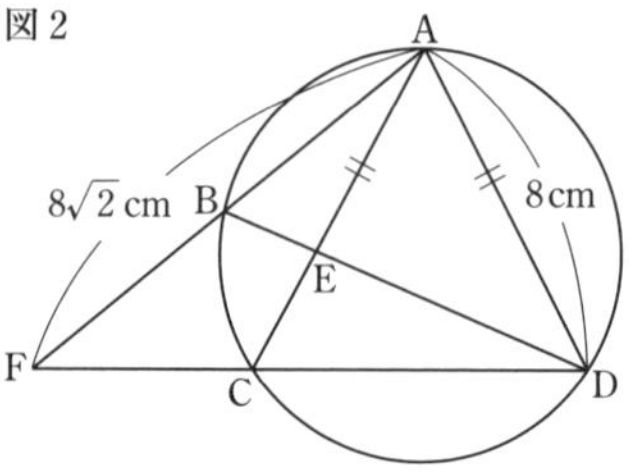

4〔関数—関数の利用〕

(1)<速さ>弟は，Aさんが家を出発してから6分後に家から600mの地点を通り，家に着いて折り返して，Aさんが家を出発してから14分後に，家から1000mの地点にある学校に着いているので，$14 - 6 = 8$(分)間で，$600 + 1000 = 1600$(m)の道のりを進んでいる。よって，弟が自転車で進む速さは，$1600 \div 8 = 200$ より，毎分200mである。

(2)<道のり>(1)より，弟が自転車で進む速さは毎分200mだから，弟が学校と家の間を往復するのにかかる時間は，$(1000 \times 2) \div 200 = 10$(分)である。弟は，Aさんが家を出発してから14分後に学校に着いているから，弟が学校を出発したのは，Aさんが家を出発してから，$14 - 10 = 4$(分)後である。また，Aさんは，家を出発してから6分後に家から600mの地点を通っているので，Aさんが走る速さは，$600 \div 6 = 100$ より，毎分100mである。よって，弟が学校を出発したとき，家からAさんがいる地点までの道のりは，$100 \times 4 = 400$(m)である。

(3)<時間>Aさんと弟が2回目に出会うのは，Aさんが学校から家へ戻る途中であり，弟が家から学校へ戻る途中である。Aさんの速さが毎分100mより，Aさんが学校に着くのは，家を出発してから $1000 \div 100 = 10$(分)後だから，Aさんが学校から進んだ道のりは $100(x - 10)$ mと表せる。これより，Aさんの x と y の関係は，$y = 1000 - 100(x - 10)$，$y = -100x + 2000$ である。次に，弟は，速さが毎分200mより，学校から家まで $1000 \div 200 = 5$(分)かかるので，弟が家に着くのは，Aさんが家を出発してから，$4 + 5 = 9$(分)後である。これより，弟が家から進んだ道のりは $200(x - 9)$ mと表せるから，弟の x と y の関係は，$y = 200(x - 9)$，$y = 200x - 1800$ である。2人が出会うとき，家から2人のいる地点までの道のりは等しいので，2式から y を消去して，$200x - 1800 = -100x + 2000$ より，$300x = 3800$，$x = \frac{38}{3}$ となる。$\frac{38}{3} = 12 + \frac{2}{3}$ であり，$\frac{2}{3}$ 分は，$60 \times \frac{2}{3} = 40$(秒)だから，Aさんと弟が2

回目に出会うのは，Aさんが家を出発してから12分40秒後である。

5〔データの活用―場合の数・確率―数字の書かれた玉〕

(1)＜場合の数，確率＞①6個の玉の中から1個取り出し，それを箱の中に戻さずに2個目を取り出すので，1個目の玉の取り出し方は6通りあり，2個目は，残りの5個の玉の中から取り出すので5通りある。よって，玉の取り出し方は全部で$6\times5=30$(通り)ある。　②玉の取り出し方が30通りより，a，bの組は30通りである。このうち，つくった自然数が3の倍数になるのは，$(a,\ b)=(1,\ 2)$，$(1,\ 5)$，$(2,\ 1)$，$(2,\ 4)$，$(3,\ 6)$，$(4,\ 2)$，$(4,\ 5)$，$(5,\ 1)$，$(5,\ 4)$，$(6,\ 3)$の10通りある。よって，求める確率は$\frac{10}{30}=\frac{1}{3}$となる。

(2)＜確率＞6個の玉の中から1個取り出し，それを箱の中に戻してからまた1個取り出すとき，1個目，2個目とも玉の取り出し方は6通りあるので，玉の取り出し方は全部で$6\times6=36$(通り)あり，a，bの組は36通りある。このうち，つくった自然数が素数となるのは，$(a,\ b)=(1,\ 1)$，$(1,\ 3)$，$(2,\ 3)$，$(3,\ 1)$，$(4,\ 1)$，$(4,\ 3)$，$(5,\ 3)$，$(6,\ 1)$の8通りある。よって，求める確率は$\frac{8}{36}=\frac{2}{9}$となる。

6〔空間図形―直方体〕

≪基本方針の決定≫(2)①　AJ＋JIの長さが最も短くなるときを考える。

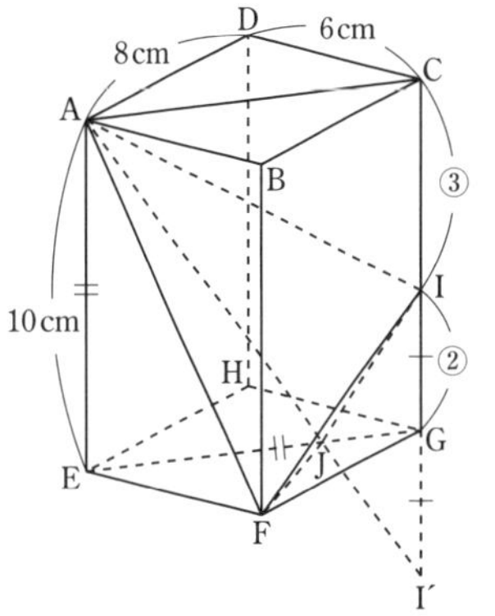

(1)＜面積＞右図で，四角形AEGIはAE∥IG，$\angle AEG=\angle IGE=90^\circ$の台形である。$AE=EG=10$であり，$CI:IG=3:2$より，$IG=\frac{2}{3+2}CG=\frac{2}{5}\times10=4$なので，〔台形AEGI〕$=\frac{1}{2}\times(AE+IG)\times EG=\frac{1}{2}\times(10+4)\times10=70(cm^2)$となる。

(2)＜長さの比，体積＞①右図で，AIの長さは変わらないから，△AJIの周の長さが最も短くなるとき，AJ＋JIの長さが最も短くなる。辺CGの延長上に，IG＝I′Gとなる点I′をとる。EGは線分II′の垂直二等分線となるから，JI＝JI′であり，AJ＋JI＝AJ＋JI′となる。AJ＋JI′の長さが最も短くなるのは，3点A，J，I′が同一直線上にあるときなので，点Jは線分AI′と線分EGの交点となる。このとき，AE∥GI′より，△AEJ∽△I′GJだから，EJ：JG＝AE：I′Gとなる。(1)よりI′G＝IG＝4なので，AE：I′G＝10：4＝5：2となり，EJ：JG＝5：2である。　②右上図で，四面体AFIJは，三角柱ABC-EFGから，四角錐A-BFIC，三角錐A-EFJ，三角錐I-FGJを除いた立体である。〔三角柱ABC-EFG〕$=\triangle ABC\times AE=\frac{1}{2}\times6\times8\times10=240$であり，$CI=CG-IG=10-4=6$より，〔四角錐A-BFIC〕$=\frac{1}{3}\times$〔台形BFIC〕$\times AB=\frac{1}{3}\times\frac{1}{2}\times(10+6)\times8\times6=128$となる。また，①よりEJ：JG＝5：2だから，△EFJ：△FGJ＝5：2であり，$\triangle EFJ=\frac{5}{5+2}\triangle EFG=\frac{5}{7}\times\frac{1}{2}\times6\times8=\frac{120}{7}$，$\triangle FGJ=\frac{2}{5+2}\triangle EFG=\frac{2}{7}\times\frac{1}{2}\times6\times8=\frac{48}{7}$となる。これより，〔三角錐A-EFJ〕$=\frac{1}{3}\times\triangle EFJ\times AE=\frac{1}{3}\times\frac{120}{7}\times10=\frac{400}{7}$，〔三角錐I-FGJ〕$=\frac{1}{3}\times\triangle FGJ\times IG=\frac{1}{3}\times\frac{48}{7}\times4=\frac{64}{7}$となる。よって，〔四面体AFIJ〕＝〔三角柱ABC-EFG〕−〔四角錐A-BFIC〕−〔三角錐A-EFJ〕−〔三角錐I-FGJ〕$=240-128-\frac{400}{7}-\frac{64}{7}=\frac{320}{7}(cm^3)$である。

社会解答

1

1 (1) エ
(2) う…ウ
え…関東ローム〔ローム，関東ローム層〕
(3) (例)周辺部に比べて，都心部の気温が高くなること。

2 (1) (例)年によって価格や生産量が変動するため，国の経済が安定しない
(2) か…イ
き (例)沿岸を流れる暖流の北大西洋海流と，その上を吹く偏西風の影響で，冬でも温暖である
(3) 9

3 (1) イ　(2) ウ　(3) イ
(4) B，C，F

2

1 (1) エ
(2) う (例)家がらに関係なく，能力のある人を役人に取り立てる
寺院…ア
(3) ア
(4) え (例)関ヶ原の戦い以後に徳川家に従った外様大名
お…徳川家光

2 (1) か (例)唐のおとろえと，唐への航海の危険
き…エ
(2) (例)アメリカの大統領が仲介した
(3) イ

3

1 (1) フランス　(2) ウ
(3) い (例)社会全体の利益や幸福
記号…イ
(4) (例)治療方法を十分に説明して同意を得る

2 (1) (例)満25歳以上の男子
(2) ウ　(3) 内閣
(4) か…戦力　き…交戦

4

1 (1) イ
(2) (例)一定の期間内であれば，無条件で契約を解除すること
(3) エ

2 (1) ア
(2) う (例)賃金が少ない
え (例)賃金があまり上がらない
(3) (例)仕事と生活の調和

3 (1) (例)地方交付税は使い道が指定されていないが，国庫支出金は使い道が指定されている。
(2) イ
(3) (例)憲法に違反する法律などは効力を持たない

1〔地理―関東地方，地形図，世界の諸地域〕

1 (1)＜関東地方の自然＞あ．関東地方では，冬にからっ風と呼ばれる冷たく乾いた北西の風が吹く。これは，冬の季節風が日本海側の地域に雪や雨を降らせた後，越後山脈を越えて吹き降ろしてきたものである。このため，関東地方の冬は乾燥して晴天の日が多くなる。なお，やませは，夏の時期に東北地方の太平洋側に吹く，冷たく湿った北東の風である。　い．関東平野を北西から南東へ流れる利根川は，日本で最大の流域面積を持つ。なお，日本で最も長い河川は信濃川である。

(2)＜関東地方の地形＞う．まず，内水域等の面積が最も大きいウは，霞ケ浦などの大きい湖がある茨

城県である。また，山地の面積が最も大きいアは，県の北部から西部にかけて越後山脈などの山地が分布する群馬県である。残るイとエのうち，全ての地形を合計した面積が大きいイが栃木県，小さいエが埼玉県となる。　　え．関東平野には，関東ロームと呼ばれる赤土におおわれた台地や丘陵地が広く分布している。関東ロームは，火山灰が堆積してできた地層で，多くが畑作地帯となっている。

⑶＜ヒートアイランド現象＞ヒートアイランド現象は，都心部の気温が周辺部よりも高くなる現象である。気温の分布図を描くと，気温の高い地域が島のように見えることから，ヒートアイランド(熱の島)と呼ばれる。都心部では自動車やエアコンからの排熱が多く，またアスファルトやコンクリートによって熱がこもりやすいため，気温が上がりやすいと考えられている。

2⑴＜モノカルチャー経済＞特定の鉱産資源や農産物の輸出に頼って成り立つ経済をモノカルチャー経済という。資料5のナイジェリアとベネズエラは，輸出額に占める原油の割合が8割以上と非常に大きく，原油の輸出収入に頼ったモノカルチャー経済となっている。資料6を見ると，原油価格は年による変動が大きいことがわかる。このように，鉱産資源や農産物の価格や生産量は国際情勢や天候の影響で変動しやすいため，モノカルチャー経済のもとでは国の収入が安定せず，経済も不安定になりやすい。

⑵＜ロンドンの気候＞ロンドンを含むヨーロッパ西部は，温帯の西岸海洋性気候に属し，高緯度のわりに温暖な気候となっている。これは，ヨーロッパの西側を暖流の北大西洋海流が流れ，その上空を吹く偏西風が暖かい空気を運ぶためである。一方，札幌のある北海道は冷帯に属し，冬の寒さが厳しい。したがって，冬でも比較的温暖なイがロンドンの雨温図，アが札幌の雨温図である。

⑶＜時差の計算＞0度の経線である本初子午線と東経135度の経線の経度差は，135－0＝135より，135度である。経度15度につき1時間の時差が生じるので，イギリスと日本の時差は，135÷15＝9より，9時間となる。

3⑴＜幕張新都心＞さまざまな都市機能が集中する東京の中心部では，ラッシュアワーの混雑や交通渋滞，ごみの増加などの都市問題が深刻となった。そのため，都市機能の分散が図られるようになり，東京の近郊に都市機能の一部をになうア～エのような地区が計画的に建設された。イの幕張新都心のほか，アは筑波研究学園都市，ウはさいたま新都心，エは横浜みなとみらい21である。

⑵＜地形図の読み取り＞今泉町一丁目の周辺には，警察署(⊗)，消防署(Y)，寺院(卍)，神社(⛩)が見られる(ウ…○)。この地形図の縮尺は2万5千分の1であることから，実際の距離は，3cm×25000＝75000cm＝750mとなる(ア…×)。特にことわりのないかぎり地形図では上が北となることから，広瀬川は北西から南東に流れている(イ…×)。日乃出町の周辺に見られるのは，田(‖)，畑(∨)，桑畑(Y)であり，茶畑(∴)は見られない(エ…×)。

⑶＜成田国際空港の輸出品目＞航空機での輸送には，小型で重量が軽く，高い輸送費をかけても採算の取れる高価なものが適している。したがって，半導体等製造装置などが上位の輸出品目であるイが成田国際空港となる。なお，自動車に関連する製品の輸出が多いアは，日本最大の自動車産業都市である豊田市に近い名古屋港である。また，石油製品や鉄鋼などが上位の輸出品目であるエは，重化学工業が特に盛んな京葉工業地域に隣接する千葉港である。残るウは神戸港であり，建設・鉱山用機械が上位の輸出品目に含まれるのが特徴である。

⑷＜資料の読み取り＞〈まとめ〉のうち1つ目の文は耕地面積について述べているのでBの資料，2つ

目の文は農業産出額と茨城県の農業産出額の内訳について述べているのでCとFの資料からわかる内容である。

2〔歴史―古代～現代の日本と世界〕

1(1)＜メソポタミア文明＞チグリス川・ユーフラテス川の流域では，紀元前3000年頃にメソポタミア文明が栄えた。メソポタミア文明では，資料1のような楔形《くさびがた》文字が粘土板に刻まれ，また月の満ち欠けを基準にした太陰暦が発明された。なお，エジプト文明はナイル川の流域で栄え，象形文字や太陽暦が使われた。

(2)＜聖徳太子の政治＞う．聖徳太子は，家がらに関係なく能力や功績のある人を役人に登用するため，冠位十二階の制度を定めた。冠位十二階では，資料2のように役人の位を12の等級に分け，冠の色で区別した。　　寺院．仏教を重視した聖徳太子は，斑鳩(奈良県)に法隆寺を建立した。現存する世界最古の木造建築が残る法隆寺は，世界文化遺産に登録されている。なお，東大寺は奈良時代に聖武天皇が建立した寺院，延暦寺は平安時代に最澄が建立した寺院，唐招提寺は奈良時代に鑑真が建立した寺院である。

(3)＜壇ノ浦＞壇ノ浦は，現在の山口県下関市の関門海峡に面した場所に位置する。平氏は，1185年に起こった壇ノ浦の戦いで，源頼朝の弟である源義経に敗れて滅亡した。

(4)＜外様大名，徳川家光＞え．江戸幕府は，大名を親藩，譜代大名，外様大名の3つに区分して支配した。親藩は徳川氏一門の大名，譜代大名は関ヶ原の戦い(1600年)以前から徳川氏に従っていた大名，外様大名は関ヶ原の戦い以降に徳川氏に従った大名である。資料4のうち，江戸から離れた地域に配置され，石高の大きい大名が多いAは外様大名である。また，江戸の近くや重要地に配置され，石高がそれほど大きくない大名が多いBは譜代大名である。外様大名・譜代大名に比べて数が少なく，尾張，紀伊，水戸の御三家を含むCは親藩である。　　お．第3代将軍の徳川家光は，大名に対して1年おきに領地と江戸を往復することを義務づける参勤交代の制度を定め，武家諸法度に盛り込んだ。

2(1)＜遣唐使の停止，国風文化＞か．菅原道真は，平安時代の894年に遣唐使に任命されたが，唐のおとろえと往復の航海の危険を理由に，派遣の停止を提案した。この提案が受け入れられ，以後遣唐使は派遣されなくなった。　　き．遣唐使の派遣停止後の日本では，唐風の文化をふまえた上で日本の生活や風土に合った国風文化が栄えた。国風文化を代表するものとして，清少納言の『枕草子』や紫式部の『源氏物語』など，仮名文字を用いた文学作品がある。なお，アは奈良時代，イは室町時代，ウは鎌倉時代の文化についての説明である。

(2)＜ポーツマス条約＞日露戦争(1904～05年)で，日本は戦費や物資の調達が限界に達し，ロシアは国内で革命運動が起こり，両国ともに戦争の継続が困難になった。その結果，アメリカの仲介で講和会議が開かれ，1905年にポーツマス条約が結ばれた。

(3)＜日本の国連加盟＞1956年，日本とソ連は日ソ共同宣言に調印し，国交を回復した。これにより，ソ連がそれまで拒否していた日本の国際連合加盟を認めたため，同年，日本は国際連合に加盟した。なお，沖縄が日本に復帰したのは1972年，朝鮮戦争の影響で日本が特需景気となったのは1950年，自民党を与党，社会党を野党第一党とする55年体制が終わったのは1993年である。

3〔公民・歴史総合―人権と憲法〕

1(1)＜フランス人権宣言＞資料1の人権宣言は，フランス革命が始まった1789年に発表され，人間の自由と平等，国民主権，言論の自由，私有財産の不可侵などを定めた。

(2)＜生存権＞社会権とは，人間らしい生活が保障される権利である。「健康で文化的な最低限度の生活を営む権利」は，日本国憲法第25条で定められており，社会権の基本となる権利である生存権にあたる。なお，アは平等権の説明である。また，イは請求権，エは参政権に含まれる権利である。

(3)＜公共の福祉，経済活動の自由＞い．「公共の福祉」とは，社会全体の利益や幸福を意味する。基本的人権は日本国憲法で保障されているが，人権の行使によって他人の人権が侵害されたり社会全体に不利益が及んだりするような場合には，公共の福祉の観点から例外的に人権が制約を受けることがある。例えば，資料２の③は，正当な補償と引き換えに財産権が制限される場合があることを定めている。　　記号．日本国憲法は，自由権として精神の自由，身体の自由，経済活動の自由を定めている。このうち経済活動の自由には，財産権の保障と，居住・移転の自由，職業選択の自由が含まれる。なお，アは身体の自由，ウとエは精神の自由に含まれる内容である。

(4)＜インフォームド・コンセント＞自己決定権は，個人が自分の生き方や生活について自由に決定する権利である。近年重視されているインフォームド・コンセント(十分な説明に基づく同意)は，医療の場での患者の自己決定権を尊重する考え方であり，病気や治療方法について医師が患者に十分に説明し，患者が納得したうえで治療を決定するというものである。資料３の臓器提供意思表示カードも自己決定権に基づくもので，死後に自分の臓器を臓器移植のために提供するかどうかについて，本人があらかじめ記入しておくことができる。

２(1)＜第１回衆議院議員選挙の選挙権資格＞1890年に行われた第１回衆議院議員選挙では，直接国税を15円以上納める満25歳以上の男子に選挙権が与えられた。このときの有権者はおよそ45万人で，総人口の約1.1％にすぎなかった。

(2)＜戦後の民主化政策＞教育勅語は，忠君愛国などの道徳を教育の柱として示したもので，1890年に発布された。第二次世界大戦後，民主的な教育制度が定められ，教育勅語は失効した。

(3)＜天皇の国事行為＞天皇は，日本国憲法で「日本国の象徴であり日本国民統合の象徴」(第１条)と位置づけられている。そのため，天皇は政治上の権限を持たず，形式的・儀礼的な国事行為のみを「内閣の助言と承認」(第７条)に基づいて行う。

(4)＜日本国憲法第９条＞日本国憲法の３つの基本原理の１つである平和主義は，第９条で規定されている。第９条１項では国際紛争の解決手段として戦争や武力の行使を行わないこと(戦争の放棄)，２項では戦力を保持せず国の交戦権を認めないことを定めている。

4〔公民―総合〕

１(1)＜消費者基本法＞消費者基本法は，1968年に制定された消費者保護基本法を改正して2004年に制定された法律である。消費者の権利を保護し，その自立を支援することを目的としている。なお，公正取引委員会が設置されたのは1947年，環境基本法が制定されたのは1993年，地球温暖化防止京都会議が開催されたのは1997年のことである。

(2)＜クーリング・オフ＞クーリング・オフは，訪問販売や電話勧誘など，消費者にとって突然の取引となるような方法で商品を購入した場合に，一定の期間内であれば消費者側が無条件で契約を解除することのできる制度である。

(3)＜資料の読み取り＞2017年度における家庭系の食品ロス量のうち食べ残しによるロス量は，284万×0.42＝119.28万より，約119万トンである(エ…○)。事業系と家庭系を合計した食料ロス量が最も多いのは，2015年度の646万トンである(ア…×)。2012年度と2013年度は，事業系の食品ロス量と家庭系の食品ロス量の差は30万トン未満である(イ…×)。事業系の食品ロス量に占める製造業，卸売業，小売業の割合の合計は，37＋5＋19＝61％であり，3分の2(66.66…％)に満たない(ウ…×)。

2⑴＜バブル景気＞1980年代の後半以降，投機(価格の変動を利用して利益を得るため，株式や土地を短期間で売買すること)などによって，株価や地価が実際の価値を超えて異常に高くなり，バブル景気と呼ばれる好景気となった。しかし，その後は株価が急落して地価も下がり，バブル景気は1991年に崩壊した。なお，世界金融危機が起こったのは2008年，第四次中東戦争と石油危機が起こったのは1973年，日本の国民総生産が資本主義国で第2位となったのは高度経済成長期の1968年である。

⑵＜正社員と非正規雇用の賃金格差＞資料5で正社員と非正規雇用の平均賃金を比べると，全ての年代で非正規雇用の賃金は正社員の賃金に比べて低いことがわかる。また，正社員は定年を迎える前の55〜59歳まで，年代が上がるにつれて賃金も上昇しているのに対して，非正規雇用は年代が上がっても賃金が上昇せず，正社員との賃金格差が大きくなっていくことがわかる。

⑶＜ワーク・ライフ・バランス＞ワーク・ライフ・バランスは「仕事と生活の調和」を意味する言葉で，仕事と家庭生活や地域生活とを両立し，どちらも充実させようという考え方である。ワーク・ライフ・バランスを実現するため，長時間労働を改善したり，有給休暇の取得率を上げたりする取り組みが行われている。

3⑴＜地方交付税と国庫支出金＞国から地方公共団体に支出される補助金には，地方交付税〔地方交付税交付金〕と国庫支出金がある。このうち地方交付税は，地方公共団体間の財政格差を是正するためのもので，地方税収入の多い地方公共団体には少なく，地方税収入の少ない地方公共団体には多く配分され，地方公共団体が自由に使い道を決めることができる。国庫支出金は，義務教育や道路の整備など特定の事業にかかる費用の一部を国が負担するもので，国によって使い道が指定されている。

⑵＜比例代表制による議席配分＞比例代表制は，政党の得票数に応じて議席を配分する選挙制度である。日本の比例代表制では，右表のように各政党の得票数を1，2，3…の整数で割っていき，その商(答え)の大きい順に定数まで議席を割り当てる，ドント式と呼ばれる方法がとられている。資料8をもとに，A党〜D党の得票数からドント式で3議席を配分すると，A党が2人，B党が1人となる。

	A党	B党	C党	D党
得票数÷1	(10000)	(7000)	2000	1000
得票数÷2	(5000)	3500	1000	500
得票数÷3	3333.3	2333.3	666.7	333.3

◯ 獲得議席

⑶＜憲法の地位＞日本国憲法は国の最高法規であり，憲法に違反する法律などは効力を持たないと定められている(日本国憲法第98条)。そのため，憲法の改正には，法律の改正よりも厳格な手続きが必要とされている。

理科解答

1 (1) ア　(2) ウ　(3) イ　(4) エ

2 (1) ① 相同器官
② い　種類…ウ　動物…ウ
う　種類…ア　動物…イ
③…イ
(2) ① 細胞壁　②…エ　③ 84
④…ウ
(3) ① $Fe+S\longrightarrow FeS$　② 水素
③…イ
④ (例)大部分が海底にあるから。

3 (1) ウ　(2) イ
(3) 電流…誘導電流　記号…イ，ウ
(4) (例)コイルの内部の磁界が変化しなかったから。

4 (1) 気孔
(2) 記号…ア
根の図…右図

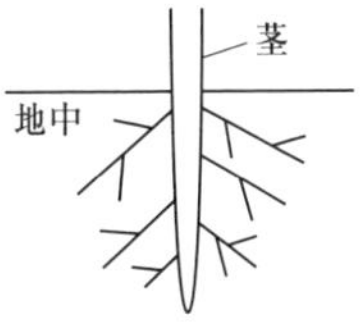

(3) エ　(4) ア

5 (1) ア　(2) イ
(3) (例)広い範囲に，長い時間降り続く
(4) 12℃　(5) え…閉そく　お…ウ

6 (1) ア，エ　(2) SO_4^{2-}
(3) あ…銅　い…＋
(4) (例)電子を失い，イオンとなって溶け出した
(5) エ

1〔小問集合〕

(1)＜運動の記録＞図の記録タイマーは1秒間に50回打点するので，5打点が記録されるのにかかる時間は，$\frac{1}{50}\times 5=\frac{1}{10}=0.1$(秒)である。また，打点を打つ時間の間隔は一定なので，テープを速く引くと，一定の時間にテープが移動する距離が大きくなり，打点の間隔はしだいに広くなる。

(2)＜質量保存の法則＞化学変化の前後で，反応前の物質の質量の和と，反応後に生じた物質の質量の和は等しい。これを質量保存の法則という。ふたを閉じた容器の中で起こった炭酸水素ナトリウムと塩酸の反応では，反応の前後で質量は変化しないので A＝B である。反応後にふたを開けると，発生した二酸化炭素が外に逃げるので質量は減少し，A＝B＞C となる。

(3)＜生物の世界＞図のように，生物がほぼ同じ大きさに見えているとき，観察した倍率が高いほど，生物の実際の大きさは小さい。よって，実際の大きさは，大きい方から，ミカヅキモ，ゾウリムシ，ハネケイソウの順となる。

(4)＜岩石のつくり＞図の角ばった粒が多く含まれる堆積岩は，火山灰や軽石などが押し固められてできた凝灰岩で，流水のはたらきを受けていないため粒が角ばっている。加工がしやすく仏像や石塔などの石材として利用される。なお，チャートはケイ酸の殻をもつ放散虫などのプランクトンの死がいが堆積し固まってできた堆積岩で，ハンマーでたたくと火花が出るほどかたい。

2〔小問集合〕

(1)＜生物の進化，密度＞①ヒトの腕とコウモリの翼のように，現在の形状は異なっているが，同じものから変化したと考えられる体の部分を相同器官という。なお，形状が似ていても，もとは別のものであると考えられる体の部分を相似器官という。　②図で，魚類に続いて出現した い は両生類で，両生類に分類される動物はカエルである。両生類の後に現れたのはは虫類で，その後，哺乳類と鳥類が出現したが，鳥類の出現は哺乳類より遅いと考えられている。よって， う は哺乳類で，哺乳類に分類される動物はシマウマである。なお，鳥類に分類されるのはペンギン，は虫類に分類されるのはヘビである。　③水が液体から固体の氷になると，体積が約1.1倍に増える。そのため，氷の密度は液体の水よりも小さくなり，氷は水に浮く。

(2)＜細胞，力のはたらき＞①動物の細胞にはなく，植物の細胞だけにあるつくりは，葉緑体，大きな液胞と細胞壁である。　②つり合いの関係にある２力は，１つの物体にはたらき，同一直線上にあり，力の向きが逆で大きさが同じである。図３のおもりには，下向きに重力が，上向きに糸がおもりを引く力がはたらいてつり合っている。　③図２より，ばねは0.4Nの力で3.0cmのびるので，ばねののびが6.3cmのとき，ばねにはたらく力の大きさをxNとすると，$x : 6.3 = 0.4 : 3.0$が成り立つ。これを解くと，$x \times 3.0 = 6.3 \times 0.4$より，$x = 0.84$(N)となる。よって，おもりにはたらく重力の大きさが0.84Nなので，おもりの質量は，$0.84 \times 100 = 84$(g)である。　④ばねののびと力の大きさが比例することを述べた法則は，その法則の発見者の名前をとってフックの法則と呼ばれている。自作の顕微鏡を使って，最初に細胞を観察したのもフックである。

(3)＜化学変化，プレートの動き＞①鉄(Fe)と硫黄(S)は，原子が1：1の個数の比で結びついて硫化鉄(FeS)となる。化学反応式は，矢印の左側に反応前の物質の化学式，右側に反応後の物質の化学式を書き，矢印の左右で原子の種類と数が等しくなるように化学式の前に係数をつける。　②鉄と硫黄の混合物に塩酸を加えると，鉄と塩酸が反応して水素が発生する。このとき，硫黄は塩酸とは反応しない。なお，硫化鉄に塩酸を加えると，腐卵臭を持つ硫化水素が発生する。　③図のように，日本付近では，陸のプレートであるＡのユーラシアプレート，Ｂの北アメリカプレート，海のプレートであるＣの太平洋プレート，Ｄのフィリピン海プレートという４つのプレートがぶつかり合っていて，陸のプレートの下に海のプレートが沈み込んでいる。　④海のプレートと陸のプレートの境界付近では，海のプレートに陸のプレートが引き込まれているので，陸のプレートにひずみがたまりやすく，地震が起こりやすい。プレートが沈み込んでいる所は海底で海溝となっていて，プレートの境界付近で地震が発生すると震源が海底となるので，津波が起こりやすい。

3 〔電流とその利用〕

(1)＜電流と磁界＞図１のように電流を流したとき，板の穴を通したコイルの部分の周りには，上から見て時計回りの向きの磁界が生じている。図３で，その磁界の向きは，方位磁針の位置では北から南へ向かう向きになるので，方位磁針のＮ極は南をさす。

(2)＜電流と磁界＞電流による磁界を大きくするには，電流を強くする，コイルの巻き数を増やすという方法がある。よって，ア～エのうち，正しいのはイである。なお，アでは磁界の向きが変わるだけで大きさは変化しない。ウではコイルに流れる電流が弱くなるので，磁界の強さは小さくなる。また，磁界の大きさは電流を流す時間には関係しないのでエは不適である。

(3)＜電磁誘導＞コイルの中の磁界が変化すると，電圧が生じて，コイルに電流が流れる。この現象を電磁誘導といい，流れる電流を誘導電流という。誘導電流が流れる向きは，実験２と同じように，棒磁石のＮ極とコイルの上側が近づくイでは同じになるため，検流計の針は－端子側に振れる。また，誘導電流が流れる向きは，コイルの上側に近づける棒磁石の極を変えることでも，棒磁石を近づけるときと遠ざけるときも逆になる。そのため，棒磁石のＳ極とコイルの上側を遠ざけたウでは，検流計の針が－端子側に振れる。

(4)＜電磁誘導＞誘導電流が流れるのは，コイルの中の磁界が変化している間だけなので，棒磁石をコイルの中で静止させて磁界が変化しなくなると誘導電流は流れなくなる。

4 〔生物の体のつくりとはたらき〕

(1)＜蒸散＞葉や茎に多数ある体内の水分を水蒸気として体外に放出するすきまを，気孔という。ふつう，気孔は葉の裏側に多い。なお，酸素や二酸化炭素も気孔を通して出入りする。

(2)＜道管＞道管は，茎では維管束の中の茎の中心側に集まっていて，葉では維管束の中の葉の表側に集まっている。根では維管束の中央部に集まっている。よって，ア～エのうち，正しいのはアである。また，図２の茎の断面で，維管束が輪状に並んでいることから，実験に用いた植物は被子植物のうち双子葉類である。双子葉類の根は主根と側根からなる。

⑶＜考察＞はじめに啓太さんが考えた仮説のように，葉の表側に気孔が多いとすると，ワセリンでぬりつぶされていない気孔の数は，ワセリンを表側にぬったＡよりも裏側にぬったＢの方が多いことになるので，水の減少量はＡ＜Ｂとなる。しかし，結果の表から，Ａ＞Ｂとなったので，仮説は誤っていたと言える。

⑷＜実験方法＞水は，どの部分にもワセリンをぬらない枝では葉の表側と葉の裏側，茎から出ていき，装置Ａでは，葉の裏側と茎から出ていく。よって，葉の表側だけから出ていった水の体積は，どの部分にもワセリンをぬらない枝を用いた実験の結果と，装置Ａの結果の差から求められる。

5 〔気象と天気の変化〕

⑴＜天気図記号＞図１で，茨城県付近の天気記号は⦶なので，茨城県の天気は晴れであり，風向は矢羽根が出ている向きで，北北西である。

⑵＜大気の動き＞図１のＸは1020hPaの等圧線で囲まれ，その外側に1024hPaの等圧線が通っているので，低気圧の中心と考えられる。よって，Ｘでは上昇気流が生じている。また，Ｙの周りでは，風が時計回りに吹いているので，Ｙは高気圧の中心と考えられる。したがって，Ｙでは下降気流が生じている。

⑶＜温暖前線＞温暖前線は，暖気が寒気の上にはい上がりながら寒気を押して進むときの境界面(前線面)が地表と交わる所である。前線面の傾きはなだらかで，その上空には広い範囲に雨雲が発生するため，広い範囲におだやかな雨が長時間降り続くことが多い。

⑷＜雲のでき方＞表より，20℃での飽和水蒸気量は17.3g/m^3なので，気温20℃，湿度65％の空気１m^3中には，$17.3\times\frac{65}{100}=11.245$より約11.2gの水蒸気が含まれている。この水蒸気量が飽和水蒸気量に等しくなる気温で雲ができ始めるので，表より，雲ができ始めるのは，飽和水蒸気量が11.2g/m^3となる12℃と13℃の間と考えられる。よって，解答は12℃となる。

⑸＜前線＞寒冷前線が温暖前線に追いつくと，閉そく前線となる。閉そく前線になると地表は寒気におおわれ，低気圧は消滅することが多い。

6 〔化学変化とイオン〕

⑴＜金属の性質＞銅も亜鉛も金属なので，熱を伝えやすく，電流を通しやすい。また，たたくとうすく広がり，引っ張ると細くなって伸びる。独特の光沢(金属光沢)があり，銅は赤茶色，亜鉛は銀白色である。

⑵＜電解質＞硫酸亜鉛($ZnSO_4$)は水に溶け，亜鉛イオン(Zn^{2+})と硫酸イオン(SO_4^{2-})に電離している。よって，水溶液中に存在する陰イオンはSO_4^{2-}である。

⑶，⑷＜化学電池＞図の電池では，亜鉛板から亜鉛原子が電子を放出してイオンとなって溶け出し，電子は亜鉛板から導線を伝わって銅板へ移動する。銅板では，硫酸銅水溶液中の銅イオンが銅板から電子を受け取り，銅原子となって銅板の表面につく。よって，結果で，質量が増加していた金属板Ａは銅板であり，質量が減少していた金属板Ｂは亜鉛板である。また，電流は電子の流れる向きとは逆に銅板から亜鉛板へと流れるので，銅板である金属板Ａは＋極となっている。

⑸＜化学電池＞電池は，電解質溶液に異なる種類の２枚の金属板を入れた，化学エネルギーを電気エネルギーに変換する装置である。電解質溶液でない液を用いたり，同じ種類の金属板を用いたりした場合には電池としてはたらかない。よって，うすい塩酸に２枚の亜鉛板を入れたときは電池にならないので，プロペラは回転しない。また，亜鉛が塩酸に溶けて水素を発生するので，どちらの亜鉛板からも気体が発生する。

国語解答

一 (一) (1) 提案　(2) 済　(3) 安

(二) 3

(三) 口にする人は生ウニの味を期待しないし，用途がわかっているから買いやすいし，添加物も少なくて済む。(48字)

(四) 4　(五) どういう

二 (一) (1) じぜん　(2) ていねい　(3) げんせん

(二) 3　(三) 夏の間

(四) より多くのコストを費やし，より多くの便益を社会にもたらしているアリが働く意欲を失ってしまう。(46字)

(五) あってほしい

三 (一) 4　(二) 出世　(三) 2

(四) 和やかに語らう　(五) 4

(六) 自分の生活を穏やかに受け入れている

四 (一) あわせ　(二) 2　(三) 4

(四) おことば

(五) (例)私は幼い頃から，やりたくないことをどうしても先延ばしにしてしまう。部活のときにも，部室の整理をするように先輩から言われたのになかなかやる気にならずにいつまでも始めず，結果的に先輩から注意された。／この古典を読んで，いつまでも直らない悪い癖は見苦しいものだと思った。私も気づかないうちに恥ずかしい思いをしているかもしれない。まずは，やりたくないことを先延ばしすることをやめるようにしていきたい。(199字)

一〔小説の読解〕出典；乾ルカ『明日の僕に風が吹く』。

(一)<漢字>(1)「提案」は，意見や考えを出すこと。　(2)音読みは「決済」などの「サイ」。　(3)音読みは「安価」などの「アン」。

(二)<文章内容>有人は，新鮮な生ウニの美味しさを知り，その味を缶詰にすることはできないと実感した。そのため，生ウニの味を諦めたうえで，どのような缶詰をつくることができるかが課題であると考えた。

(三)<文章内容>ウニクリームソースであれば，見た目から生ウニの味を期待させることはなく，使う目的もパスタソースとはっきりしていて買いやすいうえ，型崩れを気にしないでよいので添加物の量も極力少なくできるという利点があると有人は考えた。

(四)<心情>誠から「おまえじゃなきゃ出ない意見だぜ」とアイデアを称賛され，有人は自らに自信と熱意が芽生え始めていることを実感し，将来に向けて展望が開けつつある期待感に胸を躍らせた。

(五)<文章内容>有人は，ウニをパスタソースにするというアイデアを思いついた後，ディスカッションの場でどのように伝えるかを「前夜から頭の中でシミュレーション」した。

二〔論説文の読解—社会学的分野—社会活動〕出典；後藤玲子『仕事って？』。

≪本文の概要≫労働を，価値あるものを生み出す行為だとして，ある行為が価値を持つかどうかを広く判断するならば，今ある「職業」よりもずっと多くの行為が，労働と見なされる可能性がある。多くの人々が目的を持って協力し合い，さまざまな関係をつくる活動は，全て仕事といえる。例えば，地域住民がつくる町内会活動や，難病患者とその家族がつくる患者会活動など，対価が発生しなくても社会的な意義を持っている活動は数多くある。確かに，便利さや利益をもたらす職業も社会にとっては重要である。しかし，必ずしも経済的な価値ばかりが人々の生活を豊かにするわけではない。そもそも職業とは，人々が世の中にあってほしいと願う事柄が実現することで生まれてきた。多くの人々の役に立つ活動が，より幅広く，社会的な価値のある仕事として認められていくことが重要である。

㈠＜漢字＞⑴「慈善」は，恵まれない人々に援助をすること。　⑵「丁寧」は，細かいところまで気を配ること。　⑶「源泉」は，物事が生まれる始まりのこと。

㈡＜接続語＞A．人が積極的にやりたがらないが社会的に必要性の高い仕事を引き受けてくれる人たちに感謝を示すため，高い報酬を支払いたいという心情を抱くのは，自然なことであるが，高額な報酬を用意しなければ優秀な人材を集められないという考えには，注意が必要である。　B．人どうしの関係性をつくる活動の中には，職業として見なされていないものもあり，その例として，町内会活動や患者会活動などが挙げられる。

㈢＜文章内容＞「アリとキリギリス」の話では，アリは夏の間にせっせと働いて食べ物を蓄え，冬になるとその食べ物を食べて休んで過ごす。

㈣＜文章内容＞アリがキリギリスに食べ物を分けた場合，キリギリスの歌に対価が発生し，歌うことが労働の一種として見なされるかもしれない。しかし，そうなると，キリギリスよりも苦労して世の中に多くの利益や便利さをもたらしているアリたちは，不平等を感じるようになり，労働意欲が低下してしまう恐れがある。

㈤＜文章内容＞人々が求め，願うことに応答して，さまざまなスキルやアイデアは「仕事」という形になった。

三〔説明文の読解―芸術・文学・言語学的分野―文学〕出典；河野有時『石川啄木』。

㈠＜漢字の知識＞行書で書かれている「卒」は，楷書では八画。「称」は十画。「祖」は九画。「点」は九画。「沼」は八画。

㈡＜四字熟語＞「立身出世」は，社会的に高い地位につき，名声を得ること。

㈢＜品詞＞「続い」は，五段活用動詞「続く」の連用形「続き」がイ音便化したもの。「起き」は，上一段活用動詞「起きる」の連用形。「探し」は，五段活用動詞「探す」の連用形。「降り」は，上一段活用動詞「降りる」の連用形。「浴び」は，上一段活用動詞「浴びる」の連用形。

㈣＜文章内容＞鑑賞文では，立身出世にとらわれず，花を買って妻と穏やかに日常を過ごそうとする啄木の姿勢が，高く評価されている。

㈤＜文章内容＞『青年』からは，学校や職業における競争ばかりに気を取られるのではなく，もっと日常生活に目を向けるべきだという考えが読みとれる。それは，ありきたりの日常を重視する啄木と共通した価値観である。

㈥＜文章内容＞花を買って妻と和やかに語らうという啄木の歌からは，「競走」に追われて生き急ぐのではなく，穏やかな日常生活をじっくりと味わって生きていこうとする姿勢が読みとれる。

四〔古文の読解―笑話〕出典；『醒睡笑』。

≪現代語訳≫商人から仏門に入った者がいたが，貴人が腰に差しなさっている刀や脇差であっても，身分の高い女性や少年の小袖，帯，はかまであっても，目につく物に代金を示して値をつけるのが，生まれつき好きだった。その時々に応じて，見苦しくなってきたので，いつも尊敬している住職がいた。(住職に)「お前に教えなければならない大事なことがある，まあ聞け」(と言われ，男が)「いかにも」と応じると，「これから先，物に値をつけてはならない」と注意されたところ，(男は)手を合わせて拝みながら，「なんとまあありがたいお考えでございます。ただいまのお言葉は百貫に相当すると思います」と答えたそうな。

㈠＜歴史的仮名遣い＞歴史的仮名遣いの語頭以外のハ行は，現代仮名遣いでは原則として「わいうえお」となるため，「合はせ」は「あわせ」となる。

㈡＜熟語の構成＞「商人」と「洋楽」は，上の漢字が下の漢字を修飾している熟語。「孤独」は，似た意味の漢字を組み合わせた熟語。「育児」は，下の漢字が上の漢字の目的語となっている熟語。「人造」は，上の漢字と下の漢字が主語と述語の関係となっている熟語。

㈢＜古文の内容理解＞かつて商人だった者は，たとえ身分の高い人の持ち物であろうと，目にする物にいちいち値をつけ始めてしまう癖があった。その癖が見苦しかったため，住職は，商人だった者に今後は値をつけることはやめるべきであると注意をした。

㈣＜古文の内容理解＞商人だった者は，値をつける癖をやめるように注意されたばかりであるにもかかわらず，さっそく住職の説教に百貫という値段をつけてしまった。

㈤＜作文＞古典の文章とグループの話し合いでは，なかなか直すことのできない悪い癖について書かれている。まずは自分自身の悪い癖や生活習慣を振り返り，古典の文章を通じて得られる教訓をどのように今後の参考にしていくか述べるとよい。字数を守って，誤字脱字に注意して書いていくこと。

═読者へのメッセージ═

『醒睡笑』は，江戸時代初期に成立した笑話集で，課題文のような「東堂(住職)」が出る話は十二本収録されています。他にも「老僧」なども多く登場することから，当時の人にとって仏教が身近なものだったことがわかります。

2025年度用
高校スーパー過去問

■編集人 声の教育社・編集部
■発行所 株式会社 声の教育社
〒162-0814 東京都新宿区新小川町8-15
☎03-5261-5061㈹ FAX03-5261-5062
https://www.koenokyoikusha.co.jp

声の教育社 〒162-0814 東京都新宿区新小川町8-15
TEL.03(5261)5061 FAX.03(5261)5062

カコを追いかけ
ミライをつかめ
「今の説明、もう一回」を何度でも
web過去問
ストリーミング配信による入試問題の解説動画
声の教育社
詳しくはこちらから

水戸啓明高等学校

別冊 解答用紙

丁寧に抜きとって、別冊
としてご使用ください。

★教科別合格者平均点　※ ― は非公表

年度	入試区分	英語	数学	社会	理科	国語
2024	推薦	―	―			―
	一般前期	―	―	―	―	―
2023	推薦	44.9	38.2			63.4
	一般前期	47.8	33.6	54.0	47.5	58.8
2022	推薦	37.0	32.8			51.2
	一般前期	51.6	37.6	44.0	40.9	51.2

※一般入試の学力検査の判定方法は，５科－３科(英数国)併用判定。
※上記は普通科・商業科を合わせた合格者の平均点。

注意
○ 解答用紙は、収録の都合により縮小したものや、小社独自に作成したものもあります。
○ 学校配点は学校発表のもの、推定配点は小社で作成したものです。
○ 無断転載を禁じます。
○ 解答用紙を拡大コピーする場合、表示した拡大率に対応する用紙サイズは以下のとおりです。
101%～102%＝B5　103%～118%＝A4　119%～144%＝B4　145%～167%＝A3
(タイトルと配点表は含みません)

2024年度　水戸啓明高等学校

英語解答用紙

番号		氏名		評点	/100

4

	①	②	③	④	⑤
(1)					
(2)	(　　　　　　) should we meet there?				

5

(1)		
(2)	①	
	②	
(3)		
(4)		

6

(1)	5 / 10
(2)	20 / 30

1

	No. 1	No. 2	No. 3	No. 4	No. 5
(1)					
(2)					
(3)					

(4)	①	日
	②	

2

	①	②	③
(1)			
	④	⑤	⑥
(2)			

3

(1)			
(2)	→ → → →		
	①	②	③
(3)			

（注）この解答用紙は実物を縮小してあります。189%拡大コピーすると、ほぼ実物大で使用できます。（タイトルと配点表は含みません）

学校配点

1 (1)、(2) 各2点×9　(3)、(4) 各3点×4　2 各2点×6

3 (1)、(2) 各3点×2　(3) 各2点×3

4 (1) 各2点×5　(2) 3点

5 (1) 各3点×3　(2) 各4点×2　(3)、(4) 各3点×2

6 (1) 3点　(2) 7点

計	100点

２０２４年度　水戸啓明高等学校

数学解答用紙

番号		氏名	

評点	/100

1

(1)	①		②	
	③		④	
(2)				

2

(1)	点	(2)	
(3)	$x=$　　　, $y=$	(4)	人

3

(1)	度	(2)	
(3)			

4

(1)		度			
(2)	①	ア		イ	
		ウ			
	②	:			

5

(1)	$a=$	(2)	$y=$
(3)	$a=$		

6

(1)		cm	(2)	度
(3)	①	cm	②	cm^3

（注）この解答用紙は実物を縮小してあります。189%拡大コピーすると、ほぼ実物大で使用できます。(タイトルと配点表は含みません)

学校配点

1 各4点×5　2 各5点×4

3 (1) 4点 (2) 5点 (3) 6点

4 (1) 4点 (2) ① ア 1点 イ、ウ 各2点×2 ② 6点

5 (1) 4点 (2) 5点 (3) 6点

6 (1)、(2) 各2点×2 (3) ① 5点 ② 6点

計	100点

２０２４年度　水戸啓明高等学校

社会解答用紙　No.1

番号		氏名		評点	/100

1	1	(1)	①				
			②	記号		燃料	
		(2)	①				
			②				
			③				
		(3)					
	2	(1)	え		お		
		(2)					
		(3)					
		(4)					

2	1	(1)	土地		記号			
		(2)	語	文化	記号			
		(3)	内容		記号			
		(4)	人物名		記号			
	2	(1)		(2)	記号		語	事件
		(3)						

3	1	(1)	語	憲法	記号		
		(2)	い		う		
		(3)	記号		名称		
	2	(1)	記号		内容		
		(2)	語		記号		
		(3)		(4)	人以上		

２０２４年度　水戸啓明高等学校

社会解答用紙　No.２

4				
	1	(1)	語	記号
		(2)		
		(3)		
	2	(1)		
		(2)	記号	語
	3	(1)	名称	記号
		(2)		

（注）この解答用紙は実物を縮小してあります。175%拡大コピーすると、ほぼ実物大で使用できます。（タイトルと配点表は含みません）

学校配点	
1　1 (1) 各２点×３　(2) ①、②　各２点×２　③　３点　(3)　２点 2　各２点×７ 2　1 (1)、(2)　各２点×４　(3)　内容　３点　記号　２点　(4)　各２点×２ 2　各２点×４ 3　1　各２点×６　2 (1) 記号　２点　内容　３点　(2)～(4)　各２点×４ 4　1 (1)、(2)　各２点×３　(3)　３点　2、3　各２点×６	
計	100点

2024年度　水戸啓明高等学校

理科解答用紙

番号		氏名	

評点	/100

1

(1)	(2)	(3)	(4)
(5)	**(6)**	**(7)**	**(8)**

2

(1)	cm
(2)	
(3)	
(4)	
(5)	

3

(1)	
(2)	
(3)	(亜鉛原子が)
(4)	
(5)	

4

(1)						
(2)						
(3)	あ		い		う	
(4)						
(5)						

5

(1)	→　→
(2)	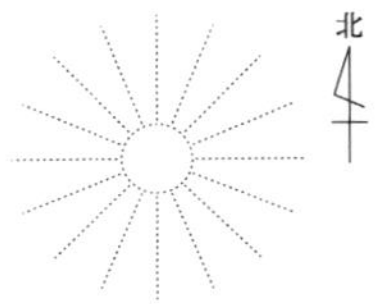
(3)	
(4)	
(5)	

6

(1)	
(2)	
(3)	
(4)	

(注)　この解答用紙は実物を縮小してあります。189%拡大コピーすると、ほぼ実物大で使用できます。(タイトルと配点表は含みません)

学校配点
1 各3点×8　2 (1)～(3) 各3点×3　(4) 4点　(5) 3点
3 (1)、(2) 各3点×2　(3) 4点　(4)、(5) 各3点×2
4 (1) 3点　(2) 4点　(3)～(5) 各3点×3
5 (1) 3点　(2) 4点　(3)～(5) 各3点×3
6 各3点×4
計　100点

二〇二四年度　水戸啓明高等学校

国語解答用紙

番号		氏名		評点	/100

一

(一) (1) れた (2) (3) い

(二) 45 50

(三)

(四)

(五)

二

(一) (1) (2) する (3)

(二)

(三) 45 50

(四)

(五)

三

(一)

(二)

(三)

(四)

(五)

(六) 10 15

四

(一)

(二)

(三)

(四)

(五) 160 200

（注）この解答用紙は実物を縮小してあります。196%拡大コピーすると、ほぼ実物大で使用できます。（タイトルと配点表は含みません）

学校配点	
一	(一)(一) 各3点×3　(二) 6点　(三)〜(五) 各4点×3
二	(一)(一) 各2点×3　(二) 5点　(三) 6点　(四)、(五) 各5点×2
三	(一)〜(三) 各3点×3　(四)〜(六) 各4点×3
四	(一) 3点　(二)〜(四) 各4点×3　(五) 10点
計	100点

2024年度　水戸啓明高等学校　推薦

英語解答用紙

番号		氏名	

評点	/100

1

(1)	(2)	(3)	(4)

2

	①	②	③
(1)			
	④	⑤	⑥
(2)			

3

(1) 　→　→　→　→

(2)

(3)	①	②	③

4

(1)	①	②	③	④	⑤

(2) (　　　　) of food can we …

5

(1)

(2) ①
　　②

(3)

(4)

6

(1) 5　10

(2) 20　30

（注）この解答用紙は実物を縮小してあります。189% 拡大コピーすると、ほぼ実物大で使用できます。（タイトルと配点表は含みません）

学校配点	
1 各4点×4 2〜4 各3点×17 5 (1) 各3点×3　(2) 各4点×2　(3)、(4) 各3点×2 6 (1) 3点　(2) 7点	
100点	計

2024年度　水戸啓明高等学校　推薦

数学解答用紙

番号		氏名		評点	/100

1
(1) ①　②　③　④
(2)

2
(1)　(2) 通り
(3) $a=$, $b=$　(4) km

3
(1) 枚　(2)
(3)

4
(1) 度
(2) ① ア　イ ∠　ウ
② :

5
(1) ① $b=$　② $y=$
(2)

6
(1) ① 本　② cm²
(2) cm³

（注）この解答用紙は実物を縮小してあります。189％拡大コピーすると、ほぼ実物大で使用できます。（タイトルと配点表は含みません）

学校配点

1 各4点×5　2 各5点×4
3 (1) 4点　(2) 5点　(3) 6点
4 (1) 4点　(2) ① ア 1点　イ、ウ 各2点×2　② 6点
5 (1) ① 4点　② 5点　(2) 6点
6 (1) ① 4点　② 5点　(2) 6点

計	100点

二〇二四年度　水戸啓明高等学校　推薦

国語解答用紙

番号　　氏名　　評点　／100

一
(一) (1) 　んで　(2) 　いる　(3)
(二) 45 50
(三)
(四)
(五)

二
(一) (1) (2) 　った　(3)
(二)
(三) 45 50
(四)
(五)

三
(一)
(二)
(三)
(四)
(五) 10 15
(六)

四
(一)
(二)
(三)
(四)
(五) 160 200

(注) この解答用紙は実物を縮小してあります。196％拡大コピーすると、ほぼ実物大で使用できます。（タイトルと配点表は含みません）

学校配点	計
一 (一)(一) 各3点×3　(二) 6点　(三)～(五) 各4点×3 二 (一)(一) 各2点×3　(二) 5点　(三) 6点　(四)、(五) 各5点×2 三 (一)～(三) 各3点×3　(四)～(六) 各4点×3 四 (一) 3点　(二)～(四) 各4点×3　(五) 10点	100点

２０２３年度　水戸啓明高等学校

英語解答用紙

番号		氏名		評点	/100

4

	①	②	③	④	⑤
(1)					

(2) (　　　　　　　　) I have to do to join?

5

(1)			
(2) ①			
(2) ②			
(3)			
(4)			

6

(1) ……… 5 ……… 10

(2) ……… 20 ……… 30

1

	No. 1	No. 2	No. 3	No. 4
(1)				

	No. 5
(1)	

	No. 1	No. 2	No. 3	No. 4
(2)				

	No. 1	No. 2
(3)		

(4) ①	時間
(4) ②	

2

	①	②	③
(1)			
	④	⑤	⑥
(2)			

3

(1) 　→　→　→　→

(2)

	①	②	③
(3)			

(注) この解答用紙は実物を縮小してあります。189%拡大コピーすると、ほぼ実物大で使用できます。(タイトルと配点表は含みません)

学校配点

1 (1)、(2) 各2点×9　(3)、(4) 各3点×4　2 各2点×6
3 (1)、(2) 各3点×2　(3) 各2点×3
4 (1) 各2点×5　(2) 3点
5 (1) 各3点×3　(2) 各4点×2　(3)、(4) 各3点×2
6 (1) 3点　(2) 7点

計	100点

２０２３年度　水戸啓明高等学校

数学解答用紙

番号		氏名		評点	/100

1		
(1)	①	②
	③	④
(2)	$x=$	

2		
(1)	$x=$　　, $y=$	
(2)	回	(3) 袋
(4)	cm^2	

3		
(1)	円	
(2)	枚以上	枚以下
(3)	人	

4		
(1)		度
(2)	①	
	②	cm

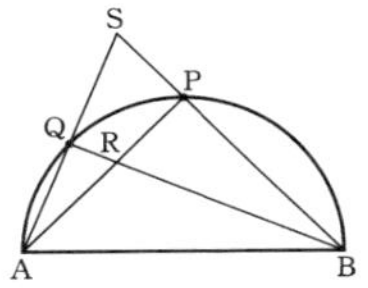

5		
(1)	通り	(2)
(3)		

6		
(1)	cm^2	(2) cm
(3)	cm^3	

（注）この解答用紙は実物を縮小してあります。189%拡大コピーすると、ほぼ実物大で使用できます。（タイトルと配点表は含みません）

学校配点	
1 各4点×5 2 各5点×4 3 (1) 4点 (2) 5点 (3) 6点 4 (1) 4点 (2) ① 5点 ② 6点 5 (1) 4点 (2) 5点 (3) 6点 6 (1) 4点 (2) 5点 (3) 6点	
100点	計

２０２３年度　水戸啓明高等学校

社会解答用紙　No. 1

番号		氏名		評点	/100

1	1	(1)				
		(2)				
		(3)	あ		い	政策
		(4)				
		(5)	記号		内容	
	2	(1)	記号		内容	
		(2)	記号		都市名	市
		(3)				
		(4)				

2	1	(1)		(2)		
		(3)	役職名		記号	
		(4)				
		(5)	時代			
	2	(1)		(2)		
		(3)	く			
			け		(4)	

3	1	(1)						
		(2)						
		(3)		(4)	義務	(5)		
	2	(1)						
		(2)		(3)		(4)	の下の平等	

２０２３年度　水戸啓明高等学校

社会解答用紙　No. 2

4	1	(1)			
		(2)	名称	記号	
		(3)			
		(4)			
		(5)	い		
			う		
			記号		
	2	(1)			
		(2)			
		(3)			
		(4)	メディア		

（注）この解答用紙は実物を縮小してあります。175%拡大コピーすると、ほぼ実物大で使用できます。（タイトルと配点表は含みません）

学校配点

1　1 (1)～(4) 各2点×4　(5) 記号 2点　内容 3点　2 (1) 記号 2点　内容 3点　(2)～(4) 各2点×5
2　1 (1) 各1点×2　2 (2)、(3) 各2点×3　(4) 3点　(5) 2点　2 (1)、(2) 各2点×2　(3) く 2点　け 3点　(4) 2点
3　1 (1) 2点　(2) 3点　(3)～(5) 各2点×3　2 (1) 3点　(2)～(4) 各2点×3
4　1 (1)、(2) 各2点×3　(3) 3点　(4) 2点　(5) い、う 各3点×2　記号 2点　2 (1) 3点　(2)～(4) 各2点×3

計	
100点	

２０２３年度　水戸啓明高等学校

理科解答用紙

番号		氏名		評点	/100

1

(1)	(2)	(3)	(4)
(5)	(6)	(7)	(8)

2

(1)	A				
(2)					
(3)	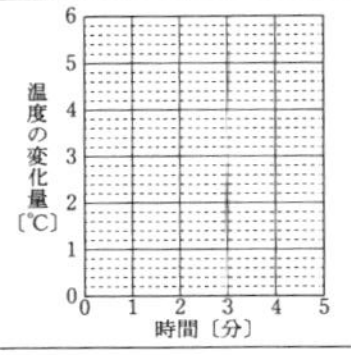				
(4) ①	あ	A	い	Ω	
	う	A	え	Ω	
(4) ②	kWh				

3

(1)			
(2)			
(3) あ	%	い	%
(4)			
(5)			

4

(1) あ		い	秒間
(2)	km/s		
(3) 地点		理由	
(4)			

5

(1)			
(2)			
(3)			
(4)			
(5) 記号		化学式	

6

(1)			
(2) あ		い	
(3)			
(4)			

（注）この解答用紙は実物を縮小してあります。189%拡大コピーすると、ほぼ実物大で使用できます。（タイトルと配点表は含みません）

学校配点

1 各3点×8　2 各2点×8
3 (1)、(2) 各3点×2　(3) 各2点×2　(4)、(5) 各3点×2
4 (1)、(2) 各3点×3　(3) 各2点×2　(4) 3点
5 (1)～(4) 各3点×4　(5) 各2点×2
6 各3点×4

計	100点

二〇二三年度　水戸啓明高等学校

国語解答用紙

番号　　氏名　　評点　／100

一

(一) (1)　　つ　(2)　　(3)　　う

(二)

(三)

(四)　50

(五)

二

(一) (1)　(2)　　れ　(3)

(二)

(三)

(四)　45　50

(五)

三

(一)

(二)　文節

(三)

(四)

(五)

(六)　10　15

四

(一)

(二)

(三)

(四)

(五)　160　200

(注) この解答用紙は実物を縮小してあります。196%拡大コピーすると、ほぼ実物大で使用できます。(タイトルと配点表は含みません)

学校配点	計
一 (一)(一) 各3点×3　(二)、(三) 各4点×2　(四) 6点　(五) 4点 二 (一)(一) 各2点×3　(二)、(三) 各5点×2　(四) 6点　(五) 5点 三 (一)～(三) 各3点×3　(四)～(六) 各4点×3 四 (一) 3点　(二)～(四) 各4点×3　(五) 10点	100点

2022年度　水戸啓明高等学校

英語解答用紙

番号		氏名		評点	/100

1

	No. 1	No. 2	No. 3	No. 4	No. 5
(1)					

	No. 1	No. 2	No. 3	No. 4
(2)				

	No. 1	No. 2
(3)		

(4)	①	種類
	②	

2

(1)	①	②	③
(2)	④	⑤	⑥

3

(1)	→ → → →
(2)	

	①	②	③
(3)			

4

	①	②	③	④	⑤
(1)					

(2) Well, ( ) reading the leaflet?

5

(1)		
(2)	①	
	②	
(3)		
(4)		

6

(1) 5 10

(2) 20 30

（注）この解答用紙は実物を縮小してあります。189%拡大コピーすると、ほぼ実物大で使用できます。（タイトルと配点表は含みません）

学校配点
1 (1)、(2) 各2点×9 (3)、(4) 各3点×4　2 各2点×6
3 (1)、(2) 各3点×2 (3) 各2点×3
4 (1) 各2点×5 (2) 3点
5 (1) 各3点×3 (2) 各4点×2 (3)、(4) 各3点×2
6 (1) 3点 (2) 7点
計　100点

２０２２年度　水戸啓明高等学校

数学解答用紙

番号　　氏名

評点　／100

3

(1)

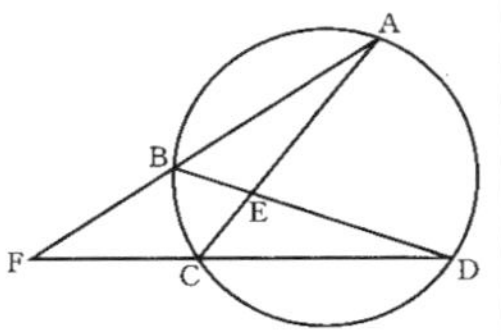

(2) 度

(3) cm

4

(1) 毎分 m　(2) m

(3) 分 秒後

5

(1) ① 通り　②

(2)

6

(1) cm²

(2) ① ：　② cm³

1

(1)　(2)

(3)　(4)

2

(1) x=　(2) g

(3) y=

(4)

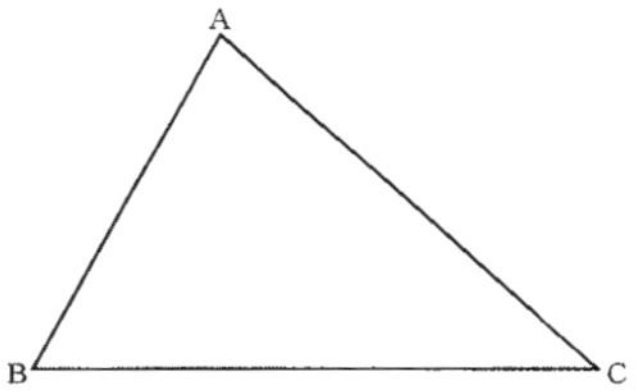

（注）この解答用紙は実物を縮小してあります。189%拡大コピーすると、ほぼ実物大で使用できます。（タイトルと配点表は含みません）

学校配点

1、2 各5点×8
3 (1) 5点 (2) 4点 (3) 6点
4 (1) 4点 (2) 5点 (3) 6点
5 (1) ① 4点 ② 5点 (2) 6点
6 (1) 4点 (2) ① 5点 ② 6点

計　100点

２０２２年度　水戸啓明高等学校

社会解答用紙

番号		氏名		評点	/100

1	1	(1)	
		(2)	う　　え
		(3)	
	2	(1)	
		(2)	か　　き
		(3)	時間
	3	(1)	(2)　　(3)
		(4)	

2	1	(1)	(2) う
		(2)	寺院　　(3)
		(4)	え
			お
	2	(1)	か　　き
		(2)	(3)

3	1	(1)	(2)
		(3)	い　　記号
		(4)	
	2	(1)	
		(2)	(3)
		(4)	か　　き　　権

4	1	(1)	
		(2)	
		(3)	
	2	(1)	
		(2)	う
			え
		(3)	
	3	(1)	
		(2)	
		(3)	

（注）この解答用紙は実物を縮小してあります。196%拡大コピーすると、ほぼ実物大で使用できます。（タイトルと配点表は含みません）

学校配点

1 1 (1)、(2) 各2点×3　(3) 3点　2 (1)、(2) 各3点×2　(3) 2点
3 (1)～(3) 各2点×3　(4) 各1点×3
2 1 (1) 2点　(2) う 3点　寺院 2点　(3) 2点　(4) え 3点　お 2点
2 (1) か 3点　き 2点　(2) 3点　(3) 2点
3 1 (1)、(2) 各2点×2　(3) い 3点　記号 2点　(4) 3点　2 (1) 3点　(2) 2点　(3) 3点
(4) 各2点×2
4 1 (1) 2点　(2) 3点　(3) 2点　2 (1) 2点　(2)、(3) 各3点×3
3 (1) 3点　(2) 2点　(3) 3点

100点	計

2022年度 水戸啓明高等学校 理科解答用紙

番号

氏名

評点 /100

1	(1)	(2)	(3)	(4)

2

(1) ①

② い 種類 動物

う 種類 動物

③

(2) ① ②

③ （g） ④

(3) ① ②

③

④ （プレートの境界は，）

3

(1)

(2)

(3) 電流 記号

(4)

4

(1)

(2) 記号

根の図

(3)

(4)

5

(1)

(2)

(3) （という特徴がある。）

(4) ℃

(5) え （前線） お

6

(1)

(2)

(3) あ （板） い （極）

(4) （金属板Bをつくる原子が） （からだと考えられる。）

(5)

学校配点

1 各3点×4　2 各2点×12〔(1)②は各2点×2〕　3 (1)～(3) 各3点×4 (4) 4点　4 (1) 3点 (2) 記号 3点 根の図 4点 (3)、(4) 各3点×2　5 (1)～(4) 各3点×4 (5) 各2点×2　6 (1)～(3) 各3点×3 (4) 4点 (5) 3点

計 100点

二〇二二年度 水戸啓明高等学校 国語解答用紙

番号

氏名

評点 /100

一

(一) (1) (2) む (3) く

(二)

(三) 45 50

(四)

(五)

二

(一) (1) (2) (3)

(二)

(三)

(四) 50

(五)

三

(一)

(二)

(三)

(四)

(五)

(六) 20

四

(一)

(二)

(三)

(四)

(五) 160 200

学校配点

一 (一) 各3点×3 (二) 4点 (三) 6点 (四)、(五) 各4点×2　二 (一) 各2点×3 (二)、(三) 各5点×2 (四) 6点 (五) 5点　三 (一)～(三) 各3点×3 (四)～(六) 各4点×3　四 (一) 3点 (二)～(四) 各4点×3 (五) 10点

計 100点

高校後見返し